유아사회교육

김정원 · 남규 · 최성진 · 최소린

창지사

머리말

과학과 기술의 발달로 인한 물질적 풍요에도 불구하고 우리 인류가 살아가고 있는 지구별 전체는 최근 여러 가지 측면에서 많은 어려움을 겪고 있다. 지구온난화와 기후문제를 비롯한 환경문제, 차별과 불평등으로 인한 갈등, 성차별, 빈부격차로 인한 양극화 현상 등은 인류의 건강하고 행복한 삶 자체에 커다란 위협이 되고 있다. 특히 2020년 초에 시작된 코로나19(COVID-19)는 수많은 사람들의 목숨까지 앗아가며 환경 파괴의 뼈아픈 결과를 절감하게 하고 있다.

그러나 이러한 어려움 가운데 사람들은 서로 위로하고 참고 견디며 더 나은 미래를 만들기 위해 협력하는 것이 무엇보다도 필요하다는 것을 알게 되었다. 상실감과 패배감, 그리고 불안감에 젖어 분노로 서로를 헐뜯고 공격하기보다는 서로를 보듬고 소망을 품고 미래를 준비하는 것이 얼마나 중요한지도 깨닫고 있다.

저자들은 우리 사회의 아픈 문제들을 해결하고 사회의 구성원들이 행복한 일상을 살아갈 수 있는 평화로운 사회를 구현하기 위한 가장 중요하고 최선인 방법이 바로 우리 사회의 어린아이들을 위한 교육이라는 생각으로 이 책을 집필하였다.

이 책에서는 어린이집이나 유치원에서 배우고 성장하는 영아와 유아들이 사랑으로 맺어지는 관계의 소중함을 알고, 서로 협력하고 배려하며 존중하는 것이 얼마나 아름다운지를 알 수 있는 내용을 다루고 있다. 또한 자연과 생태환경의 소중함을 느끼고 다양한 특성을 가진 사람들이 서로 존중하며 건강한 시민의식을 가진 어른이 되기 위해서 배워야 할 기본적인 내용도 포함되어 있다.

이 책의 1부에서는 유아사회교육의 의미, 누리과정과 표준보육과정의 사회관계 영역의 목표와 내용, 그리고 교수학습방법과 평가에 관해서 다루고 있다.

2부에서는 유아사회교육의 이론, 유아의 사회적 행동 발달, 그리고 사회성 발달의 요인에 관하여 살펴보았다.

3부에서는 사회성 발달의 내용인 애착, 자아개념, 정서, 성역할, 친사회적 행동, 도덕성의 내용과 교육적 적용을 살펴보았다.

4부에서는 사회과학지식인 지리, 역사, 경제, 다문화, 환경, 그리고 민주시민 교육의 내용과 교육적 적용에 관한 내용을 다루고 있다.

저자들은 이러한 내용을 통해 어린이집과 유치원에 다니고 있는 영아와 유아들이 나중에 자라서 인류 사회에 유익을 끼칠 수 있게 되기를 간절히 바란다. 그리고 저자들의 이러한 간절함이 이 책을 통해 유아교사를 준비하는 예비 유아교사들에게도 전해지기를 바란다.

짧지 않은 기간 준비했지만 여전히 많은 부족함이 있어 원고를 넘기는 시점에 아쉬움이 남는다. 앞으로 이 책을 보는 동료 및 선후배와 유아교사들의 조언을 듣고 더 연구하여 보완할 것을 약속드린다. 이 책을 준비하는 과정에서 지원을 아끼지 않은 저자의 가족들과 현장의 교사들에게 감사의 마음을 전한다. 교재의 편집과 디자인 등을 맡아서 수고해 주신 창지사 여러분에게도 감사드린다.

2021년 8월

저자 일동

차례

4

PART

1

유아사회교육의 기초

제1장
유아사회교육의 의미

1. 유아사회교육의 개념 및 필요성

1) 유아사회교육의 개념

인간은 자신이 속한 사회의 훌륭한 구성원이 되어야 행복한 삶을 살아갈 수 있다. 사회적 측면에서 볼 때도 한 사회에 적응해서 제 역할을 잘 감당할 수 있는 유능한 구성원들이 있는 사회가 발전 가능성이 있는 좋은 사회라고 할 수 있다. 이를 위하여 모든 국가와 사회에서는 그 국가와 사회의 구성원들이 사회의 일원으로서 책임을 다할 수 있는 역량을 갖추도록 체계적인 교육 시스템을 통해 교육하고 있다.

유아교육에서도 미래 사회의 주역이 될 유아들이 우리 사회의 유능한 구성원으로서 삶을 살아갈 수 있도록 교육하는 것을 주요 과업으로 삼고 있다. 유아사회교육은 이러한 유아교육의 과업을 완수하기 위한 효과적인 유아교육의 교과이다. 교육의 한 영역인 사회교육은 특정 사회에서 살아가고 있는 인간의 삶을 전반적으로 다루기 때문에 매우 광범위하고 복잡한 분야를 다루는 교육이다. 유아사회교육도 학습자인 영아와 유아의 사회성 발달을 비롯해서 다양한 사회과학의 분야까지 다루는 매우 포괄적인 유아교과이다.

유아사회교육에서는 우리 사회에서 살아가고 있는 사람들의 삶을 유치원이나 어린이집의 교실로 가지고 와서 유아들이 현재, 그리고 미래에 우리 사회의 구성원으로 살아가는 데 필요한 내용을 교육한다(조순옥, 이경화, 배인자, 이정숙, 김정원, 민혜영, 2013). 유아사회교육을 통해 유아들은 사회적 가치를 받아들이고, 긍정적인 자아정체감을 발달시키며, 정서 지능을 계발하고, 대인관계 기술을 습득하는 등 다양한 사회적 역량을 함양하게 된다. 또한 사회적 기대에 맞추어 자신의 정서와 감정을 조절할 수 있게 되며, 계획하고 선택하고 결정하고 실천할 수 있는 사회적 유능성도 획득한다. 유아들은 유아사회교육의 내용과 관련된 다양한 활동과 놀이에 참여하면서 문화적 민감성 등을 포함하는 문화 역량도 갖추게 된다(Kostelnik, Soderman, Whiren, Rupiper, & Gregory, 2017). 즉 유아사회교육이란 유아들을 우리 사회의 역량 있는 구성원으로 성장시킴으로써 자신이 속한 사회와 환경을 이해하고 가족이나 지역사회, 그리고 국가의 발전에 도움이 되는 훌륭한 구성원으로 살아갈 수 있도록 지원하는 교육이라고 할 수 있다.

2) 유아사회교육의 필요성

유아사회교육은 유아[1]들을 우리 사회에서 요구되는 역량을 갖춘 유능한 구성원으로 성장시키기 위한 교과이다. 유아들은 유아사회교육을 통해 우리 사회를 더 나은 사회로 발전시키는 데 필요한 지식, 기술, 태도 및 가치관을 형성하고 전인적으로 발달할 수 있다. 이를 위하여 유아사회교육에서는 유아와 가족들의 사회문화적인 배경, 유아의 경험, 흥미와 요구 등을 반영하여 유아들의 사회적 역량을 최선의 상태로 발달시키기 위한 내용으로 교육과정을 구성해야 한다.

특히 최근 우리 사회의 급격한 변화를 고려할 때 유아사회교육은 다른 어떤 교과보다 그 중요성이 강조되고 있다. 4차 산업혁명시대의 우리 사회는 첨단화된 과학기술의 발달로 인해 과거 어느 때보다 편리한 생활을 누리고 물질적으로도 풍요로워졌다. 그러나 초고속으로 이루어지는 정보화와 산업화의 흐름에서 사람들 간의 상호작용이 부족해지고 물질만능주의가 팽배하며 도덕성의 상실, 가치관의 혼란이 우리 사회의 심각한 문제로 부각되고 있는 것이 현실이다(최은주, 2019; Golinkoff

---

1) 본서에서는 '유아'를 출생에서 만 8세까지의 유아로 정의한다(이기숙, 2013; 이기숙 외, 2021; Morrison, 2010). 특별히 영아와 유아를 구분하여 지칭할 필요가 있는 경우에만 만 0~2세 연령의 유아를 '영아'로 지칭함을 밝힌다.

& Hirsh-Pasek, 2016).

이러한 상황에서 사회적 관계 형성과 행동의 근간이 형성되는 유아기에 사회성 발달과 건전한 가치관을 형성하는 유아사회교육은 매우 중요하다. 우리나라의 국가수준 유아교육과정인 누리과정과 표준보육과정에서도 지향해야 할 궁극적인 목적으로 유아의 심신의 건강과 조화로운 발달을 도와 민주시민의 기초를 형성하는 것을 제시하고 있다(교육부, 2019; 보건복지부, 2020). 따라서 민주시민의 양성을 위하여 요구되는 다양한 덕목들을 교육하고, 민주 사회의 구성원으로서 그 역할을 잘 감당하는 데 요구되는 지식과 사고 능력, 기술, 그리고 민주적 태도와 가치관 등을 갖추도록 하기 위하여 유아사회교육이 필요하다고 할 수 있다.

2. 유아사회교육의 목표 및 내용

유아사회교육의 목표는 유아가 속한 사회나 집단에 따라 다양하다. 우리 사회에서는 영유아를 위한 국가수준 교육과정을 통해 우리 사회가 설정하고 있는 유아사회교육의 목표를 알 수 있다. 『2019 개정 누리과정』과 『제4차 어린이집 표준보육과정』에서는 유아가 놀이를 통해 심신의 건강과 조화로운 발달을 이루고 바른 인성과 민주시민의 기초를 형성하는 것을 목적으로 제시한다(교육부, 2019; 보건복지부, 2020). 유아사회교육에서는 이러한 목적을 성취하는 데 필요한 지식, 기능, 태도 및 가치를 반영하는 교육과정을 구성하여 운영함으로써 사람과 자연을 존중하고 배려하며 소통하는 태도를 지닌 몸과 마음이 건강한 유아로 교육하고자 한다. 그리고 궁극적으로 건강한 사람, 자주적인 사람, 창의적인 사람, 감성이 풍부한 사람, 그리고 더불어 사는 사람이라는 국가수준 교육과정의 인간상을 구현하고자 한다.

유아사회교육의 목표를 달성하기 위한 내용에는 사회성 발달(기본생활습관과 사람들 간의 관계를 포함하는 사회 정서 발달)을 위한 내용과 사회과학지식(사회적 관계나 사회적 현상에 대한 관심)에 관련된 내용이 포함된다(조순옥 외, 2013). 본 장에서는 유아사회교육의 내용과 이를 유아교육의 현장에서 적용하는 간략한 실례를 통해 유아사회교육에서 다루어야 할 교육내용의 개요를 소개하고자 한다. 유아사회교육의 상세한 내용 및 교육적 적용은 본서의 제3부와 제4부에 제시되어 있다.

〈표 1-1〉 유아사회교육에서 다루어야 할 교육내용

영역 구분	내용	주요 개념	주요 사례
사회성 발달	애착	주 양육자와 영아, 유아 사이에 발달되는 강력하고 지속적인 정서적 경험	교사와 양육자가 개별 영아와 유아에게 진심으로 관심을 보이고 안아주기
	자아개념	유아 자신에 대한 주관적 이해와 평가, 가치감과 능력감	생일놀이를 통해 영아와 유아가 스스로의 소중함을 생각해 보기
	정서	정서인식, 정서표현, 감정이입, 정서조절	교실의 갈등 상황에서 친구의 마음이 어떨지 생각해 보기
	성역할	성정체감, 성안정성, 성항상성의 발달, 성역할 고정관념과 성편견 극복하기	그림책을 읽으며 양성적인 역할에 대한 긍정적인 태도 형성하기
	친사회적 행동	외적인 보상에 대한 기대 없이 타인의 이익을 위해서 자발적으로 하는 행동	자발적으로 배려하기, 양보하기, 차례 지키기
	도덕성	사회가 기대하는 바람직한 행동 규범에 부합되는 사고와 행동 체계	버려진 반려동물의 상황 생각하기(인지), 안타까움 느끼기(정서), 보살피기(실천)
사회과학 지식	지리	지역사회와 이웃, 공동체, 지구의 물리적 환경, 공간 개념	우리 동네를 돌아보고 지도 만들기
	역사	시간의 흐름에 따른 과거와 현재의 생활, 나와 가족의 역사, 역사 속 인물의 삶	태어난 순간부터 지금까지의 변화 돌아보기, 지역사회 유적지 견학하기
	경제	희소성과 선택, 기회비용, 의사결정, 화폐가치, 생산, 소비, 분배, 절제, 재활용	아나바다 활동을 통해 합리적인 소비생활 이해하고 실천하기
	다문화	다양한 문화에 대한 이해와 존중	다문화적 배경을 가진 그림책을 통해 다양한 문화의 차이점, 유사점 이해하기
	환경	지구의 환경과 자원보존, 재활용과 재사용, 자연의 아름다움 감상하기	멸종위기 동물에 대하여 알아보고 보호하기 위한 방법 실천하기
	민주시민	민주주의 사회의 의미 이해하기, 민주시민의 역할 이해하고 실천하기	공동체와 이웃의 중요성을 이해하고 함께 잘 살기 위한 방법 실천하기

유아사회교육에서는 사회성 발달과 사회적 지식 획득을 위한 내용뿐만 아니라 가치를 명료화하고 문제를 해결하는 등의 가치, 기술, 태도의 습득과 관련된 내용도 중요하게 여기고 있다. 자율적이고 책임감 있는 우리 사회의 미래 구성원을 길러내기 위하여 유아사회교육을 통해 가르쳐야 할 교육내용을 지식, 사고능력, 기술, 민주적 태도와 가치관 등으로 정리해 보면 다음과 같다(조순옥 외, 2013; Garcia & Michaelis, 2000).

〈표 1-2〉 유아사회교육 내용으로서의 지식, 기술, 태도

내용	세부 내용
지식	민주시민으로서 갖추어야 할 기본적인 지식
	• 역사, 경제, 사회, 심리 등 우리 사회 및 문화와 관련된 지식 • 환경, 에너지, 양성평등과 같은 환경 및 시사와 관련된 지식 • 교통, 통신, 분배, 소비 등과 같은 기능 및 수단에 관련된 지식 • 가정, 이웃, 지역사회, 국가 등 공동체와 관련된 지식
사고능력	탐구과정과 인지과정, 혹은 지적능력의 활용과 관련된 역량
	• 비판적 사고과정의 발달 • 창의적 사고과정의 발달 • 논리적 사고과정의 발달 • 문제해결 능력의 발달 • 적용 능력의 발달
기술	민주시민 양성을 위한 다양한 사회적 기술
	• 자신의 의사를 표현하고 상대방을 설득하는 언어적 기술 • 집단에 참여하여 문제해결을 위한 대안을 개발할 수 있는 기술 • 정보수집과 연구 및 평가할 수 있는 기술 • 자료의 해석 및 분석 기술 • 사회적 갈등 해결 기술
민주적 태도 및 가치관	민주적 태도와 행동 양식 및 도덕적이고 윤리적인 가치관 형성
	• 자율적이고 책임감 있는 태도 및 행동 양식 • 올바른 정의 가치 기준 형성 • 민주 사회 형성을 위한 행동 양식 함양 • 긍정적인 태도 형성

[함께 생각해 보아요]

유아사회교육 개념도 작성하기

- 3~4인 1조로 집단을 구성해 보세요.
- 조원들과 함께 유아사회교육 개념도를 작성해 보세요.
  ▶ 종이 중앙에 원을 그린 후 '유아사회교육'이라고 써넣어 보세요.
  ▶ 생각나는 단어들을 적고 유사한 내용끼리 묶어서 분류해 보세요.
- 조별로 작성한 유아사회교육의 개념도를 발표하고 어떤 내용이 많이 나왔는지를 이야기해 보세요.

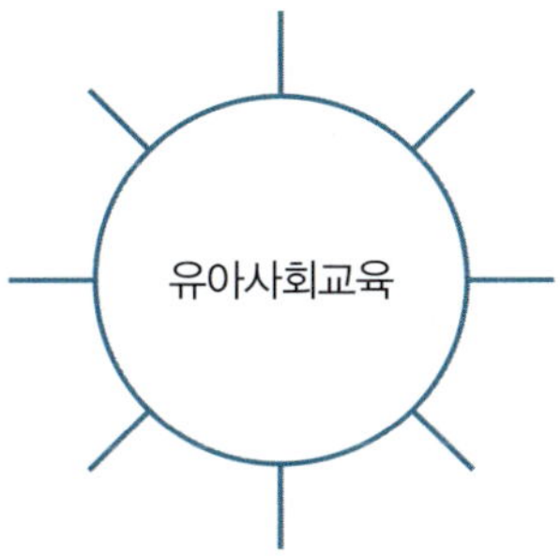

[함께 생각해 보아요]

유아사회교육이 필요한 이유와 내용에 대해 생각해 보기

- 유아를 위한 사회교육이 중요한 이유는 무엇이라고 생각하나요?
  예1) 사회교육을 통해 친구와 사이좋게 지낼 수 있는 방법을 배울 수 있다.
  예2) 우리 사회의 지속 가능한 발전을 위해 환경을 중요하게 여기는 태도를 배울 수 있다.
  ▶
  ▶

- 유아를 위한 사회교육에서 반드시 가르치고 싶은 내용은 무엇인가요?
  예1) 차례 지키기
  예2) 감정 조절하기
  예3) 우리 동네에 있는 공공기관들의 기능
  ▶
  ▶
  ▶

제2장

국가수준 교육과정 사회관계영역의 목표와 내용

우리나라 유치원과 어린이집의 사회교육은 대체로 국가수준 교육과정인 『2019 개정 누리과정』과 『제4차 어린이집 표준보육과정』의 목표 및 내용을 근간으로 하여 실시된다. 따라서 영아와 유아를 위한 국가수준 교육과정의 성격에 부합하도록 사회교육의 전반적인 방향이나 내용이 설정되고 실시되어야 할 필요가 있다.

국가수준 교육과정에서는 국가 수준의 공통성과 지역, 기관 및 개인 수준의 다양성을 동시에 추구한다. 이는 유아교육과정에서 공동체 전체를 중요하게 여기는 동시에 지역사회와 각 개인의 특성을 인정하고 존중하는 것이 중요하다는 의미로 유아사회교육에서 중요하게 여기는 교육의 방향 및 내용과 부합한다. 국가수준 교육과정에서는 또한 유아를 위한 사회교육에서 의미를 두고 있는 영아와 유아의 전인적 발달과 행복, 그리고 자율성과 창의성도 중요하게 여겨 이를 추구한다고 밝히고 있다. 이렇게 국가수준 교육과정과 유아사회교육이 지향하는 교육의 방향은 서로 부합한다.

유치원과 어린이집에 다니는 만 3-5세 유아들을 위한 사회교육의 목표 및 내용은 『2019 개정 누리과정』의 사회관계영역을 중심으로, 그리고 어린이집에 다니는 만 0-2세 영아들을 위한 사회교육의 목표 및 내용은 『제4차 어린이집 표준보육과정』의 사회관계영역을 중심으로 살펴보면 다음과 같다.

1.『2019 개정 누리과정』 사회관계영역의 목표 및 내용[2)]

만 3–5세 유아들을 위한 국가수준 교육과정인『2019 개정 누리과정』 사회관계영역의 목표 및 내용을 살펴보면 다음과 같다.

1) 누리과정 사회관계영역의 목표

자신을 존중하고 더불어 생활하는 태도를 가진다.

- 자신을 이해하고 존중한다.
- 다른 사람과 사이좋게 지낸다.
- 우리가 사는 사회와 다양한 문화에 관심을 가진다.

2) 누리과정 사회관계영역의 내용

『2019 개정 누리과정』 사회관계영역의 내용을 살펴보고 간략히 설명하면 다음과 같다.

〈표 2–1〉『2019 개정 누리과정』 사회관계영역의 내용

내용 범주	내용
나를 알고 존중하기	나를 알고 소중히 여긴다. • 유아가 자신을 나타내는 나이, 성별, 모습 등에 대해 알고, 자신을 소중히 여기며 가치 있는 존재로 느낀다.
	나의 감정을 알고 상황에 맞게 표현한다. • 유아가 자신의 감정에 대해 알고 다양한 상황에서 자신의 감정을 적절하게 표현한다.
	내가 할 수 있는 것을 스스로 한다. • 유아가 자신이 할 수 있는 일을 알고 자신감을 가지며 자율적으로 실천해 간다.

2)『2019 개정 누리과정』 고시문과 누리과정 해설서(교육부, 보건복지부, 2019)의 사회관계영역의 내용을 정리하여 제시함.

내용 범주	내용
더불어 생활하기	가족의 의미를 알고 화목하게 지낸다. • 유아가 자신의 가족 구성원을 알고, 가족과 함께 생활하며, 가족은 서로 돕고 살아간다는 것을 경험한다. • 가족의 구성원이 다양함을 이해하고 존중한다.
	친구와 서로 도우며 사이좋게 지낸다. • 친구들과 함께 놀이하는 즐거움을 느낀다. • 친구와 서로 도우며 배려하고 협력하며 더불어 살아간다.
	친구와의 갈등을 긍정적인 방법으로 해결한다. • 친구와 갈등이 생겼을 때 자신의 감정과 생각을 제대로 표현하고, 배려, 양보, 타협 등을 통해 해결한다.
	서로 다른 감정, 생각, 행동을 존중한다. • 다른 사람들의 감정, 생각, 행동에 관심을 갖는다. • 감정, 생각, 행동이 서로 다를 수 있음을 이해하고 존중한다.
	친구와 어른께 예의 바르게 행동한다. • 친구와 어른께 배려, 존중, 공경하는 마음을 담아 예절을 실천한다.
	약속과 규칙의 필요성을 알고 지킨다. • 다른 사람과 더불어 살아가기 위해 필요한 약속과 규칙이 있음을 이해한다. • 상황에 따라 필요한 약속과 규칙을 의논하여 정하고 지킨다.
사회에 관심 가지기	내가 살고 있는 곳에 대해 궁금한 것을 알아본다. • 유아가 자주 접하는 가까운 주변 지역과 이웃에 대해 관심을 가지고, 궁금한 것을 알아보며, 지역 구성원으로서 유대감과 소속감을 느낀다.
	우리나라에 대해 자부심을 가진다. • 우리나라의 전통에 친숙해지고, 우리나라의 상징, 언어, 문화 등을 경험하면서 우리나라에 대해 자랑스러운 마음을 가진다.
	다양한 문화에 관심을 가진다. • 다른 나라의 다양한 문화와 생활양식에 대해 관심을 가지고, 문화의 다양성을 이해하고 존중한다.

누리과정의 사회관계영역의 내용 중 '나를 알고 존중하기'는 유아가 자신을 나타낼 수 있는 것과 자신의 감정을 알고 상황에 맞게 적절하게 표현하며, 자신이 할 수 있는 것을 스스로 해 봄으로써 긍정적인 자아존중감과 자율성을 경험하는 내용이다.

'더불어 생활하기'는 유아가 가족의 의미와 소중함을 알며, 친구와 서로 돕고 양보, 배려, 협력하며 사이좋게 지내고, 사람들마다 감정, 생각, 행동이 각기 다름을 알고 존중하며, 친구와의 갈등을 여러 가지 긍정적인 방법으로 해결하는 내용이다. 또한 친구와 어른께 예의 바른 태도로 말하고 행동하며, 사회 공동체의 일원으로서 약속과 규칙의 필요성을 알고 지키는 내용이다.

'사회에 관심 가지기'는 유아가 사회 구성원으로서 자신이 사는 지역에 관심을 가지고 탐구하며, 우리나라의 상징, 언어, 문화를 알아 가면서 대한민국 국민으로서 긍지와 자부심을 가지도록 하는 내용이다. 그리고 다른 나라의 다양한 문화에 관심을 가지고 존중하는 경험을 담고 있다.

2.『제4차 어린이집 표준보육과정』사회관계영역의 목표 및 내용[3)]

만 0–2세 영아들을 위한 국가수준 교육과정인『제4차 어린이집 표준보육과정』사회관계영역의 목표 및 내용을 0–1세, 2세로 구별하여 살펴보면 다음과 같다.

1) 만 0-1세 사회관계영역의 목표 및 내용

(1) 만 0–1세 사회관계영역의 목표

나를 인식하고, 친숙한 사람과 관계를 맺는다.

- 나를 고유한 존재로 안다.
- 안정적인 애착을 형성하고, 또래, 교사와 함께 지낸다.

(2) 만 0–1세 사회관계영역의 내용

만 0–1세 영아를 위한『제4차 어린이집 표준보육과정』사회관계영역의 내용을

3) 보건복지부 고시 제2020-75호『제4차 어린이집 표준보육과정』고시문과 제4차 어린이집 표준보육과정 해설서(2020, 보건복지부)의 사회관계영역의 내용을 정리하여 제시함.

살펴보고 간략히 설명하면 다음과 같다.

〈표 2-2〉『제4차 어린이집 표준보육과정』 사회관계영역의 내용(만 0-1세)

내용 범주	내용
나를 알고 존중하기	나를 인식한다. • 자신의 몸을 스스로 움직이기 시작하면서 자신의 신체를 탐색하고, 교사와 개별적으로 상호작용하는 일상적 경험을 통해 자신을 다른 사람과 독립된 존재로 인식한다.
	나의 욕구와 감정을 나타낸다. • 자신의 생리적 욕구와 감정을 나타내고 이에 대한 민감하고 따뜻한 반응과 돌봄을 받는 경험을 통해 자신의 욕구와 감정 표현에 익숙해진다.
	나와 친숙한 것을 안다. • 이름이나 친숙한 물건 등 자기에게 속한 것이 있다는 것을 일상에서 경험하면서 자신의 고유성을 인식한다.
더불어 생활하기	안정적인 애착을 형성한다. • 교사에게 정서적 유대와 심리적 안정감을 갖고 자신의 욕구와 관심을 표현함으로써 자신이 안전하게 보호받고 있다는 것을 인식한다.
	또래에게 관심을 가진다. • 교사 외에 다른 영아와 함께 지내는 경험을 통해 자연스럽게 자신과 구별되는 다른 존재로서 또래가 있다는 것을 인식하고 또래에게 관심을 가진다.
	다른 사람의 감정과 행동에 관심을 가진다. • 주변의 다른 사람이 표현하는 감정과 행동을 보고 자신이 여러 가지 감정을 표현하는 것처럼 다른 사람도 감정과 행동을 나타내는 존재임을 알고 관심을 가지게 된다.
	반에서 편안하게 지낸다. • 자기가 속한 반의 쾌적한 환경, 반응적인 교사, 불편함을 주지 않는 또래, 규칙적인 일과 운영 속에서 생활하며 정서적 안정감을 가지고 편안하게 지낸다.

만 0-1세 영아를 위한『제4차 어린이집 표준보육과정』사회관계영역의 목표는 0-1세 영아가 자신을 인식하고 주변의 친숙한 사람과 관계를 맺는 경험을 하는 것이다. 0-1세 영아는 어린이집 보육과정을 경험하며 다른 사람과 분리된 자신을 고유한 존재로 인식하고 친숙한 성인과 안정적인 애착을 형성하여 어린이집에서 또래, 교사와 편안하게 지낼 수 있게 된다.

'나를 알고 존중하기'의 내용 범주는 0-1세 영아가 자신을 인식하고 기본적인 욕구와 감정을 나타내며 자신에게 친숙한 것을 알아가는 내용으로 구성되어 있다. '더불어 생활하기'의 내용 범주는 영아가 교사와 안정적인 애착을 형성하고, 또래와 다른 사람에게 관심을 가지면서 반에서 편안하게 지내는 것을 경험하는 내용이다.

2) 만 2세 사회관계영역의 목표 및 내용

(1) 만 2세 사회관계영역의 목표

나를 알고, 다른 사람과 더불어 생활하는 경험을 한다.

- 나를 알고 긍정적으로 여긴다.
- 다른 사람과 즐겁게 지내기 위한 태도를 기른다.

(2) 만 2세 사회관계영역의 내용

만 2세 영아를 위한 『제4차 어린이집 표준보육과정』 사회관계영역의 내용을 살펴보고 간략히 설명하면 다음과 같다.

〈표 2-3〉 『제4차 어린이집 표준보육과정』 사회관계영역의 내용(만 2세)

내용 범주	내용
나를 알고 존중하기	나와 다른 사람을 구별한다. • 자신과 다른 사람의 신체적 특징, 능력, 성별 등을 바탕으로 구별함으로써 자신이 고유한 존재임을 인식한다.
	나의 감정을 표현한다. • 즐거움이나 기쁨, 슬픔이나 두려움, 화남 등 자신의 욕구나 감정을 인식하고, 다른 사람이 알도록 적절한 말과 표정, 행동으로 표현할 수 있다.
	내가 좋아하는 것을 한다. • 자신이 좋아하는 것, 관심이 생기는 것을 찾아 직접 해 보는 경험을 통해 자신이 스스로 무엇을 한다는 것에 만족감을 느끼며 자신에 대한 긍정적인 인식을 갖게 된다.

내용 범주	내용
더불어 생활하기	가족에게 관심을 가진다. • 주변의 친숙한 사람 중에서도 가족이 보다 특별한 대상임을 알고 가족에게 관심과 소속감, 애정을 가지고 표현할 수 있다.
	또래와 함께 놀이한다. • 또래와 함께 놀이하는 경험을 통해 또래에게 자연스럽게 관심을 가지고 또래의 모습과 행동을 모방하면서 또래 관계를 익히도록 한다.
	다른 사람의 감정과 행동에 반응한다. • 다른 사람의 기쁨이나 즐거움과 같은 긍정적인 감정뿐만 아니라 슬픔, 화남, 두려움, 아픔 등의 부정적인 감정을 알아차린다. 상대방의 감정에 같이 기뻐하고, 공감하며 돕거나 위로를 하는 등의 반응을 할 수 있게 된다.
	반에서의 규칙과 약속을 알고 지킨다. • 2세 영아가 자신이 자주 경험하는 상황에서 지켜야 할 간단한 규칙이나 약속이 있다는 것을 인식하고 이를 스스로 지키고자 노력하도록 돕는 내용이다.

만 2세 영아를 위한 『제4차 어린이집 표준보육과정』 사회관계영역의 목표는 만 2세 영아가 자신에 대해 알아가고, 다른 사람과 더불어 생활하는 경험을 통해 사회관계 형성의 기초를 형성하는 것이다. 2세 영아는 표준보육과정의 사회관계영역의 내용을 경험하며 자신이 다른 사람과 다르다는 것을 알고, 자신을 긍정적으로 인식하며, 다른 사람과 생활하며 즐겁게 지내기 위한 태도를 기르게 된다.

'나를 알고 존중하기' 내용 영역을 통해 만 2세 영아는 자신을 다른 사람과 구별하고, 자신의 여러 가지 감정을 표현해 보며, 스스로 선택한 놀이를 즐겁게 해 봄으로써 자신을 긍정적으로 여기게 된다. '더불어 생활하기' 내용 영역에서는 만 2세 영아가 가족에게 관심과 특별한 감정을 갖고, 또래와 함께 놀이하며, 다른 사람의 감정과 행동에 적절하게 반응하고, 반에서의 기본적인 규칙과 약속을 알고 지킬 수 있도록 하여 사회관계의 기초를 경험하게 된다.

3. 놀이중심 교육과정과 유아사회교육

『2019 개정 누리과정』과 『제4차 어린이집 표준보육과정』은 놀이중심으로 운영하도록 되어 있다(교육부, 2019; 보건복지부, 2020). 따라서 어린이집과 유치원에서 영아와 유아의 사회성 발달과 사회과학지식의 획득, 그리고 이와 관련된 지식과 기능, 태도와 가치관을 향상시키고자 하는 유아사회교육도 국가수준 교육과정의 목표와 내용, 교수학습방법 등에 근거하여 놀이중심으로 실시되어야 한다. 이를 위하여 놀이중심 교육과정의 개념과 필요성, 그리고 놀이중심 교육과정과 유아사회교육과의 관련성에 관하여 살펴보면 다음과 같다.

1) 놀이중심 교육과정의 이해

놀이는 인간 특유의 자유와 창조성에서 나오는 유아의 일상이며 삶 자체이다. 유아는 놀이를 통해 구체적인 이익을 넘어서는 재미와 즐거움을 추구하며 여유로운 삶의 기쁨을 누린다(신국원, 2019). 유아는 놀이하며 긍정적 정서를 느끼고, 주도성과 자발성을 발휘하면서 스스로 삶의 주체가 되어 보는 경험을 한다. 또한 놀이의 비실제적인 상황에서 현실의 한계를 넘어서는 자유로움도 경험한다. 유아는 놀이에 몰입하며 진정한 행복감을 느끼고, 창의성을 발휘할 수 있는 기회를 통해 자신이 가진 역량을 최대한으로 발휘하면서 성취감도 경험한다. 놀이하는 유아는 놀이의 최종 결과물에 초점을 맞추는 것이 아니라 놀이하는 과정 자체의 의미를 스스로 깨달으며 성장하게 된다(정혜욱, 김은영, 윤진주, 송정아, 안정원, 정혜원, 2019).

유아는 놀이를 하면서 학업이나 성취에 대한 스트레스 없이 학습하고 발달할 수 있다. 유아는 놀이를 하면서 인지적으로 발달하고, 정서적으로 안정되며, 사회적으로 성숙한다. 또한 놀이를 통해 협력하고, 의사소통하며, 다양한 컨텐츠를 경험하고, 비판적 사고와 창의성, 그리고 자신감 등 미래 사회에서 요구되는 중요한 역량을 키울 수도 있다(Golinkoff & Hirsh-Pasek, 2016). 유아들은 유치원과 어린이집의 교실, 그리고 실외놀이터 등에서 놀이를 하면서 정신과 신체가 건강하고, 생각할 줄 알며, 남을 배려할 수 있는 성품을 가진 전인적인 아이로 성장하여 유능한 미래의 시민이 될 수 있다(임희옥, 김정원, 김유정, 2019).

놀이중심 교육과정은 유아의 놀이에 대한 관찰과 분석을 통해 교육적 의미를 찾고자 하는 지속적인 지원의 과정이라고 볼 수 있다. 놀이중심 교육과정은 교사에 의하여 미리 계획된 활동을 그대로 적용하는 것에 초점을 맞추기보다는 유아들의 관심과 흥미에 따라 교사가 계획한 교육과정을 융통성 있게 변경하여 실행하는 교육과정이다. 즉 놀이중심 교육과정은 교사와 유아가 함께 참여하는 과정을 담아가는 교육과정이다. 놀이중심 교육과정은 유아의 놀이에 관심을 가지고 유아가 놀이를 하면서 만들어 내고자 하는 의미를 찾기 위한 교사의 세심한 관찰에 의해서 시작된다. 유아의 관심과 흥미를 반영하면서 깊이 있는 탐색을 촉진하는 과정 중심의 교육과정이라고 정의할 수 있는 놀이중심 발현적 교육과정의 특징을 살펴보면 다음과 같다(Stacey, 2015).

- 교사에 의하여 미리 계획되지만 실행의 과정에서 교사와 유아가 협력하고 함께 주도하는 교육과정이다.
- 유아의 흥미와 관심에 반응적인 교육과정이다.
- 유아의 놀이를 관찰하면서 깊이 있는 탐색과 지식의 확장 및 구성을 지원하는 교육과정이다.
- 철저하게 구성된 사전 계획을 유아를 대상으로 그대로 적용하는 것에 초점을 맞추는 것이 아니라 융통성 있게 수정하여 지속적으로 발전시켜 나가는 교육과정이다.
- 다양한 형태의 기록작업을 통해 유아의 학습과정을 구체적으로 확인하면서 평가하고 이를 통해 지속적으로 발전시켜 가는 교육과정이다.

2) 놀이중심 교육과정과 유아사회교육

유아는 놀이하면서 자기 자신과 다른 사람들, 그리고 우리가 살아가는 가까운 사회와 더 넓은 세상에 대해 알아가며 국가와 사회의 책임감 있는 구성원으로 성장해 간다. 유아는 놀이중심 교육과정을 통해 자기 자신, 가족과 친구, 그리고 다른 사람들을 소중히 여기고 존중하는 마음과 태도를 형성하게 되고, 지역사회와 세계 여러 나라의 평화를 구현하기 위하여 요구되는 기본적인 태도와 가치관, 그리고 이를 구체적으로 실천할 수 있는 역량을 함양할 수 있다. 놀이중심 교육과정을 실시하는 유아교육기관의 유아사회교육의 방향과 구체적인 적용의 예를 살펴보면 다음과 같다.

(1) 융통성 있는 교육과정 실행

유아사회교육은 교사에 의하여 주제가 정해지고 계획되지만 교육과정이 적용되는 과정에서 유아의 관심과 흥미에 따라 수정되고 보완되어야 한다. 교사가 계획한 활동 그대로 실시하는 것에 초점을 맞추기보다는 유아의 흥미와 관심에 반응하여 적절히 수정하고 보완함으로써 융통성 있는 교육과정으로 운영되어야 한다.

- 교육 계획: 주말을 지내고 월요일 아침에 '주말 지낸 이야기' 활동을 하면서 이웃과 사이좋게 지내는 방법을 알아보고 아이들의 의견을 커다란 종이에 글로 써서 게시하려는 활동을 계획하였다.
- 관찰 및 분석: 유아들과 이야기를 나누던 중에 한 유아가 어제 저녁 뉴스에서 층간 소음과 관련된 뉴스를 보았다는 이야기를 하자 자기도 그 뉴스를 보았다고 하는 유아들과 그 뉴스를 보고 싶다고 얘기하는 유아들이 서로 이야기를 주고받는 것을 보면서 층간 소음에 대한 관심이 생긴 것을 알게 되었다.
- 환경적 · 상호작용적 지원: 유아들이 층간 소음에 관하여 많은 관심을 가진 것을 관찰한 교사는 해당 뉴스를 찾아서 시청할 수 있도록 영상을 준비해 주

었다. 뉴스를 시청한 유아들과 함께 층간 소음을 해결할 수 있는 좋은 방법이 무엇이 있을지 생각해 보고, 그림을 그리고 글로 써 볼 수 있도록 자료를 제공해 주었으며, 유아들의 그림과 글을 게시할 수 있는 공간을 마련해 주었다.

➡ 사회관계영역 관련 평가의 내용: 처음에 계획했던 '이웃과 사이좋게 지내기 게시물 만들기' 활동을 유아들의 관심과 흥미를 관찰한 후에 '층간 소음에 관한 뉴스 시청하기'와 '층간 소음 방지 방법에 관한 그림 그리기와 이야기 쓰기' 활동으로 변경하여 실시하였다. 이러한 과정을 통해 유아들은 최근 우리 사회에서 큰 사회적 문제가 되고 있는 층간 소음의 해결 방안을 생각해 보면서 이웃과 평화롭게 지낼 수 있는 방법을 알아보는 기회를 가졌다. 또한 친구들과의 토론을 통하여 보다 효과적인 층간 소음 해결의 방안을 찾아봄으로써 협력과 의사소통의 효율성과 중요성도 체험할 수 있었다.

(2) 교사의 적절한 교육적 지원

효과적인 유아사회교육을 위해서는 놀이에 대한 세심한 관찰을 통해 유아가 깊이 있게 탐색할 수 있도록 교육적 지원을 제공할 필요가 있다. 사회적 역량을 향상시키기 위한 교사의 적절한 교육적 지원은 유아의 사회적 역량을 보다 확장시키고 더 높은 수준으로 발달시키는 데 도움이 된다.

- 교육 계획: 모래놀이를 하면서 모래를 다양한 종류의 그릇에 담아 보고 물에 젖은 모래로 구성물을 만들어 보는 활동을 계획하였다.
- 관찰 및 분석: 유아들이 모래 놀이터에서 물에 젖은 모래와 마른 모래를 번갈아 보고 만져 보는 모습이 관찰되었다. 물놀이시설과 수돗가에 근접해 있는 모래 놀이터에서 물을 모래에 뿌리며 물과 섞인 모래를 관찰하고 물을 많이 부어 보고 적게 부어 보는 모습도 관찰되었다. 또한 물에 젖지 않은 마른 모래를 움켜쥐었다가 손가락 사이로 흘러내리도록 하는 활동을 반복하는 모습

이 관찰되었다.

- 환경적 · 상호작용적 지원: 물과 모래를 섞어보는 경험을 제공하면 젖은 모래와 마른 모래의 촉감과 색의 차이를 시각적으로 관찰할 수 있을 것으로 생각하여 모래와 물을 담을 다양한 크기의 그릇을 제공하고 촉감에 집중해서 느껴 보도록 언어적으로 상호작용하였다. 또한 마른 모래, 물을 조금만 사용해서 살짝 젖은 모래(마른 모래에 물이 서서히 스며드는 현상 관찰), 물을 많이 넣어 완전히 축축해진 모래 등을 만져 보며 촉감을 느껴 보고 느낌을 말로 표현해 보도록 격려하였다. 마른 모래, 살짝 젖은 모래, 완전히 물에 흠뻑 젖은 모래, 물기가 많아 흘러내리는 모래 등을 용기에 넣어 구성물을 만들어 보고, 모래 구성물이 부서지지 않고 오랫동안 잘 유지되기 위해서는 모래와 물이 적절하게 섞여야 한다는 것을 자연스럽게 알 수 있도록 상호작용하였다.

➡ 평가: 유아들이 모래와 물을 가지고 놀이하면서 물과 모래의 특성에 관하여 더 깊이 탐색해 볼 수 있는 기회가 되었다. 마른 모래와 젖은 모래의 특성에 관한 탐색이 이루어졌고, 물의 양에 따라 모래의 점성에 차이가 생긴다는 것도 알게 되었다. 이러한 인식을 통해 단단한 구성물을 만들어 오랫동안 그 모양을 유지하기 위해서는 모래와 물이 적절한 정도로 섞여야 한다는 것을 자발적인 탐색을 통해 깨닫게 되었음을 알 수 있었다.

(3) 관찰-교육과정 적용-평가의 순환과정

유아교육기관의 일과에서 관찰된 유아의 사회성 발달과 사회적 상호작용에 관한 다양한 결과물을 수집하여 교육과정을 통해 이루고자 하는 사회성 발달 및 사회과학적 역량 함양과 관련된 교육목표의 성취 정도를 파악하고 평가를 통해 환류해 본다.

- 교육 계획: 나와 가족, 이웃 등의 주제를 좀 더 넓은 범위인 우리나라와 세계 여러 나라로 확장시키고자 '세계 여러 나라의 친구들'이라는 주제의 교육과정을 계획하였다.
- 관찰 및 분석: 유아들이 피부색이 좀 더 진한 주변의 이웃들에 관한 이야기를 하는 것이 관찰되었다. 우리나라에 들어와 있는 다양한 문화적 배경을 가진 이웃들에 관한 관심을 넘어서 뉴스 등을 통해 알게 된 전쟁과 가난으로 고난을 겪고 있는 먼 나라에 있는 자신과 비슷한 연령의 친구들에 관해서도 이야기를 하는 모습이 관찰되었다.
- 환경적 · 상호작용적 지원: 이주노동자에 관한 영상인 '노만 이야기' 영상을 찾아서 같이 보며 생각해 볼 수 있도록 하였다. 다양한 피부색을 가진 이웃의 친구들이나 먼 나라에 살고 있는 친구들에 관한 그림책을 찾아서 같이 읽어 볼 수 있는 시간을 가지도록 유아의 발달에 적합한 좋은 그림책들을 제공해 주었다. 교실의 한 영역을 주제에 관한 자료로 구성해서 다양한 활동이 이루어질 수 있도록 공간을 마련하여 지원하였다. 이웃사랑에 관한 유아들의 마음을 표현해 볼 수 있도록 각종 필기도구와 종이류, 잡지, 영상 등을 제공하였고 유아들이 제작한 포스터, 현수막, 먼 나라 친구에게 줄 선물, 그림과 글로 쓴 편지, 유아들이 협력해서 만든 먼 나라의 친구들 그림책 등을 게시하고 전시하였다.

➡ 평가: 유아의 관심과 흥미에 대한 관찰에 근거하여 환경적, 상호작용적으로 지원하였다. 이를 통해 수집된 관찰자료(일화기록이나 표본식 기술, 체크리스트 등)와 다양한 결과물(유아의 편지, 유아들이 함께 만든 그림책, 유아들이 어려움을 겪고 있는 친구들에게 주고 싶다고 만든 선물 등)을 통해 유아들이 이웃에 관한 관심과 사랑, 배려하는 마음을 가지고 있음을 알 수 있었다. 그리고 우리의 이웃으로서 우리나라에서 함께 살아가고 있는 다문화적 배경을 가진 친구들에 대해서 알아보고 사이좋게 지낼 수 있는 방법을 생각해 보았다. 토론과 다양한 자료 수집을

통해서 유아들이 전쟁으로 인해 고통받고 있는 먼 나라의 친구들을 도와주기 위한 구체적인 방안을 제안할 수 있는 사회적 역량이 있음을 알게 되었다.

함께 생각해 보아요

유아의 놀이에 대한 환경적 지원, 상호작용적 지원방안 생각해 보기

유아의 놀이에 관한 다음의 관찰 내용을 보고 유아의 사회적 역량 함양을 위한 환경적 지원과 상호작용적 지원방안을 생각해서 적어 보세요.

- 주제: 나와 가족
- 관찰 내용

도서 영역에서 생일에 관한 그림책을 교사와 친구들 몇몇이 모여 앉아 읽고 난 후 각자 자신의 생일이 언제인지, 생일날 무엇을 했는지, 그리고 생일 케이크와 선물 등에 관하여 이야기하는 것이 관찰되었다. 도서 영역의 생일에 관한 그림책을 역할놀이 영역으로 가지고 가서 생일놀이를 하자고 하는 모습도 관찰되었고, 쌓기놀이 영역에서 블록으로 선물을 만들어서 가지고 오는 유아들의 모습도 관찰되었다.

교사는 유아들의 생일에 관한 관심을 통해 유아 스스로 자신의 소중함을 알고 부모님에 대한 고마움을 생각해 보는 기회로 활용할 수 있을 것 같다고 생각하였다. 이와 더불어 다양한 놀이를 통해 다른 친구들의 생일에 관해서도 관심을 가지도록 함으로써 다른 친구들도 모두 소중한 존재라는 것을 생각해 볼 수 있는 활동을 지원하기 위한 방법에 관하여 고민하였다.

- 환경적 지원에 관한 아이디어

- 상호작용적 지원에 관한 아이디어

제3장
유아사회교육의 교수학습방법 및 평가

1. 유아사회교육의 교수학습방법

1) 교수학습의 개념

교수학습이란 교수자가 학문과 기술을 가르치는 행위와 그러한 행위의 결과로 학습자의 지식이나 행동, 그리고 태도가 변화하는 과정을 의미한다. 교수학습의 개념을 정리하면 다음과 같다(윤정일, 허형, 이성호, 이용남, 박철홍, 박인우, 2002).

- 가르치고 배우는 교수와 학습은 동시에 발생하며 상호 교류하는 통합된 과정이다.
- 교수와 학습의 주체는 가르치는 사람인 교수자(교사)와 배우는 사람인 학습자(유아)이다. 유아교육기관에서 교사와 유아는 지식이나 교육내용에 관하여 상호작용하면서 가르치고 배운다.
- 교수자와 학습자는 삶의 의미를 공유하는 교육의 현장에서 교수학습의 과정을 통해 삶 자체인 가르침과 배움을 통합적으로 경험할 수 있다.
- 교수와 학습은 결과보다는 과정에 중점을 두고 전개된다.
- 교수학습의 과정은 교수자와 학습자 모두에게 의미 있는 경험이다.

유아교육 현장에서의 교수학습방법은 교사의 교육신념에 의하여 영향을 받는다. 유아를 위한 적절한 교수학습방법이 어떠해야 하는지에 관한 교사의 신념은 어린이집과 유치원의 전반적인 교수학습방법에 영향을 미친다(김정원, 김유정, 이효정,

2019). 교사가 학습자인 유아를 어떠한 존재라고 생각하는지, 어떠한 교수학습방법이 유아기 학습자에게 적절하다고 생각하는지 등에 관한 교사의 신념에 따라서 교수학습방법이 결정되므로 유아를 위한 최선의 교수학습방법을 찾기 위해서 교사는 자신의 교육신념을 반성적으로 돌아볼 필요가 있다.

유아교육현장에서의 교수학습은 인식, 탐색, 탐구, 활용의 순환적 주기로 이루어지는 경우가 많다(NAEYC & NAECS/SDE, 1991). 새로운 것을 배우기 위하여 사물이나 세상의 현상에 관하여 경험하는 '인식', 인식을 토대로 감각을 비롯한 다양한 수단을 통해 알고 싶은 현상의 세부적인 내용을 이해해 가는 과정인 '탐색', 인식하고 탐색하는 과정에서 알게 된 내용을 비교하고 분석하면서 명료한 지식이나 정보를 찾아내는 '탐구', 그리고 인식, 탐색, 탐구의 과정을 통해서 학습한 내용을 필요할 때 적용하는 '활용'의 과정을 통해 교수학습이 이루어진다.

예를 들면, 그림책『커다란 크리스마스 트리가 있었는데(글/그림 로버트 베리, 길벗어린이, 2018)』를 읽고, 그림책의 등장인물들이 크리스마스 트리의 꼭대기를 잘라서 이웃들과 나누는 행동에 대해서 생각해 보고(인식), 잘라 낸 크리스마스 트리의 꼭대기가 이웃들에게 전해지면서 점점 작아지는 동시에 그 이웃들의 마음은 어떻게 변화해 갔는지를 공감해 보고(탐색), 이렇게 서로를 배려하며 나누는 경험이 있었는지, 친구가 가진 것을 기꺼이 나눈다면 어떤 마음이 들지를 친구들과 생각해 보고(탐구), 내가 가진 좋은 것 중에서 이웃이나 친구들과 나눌 수 있는 것을 찾아서 적절한 방법을 활용하여 실제로 나눠 보는 경험을 해 볼 수 있다(활용).

★ 교수학습의 순환적 주기를 통한 나눔과 배려의 학습: 그림책을 활용한 접근

『커다란 크리스마스 트리가 있었는데』
- 글/그림: 로버트 베리
- 출판사: 길벗어린이
- 출판년도: 2018

▶ 인식(Awareness)

그림책의 등장인물들이 크리스마스 트리의 꼭대기를 잘라서 이웃들과 나누는 행동에 대해서 생각해 보기

- 왜 아름다운 크리스마스 트리의 꼭대기를 잘라 내었을까?
- 잘라 낸 트리의 꼭대기는 어떻게 했니?
- 크리스마스 트리의 꼭대기를 누구에게 주었니?

▶ 탐색(Exploration)

잘라낸 크리스마스 트리의 꼭대기가 이웃들에게 전해지면서 점점 작아지게 되는데, 그와 동시에 그 이웃들의 마음은 어떻게 변화되었는지를 생각하고 공감해 보기

- 아름다운 트리의 꼭대기를 갖게 된 이웃은 어떤 마음이 들었을까?
- 크리스마스 트리는 점점 작아지게 되었지만 이웃들이 느끼는 기쁨과 행복의 크기는 어떻게 변화되었니?

▶ 탐구(Inquiry)

서로를 배려하며 나누어 보았거나 친구가 가진 것을 기꺼이 나눠 주었을 때, 어떤 마음이 들었는지를 알아보기

- 내가 가진 것을 친구들에게 나눠 주었을 때 어떤 기분이 들었니?
- 내가 가진 소중한 것을 필요한 친구들과 나누면 어떤 기분이 들까?

▶ 활용(Utilization)

내가 가진 좋은 것 중에서 이웃이나 친구들과 나눌 수 있는 것을 찾아보고 실제로 나눠 보는 경험하기

- 내가 가진 좋은 것 중에서 친구들과 나누고 싶은 것이 있니?
- 어떤 방법으로 우리가 가진 소중한 것을 친구나 이웃과 나눌 수 있을까?

2) 교수학습의 기본 원리

어린이집이나 유치원에서 유아사회교육을 실시할 때, 기본적으로 고려해야 할 교수학습의 원리에 관하여 알아보면 다음과 같다(김정원, 김유정, 이효정, 2019; 조순옥 외, 2013).

(1) 자발성의 원리

유아의 사회성 발달과 사회과학적 지식 획득을 위해서는 유아기 학습자의 능동적이고 자발적인 동기유발이 중요하다. 자발성은 유아들 스스로 자라고 배우고자 하는 능력이나 가능성을 의미하며, 유아기 학습자는 자신의 흥미와 요구, 관심에 의해서 자발적으로 동기화될 때 효과적으로 학습한다.

- ▶ 좋아하는 친구가 아침에 엄마와 헤어지면서 마음 아파하는 것을 본 유아는 슬퍼하는 친구를 위로하고 같이 놀이할 수 있는 방법이 무엇인지를 자발적으로 찾게 된다.
- ▶ 지구 온난화로 인하여 극지방의 빙산이 녹아내리게 되면서 북극곰의 삶이 위협받는다는 것을 광고를 통해 알게 된 유아들은 자발적으로 자연환경을 보호하는 방법을 탐색한다.

(2) 개별화의 원리

유아사회교육은 학습자인 유아들 한 명 한 명을 개별적인 존재로 인정하고 존중하는 가운데 이루어져야 효과적이다. 유아들은 발달의 수준이나 기질, 가족이나 지역사회 등에서 차이가 있고, 이에 따른 경험의 종류나 수준 등에서도 차이가 있으므로, 유아들의 개별적인 특성을 고려한 교수학습방법을 찾아야 교육의 효과를 높일 수 있다.

- ▶ 나누기와 배려하기 등을 교육내용으로 다룰 때, 다양한 연령대에 속한 유아들의 발달적 수준의 차이를 고려해서 적절한 방법으로 나누는 경험을 계획한다.
- ▶ 환경교육을 실시할 때, 영아들의 경우는 산책 등을 통해 자연의 아름다움을 감상하고 느끼는 데 초점을 맞추고, 유아들의 경우에는 환경 훼손의 상황과 환경보호를 위한 구체적인 실천 방안을 찾고 적용해 보는 경험을 한다.

(3) 다양성 및 융통성의 원리

유아는 연령별 발달에 따른 일반적인 보편성을 가지는 동시에 개별적인 특성도 가지고 있다. 따라서 효과적인 유아사회교육을 위해서는 다양한 능력과 흥미를 가진 유아들의 개인차를 고려하여 교수 환경을 마련하고, 유아들이 각자 원하는 놀이와 활동을 선택할 수 있도록 다양하고 융통성 있는 교수전략을 적용해야 한다.

- 유아의 친사회적 행동 발달을 위해서 어린이집이나 유치원의 교실에는 다양한 교육 자료들이 갖추어진 흥미 영역이 구성되어 있어야 하고 유아들이 자신의 관심과 흥미에 따라 놀이와 활동의 유형을 선택할 수 있어야 한다.
- '나와 가족'의 주제에 따른 교육과정을 실시할 때, 유아의 관심이 교사가 준비한 내용과 달리 친구와 지역사회로 확장되는 경우에는 이를 고려하여 융통성 있게 교육내용을 친구와 지역사회를 포함하는 것으로 확장시킨다.

(4) 구체성의 원리

유아기 학습자는 구체적인 사물을 직접 조작하고 탐색하면서 학습하기 시작하고, 점차 언어나 기호 등 추상적인 상징을 통해 학습한다. 따라서 유아를 위한 사회교육도 책을 읽고 외우기를 하는 등 언어나 상징을 사용하는 것보다는 구체물을 가지고 직접 탐색하고 체험하면서 이루어지는 것이 효과적이다.

- 지역사회의 다양한 기관을 알아보는 주제를 진행할 때, 책으로만 보고 이야기를 하는 것이 아니라, 현장학습(견학)을 통해 기관을 돌아보고 기관의 관계자들과 상호작용하면서 기관의 기능과 역할 등을 구체적으로 탐색한다.
- 자연과 환경의 소중함에 관한 주제를 다룰 때, 영상이나 그림책 등을 활용하는 것도 가능하지만 산책을 하며 꽃과 나무를 관찰하고, 숲 프로그램을 통해 나무를 만져 보고 품에 안아 보는 등 숲의 소중함을 체험하고 느껴 본다.

(5) 통합의 원리

다양한 학문의 영역을 분절된 교과로 학습하는 것보다 통합적으로 경험하는 것이 유아기 학습자의 발달에 적절하다(이기숙, 김정원, 이현숙, 전선옥, 2021). 유아교육의 현장에서 다양한 교과의 영역이나 유아의 경험 등을 전체성에 기초해서 통합하는 것은 분절된 지식이나 경험을 전체에 연관시켜 구성하고 적용하는 것을 의미한다. 통합의 원리에 의한 사회교육을 통해 유아들은 신체적, 사회적, 인지적, 정서적, 언어적 측면에서 고루 발달하고 다양한 학문 영역과 관련된 지식과 기술, 태도를 학습한다.

- ▶ 정서조절능력을 기르기 위하여 그림책 읽기와 이야기하기, 그림책 주인공의 정서의 변화에 관하여 그림 그리고 이야기 써 보기, 실외 모래 놀이터에서 그림책의 등장인물들 같이 친구들과 사이좋게 놀이하기, 물과 모래로 주인공의 집 만들기, 인형을 가지고 인형극 놀이를 하는 등 다양한 영역의 활동을 통합적으로 경험하면서 학습한다.
- ▶ 그림책 등장인물이 화가 난 것 같은 특정 정서를 느낀 이유를 이해하고, 주인공이 경험한 것과 유사한 상황에서 주인공과 같은 방법으로 정서를 조절해 보고, 사회적으로 수용되는 적절한 방법으로 정서를 조절하는 것이 바람직하다는 것을 느껴 본다.

3) 국가수준 교육과정과 사회교육의 교수학습방법

『2019 개정 누리과정』과 『제4차 어린이집 표준보육과정』의 교육과정 편성 및 운영에서의 교수학습방법에 근거하여 유아사회교육의 교수학습방법을 살펴보면 다음과 같다(교육부, 2019; 보건복지부, 2020). 누리과정과 표준보육과정에서 제시하는 교수학습방법은 대체로 유사하므로 누리과정에 근거하여 살펴보고자 한다.

- 유아사회교육은 놀이를 중심으로 하는 교수학습 활동을 통해 이루어져야 한다.
- 유아의 사회성 발달과 사회과학지식 획득을 위하여 계획되고 준비된 활동과 놀이는 유아의 흥미에 근거하여 선택되고 지속될 수 있어야 한다.
- 유아들이 살아가고 있는 일상의 생활에서 직접 체험하고 경험할 수 있는 내용을 통해 지식, 기능, 태도 및 가치를 모두 습득할 수 있는 교수학습방법으로 실시되어야 한다.
- 유아사회교육의 교수학습 과정에서는 유아와 교사, 유아와 유아, 유아와 환경 간의 능동적인 상호작용이 강조되어야 한다.
- 유아사회교육은 유아의 발달과 사회문화적인 맥락에 적절한 주제를 중심으로 다양한 활동을 통한 통합적 접근으로 이루어져야 한다.
- 유아사회교육은 실내 · 실외활동, 정적 · 동적활동, 대 · 소집단 활동 및 개별활동, 휴식 등이 균형 있게 이루어지는 교육과정의 편성 및 운영을 통해 실시되어야 한다.
- 유아사회교육은 유아의 관심과 흥미, 발달이나 환경 특성 등을 고려하여 개별 유아에게 적합한 방식으로 실시되어야 한다.
- 유아사회교육의 효과적인 교수학습은 유아와 교사 간에 형성되는 신뢰감에 근거할 때 효과적이다.

4) 유아사회교육의 환경

유아사회교육은 어린이집이나 유치원의 실내외 환경에서 자유놀이와 다양한 유형의 활동을 통해 이루어진다. 유아의 사회성 발달과 사회과학지식에 관련된 교육의 목표를 효과적으로 달성하기 위해서는 유아교육기관의 물리적 환경이 적절하게 구성되어야 한다. 본 장에서는 유치원이나 어린이집의 물리적 환경과 함께, 지역사회를 교육의 장으로 활용함으로써 유아교육기관의 물리적 한계를 넘어서게 하는 현장학습을 유아사회교육의 환경에 포함시켜 살펴보고자 한다.

(1) 유아교육기관의 물리적 환경

유아사회교육이 실시되는 유아교육기관의 실내외 환경은 반응적이어야 한다. 반응적인 환경이란 영유아의 관심과 흥미, 요구를 고려하여 적극적으로 변경되고 구성되는 환경을 의미한다. 반응적인 환경은 유아와 교사, 유아와 유아들 간의 민주적인 관계를 통해 형성된다. 영유아의 관심이나 흥미, 요구에 반응적인 교실에서 생활하는 유아들은, 교사의 권위적인 통제에 의해서가 아니라 유아 자신과 교사의 요구가 함께 반영되어 운영되는 교육과정을 경험하면서 사회교육의 내용을 자율적이고 역동적으로 학습할 수 있다.

유아사회교육을 위한 유아교육기관의 실내외 환경은 다양한 흥미 영역으로 구성되어서 유아들이 관심과 흥미에 따라 흥미 영역에서의 활동을 자유롭게 선택하고 능동적으로 참여할 수 있어야 한다. 일반적으로 유아교육기관의 실내외 환경은 역할놀이 영역, 쌓기놀이 영역, 언어와 도서 영역, 수학과 과학 영역, 미술과 조형 영역, 음률 영역, 물모래놀이 영역 등으로 구성되는데, 각 어린이집이나 유치원의 상황과 진행되는 주제, 그리고 유아들의 요구에 따라 새로운 흥미 영역을 더하기도 하고, 기존에 구성되어 있던 흥미 영역을 없애기도 한다.

유아들은 자신의 관심과 흥미, 요구에 의해서 구성되는 반응적인 실내외 환경에서 놀이하고 다양한 활동에 참여하면서 사회성을 발달시키고 사회과학에 관한 지식을 획득한다. 예를 들면 영유아들은 역할놀이 영역에서 또래와 가족놀이를 하면서 가족 구성원이 어떠한 역할을 해야 가족 구성원 모두가 행복하게 살아갈 수 있는지를 알게 된다. 또한 우리 동네에 관한 놀이를 진행하면서 이웃과의 관계 형성을 위한 바람직한 태도와 우리가 안전하고 편리하게 생활하는 것을 지원하는 다양한 공공기관의 기능을 알게 된다. 그리고 그곳에서 일하시는 분들의 고마움을 이해하고 지역사회 공동체의 구성원으로서 필요한 역량을 기르게 된다.

유아교육기관의 실내외 놀이환경은 유아들의 사회성 발달과
사회과학지식 획득을 지원하는 중요한 물리적 환경이다.

(2) 지역사회 자원을 활용하는 현장학습

유아사회교육을 효과적으로 실시하기 위해서는 유아교육기관의 실내외 환경을 넘어서 영유아들이 살아가는 지역사회의 다양한 자원을 적극적으로 활용할 수 있어야 한다. 대부분의 국가와 사회에서 유아교육기관의 물리적 자원과 재정적 형편은 항상 부족하기 마련이므로, 유아교육기관의 제한된 자원의 한계를 극복하고 지역사회의 다양하고 풍부한 자원을 보다 적극적으로 활용할 수 있는 현장학습을 통해 유아사회교육의 효과를 높일 수 있어야 한다.

현장학습(견학)은 유아들이 주위의 물리적 환경을 탐색하고 사회의 제 현상을 이해하는 데 도움이 되는 사회교육의 효과적인 방법이다(Seefeldt, Castle, & Falconer, 2013). 유아들은 사회의 다양한 환경과 기관을 직접 찾아가서 체험하는 현장학습을 통해 우리 사회의 구성원에게 필요한 지식, 기술, 태도 등의 사회적 역량의 함양에 도움을 받을 수 있다(이부미, 2001; 조순옥 외, 2013). 유아사회교육의 장을 지역사회로 확장시키고 지역사회의 유용한 자료의 활용을 가능하게 하는 현장학습에 관하여 알아보면 다음과 같다.

① 현장학습의 교육적 의미

현장학습은 다음과 같은 교육적 의미를 지닌다(김정원, 2007).

- 주변의 환경을 이해하고 친근감을 가지도록 하며 주변 환경에 적응하는 데 도움이 된다. 주변 환경에 관한 현장학습을 통해 방향 감각, 지도 읽기, 공간 개념을 익힐 수 있다.
- 주변의 환경을 관찰하고 정보를 수집하여 추론하고 분석하고 종합하여 결론을 내리도록 하는 과학적인 탐구 능력 향상에 도움이 된다.
- 지역사회의 다양한 기관과 직업의 세계를 알아볼 수 있는 기회가 되어 각 기관의 역할과 다양한 직업 세계에 관한 안목을 넓힐 수 있다.
- 현장학습을 통해 접하게 되는 자연환경과 물리적 환경은 해당 환경에 관한 유아의 자발적인 흥미와 관심을 불러일으키고, 이에 근거한 탐색의 기회를 제공함으로써 문제해결의 직접적인 기회가 된다.

② 현장학습의 유형

유아교육기관에서는 다양한 유형의 현장학습을 통해 유아의 사회성 발달과 사회과학지식의 획득을 지원할 수 있다. 모든 유형의 현장학습은 사회교육의 목표를 달성하는 데 도움이 되는 의미 있는 교육의 기회가 되어야 한다.

- 산책을 통한 현장학습: 어린이집이나 유치원의 주변을 산책하면서 지역사회와 자연의 변화를 관찰하고 탐색한다. 횟수에 제한을 두지 않고 날씨가 적절하고 유아가 흥미를 보이는 경우에는 언제든지 자연스럽게 실행할 수 있다.

- 소집단 현장학습: 소집단으로 나누어서 현장학습을 하거나 한 학급의 유아들이 모두 함께 나가서 현장에서 소집단을 구성하여 견학하는 현장학습이다. 특별히 관심을 가지는 영역이 다를 경우에 조사하는 영역을 나누어 탐색한 후 교실에서 현장학습의 결과를 공유할 수 있다.
- 반복 현장학습: 같은 현장을 반복해서 견학하는 것이다. 지역사회 공원을 계절이 변할 때마다 주기적으로 방문하여 변화를 관찰하거나 우리 동네에 새롭게 건축되는 어린이 도서관이나 박물관 등 지역사회 기관의 건축의 과정을 견학할 수 있다.
- 가족 참여 현장학습: 1년에 한두 번 정도 유아의 가족과 함께 하는 현장학습을 실시할 수 있다. 부모와 함께 지역사회의 어린이 도서관이나 박물관 방문하기, 부모와 함께 숲 체험하기, 가족 소풍이나 운동회, 가족의 날 행사하기 등이 이 유형의 현장학습에 포함된다.

③ 현장학습 계획하기

유아교육기관의 현장학습은 다음을 고려하여 계획한다.

- 현장학습의 교육적 효과에 관한 충분한 검토가 필요하다.
- 현장학습 장소의 선택과 견학의 방법 등을 검토한다.
- 현장학습 장소를 미리 방문하여 학습목표 달성에 적절한 곳인지, 안전한 곳인지, 화장실 등 시설 사용이 가능한지 등을 확인한다.
- 가정에 가정통신문이나 키즈노트 등을 활용하여 현장학습에 관한 정보를 제공하고 동의를 구한다.
- 현장학습을 가기 전에 유아에게 현장학습을 가는 곳과 이유 등에 관한 정보를 제공한다.
- 현장학습 시 지켜야 할 약속과 안전 규칙에 관하여 이야기 나눈다.

- 현장학습을 다녀와서 교실에서 하려고 준비한 활동에 관하여 알려 준다. 유아들이 현장학습 이후에 하고 싶은 활동에 관한 의견을 제시하면 그 의견을 존중하고 다른 유아들과 의논하여 해 볼 수 있도록 한다.

④ 현장학습의 후속 활동

유아와 함께 현장학습을 하기에 적절한 곳으로는 소방서, 경찰서, 동네의 마트나 시장, 유아용 책방과 도서관, 식물원, 박물관, 방송국, 공원, 초등학교 등이 있다. 이러한 장소 중에서 교육과정의 주제와 유아의 관심 등을 고려하여 현장학습을 다녀올 수 있다. 현장학습을 다녀온 후에는 다양한 후속 활동을 통해 현장학습의 교육적 의미를 확장시킬 필요가 있다. 특히 현장학습을 하면서 유아들이 하고 싶은 활동에 대한 구체적인 요구가 있거나 후속 활동에 관한 관심이나 흥미가 감지되면 이를 고려하여 후속 활동으로 진행할 수 있다. 현장학습 이후 진행할 수 있는 후속 활동의 예는 다음과 같다.

- 현장학습의 소감을 표현하기: 현장학습에 관한 소감을 다양한 방법으로 표현해 본다. 그림 그리기, 이야기 쓰기, 동극하기, 가작화 놀이하기, 시를 짓거나 노래 만들기, 편지쓰기를 통해 고마운 마음 표현하기 등 창의적인 활동을 통해 현장학습의 소감을 표현하고 공유할 수 있다.
- 교실의 다양한 흥미 영역에 현장학습에 관한 자료 제공하기: 동네 시장을 다녀온 후, 소방서나 도서관을 방문한 후, 혹은 병원이나 약국 등에 다녀온 후 관련된 소품과 자료들을 적절한 흥미 영역에 제공하여 유아의 놀이를 격려한다.
- 현장학습에 관한 토론: 현장학습을 통해 새롭게 알게 된 것, 더 알아보고 싶은 것, 만나 본 사람들에 관하여 토론한다. 현장학습은 유아들이 직접 체험한 교육적 경험이므로 적극적인 토론을 통해 유아들의 사고와 지식을 효과적으로 확장시킬 수 있다.

지역사회의 자연환경을 안전하게 이용하는 방법을 알아보기 위한 현장학습

지역사회의 자연환경에 관한 현장학습 결과물

5) 유아사회교육을 위한 교사의 역할

유아사회교육의 효과적인 적용을 위해서는 유아들의 관심과 흥미, 요구에 반응적인 교실의 분위기를 조성하고, 다양한 교육자료를 활용하여 환경을 구성하며, 주제에 적절한 교육과정을 효과적으로 운영할 수 있는 교사의 역량이 매우 중요하다. 유아교사는 유아사회교육의 교육적 효과를 최대한으로 성취하기 위하여 다음과 같은 역할을 수행해야 한다(유효순 외, 2001; 조순옥 외, 2014).

- 자율적 활동 격려하기: 유아들이 환경에 대한 호기심을 가지고 자율적으로 주변의 환경을 탐색하도록 격려함으로써 자율적인 존재로 성장하도록 지원한다.
- 활동의 계획, 실행, 평가에 참여할 기회 제공하기: 다양한 놀이와 대소집단 활동에 관한 아이디어의 창출과 이에 근거한 활동의 계획, 실행, 평가의 기회를 유아들에게 제공하여 유아들 스스로 선택하고 책임질 수 있는 역량을 갖추도록 지원한다.
- 비지시적이고 긍정적인 언어로 상호작용하기: 유아들이 자신의 생각이나 의견을 자유롭게 표현할 수 있도록 비지시적인 언어를 사용하고, 훈계하고 지시하기보다는 긍정적으로 격려하는 언어를 사용함으로써 스스로 사고하고,

의견을 표출할 수 있도록 격려한다.

- 구체적인 사물이나 사람들과의 상호작용의 기회 제공하기: 주위의 다양한 자원들과 직접적이고 구체적으로 상호작용할 수 있는 기회를 제공하여 사회적 환경에 관한 이해를 돕는다.
- 다양한 종류의 자원과 활동을 제공하기: 유아들이 자신의 관심과 흥미에 따라 적절한 자원을 선택하여 놀이하고 활동하는 데 필요한 자료를 제공함으로써 유아들의 자율적이며 능동적인 학습을 격려한다.
- 다양성 있는 환경을 조성하고 융통성 있게 운영하기: 유아교육기관의 실내외 환경을 다양한 영역으로 구성하여 영유아의 관심과 흥미, 발달의 수준에 따른 놀이와 활동의 선택이 가능하도록 한다. 공간의 한계를 넘어서는 융통성 있는 공간 운영은 유아가 놀이와 활동에 몰입하는 데 도움이 됨으로써 유아의 사회성 발달과 사회과학지식의 습득을 지원한다.
- 유아의 사회성 발달을 위한 효과적인 전략 사용하기: 교사는 유능한 사회인으로서 유아의 모델이 된다. 교사는 다음과 같은 전략을 통해 유아들이 보고 배울 수 있는 사회적으로 유능한 모델로서의 역할을 수행할 수 있다.
  - ▶ 유아와 부모, 동료 교사의 감정을 존중하기
  - ▶ 교사로서의 바른 권위를 확립하고 신뢰할 수 있는 존재가 되기
  - ▶ 유아의 긍정적인 성격에 관심을 보여 주기
  - ▶ 충동 조절의 적절한 모델이 되고, 유아가 충동을 적절한 방법으로 조절하도록 격려하기
  - ▶ 유아의 개인차를 인정하고 존중하기
  - ▶ 약속과 규칙을 상기시키고 지키도록 격려하기
  - ▶ 유아의 친사회적 성향을 강화하기
  - ▶ 기본적인 상식이 통하는 교실 분위기 형성하기
  - ▶ 문제 상황에 창의적이고 자율적으로 대처하기

- 허용, 인내, 간섭을 통해 유아의 생활을 지도하기: 허용하고, 인내하며, 적절히 간섭함으로써 유아들의 행동을 바람직한 방향으로 수정한다.
  - ▶ 긍정적인 언어로 허용의 한계 안내하기: 유아의 생활을 지도할 때 금지하는 언어(뛰지 말아라, 큰 소리로 말하지 말아라, 혼자 다 가지고 놀면 안 된다 등)보다는 긍정적인 언어로 허용의 한계를 명확히 알려 주는 것이 중요하다(살금살금 조용히 걸어 다니자, 적절한 목소리로 이야기하자, 우리 교실의 놀잇감은 친구들과 같이 가지고 놀자 등).
  - ▶ 발달의 수준에 근거하여 인내하고 기다리기: 유아의 발달적 특성을 명확히 이해하고 적절한 수준에서 기대하며 참고 기다릴 수 있어야 한다. 어린 영아들의 경우 가만히 앉아 있는 것이 어렵고 자기규제능력도 충분히 발달하지 않았음을 이해하고 이에 맞춰서 적절한 수준에서 행동을 지도한다.
  - ▶ 필요할 때 적절하게 간섭하기: 유아가 위험한 상황에 맞닥뜨렸거나 심리적 보호가 필요한 경우, 지나치게 흥분하여 감정 통제를 할 수 없는 상황에서는 교사의 즉각적인 간섭과 생활지도가 필요하다. 신체적, 심리적으로 안전이 위협받는 상황에서는 즉각적이고 적절한 지도를 통해 영유아의 안전을 지키는 것이 중요하다.

진정한 놀이중심 교육과정을 실행하는 교사는 유아가 자율적으로 놀이할 수 있도록 유아의 자율성을 격려하고, 유아들이 공동체를 유지하기 위하여 규칙을 만들고 지킬 수 있도록 격려해야 하며, 구성원 간의 신뢰와 협력적 관계를 구축하여 함께 하는 놀이의 기쁨을 공유하는 것이 중요하다(임희옥, 김정원, 김유정, 2019). 놀이중심 교육과정을 운영하며 유아사회교육의 효과적인 적용을 가능하게 하는 교사의 역할은 다음과 같다(정혜욱 외, 2019).

- 민감한 관찰자: 민감한 놀이 관찰에 근거한 적절한 지원을 통해 유아의 놀이를 지속시키고 확장시킬 수 있어야 한다.

- 유연한 계획자: 유아의 발달 특성과 수준에 부합하는 교육과정을 계획하는 동시에 변화하는 맥락에 개방적이고 수용적인 태도로 융통성 있게 반응하고 수정한다.
- 협력적 지원자: 유아교육기관의 시간과 공간, 물리적 한계를 넘어서 유아와 함께 협력하고 유아의 관심과 흥미에 집중하는 교육과정을 실행한다.
- 실천적 연구자: 유아들의 삶에 의미가 있는 최선의 교육과정을 운영하기 위해서 보다 나은 교육과정에 관하여 항상 연구한다.

2. 유아사회교육의 평가

유아사회교육의 평가는 사회적 영역에서의 유아의 변화와 사회교육과정의 적용과정 및 결과에 관하여 수행된다. 유아사회교육에서의 평가를 통해 유아의 사회성 발달의 수준, 사회과학지식의 획득 정도, 그리고 사회적 기술, 태도, 가치관 등이 어느 정도로 발달되었는지를 파악할 수 있다. 교사는 평가의 결과를 다음의 사회교육의 계획, 내용선정, 교수방법 등을 계획할 때 고려함으로써 보다 효과적인 유아사회교육을 실시할 수 있다.

1) 국가수준 교육과정과 유아사회교육의 평가

유아사회교육의 평가도 국가수준 교육과정의 편성과 운영에서 제시된 평가에 관한 내용을 고려해서 이루어져야 한다. 『2019 개정 누리과정』과 『제4차 어린이집 표준보육과정』에 제시된 교육과정 운영 평가와 유아 평가의 내용(교육부와 보건복지부, 2019; 보건복지부 2020)을 근거로 유아사회교육의 전반적인 평가에 관하여 살펴보면 다음과 같다.

(1) 사회교육과정의 운영 평가

- 유아사회교육의 내용과 교수학습방법이 국가수준 교육과정의 목표와 내용에 부합하는지를 평가해야 한다.
- 유아사회교육의 내용 및 활동이 유아의 발달 수준과 흥미 · 요구에 적합한지를 평가해야 한다.
- 유아사회교육의 교수학습방법이 유아의 흥미와 활동의 특성에 적합한지를 평가해야 한다.
- 유아사회교육이 실시된 어린이집이나 유치원의 환경이 유아의 발달 특성과 활동의 주제, 내용 및 효율성 등을 고려하여 구성되었는지를 평가한다.
- 유아사회교육의 평가는 계획안 분석, 수업 참관 및 모니터링, 평가척도 등 다양한 방법을 활용하여 이루어져야 한다.
- 유아사회교육의 운영 평가의 결과를 반영하여 사회교육의 운영계획을 수정 · 보완하거나 이후 사회교육과정의 편성과 운영에 활용한다.

(2) 유아 평가

- 누리과정 · 표준보육과정의 유아사회교육 관련 영역의 목표와 내용에 근거하여 유아의 특성과 변화 정도를 평가한다.
- 유아의 지식, 기능, 태도를 모두 포함하여 평가한다.
- 유아의 일상생활과 누리과정 · 표준보육과정에 근거하여 이루어지는 활동 전반을 평가한다.
- 유아사회교육의 교육목표 달성은 관찰, 활동 결과물 분석, 부모 면담 등 다양한 방법을 사용하여 종합적으로 평가하고 그 결과를 기록한다.
- 유아 평가의 결과는 유아의 사회성 발달 및 사회과학지식의 획득과 관련된 이해와 사회교육과정 운영의 개선 및 부모 면담자료로 활용한다.

2) 유아사회교육의 평가도구

유아 대상 평가는 유아의 발달 특성을 고려할 때, 일회성보다는 다양한 상황에서 다양한 방법으로 수행되는 것이 적절하다. 유아기에 속하는 어린 학습자의 사회성 발달이나 사회적 역량 등은 표준화된 검사도구를 사용하여 한 번에 측정하거나 검사하여 신뢰할 수 있는 결과를 도출하기 어렵기 때문이다. 유아의 성장과 발달을 다면적으로 측정하기 위한 유아사회교육의 평가는 다양한 상황에서 다양한 방법을 통한 수행평가로 이루어지는 것이 적절하다(Shapin & Messick, 1999). 이를 위하여 유아교육과정이 실행되는 모든 과정에서 유아들이 수행한 작품이나 행동에 관한 관찰기록, 검사 결과 등 다양한 자료를 수집하여 평가하는 것이 바람직하다.

유아사회교육과 관련된 수행평가를 위하여 포트폴리오를 활용하는 방법이 있다. 포트폴리오(portfolio)는 유아 개개인이 성취한 기술, 교육과정에 참여하면서 표출한 아이디어, 특정 분야에 관한 유아의 흥미와 성과물 등을 모아 놓은 것으로, 다면적인 평가를 하는 데 유용한 자료이다. 유아사회교육에서도 유아들의 성취의 수준이나 노력의 정도를 평가하기 위하여 의도적으로 수집해 놓은 다양한 결과물들의 모음인 포트폴리오를 많이 활용하고 있다.

포트폴리오가 신뢰할 수 있고 의미 있는 평가자료가 되기 위해서는 교사가 포트폴리오 준비를 위하여 체계적으로 계획하고 융통성 있는 방법으로 다양한 자료를 수집해야 한다. 평가전문가로서 교사의 의도적인 계획에 의하여 준비된 포트폴리오는 유아사회교육의 내용에 관한 유아의 수행 정도와 교사의 사회교육과정에 관한 적절한 평가를 가능하게 함으로써 보다 효과적인 사회교육을 실시하는 데 도움이 된다.

유아의 포트폴리오에는 일화기록, 표본식 기술, 시간표집법, 사건표집법, 평정척도법, 행동목록법 등의 방법을 활용하는 관찰기록을 포함할 수 있다. 또한 교육과정을 운영하며 유아를 면담한 면담기록, 집단으로 토의한 후 기록한 내용, 유아들이 산출한 다양한 활동의 결과물 등을 넣기도 한다. 이들 중 많이 활용되는 평가

자료에 관하여 살펴보면 다음과 같다.

(1) 관찰기록

유아교육기관의 다양한 상황에서 유아들을 관찰하며 기록한 내용은 평가의 근거로 유용하게 활용될 수 있다. 유아들은 교실에서, 혹은 실외놀이터에서 다양한 놀이와 활동을 하며 사회성을 발달시키고 사회과학지식을 획득하며 성장하고 발달한다. 교실에서의 자유놀이와 활동, 실외놀이터에서의 놀이와 활동, 다양한 일상생활(먹기, 잠자기, 화장실 사용하기, 휴식하기 등)에 관한 관찰은 유아의 사회적인 지식과 기술, 태도와 가치관 등이 어떠한 수준인지를 파악하는 데 도움이 된다. 이러한 다양한 상황에서의 관찰기록을 통해 사회교육의 목표 달성 여부를 평가할 수 있다.

관찰을 위해서는 무엇을, 왜 관찰하는지 관찰의 목표를 분명하게 설정하고, 관찰한 내용을 객관적으로 기록해야 한다. 그리고 추론과 평가의 과정을 거쳐 관찰기록을 분석하여 정리해야 한다(조순옥 외, 2013; Jagger, 1985). 이렇게 관찰을 통하여 평가한 기록은 유아사회교육을 위한 교수학습의 과정에 반영되어 더 나은 사회교육을 실시하는 데 도움이 된다. 다양한 관찰법 중에서 유아교육기관에서 많이 활용되는 일화기록과 표본식 기술의 예를 제시하면 다음과 같다. 관찰의 내용을 기록하는 방식이나 사용하는 형식은 다양하므로 기관마다 가장 적절한 방법으로 관찰 결과를 기록하여 평가를 위한 자료로 활용할 수 있다.

- 일화기록(anecdotal records)

한 가지 행동이나 상황에 초점을 맞춰서 서술적으로 기록하는 방법이다. 관찰자(교사)는 유아의 행동패턴이나 변화, 이전과 비교할 때 발전의 정도, 특기할 만한 사건을 미리 정해진 범주에 따라 관찰한다. 사회성 발달에 초점을 맞춘 일화기록의 예를 보면 다음과 같다.

<table>
<tr><th colspan="6">사회성 발달 평가를 위한 일화기록의 예</th></tr>
<tr><td>유아 이름</td><td>신수겸</td><td>생년월일</td><td>○○○○.6.30</td><td>성별</td><td>남</td></tr>
<tr><td></td><td>이여나</td><td></td><td>○○○○.5.20</td><td></td><td>여</td></tr>
<tr><td colspan="2">관찰일: ○○○○.11.15</td><td colspan="4">관찰자: ○○○</td></tr>
<tr><td colspan="6">관찰장면: 역할놀이 영역의 정리정돈 시간</td></tr>
<tr><td colspan="6">관찰내용</td></tr>
<tr><td colspan="6">역할놀이 영역의 정리정돈 시간에 수겸이와 여나가 흩어져 있는 놀잇감을 바구니에 넣거나 제자리를 찾아서 정리하고 있다. 수겸이가 놀잇감 속에 섞여 있는 여성용 하이힐 구두를 집어서 신어 본다. 자신의 발을 내려다보던 수겸이가 놀이 영역을 몇 걸음 왔다 갔다 한다. 여나가 이 모습을 보더니 다른 아이들도 듣고 쳐다볼 정도로 큰 소리로 "야, 왜 남자가 여자 신발을 신냐?"고 묻는다. 수겸이는 아무 말도 하시 않고 재빨리 하이힐을 벗어 던지고 역할놀이 영역을 벗어나 쌓기놀이 영역으로 가서 블록을 정리하기 시작한다.</td></tr>
<tr><td colspan="6">관찰의 초점: 성역할 발달</td></tr>
</table>

- 표본식 기술

관찰 대상, 장면, 시간을 미리 정한 후 그 장면에서 일어나는 영유아의 행동과 상황을 모두 관찰하여 기록한다. 표본식 기술은 상황이나 행동을 자세히 묘사하기 때문에 발달이나 행동의 작은 변화를 기록하는 데 유용한 관찰기록 방법이다. 사회교육의 학습내용 중 지리 개념을 나타내는 것에 초점을 맞춘 표본식 기술의 예를 보면 다음과 같다.

<table>
<tr><th colspan="6">사회과학지식의 평가를 위한 표본식 기술의 예</th></tr>
<tr><td>유아 이름</td><td>민수영</td><td>생년월일</td><td>○○○○.7.3</td><td>성별</td><td>여</td></tr>
<tr><td colspan="2">관찰일: ○○○○.11.30</td><td colspan="4">관찰자: ○○○</td></tr>
<tr><td colspan="6">관찰장면: 실외놀이</td></tr>
<tr><td colspan="6">관찰내용</td></tr>
<tr><td colspan="6">날씨가 잔뜩 흐리고 춥다. 소망반 아이들이 나들이를 가기 위해 각자의 사물함 옷걸이에서 겉옷을 찾아서 입는다. 옷을 찾아서 입고 서로 이야기를 나누는 아이들로 인해 왁자지껄 소란스럽다. 교사는 옷을 챙기는 유아들이 단추와 지퍼를 채우는 것을 도와주고 있다. 어디로 나들이를 가느냐고 물으니 수영이는 친절하게 "새로 이사 갈 유치원이요."라고 알려 준다.</td></tr>
</table>

옷을 먼저 입은 아이들은 마당으로 나가서 깔깔거리며 웃고 장난을 치고 있다. 교사가 마당으로 나오자 유아들은 누가 먼저라고 할 것도 없이 앞다투어 유치원의 문을 나선다. 아이들은 이전에도 이사 갈 유치원에 자주 가 본 것 같다. 두셋씩 손을 잡고 짝을 지어 재잘거리며 이리저리 뛰기도 하고 천천히 걷기도 하면서 즐거운 표정을 짓고 길을 나서고 있다. 새로 이사 가게 될 유치원은 지금 유치원이 있는 동네의 골목길 끝에 있다. "얼마나 더 가야 새 유치원이 있니?"라고 묻자 수영이가 "고래 동굴을 지나고 위로 가서 뒤로 돌아가면 나와요."라고 대답한다. "고래 동굴이 어디 있어?"라고 물었더니 "저 위에요."라고 수영이 옆에 있던 친구가 대답한다. "거기 고래가 사니?"라고 물으니까 "아니요, 길고 컴컴해서 고래 속 같아요."라고 대답한다. "그리고 나뭇잎 길도 지나가야 해요."라고 수영이가 말한다. "나뭇잎 길은 어디야?"라고 물었더니 "고래 동굴을 지나서 조금 더 가면 저기 뒤에 있어요."라고 말하며 손을 높이 뻗어 가리킨다. 마을의 골목길을 이리저리 지나서 작은 언덕을 올라가니 이사 갈 유치원의 공사 현장이 나타났다.

관찰결과에 대한 추론 및 해석

▶ 위치나 장소를 나타내기 위해 '위', '뒤' 등의 용어를 사용한다.
▶ 방문할 목적지를 도움 없이 찾아갈 수 있는 방향 감각이 있다.
▶ 알고 있는 위치를 다른 사람에게 적절한 어휘를 사용하여 설명할 수 있는 언어적 능력이 있다.

• 기타 관찰 방법

관찰 방법	내용
시간표집법 (time sampling method)	• 특정 행동을 특정 시점에서 관찰하는 방법 • 일정한 시간 간격으로 여러 번 반복해서 행동을 관찰하고 결과를 기록함 • 행동 출현의 유무 혹은 행동 출현의 빈도수를 기록함
사건표집법 (event sampling method)	• 관심이 있는 행동이나 사건이 나타날 때 일정한 형식에 따라 기록하는 방법 • 특정 행동의 원인을 알아내는 것이 관찰의 목적 • ABC 서술식 사건표집법: 행동이 일어나기 전의 상황(A), 사건이나 행동(B), 사건이나 행동이 일어난 후 반응이나 결과(C)를 기록하는 방법 • 빈도 사건표집법: 특정 범주의 행동이 일어날 때마다 기록하는 방법
평정척도법 (rating scale method)	• 행동관찰 후 일정한 위치에 평정하여 수량화된 점수를 부여하는 방법 • 사회성 발달이나 사회적 역량의 발달 정도를 평가함 • 행동이 끝난 후 영유아가 없을 때 기록함
행동목록법 (checklist method)	• 일련의 행동목록에 있는 행동이 나타나는지 아닌지를 표시하여 평가하는 방법 • 실제 관찰을 하며 기록하거나 관찰 후 기록함

(2) 면담기록

유아를 평가하기 위하여 형식적, 비형식적 면담을 활용할 수 있다. 면담을 통해 유아의 사회성 발달이나 사회과학지식 등을 평가하기 위해서는 한 번의 반응으로만 자료를 수집하기보다 여러 번 다양한 방법으로 질문하여 신뢰할 수 있는 자료를 수집할 필요가 있다. 면담을 통하여 유아를 평가하기 위해서는 유아만 면담하는 것이 아니라 부모 면담, 혹은 부모와 자녀가 함께 참여하는 면담을 실시하여 평가자료를 수집함으로써 신뢰도를 향상시킬 수 있다.

(3) 집단 토의

영유아의 사회적인 기술, 가치와 태도, 다양한 사회과학 분야의 기본 개념과 지식, 또래와의 관계와 집단 활동에 참여하고 협력하는 능력 등을 평가하기 위하여 집단 토의의 방법을 활용할 수 있다. 토의를 통한 평가는 특정한 주제를 가지고 미리 계획하여 진행할 수도 있고, 우연히 발생한 상황에서 토의를 통해 문제를 해결하는 과정을 기록하여 평가에 활용할 수 있다.

(4) 유아들이 산출한 결과물

유아들이 유치원과 어린이집의 일상에서 다양한 활동에 참여하면서 산출한 결과물들은 포트폴리오에 포함되는 중요한 평가자료가 된다. 평가를 위한 자료는 자료 수집 기간을 미리 계획해서 한 학년도의 자료를 골고루 수집할 필요가 있다. 단기간의 변화를 평가하기 위해서는 일주일 간격이나 격주 간격으로 자료를 수집하고, 장기적인 변화를 평가하기 위해서는 한 달 간격이나 한 학기, 혹은 계절별로 자료를 수집해서 평가할 수 있다. 수집하는 자료에는 자료 산출 일자, 활동의 배경, 유아의 행동 특성, 자료 산출에 참여한 또래들에 관한 내용, 자료에 관한 유아의 설명 등을 기록해 두면 평가의 과정에서 유용하게 활용할 수 있다.

포트폴리오에 포함할 수 있는 유아 산출 자료

- ▶ 그림, 만들기, 유아와 친구들의 놀이 사진, 유아와 가족들의 사진, 유아의 쓰기(저널), 엄마나 아빠에게 쓴 편지 녹음한 것
- ▶ 공동 작업 결과물, 구성 작품, 모래놀이에서 만든 구성물, 점토로 만든 작품, 노래하고 악기 연주하기 활동 사진(작품 자체를 보관하기 어려운 경우 사진을 찍어서 활용함)

유아교육기관의 평가 포트폴리오

포트폴리오에 넣은 유아 학습 결과물(평가자료)의 예

[함께 생각해 보아요]

정서발달 지원을 위한 활동 계획해 보기

다음의 정서발달에 관한 평가를 근거로 정서발달을 지원하기 위한 활동을 계획해 보세요.

- 정서발달 평가내용: 1학기에 비하여 지금은 안정적인 모습으로 기분 좋게 통합시간대에 등원하여 교실에도 즐겁게 들어온다. 자신의 감정(속상함, 슬픔, 즐거움 등)에 대해서 주로 표정과 행동(고개 흔들기, 손가락을 가리키기 등)을 사용하여 표현을 하던 1학기에 비해 지금은 표정, 몸짓, 말소리 등으로 더 명확하게 의사표현을 한다. 자신의 다양한 욕구와 감정을 표현할 줄 알고 교사에게 적극적으로 관심과 욕구를 표현할 수 있다.

- 정서발달을 지원하기 위한 활동의 예

예1) 정서의 종류를 말해 볼 수 있는 그림책 『기분을 말해 봐(글/그림 앤서니 브라운, 웅진주니어, 2011)』를 읽고 다양한 정서를 말로 표현한다.
예2) 즐거움, 기쁨, 슬픔 등의 표정을 그린 감정 카드를 보고 자신의 감정과 비슷한 카드를 골라 보고 이야기해 본다.

▶

▶

▶

PART

2

유아사회교육의 이론

제1장
유아사회교육의 이론

사회적 유능성은 우리 사회의 미래 구성원이 될 유아가 반드시 갖추어야 할 중요한 역량이다. 유아들은 우리 사회에서 태어나고 자라면서 다양한 경험을 통해 사회성이 발달하고, 우리 사회와 전 세계를 더 나은 곳으로 발전시키는 데 도움이 되는 지식과 태도를 갖춘 사회적으로 유능한 개인으로 성장하게 된다. 유아의 사회화 과정에 관한 이론을 간략하게 살펴보면 다음과 같다(김희진, 2020; 조순옥 외, 2013; Kostelnik, et al., 2018).

1. 성숙론적 접근

성숙론적 접근에서는 인간의 사회적 능력의 발달이 태어날 때부터 가지고 있는 내적인 힘과 미리 예정되어 내재화된 계획에 의해서 이루어진다고 본다. 즉 유아들은 태어날 때부터 내재된 힘과 예정된 계획에 따라 성장하고 발달하면서 사회적으로 유능한 개인이 되어 가는 것이다. 이러한 입장에서는 유아들의 사회성 발달을 위해서도 적절한 환경을 제공하고 기다리면 때가 될 때 필요한 사회적 능력이 발달한다고 믿는다. 성숙론적 접근에서는 유아의 연령에 따라 성취해야 할 사회적으로 중요한 행동의 기준을 설정하고 이에 근거하여 유아들의 사회성 발달을 확인한다. 대표학자는 게젤(Arnold L. Gesell, 1880-1961, 미국의 심리학자이자 소아과 의사)이다. 게젤은 세계 최초로 3세까지의 어린이에 대한 발달검사법을 개발하였다.

♣ 게젤발달검사(Gesell developmental test)

- 미국의 심리 · 의학자 게젤 등에 의하여 1925년에 개발됨
- 영역: 운동행동, 적응행동, 언어행동, 사회적 행동
- 4, 16, 28, 40, 52주 및 18, 24, 36개월의 연령 기준
- 검사 결과: 발달연령과 발달지수로 표시

○ 성숙주의적 교육관을 가진 교사와 부모는...

- 영아는 4-6개월 정도가 되면 친숙한 사람과 낯선 사람을 구분할 수 있다고 발달표에 나와 있어. 그러니까 우리 연아가 낯선 사람을 보고 울고 경계하는 모습을 보이는 것은 발달에 적절하게 잘 자라고 있다는 뜻이야. 안심해도 되겠어.
- 4세 정도가 되면 부모나 교사가 원하는 것이 무엇인지를 이해하고 규칙을 만들 수 있어야 하는데 승훈이가 계속 자기주장만 하고 떼를 부리는 것을 보니 발달이 늦는 건 아닐까?

2. 인지발달론적 접근

인지발달론적 접근에서는 인간의 사회적 능력의 발달이 인간과 환경의 상호작용에 의해서 이루어진다고 본다. 즉 유아들은 잘 준비된 환경에서 다양한 경험을 하면서 인지 구조가 질적으로 변화되는 과정을 통해 사회적으로 성장하고 발달한다. 유아에게 영향을 미치는 환경적 요인은 부모, 교사, 유아교육기관의 환경적 요인, 지역사회 등 다양하다. 인지발달론적 접근에서는 유아들이 발달에 적합하게 구성되고 준비된 환경에서 부모와 교사, 또래, 교구와 교재, 놀잇감 등을 가지고 놀이하고 상호작용하면서 발달한다고 본다. 이러한 과정에서 경험하는 동화와 조절이라는 기제를 통해 새로운 인지 구조를 지속적으로 구성하면서 사회적 능력도 발달한다.

인지발달론적 접근의 대표학자는 피아제(Jean Piaget, 1896-1980, 스위스의 심리학자)

다. 피아제는 유아의 인지발달 단계를 감각운동기(0-2세), 전조작기(2-7세), 구체적 조작기(7-11세), 형식적 조작기(11세 이후)로 구분하였다. 피아제에 의하면 유아는 환경과의 상호작용을 통해 각 발달 단계마다 특성이 있는 도식(schema)을 사용하며 지식을 구성하는데, 사회적 능력도 감각운동 도식, 상징적 도식, 그리고 조작적 도식을 통하여 구성된다.

♣ 피아제의 인지발달 단계별 사회성 발달

▶ 감각운동기(감각운동 도식, 0–2세)
- 감각을 활용하는 직접 경험을 통하여 해도 괜찮은 행동과 하지 말아야 하는 행동에 대해서 학습

▶ 전조작기(상징적 도식, 2–7세)
- 상징놀이나 가작화 놀이를 하면서 사회적으로 수용되는 행동과 그렇지 않은 행동에 대해서 학습

▶ 구체적 조작기(조작적 도식, 7–11세)
- 친구들 사이에서 환영받는 행동이 무엇인지를 주변 성인의 말이나 책을 통해 알게 된 유아는 유사한 상황에서 같은 행동을 할 수 있음

○ 인지발달론적 교육관을 가진 교사와 부모는...

▶ 우리 아이는 아직 두 돌 밖에 안 되었으니 다른 사람이 어떤 생각을 하고 있는지 이해하기 어려운 것은 당연해. 그러니까 아이와 지내면서 놀이터에 나가서 친구들을 만나고 놀이할 기회를 많이 주어야겠어. 어린이집에서도 그렇겠지만 집에서도 동네 놀이터에서 직접 비슷한 나이의 아이들을 만나서 놀이할 시간을 많이 갖는 것이 좋겠어. 직접 또래 아이들과 만나서 놀이하면 자연스럽게 다른 사람의 생각을 더 잘 이해하게 될 거야. 그럼 나중에 커서도 친구들하고 사이좋게 지낼 수 있게 될 거라고 생각해.

▶ 5세 반에 올라왔으니 교실 환경을 잘 갖추어 주고 적절한 놀이와 활동을 해 보도록 격려해야겠어. 친구 관계에 관한 그림책도 많이 준비해 주고 읽어 줘야지. 그럼 우리 반 아이들은 모두 다른 사람들의 입장에서 생각해 볼 수 있을 정도로 인지발달이 이루어질 거야. 학기 초에 아직 다른 사람들이 어떤 생각을 하는지를 정확히 이해하는 것이 어려운 건 당연한 거야. 그래도 또래와 놀이하고 상호작용할 수 있는 시간을 많이 갖고 여러 가지 활동을 하면 다른 사람들의 생각을 잘 이해할 수 있을 정도로 성장할 수 있을 거라고 믿어.

3. 정신분석학적 접근

정신분석학적 접근의 심리성적 이론에서는 인간이 쾌락의 원칙에 따라 행동하도록 하는 본능적인 성적 충동체계인 원 본능을 가지고 태어난다고 본다. 이렇게 태어난 유아는 발달의 초기에는 쾌락과 만족을 구하는 원초아에 집중해서 행동한다. 그러다가 차츰 성장하면서 겪게 되는 이유와 배변훈련 등을 통해 당장 하고 싶은 것이나 먹고 싶은 것을 참고 견딜 수 있도록 하는 초자아가 작동하기 시작한다. 유아는 원초아와 초자아의 지속적인 작동의 과정을 거치면서 자아를 형성하게 된다. 인간의 정신세계를 이루고 있는 원초아, 자아, 초자아의 역동적인 흐름에 따라 유아의 마음 상태와 행동이 결정되는데, 특히 양심과 이상적인 자아 형성과 관련된 초자아의 특성이 유아의 사회성 발달과 많은 관련이 있다.

심리성적 이론의 대표학자는 프로이트(Sigmund Freud, 1856-1939, 오스트리아의 정신분석학자)이다. 프로이트는 원초아, 자아, 초자아의 발달 단계를 성적 에너지인 리비도(libido)가 집중되는 곳에 근거하여 분류하였고, 각 단계마다 특정 과업을 완수하지 못하는 경우 성격 문제가 발생한다고 한다. 프로이트에 의하면 각 단계에서의 성적 충동과 공격적인 충동을 부모(교사)가 적절히 다루어야 건강한 성격을 가진 아이로 성장한다.

♣ 프로이트의 인간 성격의 구조와 사회성 발달

▶ 원초아(id)
- 원초적, 충동적, 본능적 요구(예: 성욕, 공격욕 등)
- 원초아가 지배하는 영아는 현재의 쾌락 원칙에 따라 놀잇감을 가져 간 친구에게 화가 나면 때리거나 물어 버리는 행동을 함

▶ 자아(ego)
- 원초아와 초자아 간의 갈등을 합리적이고 현실적으로 조절하는 기제
- 친구에게 화가 난 유아가 모래 놀이터에서 물놀이를 하면서 화가 난 감정을 조절함

▶ 초자아(super ego)
- 사회의 도덕적 금지에 따른 원초아의 욕구 통제
- 성적 호기심이나 욕구의 무분별한 분출을 자제함

○ 정신분석학적 교육관을 가진 교사와 부모는...

▸ 아기는 모유 수유가 중요해. 어릴 때 엄마 젖을 충분히 빨아 먹어야 구강기의 본능이 충족된다고 하니까 가능하면 오랫동안 젖을 먹이는 게 좋을 것 같아. 그래야 스트레스를 받지 않고 정서적으로 안정된 아이로 잘 자랄 수 있을 거야.

▸ 우리 반 아이들은 배변훈련을 시작해야 할 시기가 된 것 같아. 배변훈련을 하면서 하고 싶은 것을 마음대로 할 수 없다는 것과 참아야 할 필요가 있다는 것도 배울 수 있겠지. 이유(離乳)도 잘 해냈으니 배변훈련도 잘 해낼 수 있을 거야. 그렇게 큰다면 나중에 도덕성이나 양심의 발달에 도움이 되는 참을성과 자기규제능력이 발달된 아이로 성장할 수 있을 거라고 생각해.

4. 사회학습이론적 접근

사회학습이론적 접근에서는 모델링, 모방, 강화, 관찰 등의 적절한 자극이나 강화를 통해 인간의 사회적 행동을 변화시킬 수 있다고 본다. 즉 유아들은 우리 사회에 태어나고 성장하면서 부모와 교사, 친구, 대중매체 등 다양한 환경적 요인들을 직간접적으로 경험하는 과정에서 칭찬을 받거나 꾸중을 들으면서, 혹은 다른 사람의 행동을 따라 하거나 다른 사람이 칭찬받는 것을 옆에서 지켜보면서 다양한 사회적 행동을 학습하게 된다. 대표학자는 스키너(Burrhus F. Skinner, 1904-1990)와 반두라(Albert Bandura, 1925~)이다.

스키너는 유아들이 어떠한 행동을 한 후 만족스러운 결과를 경험하면 그 행동을 반복하려고 하고, 그렇지 않으면 그 행동을 반복하지 않으려 하는데, 특정 행동을 반복하도록 하는 반응을 강화(reinforcement), 반복하지 않도록 하는 것을 벌(punishment)이라고 한다. 유아의 사회성을 발달시키고 사회적으로 바람직한 행동을 하도록 하기 위해서는 강화의 기제를 효과적으로 사용해야 한다. 강화와 벌을 사용하는 전략으로는 프리맥 원리, 행동형성, 타임아웃 등이 있다.

■ 프리맥 원리(premack principle)

- 유아가 좋아하고 빈번하게 하는 행동을 좋아하지 않는 행동(바람직한 행동이지만 빈번하게 하지 않는 행동)을 증가시키기 위한 강화제로 사용함.
- 정리정돈하기(바람직한 사회적 행동, 영유아가 자발적으로 자주 하지 않는 행동, 하기 싫어하는 행동)를 싫어하는 유아에게 역할놀이 영역에서 친구들하고 같이 정리정돈을 하면 금붕어에게 먹이를 줄 수 있다(영유아가 좋아하는 행동, 강화제)고 한다.

■ 행동형성(shaping)

- 유아의 바람직한 사회적 행동을 형성하기 위하여 그 행동을 작은 단계로 나누어 강화를 통해 형성하도록 지원함.
- 집단 활동을 할 때, 필요한 자기규제능력을 길러 주고 싶을 때, 먼저 친구들 옆에 잠시라도 앉아서 방해하지 않을 때 미소와 고개 끄덕이기로 관심을 보이고, 조금 오랜 시간 동안 집중해서 이야기를 들을 때 이름을 부르며 구체적인 행동을 말해 주고, 친구들과 함께 처음부터 끝까지 잘 참여했을 때 안아주고 칭찬해 준다.

■ 타임아웃(time out)

- 바람직하지 않은 행동을 줄이기 위하여 일정한 시간 동안 그 행동이 일어난 장면에서 유아를 분리하는 것.
- 친구들의 놀이를 방해하거나 좋지 않은 말을 해서 친구들의 마음을 상하게 하고 울게 만든 상황에서 원장실이나 생각하는 의자에 가서 앉아 있도록 분리한다. 생각하는 의자를 사용하는 경우, 교사와 친구의 관심을 받게 되어 오히려 소거하고자 한 행동을 강화할 수도 있고, 벌을 받은 유아에게 정서적으로 상처가 될 수 있으므로 사용에 주의해야 한다.

♣ 스키너의 조작적 조건 형성

▶ 특정 행동으로 인한 만족스럽거나 불만족스러운 결과를 사용하여 학습자의 행동을 변화시키는 것.
▶ 스키너 상자: 상자 안에 쥐가 자유롭게 다니다가 지렛대를 누르자 먹이가 나오는 것을 경험함. 쥐는 지렛대를 누르는 행동(특정 행동)과 먹이가 나오는 것(행동의 결과)의 연관성을 학습하고 먹이를 먹기 위해 지렛대를 누르게 됨(만족스러운 결과를 얻기 위하여 특정 행동을 학습함).

반두라의 사회학습 이론에 따르면 유아는 자신이 직접 경험하지 않은 경우에도 관찰과 모방을 통해 사회적 행동을 학습할 수 있다. 유아가 관찰을 통해 바람직한 사회적 행동을 효과적으로 학습하기 위해서는 어떤 행동을 주의 깊게 관찰하고, 핵심이 되는 부분을 명확하게 정리하고 기억할 수 있어야 한다. 또한 관찰한 행동을 실제로 해 볼 수 있을 정도로 발달적으로도 성숙해야 하며 실제로 해 보고 싶은 동기가 있어야 효과적인 학습이 가능하다. 반두라의 사회학습 이론에서 제시하는 관찰과 모방을 통한 학습에 관하여 살펴보면 다음과 같다.

■ 시행착오 없는 학습

- 또래가 울고 있는 친구를 안아주고 위로하는 것을 관찰한 유아가 나중에 넘어져서 울고 있는 친구를 보았을 때 이전에 본 경험을 기억하여 안아주며 위로하는 행동을 모방함.

■ 대리 강화와 벌

- 더운 날 실외놀이를 한 후 목이 마를 때 차례를 지키는 또래가 칭찬을 받는 것을 관찰한 유아가 자신도 줄을 서서 차례를 지키는 행동을 모방함.
- 몇 명의 유아들이 교사가 읽어 주는 그림책을 보고 있을 때, 옆에서 큰 소리를 내며 방해하는 유아에게 교사가 같이 그림책을 읽을 수 없다고 엄하게 지도하는 것을 관찰한 유아가 조용히 바른 자세로 그림책 읽기에 참여하는 행동을 함.

■ 지연된 모방

- 할머니가 데리러 오셨을 때 예의 바르게 인사하는 친구가 칭찬받는 것을 관찰한 유아가 다음 날 자신의 할머니가 데리러 오셨을 때 똑같이 바르게 인사함.
- 텔레비전 어린이 프로그램의 등장인물이 친구들을 힘으로 제압하고 대장이 되는 모습을 본 유아가 또래와 놀이하는 중에 갈등 상황이 발생하자 힘을 사용하여 문제를 해결하려는 모습을 보임.

♣ 반두라의 사회학습 이론의 요소

▶ 사람, 행동, 환경의 3가지 요소가 상호작용하며 학습이 이루어짐
- 사람(Person): 학습자인 영유아의 인지, 성격, 신념, 태도
- 행동(Behavior): 신체적 반응, 사회적 상호작용, 언어
- 환경(Environment): 물리적 환경, 가족, 친구, 사회적 환경

○ 사회학습이론적 교육관을 가진 교사와 부모는...

▶ 성민이가 친구에게 가지고 놀던 장난감을 양보해서 칭찬해 주었더니 그것을 열심히 보고 있던 성희가 슬그머니 민아 옆에 가서 민아에게 가지고 있던 장난감을 주네. 성희가 성민이를 보고 양보하는 행동이 좋은 행동이라는 것을 알게 되었나 봐. 성희도 칭찬을 받고 싶은 것 같으니 칭찬을 해줘야겠다.

▶ 우리 반의 민승이는 텔레비전 어린이 프로그램에 등장하는 로봇대장을 너무 좋아해서 매일 그 놀이만 하고 있어. 집에서 그 프로그램을 하루도 빼놓지 않고 본다고 하더니 오늘은 그 프로그램을 본 것도 아닌데 대장이 되어 놀이하겠다는 거야. 그 프로그램에 폭력적인 장면이 많이 나오는데 나중에 힘으로 대장을 하려고 하면 어떡하지? 당장은 아니더라도 본 것을 기억해서 나중에 그대로 할 수도 있잖아. 크면서 마음대로 되지 않는 상황에서 폭력적으로 문제를 해결하려고 할까 봐 걱정이 많이 되는데, 어떻게 지도를 하면 좋을까?

[함께 생각해 보아요]

사회적으로 유능한 유아란?

사회성 발달이 적절히 이루어진 사회적으로 유능한 유아란 어떤 유아라고 생각하는지 적어 보세요.

예1) 친구들에게 관심이 많고 놀이를 제안하며 놀이에 대한 아이디어가 풍부한 아이
예2) 친구들에게 자신이 가지고 있는 놀잇감을 잘 나눠 주는 아이
예3) 차례를 잘 지킬 수 있으며 필요한 약속을 만들고 지키는 아이

▶
▶
▶

[함께 생각해 보아요]

지도 방법과 이론적 근거 연결해 보기

유아교육기관에서 다음과 같이 관찰된 유아를 어떻게 지도하면 좋을까요? 어떤 이론적 근거로 그런 지도 방안을 생각하셨나요?

2학기에 들어서 조금씩 배변훈련을 진행하면서 시간 간격을 두고 화장실 변기에 서서 소변을 볼 수 있도록 간혹 시도해 보았다. 아직 대소변에 대한 표현을 하지는 못하지만 교사가 "쉬했어?"라고 배변 여부를 물어보면 만지는 행동으로 표현하던 1학기에 비하여 "쉬"라고 말하거나 "아니야"라고 말한다. 일과 중(간식 전후, 실외활동 전, 낮잠 전후)에 교사가 수시로 확인하여 기저귀를 갈아 주면서, 시간 간격을 두고 화장실에서 소변 보기를 시도하고 있다.

▶
▶
▶

제2장
유아의 사회적 행동 발달

유아의 사회적 행동은 대체로 일정한 순서와 형태로 발달한다. 유아에 따라 개인차가 있음에도 불구하고 특정한 사회에서 태어나 자라는 유아들은 발달의 양상이 비교적 유사한 경향을 보이는 것으로 알려져 있다. 우리 사회에서 태어나 자라는 유아의 사회적 행동 발달의 일반적인 경향, 그리고 바람직한 사회적 행동 발달을 지원하기 위한 교사와 부모 등 양육자의 역할을 살펴보면 다음과 같다(조순옥 외, 2013; Kostelnik, et al., 2018; Ley, San Juan, Klinkner, & Ramminger, 2008).

♣ 유아의 사회적 행동 발달이 유사한 이유

- 유전이나 체질적 요인 등에 의한 개인차가 아주 큰 경우(예: 장애가 있는 경우나 특출난 재능을 가지고 있는 경우 등)를 제외하고 대부분의 유아는 신체적, 정신적으로 유사한 발달의 경향성을 가짐.
- 특정한 문화권에 속한 사회에서 태어나 성장하는 유아는 사회적으로 비슷한 기대와 요구를 경험하게 되므로 대체로 유사한 학습 경험을 하고, 유사한 사회적 행동 발달에 관한 부모와 교사의 보상, 혹은 벌을 통해 학습하고 성장함.

1. 영아의 사회적 행동 발달

영아(0-24개월)는 생후 3개월 정도가 되면 점차 사회적 행동을 하기 시작한다. 이 시기 영아들은 보고 듣는 능력이 발달하면서 부모나 교사, 혹은 또래들과의 사회적 접촉을 통한 사회적 학습이 가능하게 된다. 영아기의 사회적 행동의 특성과 사회적 행동 발달을 지원하기 위한 교사의 역할을 예를 들어 살펴보면 다음과 같다.

- 모방: 영아는 주위의 친숙한 사람들을 모방하며 특정 사회의 일원으로 인정받게 된다. 영아들은 주위에서 함께 생활하며 많은 시간을 보내는 사람들의 표정, 몸짓과 움직임, 음성 등을 포함하여 전체적인 행동과 태도, 분위기까지 모방하며 성장한다.

⇨ 영아를 돌보는 부모와 가족, 교사는 영아들이 사회적으로 바람직한 모습을 접하며 성장할 수 있도록 환경과 분위기를 조성해 줄 필요가 있다.

- 낯가림과 애착: 영아들은 생후 4~6개월 정도가 되면 친숙한 사람과 낯선 사람을 구분하기 시작하고 낯선 사람이나 환경에 대해서 두려움을 보이게 된다. 익숙하지 않은 상황에서는 친숙한 사람에게 안아 달라고 하거나 매달리는 행동을 보이기도 한다.

⇨ 부모와 교사는 영아와의 안정적인 애착 형성을 위하여 따뜻하고 민감하고 신속하게 반응하는 것이 바람직하다.

- 권위의 수용: 영아는 친숙한 사람에 대하여 애착을 형성하고 의존하면서 동시에 적절한 요구와 반응을 수용하는 것도 학습하기 시작한다.

⇨ 부모와 교사 등 영아들과 주로 상호작용하는 사람들은 영아의 지나친 요구나 기대, 떼쓰는 행동 등을 모두 수용하는 허용적인 태도보다는 영아들이 적절히 자기를 규제할 수 있는 능력을 발달시킬 수 있도록 기회를 제공해야 한다.

- 관심 끌기: 영아는 만 1–2세 정도가 되면 양육자의 관심을 끌기 위해 일부러 소리를 지르거나 울기도 한다. 바람직하지 않거나 금지된 행동, 꾸중을 들을 만한 행동을 했을 때 양육자가 관심을 보이면 그러한 행동을 지속하게 되므로 교사나 부모의 적절한 반응이 중요하다.

⇨ 만 1–2세 정도의 어린 영아들도 양육자의 반응을 보며 바람직한 태도와 행동이 무엇인지를 알아차릴 수 있으므로 떼를 부리거나 동생이나 또래를 괴롭히

는 행동을 했을 때는 관심을 기울이지 말고 바람직한 행동을 했을 때 미소와 격려로 반응하며 적극적으로 강화하는 것이 좋다.

- 협력하기: 영아기에는 아직 비슷한 연령의 또래들과 사이좋게 놀잇감을 나누어 가지고 놀이하는 것을 어려워하고 협력해서 놀이하지 못하는 것이 발달적으로 볼 때 자연스럽다. 그러나 좀 더 성숙한 또래, 부모와 교사 등 성인들이 적절히 상호작용해 준다면 협력하기가 어느 정도는 가능한 경우도 있다.

⇨ 어린이집이나 가정에서는 영아들의 수를 고려하여 충분한 수의 놀잇감을 준비해 주어서 갈등 상황이 발생하는 것을 미리 방지할 필요가 있다. 협력하기 역량을 기르기 위해서 양육자인 교사와 부모가 영아들과 놀잇감을 나누고 협력하는 모습을 보이며 적절히 상호작용하고 지원하는 것이 중요하다.

- 저항하기: 2세 정도를 지나면서 영아들의 자아가 급격히 발달하기 시작한다. 이때부터 영아들은 스스로 자신의 생각을 강력하게 주장하게 되어 고집을 부리거나 양육자에게 순종하지 않는 듯한 모습을 자주 보이기 시작한다. 자아가 형성되고 스스로 선택한 것이 수용되거나 존중되지 않을 때는 반항하는 듯한 모습을 보이기도 한다.

⇨ 혼자서 어떤 행동을 하겠다고 주장하는 것은 이 시기 영아의 발달상 지극히 당연한 일이다. 따라서 다른 사람에게 피해가 되거나 옳지 않은 행동이 아니라면 영아에게 스스로 선택하고 시도해 보도록 기회를 제공하여 긍정적인 자아감이 형성될 수 있도록 지원하는 것이 좋다. 또한 영아에게 자신감 있게 선택하도록 하고, 선택한 것을 시도해 보도록 기회를 제공하여 영아들이 자신의 행동에 대하여 책임져야 한다는 것도 자연스럽게 학습하도록 한다.

2. 유아의 사회적 행동 발달

만 3세 이후 유아들은 부모와 교사 등 성인들과의 상호작용뿐만 아니라 유아교육기관에서 또래들과의 관계 형성을 통해 사회적 행동을 학습한다. 유아들은 비슷한 연령의 또래들과 어울려 놀이하면서 공동체 구성원으로서 소속감을 획득하고 유지하게 되는데, 이때 특정한 사회적 집단에 속하기 위해서는 그 집단에서 수용되는 적절한 사회적 행동을 해야 함을 알게 되고 그 행동을 익히게 된다.

유아들은 어린이집이나 유치원 등 유아교육기관의 또래들과 상호작용하면서, 그리고 텔레비전이나 유튜브 등을 통해 접하는 사람들을 보면서 사회적 행동을 배운다. 이 시기에 형성되는 사회적 행동의 유형이나 특성은 이후 유아들이 성장하는 과정에서 지속적으로 영향을 미치게 된다. 따라서 부모나 교사 등 양육자는 유아들이 사회적으로 수용되고 인정받는 사회적 행동에 익숙해질 수 있도록 적절한 환경을 제공할 필요가 있다. 유아기의 사회적 행동의 특성을 친사회적 행동과 비사회적 행동으로 구별하여 살펴보면 다음과 같다.

1) 친사회적 행동(Pro-social behaviors)

- 협력하기: 유아들은 영아기를 지나면서 서서히 또래들과 함께 협력해서 놀이하는 것의 즐거움을 알게 된다. 혼자 놀이하는 것보다 생각이 맞는 친구들과 함께 놀이하는 것이 더 재미있고, 이를 위해서는 협력하는 것이 중요하다는 것을 배우게 된다.

⇨ 유아들에게 또래들과 자연스럽게 어울려 놀이할 수 있도록 적절한 환경을 조성하여 제공함으로써 협력하는 것이 중요하다는 것을 저절로 터득할 수 있도록 한다.

- 경쟁하기: 유아들은 또래들과의 사회적 상호작용의 과정에서 서로 경쟁한다. 경쟁하면서 더 수준 높은 사회적 기술을 획득하기도 하고 최선을 다하는 것의 중요성을 배울 수도 있다. 그러나 경쟁이 너무 과열된다면 이기기 위하여 부적절한 방법을 사용할 수도 있고, 감정 통제가 불가능하게 되는 등의 부정적인 상황이 발생할 수도 있으므로 주의해야 한다.

⇨ 약속 만들기, 약속 지키기, 정정당당하게 경쟁하기, 경쟁에서 이겼을 때의 적절한 행동(예: 경쟁에서 진 친구들의 마음을 이해하고 그들의 노력을 인정하기), 경쟁에서 졌을 때의 적절한 행동(예: 경쟁에서 진 것을 받아들이고 더 노력하기, 경쟁에서 이긴 친구들을 인정해 주고 칭찬하기) 등 경쟁의 과정에서 바람직한 사회적 행동을 배울 수 있도록 한다.

- 관용: 유아기에는 다른 사람을 너그럽게 대하고 자신의 소유물을 기꺼이 나누는 관용을 학습할 수 있다. 관용은 유아들이 또래들에게 수용되고 환영받는 것을 가능하게 하는 높은 수준의 긍정적인 사회적 행동이다.

⇨ 유아들이 또래와 놀이할 수 있도록 적절한 기회를 많이 제공하여 놀이의 과정에서 자연스럽게 나누고 양보하는 것을 경험하도록 지원한다.

- 사회적 인정: 유아들은 사회적으로 인정받고자 하는 욕구가 있다. 대체로 부모나 교사들에게 인정받고자 하는 욕구가 먼저 나타나고 그 이후 또래나 친구들에게 인정받고자 한다. 사회적 인정에 대한 욕구는 유아들이 정당한 권위에 순응하는 태도를 배우는 데 도움이 된다.

⇨ 유아들이 관심받고 인정받고자 하는 행동을 할 때 적절히 반응해 주어 소속감을 형성하도록 도와준다. 그러나 사회적 인정에 대한 요구가 과도한 경우에는 적절하게 조절할 수 있도록 가르치는 것도 중요하다. 이를 통해 유아들은 타인의 인정도 중요하지만 스스로 자기 자신의 소중함과 능력에 관하여 인식하고 인정하는 것이 중요하다는 것을 깨달을 수 있다.

- 공감하기: 유아들은 자라면서 서서히 다른 사람의 입장에서 생각해 보고 다른 사람의 마음을 느껴 볼 수 있게 된다. 다른 사람의 감정에 공감하는 능력은 어려운 상황에 있는 타인에게 적절한 위로와 도움을 제공할 수 있는 긍정적인 사회적 행동을 하도록 이끈다.

⇨ 유아들이 타인의 입장에 서 보고 타인의 생각이나 마음에 감정이입을 할 수 있도록 적절한 상황을 제공해 준다. 그림책을 읽고 등장인물에 공감해 볼 수 있도록 상호작용하거나 그림책의 이야기를 극놀이로 경험해 보는 것은 유아들의 공감 능력 향상에 도움이 된다.

- 우정: 유아는 또래들과 놀이하고 함께 생활하면서 우정을 형성하게 된다. 친구들과 함께 놀이하고 생활하는 것의 즐거움과 기쁨을 누리는 경험은 친구의 소중함과 친구들과의 우정을 지키기 위해 노력해야 할 필요성을 깨닫는 데 도움이 된다.

⇨ 또래들과 놀이하는 경험을 통해 우정의 소중함을 스스로 느끼고 알도록 한다. 친구들과 우정을 형성하고 우정을 유지하기 위해서는 어떻게 행동해야 하는지도 놀이를 통해 자연스럽게 터득할 수 있도록 다양한 상황을 통해 경험하도록 지원한다.

- 이타심: 유아들은 서서히 자신보다 다른 사람의 유익을 위해 자신의 소유물을 기꺼이 포기할 수도 있게 되고, 자신이 소중히 여기는 것을 기꺼이 나누고 배려하는 행동을 할 수 있게 된다. 이타심에 근거한 사회적 행동은 유아들이 한 공동체에서 수용되고 존중받는 것이 어떤 의미인지를 경험을 통해 알도록 한다. 이타심과 관련된 이러한 경험은 유아들이 보다 의미 있는 삶을 사는 데 필요한 태도를 학습하는 데 도움이 된다.

⇨ 자신보다 타인을 먼저 생각하고 자신의 유익을 기꺼이 포기하거나 나눌 수 있는 이타심 형성을 위해서는 유아들이 부모와 가족, 교사들로부터의 관심과

사랑을 충분히 받는 경험이 필수적이다. 사랑을 받아 본 경험이 있는 유아는 사랑의 마음으로 기꺼이 자신의 것을 나눌 수 있다.

- 모방: 영아기부터 시작되는 모방은 유아기에도 지속된다. 유아들은 모방을 하면서 자신에게 의미 있는 공동체에 소속되고, 어울릴 수 있고, 수용되고, 존중받는 경험을 하게 된다.

⇨ 부모와 교사 등 유아들에게 의미 있는 성인들은 유아들이 바람직한 행동이나 태도를 모방할 수 있도록 사회적으로 수용되는 적절한 태도와 행동을 보여줄 수 있어야 한다.

- 애착: 영아기부터 부모와 가족, 교사 등과 안정적인 애착을 형성한 유아는 애착관계에서 체험한 사랑과 관심을 주위에서 만나는 다른 사람들과 자연스럽게 나눌 수 있게 된다. 애착행동은 주위의 타인들과 신뢰할 수 있는 관계를 형성하고 긍정적인 관계를 유지하는 데 도움이 된다.

⇨ 부모와 교사는 유아들과 사랑에 기반한 긍정적인 관계를 형성하고 유지하기 위해 노력해야 한다. 유아와 양육자 간에 형성된 안정적인 애착의 경험은 유아들이 주위의 사람들과 새로운 관계를 형성할 때 도움이 되는 든든한 기반이 된다.

2) 비사회적 행동(Anti-social behaviors)

- 반항하기: 유아들은 주위의 성인들의 말이나 요구에 순종하기도 하지만 종종 반항하기도 한다. 만 2세경부터 시작되는 반항은 유아기에도 지속된다. 반항하는 행동은 적절히 규제할 필요가 있지만 자아가 형성되면서 더 자주 나타나기도 하므로 유아의 발달적 특성을 고려한 적절한 반응과 훈육 및 생활지도가 필요하다.

⇨ 심한 반항에는 적절한 훈육과 지도가 필요하지만 영아기와 유아기를 거치며 자아감이 발달하게 되면 반항하는 행동은 더 자주 나타날 수 있다. 그러므로 유아들의 자아감 형성을 저해하지 않도록 유아의 반항에 대하여 적절한 방안으로 훈육하거나 지도하는 것이 중요하다.

- 공격성: 주위의 성인, 또래, 형제 등을 대상으로 공격적인 행동을 하는 유아들이 있다. 공격성은 유아들의 적절한 사회적 경험을 방해한다. 특히 자신보다 약한 존재에 대하여 공격적인 행동을 하는 경우에는 보다 엄격한 훈육을 통해 절대로 해서는 안 되는 행동임을 확실히 주지시킬 필요가 있다.

⇨ 공격성은 어떠한 경우에도 수용되지 않는다는 것을 명확히 알려 주어야 한다. 특히 자신보다 약한 존재인 동생이나 동물들에게 공격적인 행동을 하는 유아들의 경우, 공격성이 나타나는 이유를 파악한 후 적절히 지도해야 한다. 전문가의 치료가 필요하다고 판단되면 부모 등 양육자와 의논하여 가능하면 빨리 대처 방안을 마련함으로써 심각할 정도로 악화되지 않도록 해야 한다.

- 괴롭히기: 말이나 행동으로 다른 사람을 괴롭히는 행동을 하는 유아들이 있다. 괴롭히는 행동을 하면서 괴롭힘의 대상이 되는 또래나 동물들이 괴로워하는 것을 보고 즐기기도 한다.

⇨ 주위의 다른 사람이나 동물을 괴롭히며 그 대상이 괴로워하는 것을 즐기거나 만족스러워하는 유아에게 괴롭히기는 절대로 허용되지 않는다는 것을 확실히 알려 주어야 한다. 괴롭히는 행동을 하는 이유를 파악하여 정서적으로 어려움이 있는 유아라고 판단되면 전문가와 함께 적절한 지원방안을 찾아서 즉각적으로 대처해야 한다.

- 우월성: 다른 유아들 위에 군림하여 힘이나 물질로 지배하려는 행동이다. 우월성이 심한 유아들은 집단의 구성원이 우월성을 인정하거나 존중하지 않는

다면 폭력적인 행동을 보이기도 한다.

⇨ 또래들과 협력하는 경험을 하도록 다양한 환경적, 상호작용적 지원을 제공한다. 다른 사람들이 마음으로 따르고 존중하는 진정한 리더십이 무엇인지를 알 수 있도록 직접적 경험이나 간접적 경험을 하도록 한다. 힘으로 또래들 위에 군림하는 것이 아니라 함께 하는 공동체 정신을 기반으로 하는 진정한 리더십을 함양할 수 있는 적절한 프로그램이나 교육의 기회를 제공해야 한다.

- 이기주의: 유아기는 사기중심적 성향이 아직 강하게 남아있는 시기이므로 대부분의 유아들이 어느 정도의 이기심을 가지고 있는 것은 자연스러운 현상이다. 그러나 지나치게 자신만 알고 자신에게 유익이 되는 행동만을 하는 것은 이후 집단에 수용되지 못하고 환영받지 못하며 심한 경우 따돌림을 당하는 상황까지 만들어 낼 수 있다.

⇨ 적절한 교육적 경험을 통해 지나친 이기주의는 공동체에서 다른 사람과 함께 조화를 이루고 평화롭게 지내는 것을 어렵게 만들 수 있다는 것을 알도록 하며, 나누고 협력하는 등 다른 사람들을 위하고 도움이 되는 친사회적 행동을 경험하고 배울 수 있도록 한다.

- 편견: 편견이란 특정한 집단에 대해서 한쪽으로 치우친 의견이나 견해를 가지는 태도를 의미한다. 대체로 특정 집단에 대하여 부정적인 정서와 평가를 하게 되는 경우가 많다. 편견은 차별적인 행동으로 연결되어 공동체 형성과 공동체 구성원들 간의 화합을 방해하고 결국에는 공동체 전체의 발전을 저해하는 경우가 많다.

⇨ 유아가 속한 공동체(유치원이나 어린이집 등)의 구성원들은 다양한 특성을 가지고 있고 이러한 다양성은 존중받아야 한다는 것을 알도록 적절한 교육과 상호작용을 통해 지원한다. 특정 집단에 대한 편견이 이미 형성되어 있는 경우에는 편견에서 벗어날 수 있도록 다양한 활동과 놀이의 기회를 활용하는

적극적인 교육적 지원이 필요하다.

- 성 적대: 유아들은 차츰 자신의 성 정체성을 인식하고 성별에 따른 적절한 행동이 무엇인지를 알아가게 된다. 유아가 경험하는 환경의 영향으로 여성과 남성이라는 성별에 따른 고정관념이나 편견이 형성된다면 특정 성에 대하여 부정적인 생각을 가지게 되고 심해지면 적대감까지 형성하게 된다.

⇨ 유아들이 성별에 따른 고정관념이나 편견을 갖지 않도록 지원한다. 특정 성별에 적합한 행동이나 태도 등이 따로 구별되어 있다기보다는 필요할 때 성별에 상관없이 누구나 적절한 행동을 선택하고 수행할 수 있어야 한다는 생각과 태도를 가지도록 격려한다.

[함께 생각해 보아요]

누적 효과와 지연 효과 알아보기

영유아의 경험이 사회성 발달에 미치는 누적 효과와 지연 효과의 예를 생각해 보세요.

- 누적 효과: 가끔씩 일어나면 사회성 발달에 거의 영향을 미치지 않는 경험도 자주 반복되어 누적된다면 영유아에게 긍정적, 혹은 부정적 영향을 미치게 됨
  - ▶ 긍정적인 말을 반복해서 들으면 자신감과 자아존중감이 향상되고, 꾸중을 반복해서 들으면 열등감과 부정적인 자아감이 형성될 수 있음
  - ▶
  - ▶

- 지연 효과: 어떤 행동의 학습을 위하여 당장 효과가 나타나지는 않는 경험도 지속적으로 이루어진다면 상당한 시간이 지난 후 효과가 나타남
  - ▶ 행동수정을 위하여 당장 눈앞에 보이는 효과를 얻기 위해 벌을 주기보다는 시간이 오래 걸리고 상당한 노력이 필요하더라도 문제가 되는 상황에 관하여 차근차근 이야기를 하거나 토론하여 문제를 해결하려고 노력하기
  - ▶
  - ▶

제3장
사회성 발달의 요인

유아의 사회성 발달은 다양한 요인들에 의하여 영향을 받는다. 본 장에서는 유아의 사회성 발달에 영향을 미치는 가정환경 요인, 교육환경 요인, 미디어 요인 등에 관하여 살펴보고자 한다.

1. 가정환경 요인

가족은 최초의 사회화 기제로서 가정환경과 관련된 다양한 요인들은 유아의 사회성 발달에 많은 영향을 미친다(Thompson, 2012). 영유아는 가정이라는 우리 사회의 가장 작은 사회 집단에서 태어나 부모, 형제, 조부모 등과 상호작용하면서 사회적 가치와 지식, 태도, 기술 등을 학습하며 사회적으로 유능한 어른으로 성장한다(김정원, 전선옥, 2016; Edwards, 2018; Ensher & Clark, 2016). 유아의 사회성 발달에 영향을 미치는 가정환경과 관련된 요인을 살펴보면 다음과 같다.

(1) 가족 구조

우리 사회의 점점 더 다양화되고 있는 가족 구조는 그 특성에 따라 유아들의 사회성 발달에 다양한 측면으로 영향을 미친다. 유사한 가족 구조를 가진 경우라도 각기 처한 상황이나 특성이 다르므로 일괄적으로 적용할 수는 없지만, 다양한 구조의 가족 중 부부와 미혼 자녀로 구성된 핵가족과 부부와 자녀 부부를 포함하는 확대가족의 구조적 특성이 자녀의 사회성 발달에 영향을 미친다고 한다. 이에 관하여 살펴보면 다음과 같다.

■ 핵가족과 유아의 사회성 발달

부부와 자녀로 구성된 가족에서 부부는 자녀 양육을 전적으로 책임지며 자녀의 가치관과 성격 형성에 영향을 미친다. 핵가족에서는 다양한 가족 구성원들 간의 관계 형성을 경험할 기회가 적고 협력이나 양보, 배려보다는 개인의 독자성을 강조하는 경향이 많다. 또한 가족이나 공동체에서의 책임과 의무보다는 개인의 취향과 독립성을 강조하는 경우가 많다. 따라서 이러한 특성을 가진 가족에서 성장하는 유아를 위해서는 사회적 관계 형성과 타인에 대한 공감 능력 형성을 지원할 필요가 있다. 독립심이나 자립심이 긍정적인 방향으로 형성되도록 지원하여 오만함과 고집스러움으로 자리 잡지 않도록 주의하는 것도 중요하다.

■ 확대가족과 유아의 사회성 발달

비록 그 수가 점점 더 줄어들고는 있지만 우리 사회에는 부부와 자녀 이외에 조부모나 삼촌, 고모, 이모 등 다른 구성원들과 함께 사는 확대가족들이 있다. 이러한 가족에서 성장하는 유아들의 경우 제각기 다른 발달 단계에 있는 다양한 성향의 가족들과 어울려 살아가면서 사람들과 어울려 사는 데 필요한 사회적 역량을 배울 기회가 있다. 예를 들면 다른 사람들의 마음을 살피고 공감하며 협력하고 배려하는 등의 사회적 능력을 어려서부터 형성할 수 있다. 그러나 확대가족의 유아들은 자신의 의견을 주장하기보다는 어른들의 마음에 들기 위해서 원하지 않거나 동의하지 않는 것을 받아들이는 경향이 있고 이는 유아의 독립심과 자아감 형성에 부정적인 영향을 미칠 수도 있다. 또한 조부모에게 떼를 부려 원하는 것을 얻어 본 경험을 한 유아는 이후 자라면서 자신이 원하는 것을 획득하기 위하여 바람직하지 않은 방법을 사용할 수 있다는 것을 학습하게 된다. 따라서 여러 가족 구성원들과 사는 유아들에게는 건전한 자아감 형성과 독립심, 그리고 선택과 책임을 통해 자기규제능력과 참을성 등이 형성되도록 지원할 필요가 있다.

부모와 조부모 등 가족은 유아의 사회성 발달에 다양한 방법으로 많은 영향을 미치는 중요한 존재이다.

(2) 부모의 양육태도

부모 자녀 관계는 유아들이 경험하게 되는 사회적 관계 중 가장 기본적인 관계로 유아는 이 세상에 태어나는 순간부터 부모와의 관계를 경험하며 살아간다. 부모 자녀 관계는 한 번 시작되면 오랜 시간 동안 지속되는 독특한 관계로 유아의 사회성 발달에 많은 영향을 미친다(김정원, 전선옥, 2016; 조운주, 김은영, 2014; 채영문, 2010; 홍종원, 최영희, 2015). Shaefer(1959)의 부모 양육태도 유형에 따른 자녀의 사회성 발달의 특징을 살펴보면 다음과 같다.

■ 애정적-자율적 양육태도

가장 이상적인 양육태도로 이러한 양육태도를 가진 부모는 자녀를 한 사람의 인격체로 존중하고 애정으로 양육한다. 자녀를 수용하고 자녀의 자율성을 인정하며 선택하고 책임지는 것을 경험하도록 하는 양육태도이다.

⇨ 이러한 양육태도를 가진 부모의 자녀는 자신과 다른 사람을 사랑하고 존중하며, 사교적이어서 친구들을 잘 사귀는 동시에 독립적이고 맡은 일을 책임감을 가지고 완료한다.

■ 애정적-통제적 양육태도

자녀를 사랑하지만 사랑한다는 이유로 자녀의 행동을 제약하고 통제하며 부모가 원하는 모습으로 자녀가 자라기를 바라며 양육한다. 자녀를 과잉보호하고 심리적으로 통제하려는 경향이 강하다.

⇨ 이러한 양육태도를 가진 부모의 자녀는 부모의 과잉보호와 심리적 통제로 인하여 부모에게 의존하는 경향이 많고, 자신의 일을 스스로 선택하고 책임지는 능력이 부족하며 사교성과 창의성이 부족하여 친구들과 원만한 관계를 형성하는 데 어려움을 겪기도 한다.

▪ 거부적-자율적 양육태도

이러한 유형의 양육태도를 가진 부모는 자녀를 수용하지 못하며 방임한다. 자녀에게 관심을 보이지 않고 냉담하게 대하거나 무시하는 경향이 있다.

⇨ 이러한 양육태도를 가진 부모의 자녀는 자신을 무시하고 방임하며 키운 부모로 인하여 불안정한 심리상태에서 공격적이고 반항적이며 반사회적인 행동을 많이 하는 경향이 있다. 정서적으로 미성숙하여 자기 스스로를 규제하지 못하기 때문에 친구를 사귀는 데 어려움이 있고 사회적으로 고립될 가능성이 높다.

▪ 거부적-통제적 양육태도

거부적-통제적 양육태도를 가진 부모는 엄하고 무섭게 자녀를 양육한다. 자녀를 독재적이고 권위주의적으로 양육하며 체벌이나 심리적 통제까지 사용하여 사랑과 따뜻함을 느끼기 어렵다.

⇨ 이러한 양육태도를 가진 부모의 자녀는 스스로 사랑받지 못하는 존재라는 생각을 가지고 자신에 대한 분노의 감정을 느끼고 내면화된 갈등과 고통을 경험하며 성장하게 되어 수줍음이 많고 사회성이 부족하며 정상적인 친구관계를 형성하고 유지하는 것에 어려움을 겪는다.

(3) 형제자매와의 관계

유아는 가정에서 형제자매와 상호작용하면서 사회 구성원으로서 갖추어야 할 사회성을 발달시키고 사회생활을 하는 데 필요한 사회적 역량을 향상시킨다. 형제자매와의 상호작용을 통해 성취하게 되는 사회적 능력은 이후 학교생활이나 사회생활을 하면서 또래 및 동료들과 긍정적인 사회적 관계를 맺는 데 많은 영향을 미친다. 형제자매와의 상호작용과 유아의 사회성 발달과의 관련성을 살펴보면 다음과 같다.

- 형제자매는 유아가 부모와 헤어지면서 겪는 분리불안을 견뎌내는 데 도움이 된다. 낯선 상황에서 부모와 헤어질 때 분리불안으로 인하여 심한 스트레스를 받는 유아는 주위에 형제자매가 있을 때 스트레스 증상이 감소하는 경향이 있다. 이는 형제자매와 형성된 안정적인 관계가 두렵고 불편한 상황에서 위로가 되고 보호받고 있다는 느낌을 주기 때문이라고 볼 수 있다.
- 유아는 주위의 다른 사람들, 특히 더 나이 많은 또래나 성인들의 행동을 보고 모방하면서 사회성을 발달시킨다. 많은 시간을 함께 보내는 형제자매는 유아들이 사회적 행동을 학습하고 모방하는 주요한 사회적 모델로서의 역할을 한다. 유아는 나이 든 형제자매가 어떻게 다른 사람들과 사회적 관계를 맺고 사회적 상호작용을 하는지를 보고 모방하면서 사회적 역량을 발달시키는 데 도움을 받는다.
- 유아는 손위의 형제들로부터 많은 것을 배우며 성장한다. 손위의 형제들은 어린 영아나 유아기 동생들과 함께 놀이하면서 많은 것을 가르치기도 하고 직접 학습을 도와주기도 한다. 동생을 가르쳐 본 경험은 손위의 형제의 사회성 발달뿐만 아니라 학업 성취에도 도움이 된다고 한다(Paulhus & Shaffer, 1981).

형제와 자매는 유아의 사회성 발달에 많은 영향을 미치는 의미 있는 존재이다.

2. 교육환경 요인

어린이집이나 유치원 등 유아교육기관의 환경은 유아들의 사회성 발달에 많은 영향을 미치는 것으로 알려져 있다(Church, 2014). 역량 있는 교사와 사회적으로 유능한 또래들, 그리고 우수한 교재와 교구가 갖추어진 질 높은 유아교육기관의 환경은 유아의 사회성을 발달시키고 사회적으로 유능한 아이로 성장하는 데 긍정적인 영향을 미친다(Jones & Kahn, 2017; Salamon, 2011). 유아의 사회성 발달에 영향을 미치는 유아교육기관 관련 요인들을 살펴보면 다음과 같다.

(1) 교사

유아교육기관의 교사는 교육과정을 운영하면서, 일상생활을 하면서, 그리고 다양한 상황에서의 상호작용을 통해 유아들의 사회성 발달을 지원한다. 유아들이 어린이집이나 유치원에 다니면서 경험하는 교사와의 긍정적인 상호작용은 또래와의 관계 형성에 많은 영향을 미친다(민혜영, 1999; 이기숙, 박경자, 김영옥, 2007; Howes, Hamilton, & Matheson, 1994). 교사와의 관계가 안정적인 유아일수록 또래에 대한 적대적인 공격성이 적게 나타나며 높은 수준의 복합적인 놀이를 하고 긍정적인 관계를 형성하는 것으로 밝혀지는 등 교사와의 상호작용은 유아의 또래 관계 형성에 영향을 미친다.

교사의 자질은 부모의 양육태도와 마찬가지로 유아의 사회성 발달에 많은 영향을 미친다. 민주적이고 합리적인 성향을 가진 교사는 유아들에게 자율성을 부여하고 선택의 기회를 제공하며 선택한 것에 대하여 책임을 질 수 있도록 가르친다. 이러한 교사와 함께 지내는 유아들은 스스로 동기 부여되어 자발적으로 다양한 활동에 참여하는 경향이 있으며, 독립적이고 능동적으로 갈등 상황을 해결하고, 스스로 의사결정을 할 수 있게 된다. 이에 비하여 보다 권위주의적인 교사는 유아들이 교사의 통제에 순종하기를 바라면서 상호작용을 하기 때문에, 권위주의적 교사와 함께 생활하는 유아들은 자발적으로 학습하고 놀이하기보다는 교사의 지시에 무조건적으로 따르는 모습을 보이게 된다.

이상을 고려할 때 교사는 부모 이외에 유아의 사회성 발달에 가장 많은 영향을 미치는 존재라고 할 수 있다. 특히 유아들이 교사를 좋아하고 정서적으로 좋은 유대관계를 맺고 있을 때 교사의 영향력은 훨씬 강력하다. 교사는 다음과 같은 역할을 하면서 유아의 사회성 발달을 지원해야 한다.

- 교사는 교육과정을 운영하면서 자유놀이와 다양한 활동을 통해 유아의 사회적 유능성을 향상시킬 수 있다. 예를 들어 유아의 친사회적 역량을 향상시키기 위하여 특별한 프로그램을 개발하여 실시할 수 있다(김새롬, 김정준, 2018; 김선영, 김정원, 2020; 김정원, 2016; 김정원, 최소린, 최은실, 2015).
- 교사는 유아의 사회성 발달과 학습을 위한 모델이며 동일시의 대상이다. 유아는 많은 시간을 함께 보내는 교사의 행동을 따라 하고 교사와 같이 되려고 노력하면서 자연스럽게 교사를 닮아가게 된다. 따라서 교사는 유아교육기관의 하루 일과를 통해서 유아가 보고 배울 수 있도록 차례를 지키며, 배려하고, 나누며, 협동하는 등의 친사회적인 행동의 모범을 보일 수 있어야 한다.
- 교사는 유아들이 보다 적극적이고 자발적으로 친사회적 행동을 배우고 싶어하도록 다양한 방법을 활용하여 격려하고 지원해야 한다. 자유놀이와 다양한 활동에 참여하면서, 그리고 일상생활을 하면서 유아들의 친사회적 행동이 관찰될 때 교사가 관심을 보여 주고, 칭찬해 주고, 격려해 주는 등 민감하게 반응해 준다면 유아는 자발적으로 친사회적 행동을 학습하게 된다.

(2) 또래

우리나라의 경우 유아들이 어린이집이나 유치원에서 만나게 되는 또래들은 대부분 같은 연령대에 속하는 경우가 많으므로 사회적 능력이나 인지능력도 유사한 발달 수준인 경우가 많다. 최근에는 어린이집뿐만 아니라 유치원에서 지내는 시간도 점점 더 길어지고 있어 유아의 사회성 발달에 미치는 또래들의 영향력도 그에 비례하여 커지고 있다(조재현, 김영희, 2017). 유아들은 자라면서 점점 더 서로의 사회적 행동이나 태도를 모방하고 강화하게 되고, 또래의 영향력은 연령이 증가하면서 대체로 함께 증가한다.

나이가 들어가면서 부모나 교사 등 성인과의 상호작용은 점점 줄어드는 반면, 비슷한 연령대에 속한 또래와의 상호작용의 빈도는 더 늘어나게 되어 유아에게 또래는 점차 더 중요한 존재가 된다. 또래들과의 관계에서 사회적으로 긍정적인 행동, 예를 들면 자기 물건 나눠 주기, 애정과 관심 보이기, 친구의 의견을 인정하고 존중하기 등을 더 많이 하는 유아들은 친구들의 행동을 방해하거나 공격적인 행동, 성인에게 의존하거나 놀리는 행동을 하는 유아들에 비하여 사회적 수용도가 높아지는 것으로 나타났다(정문자, 안진석, 1982; Hartup, 1991). 또래는 다음의 역할을 하면서 유아들 서로의 사회성 발달에 영향을 미친다.

- 또래는 놀이할 때나 일상생활을 하면서, 혹은 다양한 활동을 할 때, 서로의 행동에 대해 강화를 하거나 처벌을 하는 경우가 있다. 이러한 또래의 강화나 처벌은 유아들이 바람직한 사회적 행동을 학습하거나 부정적인 행동을 수정하는 데 도움이 된다.
- 또래는 다양한 상황에서 어떻게 행동하는 것이 바람직한지를 보여 주는 사회적 모델로서의 역할을 한다. 유아들은 어떻게 행동할지를 결정하거나, 선택하고 의사결정을 할 때, 그리고 갈등 상황에 대한 해결 방안을 찾을 때 또래의 행동을 보고 따라 하는 경향이 있다. 유아들은 또래의 행동을 보고 사회적 기술을 학습하고, 도덕적 판단을 하며, 만족지연 책략을 획득하고, 성 고정적 태도와 행동을 학습한다.
- 또래는 유아들이 속한 집단, 예를 들면 교실 공동체나 동네에서 생활할 때 어떤 행동을 해야 할지에 관한 사회적 규범을 제공한다. 또래는 서로에게 한 집단의 구성원으로서 바람직한 행동에 대한 정보를 제공하고 공유하는 규범 제공자로서의 역할을 한다.

▶ 또래는 다양한 상황에서 상호작용하면서 서로의 사회적 역량을 향상시킨다. 특정 집단에서 함께 생활하는 또래들이 바람직한 사회적 가치관과 태도를 공유한다면, 유아들은 자연스럽게 긍정적인 사회적 가치관과 행동을 학습하게 된다.

유아교육기관에서 함께 생활하는 또래는 유아의 사회성 발달에 많은 영향을 미치는 중요한 존재이다.

(3) 교실 환경

영유아가 생활하는 유아교육기관의 교실 환경은 유아들의 사회성 발달에 영향을 미친다(전숙영, 권혜진, 2016). 질 높은 교재교구가 갖추어진 여유롭고 밝은 교실에서 생활하는 유아들은 친사회적 행동을 더 많이 하는 경향이 있고, 비좁고 어두컴컴한 분위기에서 부족한 수의 교재교구를 가지고 생활해야 하는 유아들은 공격성과 반사회적인 행동을 더 많이 보일 수밖에 없다(조순옥 외, 2013). 따라서 유아들의 사회성 발달을 지원하기 위해서는 다음과 같은 조건을 고려한 바람직한 교실 환경을 제공해야 한다.

▶ 비교적 넉넉하고 여유로운 공간의 교실에서 생활하는 유아들은 친사회적 행동을 하게 될 가능성이 많다. 그러나 너무 큰 교실에서 많은 유아들이 한꺼번에 생활하는 것이 바람직한 것은 아니므로, 적절한 공간에서 비교적 적은 수의 유아들로 한 학급을 구성하여 운영하는 것이 유아들의 사회성 발달에 도움이 된다.

▶ 한 반에 유아의 수가 많은 경우 교사는 자신의 교육 방식을 정하고 그에 따르

도록 유아들을 통제할 가능성이 많다. 교실에서 지킬 규칙의 수도 더 많아지는 경향이 있고, 직접적인 생활지도와 훈육을 통해 유아들을 지도하게 되는 경우도 많다. 이에 비하여 유아들의 수가 비교적 적은 교실에서는 유아들의 성향을 파악하기가 쉽고 이를 고려한 교실 운영이 가능하다. 유아들에 관한 파악이 가능한 적절한 규모의 교실에서 생활하는 교사는 유아들에게 자율성을 부여하고 스스로 선택하도록 격려함으로써 유아의 사회성 발달에 도움이 된다. 또한 비교적 적은 규모의 교실에서는 대집단 학급에서보다 소외되는 유아들이 적고 그만큼 교사의 관심과 사랑을 받으며 성장할 수 있으므로 긍정적인 사회적 역량을 갖추게 될 가능성도 많다.

다양한 교육 자료와 환경적 요인들이 잘 갖추어진 유아교육기관의
실내외 환경은 유아의 사회성 발달에 많은 영향을 미치는 요인이다.

3. 미디어 요인

최근 우리 사회에서는 다방면으로 미디어의 영향력이 급속히 확산되고 있고, 이는 유아의 사회성 발달 측면에서도 마찬가지이다. 따라서 정보화 시대의 빠른 정보 전달로 인한 장점을 수용하면서도 미디어를 통해 전달되는 정보의 진실성과 유익성에 관한 비판적인 판단이 필요한 시점이다(윤미경, 서현선, 2021; 홍광표, 조준호, 2015). 유아의 사회성 발달에 영향을 미치는 미디어 유형들을 살펴보면 다음과 같다.

▶ 텔레비전 : 텔레비전은 우리 사회 구성원의 삶의 방식과 태도, 가치관 등에 관한 일관성 있는 이미지를 지속적으로 제공하여 이를 접하는 사람들에게 영향을 미치므로 유아의 사회성 발달에도 많은 영향을 미친다. 텔레비전은 유아들이 손쉽게 접근할 수 있고, 비교적 시청 시간도 길다. 유아는 즉시성과 확산성의 특성을 가진 텔레비전을 시청하며 일방적으로 접하게 되는 사회 구성원들의 행동과 태도에 관한 이미지를 접하면서, 비판적 판단 없이 사회적 행동을 습득하게 된다.

유아들은 어떤 관리나 통제도 없이 텔레비전을 통해 방영되는 프로그램의 내용을 접하게 된다. 물론 유아기 시청자를 고려하여 좋은 내용으로 제작된 질적으로 우수한 프로그램들도 있지만, 폭력적이고 선정적이어서 유아의 사회성 발달에 부정적인 영향을 미치는 프로그램들도 많은 것이 사실이다. 특히 자기 절제 능력이나 비판적 이성 기능이 아직 충분히 발달하지 않은 유아들(신의진, 2007)의 경우, 텔레비전 시청 시간과 프로그램 선택 등에서 교사와 부모의 관리가 반드시 필요하다.

유아 TV 시청의 문제점

▶ 일방적인 소통을 하는 텔레비전을 자주 보게 되면 의사소통 방식을 제대로 배울 수 없다.

▶ 텔레비전을 틀어 놓는 동안 영아나 유아는 엄마나 교사와 애착을 형성할 기회를 잃어버려서 정서발달을 이룰 수 없다.

▶ 텔레비전 화면이 바뀌는 속도가 너무 빨라 시각적으로 끊임없는 자극이 되고, 자극의 강도가 심하면 정서적으로 좋지 않다.

▶ 유아가 폭력적이고 잔인한 장면을 보게 되어 불안과 공포가 생기게 된 경우에는 뇌 발달상 현실과 환상을 혼동하는 시기이기 때문에 그 충격이 상당 기간 지속될 수 있다.

▶ 무엇이든 모방하는 유아는 텔레비전에서 본 것을 그대로 흉내 내기 쉽다. 유아는 자신이 모방하는 것이 무엇을 의미하는지, 무엇이 좋고 나쁜지 모른 채 폭력적인 장면을 모방할 수 있다.

출처: 신의진(2007). 신의진의 아이 심리백과. 서울: 갤리온, pp. 45-46.

▶ 컴퓨터 : 일방향적인 텔레비전과 달리 쌍방향적인 신호전달의 메커니즘을 가지고 있는 컴퓨터의 활용이 증가하면서 컴퓨터 게임 중독의 폐해가 유아기까지 확산되고 있다. 정보화 사회에서 컴퓨터를 사용하는 능력은 매우 중요하므로 이를 적절히 활용할 수 있는 능력을 기르는 것은 중요하다(김민정, 2009). 그러나 텔레비전의 경우와 마찬가지로 컴퓨터를 통해 접하게 되는 유해한 정보로 인하여 사회성 발달에 부정적인 영향이 증가하고 있음을 고려할 필요가 있다(이숙희, 2010). 폭력적이고 선정적인 컴퓨터 게임은 유아들의 사회 정서 발달을 저해하고 반사회적 성향을 증가시키는 경향도 있다. 또한 혼자 컴퓨터 게임을 하느라 실제 또래와의 사회적 관계 형성과 상호작용을 할 기회를 놓치는 경우도 증가하고 있어 사회 문제가 되고 있다. 유아들의 사회성 발달을 위해서는 컴퓨터의 적절한 활용에 관하여 교육하고 지도할 필요가 있다.

유아 컴퓨터 게임의 문제점

▶ 사회성 발달을 저해하여 왕자병, 공주병 아이가 된다.
▶ 게임의 강한 자극에 빠져 자극이 약한 학습은 싫어한다.
▶ 현실과 가상 세계를 구분하지 못해 폭력적이 된다.
▶ 운동 부족으로 비만이 나타난다.

출처: 신의진(2007). 신의진의 아이 심리백과. 서울: 갤리온, pp. 12-13.

▶ 스마트폰 : 우리 사회에서 스마트폰의 보급과 활용이 보편화되면서 유아들의 스마트폰 과몰입으로 인한 건강한 사회 정서 발달 저해가 심각한 사회적 문제로 부각되고 있다(김광하, 김밀, 고재욱, 2020; 김지현, 오선진, 2016; 김효국, 김낙흥, 2013; 조정진, 조안나, 2015). 스마트폰에 빠진 영아와 유아들의 뇌 영상 분석 결과, 사물이나 사건의 옳고 그름을 판단하여 행동하게 만드는 기능을 담당하는 전두엽의 기능이 확연히 떨어져 있음이 발견되었고, 이로 인해 질서나 규율을 어기고 주의력결핍과잉행동장애(ADHD)까지 겪게 되는 현상이 증가하고 있다(SBS 8시 뉴스, 2012. 2. 18.). 또한 스마트폰 사용량이 많을수록 화를 잘 참지 못

하거나 짜증을 내는 등 감정을 조절하는 능력이 떨어진다는 보고도 있다(서울신문, 2015. 5. 6.).

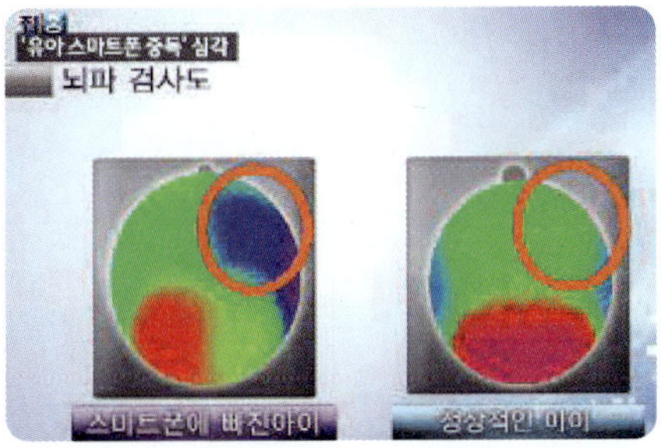

출처: SBS 8시 뉴스(2012. 2. 18.).

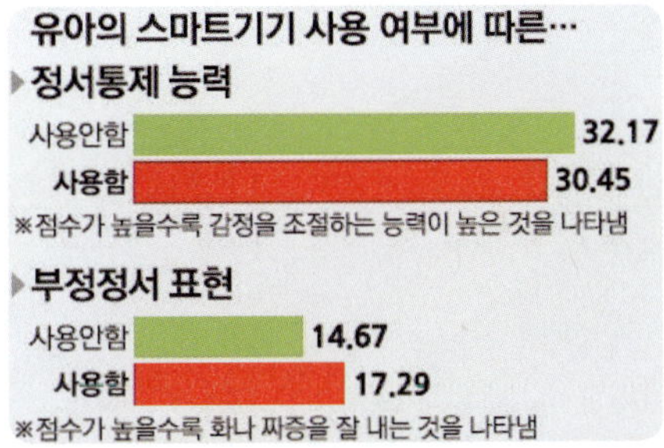

출처: 서울신문(2015. 5. 6.).

현대사회에서 스마트폰 사용을 피할 수 없음을 고려할 때, 이를 적절하게 최선의 방법으로 활용할 수 있도록 교육하는 것이 중요하다. 특히 스마트폰 게임으로 인한 문제가 심각하므로, 유아들이 게임에 몰두하는 습관이 들지 않도록 규칙을 정하여 통제하고, 게임보다 재미있는 놀이가 있음을 알도록 대체활동을 제공할 필요가 있다(권장희, 2010). 부모나 교사와 높은 친밀감과 신뢰감을 형성하고 좋은 관계를 유지하는 것은 유아의 스마트폰 과몰입으로 인한 건강한 사회성 발달 저해를 방지하는 데 가장 중요한 조건이다(권장희, 2010).

[함께 생각해 보아요]

'휴먼터치'에 관한 기사를 읽고 생각 나누기

▶ 유아들이 성인이 되어 사회 구성원으로서 역할을 할 때 어떤 역량이 정말로 필요할까요?
▶ 이러한 역량을 길러 주기 위한 방법은 무엇일까요?

디지털의 핵심은 결국 공감 능력이다.

(https://news.v.daum.net/v/20210206110022340)

4

PART

3

사회성 발달의 내용과 교육적 적용

제1장
애착

영아반 등원

어린이집 만 1세반에 다니는 승현이는 이른 출근을 하는 엄마와 일찍 어린이집에 등원한다. 등원하는 승현이에게 교사가 인사를 하고 다가가자 울음을 터트리며 엄마에게 매달린다. A교사가 한발 다가가 안으려 하자 승현이는 소리를 지르며 엄마에게 더욱 매달린다. 교사는 더 이상 어떤 것도 하지 않고 서서 지켜만 보고 있다.

B교사가 다가와 엄마 품에 있는 승현이와 눈을 맞추고 "엄마랑 헤어지기 힘들구나"라고 마음을 읽어 주고 잠시 기다린 후, 승현이가 어제 즐겨 놀이했던 얼굴 막대인형과 가족사진 카드를 보여 주며 함께 교실에 가서 아기상어를 찾아보자고 이야기한다. 울음이 잦아든 승현이는 얼굴 막대인형과 가족카드를 한손으로 들고 교사의 손을 잡고 흐느끼며 고개를 끄덕인다. 교사와 함께 교실에 들어간 승현이는 아기상어 인형을 찾아 손으로 가리키며 교사를 바라보며 씨익 웃는다.

등원 시간

만 3세 현정이는 영아 때부터 자신의 애착인형인 토끼인형을 가지고 어린이집에 등원한다.

현정엄마: 아유~ 선생님, 오늘도 이 토끼 인형을 가지고 온다고 해서… 엄청 실랑이하다 결국 또 가져왔네요. 어쩌죠?

교사: 현정아~ 오늘도 토끼인형을 가지고 왔네~ 친구들은 토끼인형이 없어서 많이 속상해 할것 같은데…

현정: (울먹이며…) 싫어! 토끼 데리고 있을래…

현정엄마: 너 몇 살이니? 정말…

[함께 생각해 보아요]

1. 영아반 이야기에서 A교사와 B교사 중 승현이의 안정적인 애착 형성을 지원한 교사는 누구이며, 그렇게 생각한 이유는 무엇인가요?
2. 유아반 이야기에서 교사와 엄마는 안정적인 애착 형성을 지원하고 있나요? 그렇게 생각한 이유는 무엇인가요?

유아들은 매일아침 부모님과 헤어짐을 겪으며 어린이집에 등원한다. 유아교육기관에서 목격하게 되는 많은 헤어짐의 상황에서 교사는 유아에게 얼마만큼 자신을 내어 주어야 하는지, 어디까지 허용해야 하는지에 대해 고민하게 된다. 고민을 하는 이유는 아이의 버릇이나 습관이 나쁘게 들까 봐, 혹은 아이가 이제 어느 정도 커서, 아니면 다른 유아들과의 형평성 차원에서일 수도 있다. 하지만 유아에게 지대한 영향을 미칠 초기 경험의 중요성을 인식한다면 유아의 버릇, 훈육, 길들이기와 같은 것보다 유아의 전반적인 발달의 기초가 되는 안정적인 애착 형성에 더 많은 관심을 기울일 필요가 있다(조순옥 외, 2013).

그동안 부모와 가정에서 애착을 형성했던 유아는 어린 시기부터 더 많은 시간 유아교육기관에서 교사와 생활하고 있다. 따라서 교사는 유아가 정서적인 안정감을 바탕으로 교사와 신뢰 관계를 형성하는 것에 더 세심한 관심을 기울여야 할 필요가 있다. 부모만을 주양육자라고 생각했던 과거와는 달리 교사도 유아의 삶에서 중요한 주양육자의 역할을 감당하며 유아와 긍정적인 관계를 맺고 안정적인 애착을 형성 할 수 있도록 적절한 지원을 해야한다.

일상생활의 경험을 통해 교사와 영아의 애착이 형성된다.

1. 애착의 개념 및 중요성

애착은 영아가 세상에 태어나 자신의 삶에 영향을 주는 주 양육자와 맺는 강력한 정서적 유대관계를 의미한다. 과거 애착은 주로 영아와 어머니 간의 관계에서 형성하는 것으로 인식되어 왔지만 현대사회에서 영아와 애착을 형성하는 주 양육자의 대상은 어머니, 아버지, 조부모, 유아교육기관의 교사 등으로 그 범위가 다양해졌다. 애착은 영아가 사회적 존재로서 주변세계에 대해 알아가고, 다른 사람과의 관계를 형성하는 데 중요한 역할을 한다. 안정적인 애착 관계를 형성한 영아는 어머니, 아버지, 유아교육기관의 교사 등 주 양육자를 안전한 기지로 여기며 (Ainsworth, 1972) 주변을 자유롭게 탐색하며 성장해 나간다.

애착은 주 양육자의 존재뿐 아니라 더 나아가 영아와 주 양육자를 묶는 심리적 밧줄(Sroufe & Waters, 1977)이 되기도 한다. 영아는 주 양육자가 자신의 옆에 존재하지 않더라도 안정적인 애착을 형성한 주 양육자와의 정서적 유대감을 통해 안전함과 편안함 속에 자신의 주변을 탐색하게 된다.

영아는 생후 6~8개월 사이에 애착을 형성하기 시작하면서 대표적인 애착 반응으로 낯가림과 분리불안이 나타난다. 양육자와의 애착을 형성한 영아는 낯선 사람을 보고 울면서 양육자에게 매달리는 반응을 보인다. 이러한 반응은 돌 전후로 가장 심하게 나타나다가 그 후로는 점차 감소한다. 애착 관계를 형성한 주 양육자와 분리되는 상황에서 영아는 두려움과 불안함을 느끼는데 이러한 분리불안은 두 돌 전후로 감소한다. 이러한 애착 형성과정을 경험한 영아는 2세경이 되면 주 양육자와의 강력한 관계에서 점차 다른 사람들과 쉽게 어울리며 보다 넓은 사회적 관계를 형성하게 된다(Bowlby, 1999).

♣ 낯가림(Stranger anxiety)

영아가 낯선 이에게 보이는 반응으로 보통 6개월~8개월쯤 나타나 첫돌을 전후로 최고조에 이르렀다가 서서히 줄어든다. 낯가림의 정도는 영아의 기질이나 환경에 따라 다르며, 안전기지의 역할을 하는 주 양육자와의 거리와 낯선 상황, 그리고 낯선 사람의 행동, 영아의 나이 등은 낯가림을 유발하는 요인이다.

낯선 상황에서 영아와 어머니의 애착 상태에 따라 서로 다른 양상이 나타난 연구결과(Ainsworth, Blehar, Warters, & Wall, 1978)를 바탕으로 애착의 유형을 다음과 같이 분류한다.

- 안정 애착 : 영아는 어머니를 안전한 기지로 여기고 놀잇감과 주변을 탐색하는 데 어려움이 없다. 어머니가 잠시 자리를 떠났다가 돌아오면 행복한 반응을 보이며 곧 다시 놀이를 한다.
- 불안정-회피 애착 : 영아 어머니의 유도나 상호작용 없이도 탐색하고 어머니와 어떠한 접촉을 추구하지 않으며, 어머니를 무시하는 듯 보인다. 어머니가 자리를 떠났다가 돌아와도 반갑게 맞이하거나 옆에 있으려고 하지 않는다.
- 불안정-저항 애착 : 영아는 낯선 상황에 대해 전혀 관심이 없고 탐색을 하지 않는다. 어머니가 잠시 떠났다가 돌아오면 가까이 있고 싶어하고 접촉하려 하지만 어머니에 대한 거부와 분노가 함께 나타난다.
- 불안정-혼란 애착 : 영아는 어머니의 접근에 대해 혼란스러움을 느끼고 어머니가 잠시 자리를 떠났다가 돌아오면 멍하고 얼어붙은 듯한 행동을 보인다.

애착은 여러 측면에서 인간 발달을 결정하는 데 영향을 주는 중요한 요소로 작용하며 영아가 환경에 접근하는 방식에 큰 영향을 미치게 된다. 안정적인 애착을 경험한 영아는 자신과 다른 사람들에 대한 긍정적인 기대감을 지니며, 자신감을 가지고 세상에 접근하고, 예측하지 못한 문제 상황에 직면했을 때, 효과적으로 대응하거나 도움을 구할 가능성이 더 높다. 또한 안정적인 애착을 형성한 영아는 애착대상에 대해 긍정적인 표상을 가지고 더 나아가 자신에 대해서도 능력 있고 사랑받는 존재로 인식한다(Sroufe, 1983).

영아와 양육자가 형성한 애착 관계는 이후의 사회 · 정서 발달의 토대가 되며(Bowlby, 1999; Erickson, Sroufe, Egeland, 1985) 영아기 때 안정된 애착을 경험한 유아는 높은 유능감을 가지고 또래들과 긍정적인 관계를 형성하였다(Pastor, 1981). 안정적인 애착을 형성하지 못한 영아는 양육자에 대한 신뢰가 없으며 이로 인해 주변을 탐색하거나 또래를 포함한 다른 사람과의 적극적인 관계를 형성하는 데 어려움을 겪게 된다. 영아가 주변을 알아가고 다른 사람과의 관계를 형성하는 데 어려움을 경험하는 것은 결국 이후 발달에도 긍정적이지 못한 결과를 가져오게 된다. 이와 같이 애착이 인간의 전 생애에 미치는 영향을 고려할 때, 유아에게 있어 주 양육자와의 관계에서 형성되는 안정적인 애착의 중요성은 매우 크다고 할 수 있다.

[함께 생각해 보아요]

◎ 유아교육기관에서 유아의 적응을 계획할 때 고려해야 할 점에 대해 생각해 보세요.

2. 애착 형성의 특성

양육자와의 안정적인 애착은 영아가 세상을 살아가는 데 중요한 역할을 한다. 애착이 어떻게 형성되고 애착 형성에 영향을 미치는 요인은 무엇인지 알아봄으로써 안정적인 애착 형성을 위한 지원방안을 생각해 보아야 한다.

1) 애착 형성의 단계

영아의 애착 행동과 주 양육자의 반응 사이의 상호작용을 통해 형성되기 시작한 애착은 유아기, 아동기 이후 성인이 되어서까지도 지속적으로 발달한다. 특히, 생후 3년의 기간은 사회 정서 발달에 민감한 시기로 애착 대상과 친밀한 유대감을 형성하는 데 중요한 시기이다. Bowlby(1999)는 애착 형성의 4단계를 제시하며, 각 단계별로 명확한 경계는 없지만 애착 발달을 촉진하는 과정, 예를 들면 주변 환경에 적응하는 영아의 발달능력, 울음과 미소로 양육자에게 신호를 보내는 것, 양육자와 가까이 있으려고 하는 것에 대해 설명하였다.

- 1단계(출생~3개월) : 인물을 제한적으로 구별하는 지향성과 신호

자신의 요구에 반응하고 충족시켜 주는 주변 사람들에게 눈 움직임 추적하기, 붙잡기와 손 뻗기, 미소 짓기와 옹알이 등의 행동을 한다.

- 2단계(3개월~6개월) : 구별된 인물(들)에게 향하는 지향성과 신호

사람들에게 우호적인 행동을 하지만 더 두드러지게 행동을 보이는 특정 대상이 생기기 시작한다. 울음, 미소, 눈 맞춤의 행동으로 다른 사람과의 접촉을 시도하며 자신을 돌봐 주는 사람에게 더 빈번한 행동을 보인다.

- 3단계(6개월~18개월) : 신호와 이동에 의해 유지되는 구별된 인물에 대한 근접성

사람을 대하는 방식이 점점 차별화되며 인지능력과 이동능력이 발달함에 따라 능동적인 접근을 한다. 낯선 사람에게 불안을 느끼며 엄마(주 양육자) 이외의 친숙한 몇몇 사람들도 애착 대상이 된다.

- 4단계(18개월~2세) : 목표수정적인 동반자 관계의 형성

애착 대상과 상호작용을 시작하고 관계를 유지하는 데 점점 더 많은 역할을 하게 된다. 정교화된 언어 기술, 행동 및 사회적 반응에 따라 애착 대상과의 분리가 가능해진다.

〈표 1-1〉 유아의 애착 발달에 관한 이론

초기학습이론 (Gewirtz, 1965)	영아는 불안하고 고통스러운 상황에서 벗어나 편안해지기 위해서 어머니와 정서적 애착의 관계를 형성한다. 처음에 어머니는 어떤 특별한 존재도 아니었지만 젖을 주고 기저귀를 갈아 주는 등의 즐거운 사건들과 지속적으로 연관이 되면서 어머니는 보상의 존재로 여겨지게 되며 가까이 하고자 하는 존재가 된다.
Bowlby (1969, 1973, 1980)의 이론	애착을 어린 영아를 해로운 요소로부터 보호하는 독특한 현상으로 보고 영아의 보호자에 대한 접근 가능성이라는 사회적 행동 체계로 설명하였다. 애착은 영아와 부모 양쪽의 행동에 의하여 형성되는데 보호자에게로의 접근을 시도하고 유지하며 이끌어 내는 영아의 모든 행동, 즉 미소 짓기, 울기, 매달리기 등의 모든 행동이 바로 애착을 형성하는 행동이다. 영아의 애착 행동은 본능적인 것으로 어머니 자체나 어떤 위협을 가하는 상황과 같은 자극이 이러한 본능을 자극하며 이끌어 낸다. 영아의 행동이 어머니의 보호적인 반응을 이끌어 내는 것이다.

Sroufe와 Waters(1977)의 이론	Bowlby의 이론을 정교화하여 관계의 정서적 요소를 강조하여 정서의 통제라는 어휘로 애착 관계를 설명하였다. 영아가 안정된 애착을 형성한 경우 어머니와 다른 주 보호자는 편안함과 안전에 대한 기본 조건이 되며 영아는 이를 기반으로 주위를 탐색하고 즐기게 된다. 안정된 애착은 영아들의 사회적 기술의 발달을 돕고 영아들이 부모와 타인과의 사회적 상호작용을 즐기게 한다.

출처: 조순옥 외(2013), p. 56 재구성.

2) 애착 형성에 영향을 미치는 요인

애착은 영아와 양육자 사이에 형성되지만 각기 다른 애착의 유형이 형성된다는 점에서 애착에 영향을 미치는 요인에 대해 살펴볼 필요가 있다. 양육자와 영아의 애착 형성에 영향을 미치는 요인은 크게 영아의 개인적 특성 요인과 양육자 관련 요인으로 나뉜다.

(1) 영아 개인적 특성 요인

안정적인 애착이 발달하는 데 영향을 미치는 영아의 개인적 특성 요인으로는 출생 당시의 건강상태 즉, 미숙아나, 저체중아로 출생한 경우(Sroufe, 1985), 양육자와 눈을 마주치고 미소를 보이며 옹알이를 하고 반응하는 영아의 사회적 반응성(Honig, 1981; Rosenfield, 1980) 등이 있다. 또한 영아의 기질은 양육자와의 애착 관계를 설명하는 하나의 요인으로 인식되어 왔다(전우경, 2002). 까다롭고 화를 잘 내는 기질의 영아는 양육자로 하여금 긍정적인 반응을 이끌어 내는 데 어려움이 있으며, 양육자가 자녀 양육의 어려움을 경험하게 되면서 불안정 애착을 가져오게 하는 원인이 된다(Lee & Bates, 1985). 영아의 기질이 부모가 가진 기질과 조화롭지 못하거나, 부모가 자녀의 기질에 만족하지 못하고 사회적 지지 수준이 낮은 경우에도 애착 발달에 부정적인 영향을 미친다(Buss & Plomin, 1984; Crockenberg, 1981).

(2) 양육자 관련 요인

애착 형성에 영향을 미치는 양육자 관련 요인으로는 영아에게 민감하게 반응하기 위해 영아의 상태를 정확하게 인식하고 해석하여 반응하는 정도, 영아를 대하는 일관적이고 수용적인 양육태도가 있다(Meins, 1999). 또한 양육자가 주위에서 받는 사회적 지지의 수준이 높은 경우 영아에게 보다 더 민감하게 상호작용하고, 배우자와 결혼생활에서 느끼는 만족도가 높을 경우 영아와의 원만한 관계를 형성한다는 점을 고려해 보았을 때 사회적 지지 수준과 배우자 및 결혼생활에 대한 만족감은 영아의 애착 형성에 영향을 주는 요인이라 할 수 있다(Cochran & Niego, 1995; Goldstein, Diener, & Mangelsdorf, 1996; Goldberg & Easterbrooks, 1984 ; Howes & Markman, 1989 ; Jacobson & Frye, 1991).

♣ 애착은 어떻게 형성되며 유아의 삶에 어떤 영향을 미칠까요?

출처: EBS 아기성장 보고서(2002. 12. 30~2003. 1. 3).

3. 애착 형성을 위한 지원방안

1) 애착 형성을 위한 교육목표

영아는 세상에 태어나 주 양육자와 강한 정서적 유대, 즉 애착을 형성하며 인간관계의 기초를 마련하게 된다. 주 양육자와 애착이 잘 형성된 영아는 기본적인 신뢰감과 안정감을 기반으로 세상에 대한 적극적인 탐색을 하며 더 많은 것을 경험하게 되고 적극적인 상호작용을 시도하며 보다 긍정적인 관계를 형성해 나간다(조순옥 외, 2013).

영아들이 유아교육기관에 다니게 되는 시기가 빨라지고 취원률이 높아짐에 따라 교사와 영아의 애착 형성에 대해 관심을 기울일 필요가 있다. 교사와 영아의 애착 형성과 관련된 선행연구들을 살펴보면, 교사–영아 사이에 형성된 애착이 어머니–영아 사이에 형성된 애착의 질과 큰 차이가 없으며 교사와 영아 간 애착 형성은 영아의 이후 삶의 질을 결정하는 데 중요한 역할을 한다(김미라, 2019; 신지연, 2004; 조문숙; 2007). 교사는 영아와 개별적인 유대관계를 형성할 수 있도록 애착 형성을 위한 애착 증진 활동이나 놀이 등의 기회를 제공하는 것이 필요하다. 이를 위해서는 교사가 영아와의 안정적인 애착 형성의 중요성에 대해 인식하는 것이 필요하며 영아와 눈을 마주치고, 신체적 접촉을 하고, 애정적인 상호작용을 하는 등 긍정적인 경험을 통해 안정적인 애착을 형성하도록 해야 한다.

2) 애착 형성을 위한 교육내용

교사와 영아의 안정적인 애착이 어머니와 영아 사이의 애착만큼이나 영아의 삶에 중요한 요인이라고 밝혀지면서 유아교육기관에서는 교사–영아 간 안정적인 애착을 형성하는 다양한 방법들에 대해 관심을 가지게 되었다. 교사와 영아가 함께 경험하는 그림책, 음률 활동, 신체접촉을 포함한 신체 활동 등은 영아와 교사가 긍정적인 애착을 형성을 하는 데 도움을 준다(김순녀, 2012; 조숙진, 2010). 애착 형성을 위한 다양한 경험을 제공하는 것뿐만 아니라 이때 이루어지는 언어적, 비언어적인 상호작용은 교사와 영아의 안정적인 애착에 필요한 요소라 할 수 있겠다. 따라서 유아교육기관에서 교사는 영아들과 안정적인 애착을 형성할 수 있는 다양하고 흥미로운 경험을 제공함과 동시에 눈 맞춤, 신체접촉 등의 민감하고 반응적인 상호작용에 노력을 기울여야겠다.

3) 애착 형성을 위한 교육의 실제

(1) 일상생활

교사는 유아들이 등원을 하고, 밥을 먹고, 배변을 하는 등의 일상적인 일과 속에서 애정적이고 반응적인 상호작용을 경험하도록 하고 자연스러운 신체접촉의 기회를 마련하도록 한다.

영아 사례	
16개월된 현정이는 교실에서 실내놀이를 하고 있다. 놀이를 하던 현정이는 인형을 가지고 일어나서 교구장 뒤쪽으로 간다. 현정이의 얼굴이 빨개지며 힘을 준다. 친구가 다가가자 현정이는 인형을 안고 다른 곳으로 간다.	
교육과정 관련 요소	– 긍정적인 배변 경험을 한다. (기본생활영역〉 건강하게 생활하기〉 하루 일과를 편안하게 경험한다) – 신체적 접촉을 통해 안정적인 애착을 형성한다. (사회관계〉 더불어 생활하기〉 안정적인 애착을 형성한다)
영아 경험 실제	1. 현정이에게 다가가 부드럽게 상호작용한다. – 현정아, 선생님이 도와줄까? (현정이는 고개를 저으며 '아기 맘마 줘~' 라고 이야기한다.) – 현정이 아기 맘마 주고 있구나~ 냠냠냠~ 아기야, 맛있니~? – 아기도 응가를 했나~? 우리 아기랑 현정이 기저귀 갈고 올까? (현정이는 인형을 보이며 "같이~"라고 이야기한다.) 2. 현정이가 아기 인형과 함께 기저귀 갈이대로 간다. – 아기랑~ 현정이랑 같이 기저귀 갈고 올까~? – 아이 시원해~ 너무 시원하겠다.
영아 경험 실제	3. 기저귀 갈이대에 누운 영아를 부드럽게 쓰다듬으며 기저귀를 교체한다. – 현정이 여기 눕고~ 아기도 같이~ 누웠어요~ – 누우니까 여기 뽀로로도 있구나~ – 뽀로로야, 안녕? 현정이 시원하게 응가했어~ 엄청 시원하겠지? – 아이 시원해~ 정말 시원하겠네~ – (새 기저귀로 교체한 후) 하나, 둘, 하나, 둘~ 다리 운동도 하네요~ – 으~ 팔도 쭉쭉~ – (영아를 안으며) 아이고~ 이제 시원하네. 다 됐다~ 4. 현정이와 아기 인형을 가지고 놀이하던 곳으로 돌아가 놀이한다. – 이번엔 현정이가 아기 기저귀 갈아 줄까~?

영아 경험에 대한 이해	• 현정이는 배변처리보다 지금 가지고 있는 아기 인형을 지키고 싶은 마음이 더 크다. 교사가 현정이의 마음을 적절하게 읽어 배변처리 후에도 놀이를 유지할 수 있도록 도와주었다. • 현정이는 배변 후, 다른 사람이 다가오는 것이 불안하지만, 교사의 부드러운 상호작용을 통해 안정감을 느낄 수 있었다.
교사지원	• 공간 – 긍정적인 배변 경험을 위해 기저귀 갈이대의 청결을 유지하였다. • 자료 – 영아가 배변 경험을 하는 동안 안정감을 느낄 수 있도록 흥미를 가질만한 놀잇감을 제시하였다. • 상호작용 – 영아의 행동에 대한 신호를 알아차리고 적절한 시기에 지원하였다. – 영아에게 밝은 미소와 부드러운 목소리로 상호작용함으로써 배변에 대한 긍정적인 경험을 할 수 있도록 하였다. – 기저귀 갈이를 하며 부드러운 신체적 접촉을 통해 개별적인 상호작용을 시도하였다.

(2) 놀이

유아들은 유아교육기관에서 놀이를 하는 동안 즐거움을 경험하며 정서적 안정감을 경험하기도 한다. 주 양육자와 분리된 영아의 경우, 놀이를 통해 주 양육자에 대한 존재를 알고 안정감을 가질 수 있도록 하는 것이 필요하다. 또한 수용적인 분위기 속에서 교사와 함께하는 놀이의 경험은 유아의 안정적인 애착 형성에 도움이 된다.

영아 사례	
이제 막 적응을 하여 어린이집에 등원한 10개월 된 승현이는 엄마와 헤어져 선생님에게 안겨 있지만 자꾸 선생님 얼굴을 빤히 바라보고 주변을 둘러본다. 엄마가 사라진 문쪽을 가리키며 "음마, 마"라고 한다.	
교육과정 관련 요소	– 교사와 함께하는 놀이를 즐기며 안정감이 발달한다. (사회관계〉 더불어 생활하기〉 안정적인 애착을 형성한다)
영아 경험 실제	1. 승현이를 안고 영아가 보고 있는 문쪽으로 다가간다. – 선생님이랑 밖에 뭐 있나~ 볼까~? 아무것도 없네~~ 우리 승현이 사진은 어디 있을까~

영아 경험 실제	2. 승현이를 안고 승현이의 시선에 따라 보육실을 탐색한다. – 안녕~ 친구야, 나도 왔어~ – 어~ 여기 승현이 사진이 있네~ 안녕~ (자신의 가족사진을 발견하고 손으로 가리키며 "어! 어~" 한다.) – 거기 승현이 엄마도 있고, 아빠도 있고~ 누나도 있네~ (가족사진 카드를 건네주자 꼭 안는다.) 3. 승현이와 마주보고 앉아서 가족사진을 본다. – 승현이는 어디 있나~ 요기~ 아빠는 어디 있나~ 요기~ – 승현이 눈은 어디 있나, 요기~ 선생님 눈은 어디 있나, 요기~ 4. 승현이의 손을 함께 잡거나 교사의 손으로 승현이의 얼굴을 스킨십하며 놀이한다. – (챈트 형식으로) 반짝반짝 반짝이는 두 눈~ 여기! 오뚝오뚝 오뚝한 코~ 여기! 앵두같은 입술도~ 여기! 사랑스러운 00의 눈, 코, 입~
영아 경험에 대한 이해	• 승현이는 아직 어린이집이 낯설게 느껴지기도 하지만 새로운 환경에 대해 관심을 가지고 있다. 교사의 도움으로 주변 환경을 충분히 탐색할 수 있었다. • 승현이는 교사의 온화한 표정과 부드러운 목소리를 통해 심리적 안정감을 느낄 수 있었다. • 승현이는 가족사진을 통해 안정감을 느끼고, 긍정적이고 우호적인 교사를 통해 어린이집에서도 자신이 안전하게 보호받고 있다고 느끼게 되었다.
교사지원	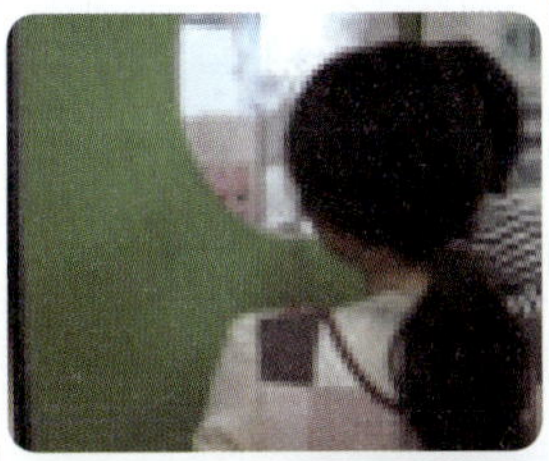  • 상호작용 – 교사는 영아의 시선에 따라 상호작용하였으며 부드러운 목소리와 온화한 표정으로 안정감을 느낄 수 있도록 하였다. – 놀이를 할 때, 영아의 반응을 살피며 챈트를 사용하여 놀이하며 놀이에 대한 흥미가 지속될 수 있도록 하였다. • 자료 – 영아의 가족사진을 준비하여 안정감을 가질 수 있도록 하였다. • 일과 – 영아가 어린이집 생활에 편안함을 느낄 수 있도록 개별적인 상호작용의 기회를 충분히 주었다.

유아 사례	
결혼식에 관심을 가지고 한창 놀이를 하고 있다. 유아들이 자기 가족의 특별한 날 찍은 사진을 가져와 소개하며 가족과의 긍정적인 경험을 떠올린다.	
교육과정 관련 요소	– 나를 사랑하는 엄마, 아빠의 마음을 알고 적절한 언어로 표현한다. (의사소통〉 듣기와 말하기〉 상황에 적절한 단어를 사용하여 말한다) (의사소통〉 듣기와 말하기〉 자신의 경험, 느낌, 생각을 말한다) – 가족과 함께 지내는 것에 대한 소중한 마음을 갖는다. (사회관계〉 더불어 생활하기〉 가족의 의미를 알고 화목하게 지낸다)
유아 경험 실제	찬열: 이건 나 돌잔치 할 때 찍은 사진이야. 이게 나야. 엄청 작지? 희서: 이건 너네 엄마야? 지금 너네 엄마 머리 길지? 현정: 이것 봐. 우리 엄마 배 엄청 많이 나왔지. 내가 엄마 배 속에 있을 때 사진이야. 지금은 이만큼은 안 나왔어. 찬열: 나도 태어났을 때 찍은 사진 가져왔는데... 이거 봐봐. 내 얼굴 엄청 이상해. 우리 엄마 인상 쓰고 있지. 니 사진도 보자! 무슨 사진이야? 희서: 나는 애기 때 사진 가져왔어. 이건 엄마랑 공원 놀러간 거... 우리 엄마 얼굴 웃기지? 근데 지금은 이런 얼굴 안해 줘.
유아 경험에 대한 이해	• 유아들은 가족의 특별한 날 찍은 사진을 가져와 친구들과 함께 이야기를 나누며 가족과 함께 했던 시간을 떠올리고 있다. • 유아들은 사진 속 가족의 모습에 관심을 가지며 지금과 어떤 변화가 있었는지에도 관심을 가지고 있다.
교사지원	• 상호작용 – 교사는 유아들이 가족사진을 찍었을 당시 엄마, 아빠는 어떤 생각을 하고 있을지에 대해 질문하며 가족의 마음에 대해 생각해 볼 수 있도록 하였다. • 자료 – 말풍선을 달아 만화처럼 만들고 싶다고 하는 유아들에게 자료를 제공하여 유아들의 생각을 표현할 수 있도록 하였다. 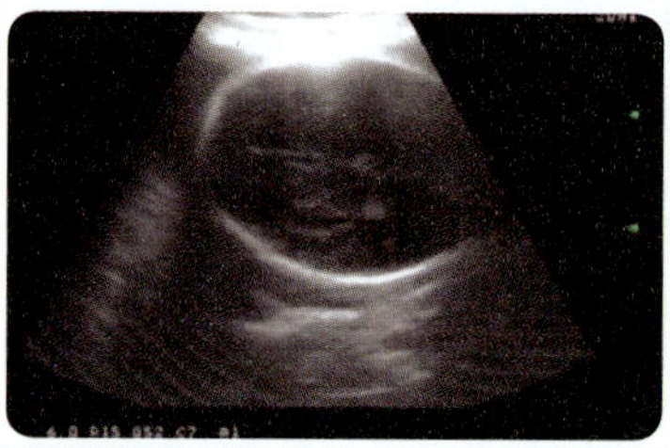 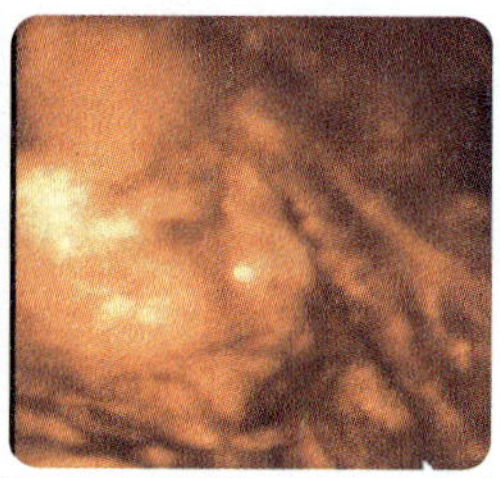 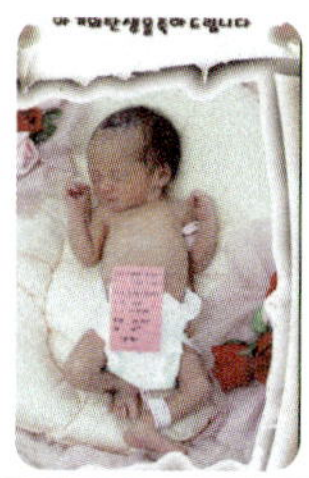

(3) 활동

유아교육기관에서 이루어지는 대소집단 활동은 이야기 나누기, 동화, 동시, 동극, 새노래, 요리 등 다양하다. 유아들이 가족과 교사, 또래 등 주변 사람들과의 애정적인 관계를 경험할 수 있는 동화나 노래 등을 제공하여 애착 형성에 도움을 준다.

<table>
<tr><th colspan="4">유아 사례</th></tr>
<tr><td>활동명</td><td colspan="3">나는 엄마가 좋아</td></tr>
<tr><td>연령</td><td>만 5세</td><td>활동유형</td><td>동시 짓기(소집단)</td></tr>
<tr><td>활동 배경
놀이 사례</td><td colspan="3">유아들은 자신들이 어린이집에서 지내는 동안 엄마, 아빠는 무엇을 하는지 관심이 많다. 유아들과 『나는 엄마가 좋아(글/그림 사카이 고마코, 중앙출판사, 2002)』 그림책을 읽고 자신들의 생각을 담아 엄마에게 들려주기로 하였다.</td></tr>
<tr><td>활동목표
(누리과정
관련 요소)</td><td colspan="3">– 가족을 사랑하는 마음을 적절한 언어로 표현한다.
(의사소통〉 듣기와 말하기〉 자신의 경험, 느낌, 생각을 말한다)
– 가족을 소중하게 생각하는 마음을 갖는다.
(사회관계〉 더불어 생활하기〉 가족의 의미를 알고 화목하게 지낸다)</td></tr>
<tr><td>활동자료</td><td colspan="3">『나는 엄마가 좋아』 그림책, 다양한 종이, 색연필, 사인펜</td></tr>
<tr><td>활동단계</td><td colspan="2">활동내용</td><td>준비물 및 유의점</td></tr>
<tr><td>도입</td><td colspan="2">1. 『나는 엄마가 좋아』 그림책 속 막대인형으로 주의를 집중한다.
– 엄마? 엄마~~~ 엄마 어디 있어요?
– 얘들아, 우리 엄마 못 봤니?
2. 그림책 내용을 회상하며 활동에 대해 이야기를 나눈다.
– 『나는 엄마가 좋아』 그림책 속에 엄마의 모습이 기억나니?
– 토끼는 엄마가 왜 좋다고 했니?</td><td>• 『나는 엄마가 좋아』 그림책과 주인공 막대인형</td></tr>
<tr><td>전개</td><td colspan="2">3. 엄마의 모습에 대해 이야기를 나누며 동시 내용을 생각해 본다.
– 현정이는 엄마의 어떤 모습이 가장 기억에 남니?
– 왜 그렇게 생각했니?
– 현정이는 어떻게 동시를 지어 보고 싶니?
4. 동시를 어떤 방법으로 만들지에 대해 이야기를 나눈다.
– 우리가 생각한 동시를 어떻게 만들어서 엄마에게 보여 주면 좋을까?
5. 재료를 이용하여 동시판을 만든다.</td><td>• 유아들의 생각을 자유롭게 이야기할 수 있도록 격려한다.
• 동시판을 꾸밀 수 있는 다양한 재료</td></tr>
</table>

마무리	6. 완성된 동시판을 보며 이야기를 나눈다. – 너희가 '나는 엄마가 좋아' 라는 동시를 지어서 동시판을 만들었는데 가장 즐거웠던 점은 무엇이니? – 혹시 더 바꾸어 보고 싶은 부분은 없니? – 이 동시를 들려 드리면 엄마의 마음은 어떨까?	
추후 예상 관심과 놀이 & 지원	– 유아들이 동시 만들기에 관심을 가진다. – 다른 가족 구성원을 넣어 동시를 만들어 본다(아빠, 누나, 동생 등).	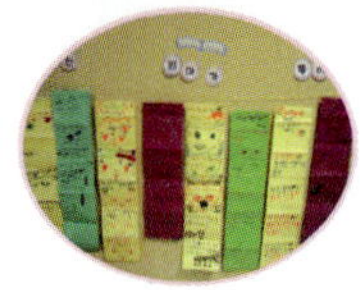
가족 및 지역사회 연계 활동	– 가족들이 '나는 OO이가 좋아' 동시를 만들어 유아들에게 들려주는 활동을 한 후 친구들에게 소개한다.	

4) 애착 형성을 위한 교사의 역할

초기의 애착은 이후 발달에 영향을 미친다는 연구 결과들은 유아교사들이 유아의 안정적인 애착 관계를 형성함에 있어 중요한 역할을 담당하고 있다는 것을 의미한다. 유아와 교사 간의 안정적인 관계뿐 아니라 유아와 양육자(부모, 가정)의 안정적인 애착 관계 형성을 위해 유아교육기관과 교사의 역할이 중요시되고 있다.

(1) 유아에 대한 올바른 이해

유아는 모든 유아에게 나타나는 보편적인 특성과 함께 각자의 개별적인 특성을 가지고 있다. 유아와 양육자 간의 상호작용 과정에서 유아는 자신이 가진 보편적이고 개별적인 특성을 나타내며 이러한 상호작용 과정은 유아와 양육자 간의 안정적인 애착에 영향을 미치는 요인으로 작용한다. 예를 들어, 수줍음이 많은 유아에게 다가갈 때 양육자가 그의 기질과 반응속도 등을 고려하여 조화로운 양육태도를 보인다면 더 발전된 관계를 기대할 수 있을 것이다. 이처럼 교사는 유아의 보편적이고 개별적인 특성에 대해 관심을 가지고 올바른 이해를 바탕으로 안정적인 애착 관계를 지원할 필요가 있다.

(2) 주 양육자에 대한 공감과 지원

유아의 주 양육자에 대한 이해와 공감을 통해 유아가 가진 사회문화적인 특성을 보다 깊게 이해하게 된다. 특히, 1세 미만의 영아보육과 맞벌이 가정의 유아의 보육이 증가하고 있는 현대사회에서는 유아의 주 양육자의 양육패턴을 알고 그들을 지원함으로써 유아가 긍정적인 애착 형성을 할 수 있도록 돕는 것이 중요하다. 교사는 주 양육자의 양육태도, 사회적 지원망 등에 대해 관심을 가지고 영아와 부모, 영아와 교사 간의 안정적인 애착을 형성하기 위한 지원, 협조체계를 고려해 볼 필요가 있다.

(3) 유아에 대한 마음조율(mind-mindedness)

유아와의 안정적인 애착 형성을 위해 교사는 유아를 어떠한 존재로 인식하며 어떻게 상호작용하는가는 중요한 요인이다. 유아를 단순히 만족해야 하는 욕구만을 가진 존재가 아니라 마음, 의도, 생각을 가진 개별적인 존재로 인정하며, 유아가 보내는 단서에 대해 즉각적으로 반응하는 것을 넘어서 신호의 의도를 파악하여 올바르게 해석하는 것을 마음조율이라 한다(Meins, 1999). 교사는 유아를 단지 부족하여 채워 주어야 할 존재가 아닌 생각과 마음, 의도를 가지고 이를 표현하는 개별적 존재라는 것을 인정하고 그들의 생각, 마음, 의도를 존중하고 적절하게 파악하여 상호작용하는 것이 필요하다.

5) 애착 형성을 위한 그림책

그림책	개요
	왜 우니? 홍인순 글, 이혜리 그림 / 보림출판사, 2020년 낮잠에서 깨며 우는 아이를 동물들이 달래지만 울음을 그치지 않던 아기가 아빠가 잘 잤냐며 안아주자 울음을 그치는 이야기. 낮잠 이후의 상황에서 경험하는 익숙한 이야기로 안정감을 느낀다.

	**간질간질** 최재숙 글, 한병호 그림 / 보림출판사, 2014년 심심한 유준이와 간지럼 놀이로 시작하는 아빠와의 몸놀이를 담은 이야기. 그림책을 통해 성인과 스킨십의 기회를 경험하며 긍정적인 관계를 형성하는 데 도움이 된다.
	**똑 닮았어** 김선영 글, 한병호 그림 / 키위북스, 2016년 동물 가족의 닮은 모습을 그린 그림책. 동물 가족을 통해 엄마, 아빠와 자신의 닮은 점을 찾아보며 애착을 형성하는 데 도움이 된다.
 	**아빠(엄마)가 달려갈게!** 김영진 글, 그림 / 길벗어린이, 2017년 아이가 어떤 상황에 있든지 함께 하겠다는 아빠(엄마)의 약속을 그린 이야기. 아빠와 엄마는 자신과 늘 함께해 줄 존재라는 것을 느끼면 안정감을 갖는 데 도움이 된다.

♣ 애착 형성을 도와주세요

부모 이야기 5편: 애착은 건강한 성장의 첫걸음(여성가족부)

♣ 마무리 활동

◎ 나의 애착을 알아보아요.

- 지금 나와 부모님과의 관계를 생각하며 다음 질문에 해당하는 곳에 표시해 보세요.
- * 표시 문항은 역 환산하여 하위 요인의 점수를 확인해 보세요.
  (신뢰감 관련 문항 : 1~10 / 의사소통 관련 문항 : 11~19 / 소외감 관련 문항: 20~25)

		전혀 그렇지 않다	그렇지 않다	보통 이다	그렇다	매우 그렇다
1	나의 부모님은 내 감정을 존중해 주신다.	1	2	3	4	5
2	나의 부모님은 내 부모로서 본분을 다하신다.	1	2	3	4	5
3*	나는 다른 분이 우리 부모님이었으면 좋겠다.	1	2	3	4	5
4	부모님은 나를 있는 그대로 받아들여 주신다.	1	2	3	4	5
5*	부모님은 내게 너무 많은 것을 바라신다.	1	2	3	4	5
6	내가 어떤 일에 대해 상의할 때, 부모님은 나의 의견을 고려해 주신다.	1	2	3	4	5
7	부모님은 나의 판단을 신뢰하신다.	1	2	3	4	5
8	부모님은 나를 이해해 주신다.	1	2	3	4	5
9	부모님은 내가 어떤 일로 화가 났을 때, 이해하려고 노력하신다.	1	2	3	4	5
10	나는 부모님을 신뢰한다.	1	2	3	4	5
11	나는 걱정되는 일이 있을 때 부모님의 의견을 받아들이고 싶다.	1	2	3	4	5
12*	부모님에게 나의 감정을 드러내 봐야 소용없다고 생각한다.	1	2	3	4	5
13	부모님은 내가 어떤 일로 기분이 상했을 때 알아차리신다.	1	2	3	4	5
14*	부모님은 부모님 나름대로의 문제가 있기 때문에, 나의 문제로 부모님을 귀찮게 하지 않는다.	1	2	3	4	5
15	부모님은 내가 나 자신을 더 이해할 수 있도록 도와주신다.	1	2	3	4	5
16	나는 부모님께 나의 어려움과 근심거리에 대해 말씀드린다.	1	2	3	4	5
17	부모님은 내가 나의 어려움을 이야기하도록 격려해 주신다.	1	2	3	4	5
18	내 마음의 부담을 떨쳐 버리고 싶을 때, 부모님을 의지할 수 있다.	1	2	3	4	5
19	만약 부모님께서 내게 고민거리가 있다는 걸 아신다면, 나에게 그것에 대해 물어보신다.	1	2	3	4	5
20*	부모님과 함께 나의 문제를 상의할 때, 나는 수치스럽고 바보 같다고 생각한다.	1	2	3	4	5
21*	나는 부모님과 함께 있을 때 쉽게 기분이 나빠진다.	1	2	3	4	5
22*	나는 기분 나쁜 일이 있을 때, 부모님이 생각하는 것보다 훨씬 더 속상해한다.	1	2	3	4	5
23*	나는 부모님에게 분노를 느낀다.	1	2	3	4	5
24*	나는 부모님으로부터 별 관심을 받지 못한다.	1	2	3	4	5
25*	부모님은 내가 요즘 어떤 일을 겪는지 이해하지 못하신다.	1	2	3	4	5

출처 : 옥정(1998). 청소년기 애착 안정성과 우울성향의 관계.

제2장

자아개념

실내놀이

만 3세 현정이는 그림을 그리고 색칠을 하고 있다. 예진이는 현정이가 색칠하는 것을 보며 그림을 그리고 있다.

현정: 선생님, 이거 봐봐요. 내가 엄마랑 아빠랑 캠핑 간 거 그렸어요.

교사: 현정이는 가족과 함께 캠핑을 갔었구나. 현정이 가족은 캠핑을 좋아하는구나.

현정: 아빠가 제일 좋아해요. 아빠가 텐트치고 짐 나를 때 내가 도와주면 훨씬 안 힘들대요. (색칠하는 것을 보여 주며...) 선생님, 이게 뭔지 알아요? 이건 불멍하는 불꽃이에요. 불이 엄청 색깔이 예쁘죠? 진짜 불이 움직이는 것 같죠?

예진: 나도 엄마랑 아빠랑 오빠랑 캠핑 갔는데...

교사: 예진이도 가족과 캠핑을 갔었구나~ 예진이는 캠핑가서 했던 것 중에 무엇이 가장 기억에 남니?

예진: 아빠랑 오빠는 집 만들고, 엄마는 요리해 줬어요. 나는 아무것도 안 했는데... 보기만 했어요. 나는 아직 어려서 도와줄 수 있는 게 없다고... 오빠가 가만히 있는 게 도와주는 거래요. (그림을 그리며) 선생님, 아빠랑 오빠가 만든 집은 엄청 커요. 방도 있고, 밥 먹는 곳이랑 연결이 되어 있어요. 가운데는 뾰족한데... 나는 집을 잘 못 그려요. 내가 말한 거 그려 주세요.

교사: 선생님이 직접 보진 못했지만, 예진이가 만든 집은 엄청 컸구나.

예진: 내가 만든 게 아니라 아빠랑 오빠가 만든 집이에요. 난 큰 집 못 만들어요.

[함께 생각해 보아요]

1. 현정(또는 예진)이가 되어 가족과 함께하는 캠핑에서 나의 모습을 그림으로 표현해 보세요.

2. 다음의 문장을 현정(또는 예진)이가 되어 완성해 보세요.

- 나는 가족과 함께 캠핑을 와서 (   ) 기분이에요.
- 가족들은 나와 함께 캠핑을 해서 (   ).

위의 사례를 살펴보면 현정이, 민주, 예진이는 자기 자신에 대해 서로 다른 개념과 태도를 가지고 있다. 현정이는 자신의 키가 작고 힘이 세지 않지만, 가족과 즐거운 캠핑을 위해 할 수 있는 일들이 있음을 알고 시간이 지나면 자신이 할 수 있는 일들이 많아질 것이라고 믿고 있다. 반면에 예진이는 현정이의 그림을 보며 자신은 그림을 멋지게 그릴 수 없다고 생각하고 다른 사람과의 즐거운 시간을 보내는 데 있어 자신이 할 수 있는 일은 매우 제한적이라고 생각한다. 이처럼 누구나 자신에 대한 생각과 개념을 가지고 있으며 이를 바탕으로 자신에 대한 정체감, 존중감을 형성하게 된다. 자아개념은 유아기부터 형성되기 시작하여 개인의 행동특성을 결정하고 학습하는 데 영향을 주어 한 인간의 자아감으로 표출된다. 또한 자아개념은 환경과의 상호작용을 통해 어떠한 경험을 하느냐에 따라 지속적인 변화를 겪게 되기 때문에(Purkey, 1970) 유아교육기관에서의 경험이 보다 긍정적인 자아개념을 발달시킬 수 있도록 해야 한다.

1. 자아개념 및 중요성

유아는 자라면서 자신의 신체적, 정의적, 심리적 특성을 파악한다. 자신과 타인의 차이에 대해 깨닫고 이러한 차이를 해석하는 인지적 활동을 통해 자신에 대한 다양한 개념을 형성해 나간다. 자아개념이란 한 개인이 자신에 대하여 갖는 신념, 태도, 의견에 대한 주관적인 견해 또는 평가이며, 유아가 성장하는 과정에서 자신에 대해 인식하고 다른 사람과 구별하게 되는 능력을 의미한다. 다시 말해, 유아가 자신과 타인을 구분하여 독립적인 존재로 보는 것에서부터 자신의 기질, 생각, 태도, 가치, 신념 등에 대해서 갖는 관점의 총합이다(조복희, 2006).

유아가 자신에 대해 가지는 개념은 타인과 관계를 맺고 의사소통을 하는 데 기초가 되며, 사회 구성원으로서 자신의 역할을 수행함에 있어 기초적인 역할을 한다. 스스로에 대해 보다 긍정적인 자아개념을 가지고 있는 유아는 부정적인 자아개념을 가진 유아보다 자신이 속한 집단에 잘 적응하고 친사회성이 높았으며, 빈번한 좌절의 경험으로 인해 자아개념이 낮은 유아는 자신의 능력에 대한 불신이 높아져 새로운 것에 대한 도전의 동기가 낮은 것으로 나타났다(Purkey, 1970). 유아들이 자신에 대한 전반적인 느낌, 의미, 태도에 대해 긍정적인 개념(Seefeldt, Castle, & Falconer, 2014)을 가지는 것은 유아가 세상을 대하는 기본적인 태도를 형성하고 자신이 당면한 문제를 해결해 나가는 과정에 영향을 미친다.

유아가 자신에 대한 긍정적인 자아개념을 형성하고 발달해 나감으로써 타인과의 조화로운 관계를 형성하며 어려운 상황에서 직면한 문제에 대해 스스로의 능력에 대한 믿음과 확신, 기대를 가지고 도전하는 기반을 마련하게 된다.

2. 자아개념 발달의 특성

1) 자아개념 발달의 단계

자아개념의 발달은 일생동안 지속되고 타인에 대한 이해를 포함한 사회인지 발달에 의해 영향을 받으며 발달된다(Shaffer, 2000). 영아 시기는 자아개념 형성의 기초단계로 자신의 독립적인 존재에 대해 알아가는 존재적 자아형성기이다. 영아는 타인과 자신을 구분하기 시작하며 자신의 신체 탐색을 통해 자아개념을 형성한다. 또한 거울에 비친 자신의 모습이나 사진 속 자신을 인식하고 그 또한 자신이라는 것을 깨닫게 된다. 유아는 자신이 타인에게 어떤 영향을 미칠 수 있다는 것을 알게 되기 시작하며, 독립적이고 자율적으로 기능하고자 한다. 유아는 부모의 이야기에 "싫어", "아니야" 등의 반응을 보이며 자신의 의지와 욕구대로 행동하려는 모습을 보인다. 자아개념이 발달함으로써 유아는 자신에 대해 구체적인 용어를 사용하여 설명하기 시작한다. 자신의 신체적 조건과 특징, 기호 등의 특성에 관해 표현하던 유아는 자라면서 '행복해', '슬퍼', '노력해' 등과 같은 심리적 특성을 통해 자신을 표현하며 신체적 자아로부터 심리적 자아로 발달해 나간다. 자아개념의 발달 특성은 다음과 같다(조순옥 외, 2013; 임현주, 2016).

〈표 2-1〉 자아개념의 발달

단계	내용
영아기	자신을 독립적인 존재로 인식하지 못하고 엄마와 하나인 자신을 인식한다. 18개월 이후 타인과 분리된 자아를 인식하기 시작한다.
유아기	신체적 특징과 소유로 자아를 인식한다.
아동기	능력, 정서 등의 내적 특성과 관계를 통해 자아를 표현한다.
청소년기	태도, 신념, 성격 등의 추상적이고 가설적 개념으로 자아를 표현한다.

유아기는 긍정적인 자아개념의 한 양상으로 자신이 가지고 있다고 지각되는 것에 대한 자기 평가 측면에서의 자아존중감을 형성하는 결정적인 시기이다. 만 2세부터 나타나는 자조 기술의 발달과 더불어 시작되며, 일상에서의 과업을 성공적으로 수행하는 경험을 통해 자신의 기본적인 능력에 대한 신뢰감을 갖게 된다. 이러한 신뢰감은 스스로의 가치에 대한 한 개인의 판단을 의미하는 자아존중감의 기초가 된다. 자아존중감 형성에 있어 타인으로부터 경험한 수용의 정도와 범위, 자신의 능력과 발달 단계에 적절한 다양한 문제해결 경험들은 아주 중요한 역할을 한다.

2) 자아개념 발달에 영향을 미치는 요인

자아개념은 유아의 성과 같은 선천적인 요인과 관련이 있기도 하지만 유아가 어린 시기부터 만나게 되는 중요한 타인 및 환경과의 상호작용에 의해 더 많은 부분이 설명된다. 유아가 속해 있는 가정과 교육기관, 지역사회에서 만나는 부모, 교사, 또래와의 경험이 유아의 자아개념 발달에 영향을 미치는 요인이라 할 수 있다(Damon & Hart, 1982).

(1) 부모

유아의 부모는 유아의 행동에 영향을 미치는 일차적인 모델임과 동시에 유아가 자신의 행동이 다른 사람에게 어떠한 영향을 미치는가를 알게 하는 일차적인 피드백 제공자이자 평가자의 역할을 한다(Felker, 1974). 부모의 자아개념과 심리적 행복감, 양육태도 등도 유아의 긍정적인 자아개념 발달에 중요한 요인이며(김영숙, 1993) 부모와의 경험을 바탕으로 유아는 소속감, 능력감, 가치감을 배우기 시작하여 긍정적인 자아개념이 발달할 수 있게 된다.

(2) 교사

유아교육기관에서 교사는 유아의 전인적인 성장과 발달에 있어 중요한 역할을 담당한다. 교사는 많은 시간을 유아와 함께 지내며 그들의 삶에 깊숙하게 관여한다. 교사의 자아개념은 함께 생활하는 유아와 어떠한 경험을 주고받는지에 영향을 미치게 되고 이 과정에서 유아는 자신을 대하는 태도, 기대 등 자아개념을 발달하게 된다(김재봉, 1986; 김영애, 1985).

(3) 또래

유아는 또래 관계를 형성하는 과정을 통해 자신에 대해 인식하고 소속감과 능력감, 가치감을 경험하며 긍정적인 자아개념을 발달해 나간다(Levin, 1963). 유아가 경험하는 또래와의 상호작용과 또래와의 협동의 기회, 또래집단 안에서의 수용 정도 등은 유아 자신에 대한 개념을 발달하는 데 영향을 준다(남효순, 2001; Grymes & Lawler, 1993).

[함께 생각해 보아요]

◎ 유아의 행동특성을 긍정적 자아개념을 가진 유아와 부정적 자아개념을 가진 유아로 분류해 보세요.

유아 행동 특성	긍정 vs 부정
"할 수 있어요", "고마워요" 등의 말을 자주 사용한다.	
엄마는 오빠를 더 좋아하고 나는 미워한다는 말을 한다.	
실수했을 때에 앞으로 더 잘할 수 있을 것을 믿는다.	
눈치를 자주 보며 다른 친구가 하는 일에 동참하지 않는다.	
"너무 어려워요", "난 이런 것 못해요", "싫어요"와 같은 부정적 언어를 자주 사용한다.	
자기의 잘못을 친구의 탓으로 돌린다.	
친구와 교사에게 의존적이다.	
자신의 일을 처음부터 끝까지 스스로 해결하며 책임감이 있다.	
자신이 한 일에 대해 즐거워하며 성취감을 갖는다.	
무슨 일을 하면 마음에 들고 기분이 좋다.	
다른 친구가 쳐다보면 자기를 째려본다고 생각한다.	
"선생님, 어떻게 하는 것이 맞아요?" 와 같이 자신의 일에 누군가의 확인을 받으려고 한다.	
인사를 잘하며 붙임성이 좋다.	
불평, 불만, 짜증이 많고 우는 소리를 한다.	
친구와 교사와의 약속을 어기는 행동을 한다.	

3. 자아개념 발달을 위한 지원방안

1) 자아개념 발달을 위한 교육목표

유아를 대상으로 한 연구들에서는 유아의 긍정적인 자아개념 발달을 궁극적인 목표로 하여 프로그램들을 개발, 실행하였다. 유아들의 자아개념 발달을 위해서는 유아들이 자신의 외적, 내적 모습에 대해 인식하고, 타인과의 차이를 수용하며 유일한 자신의 존재에 대한 가치를 인정할 수 있도록 한다.

〈표 2-2〉 자아개념 증진 프로그램의 목표

프로그램	목표
Dinkmeyer (1972, 1970) Developing Understanding Self and Others	자신과 타인의 개인차를 인식한다. 자신의 유일함을 수용한다. 자신의 단점을 수용한다. 자신과 타인의 다름을 인식하고 수용한다.
Ravid & Sullivan (1988)의 Mavelous-Me Program	자신의 특별함과 유일함을 이해한다. 타인과 같은 점과 다른 점을 인식한다. 소속감을 느낀다. 자신의 능력과 관심에 따른 적절한 활동을 경험한다. 자신이 훌륭함을 깨닫는다.

2) 자아개념 발달을 위한 교육내용

유아의 자아개념 발달을 위해서는 자신에 대해 인식하고, 다른 사람과의 차이를 수용하며 상호작용의 기회를 통해 소속감을 느끼고, 능력감이 발달할 수 있는 기회를 제공하는 것이 필요하다. 영아시기에는 신체적인 측면에서 자신과 타인을 구분하게 되는데 충분히 신체적인 자아개념을 경험할 수 있는 기회를 제공하고, 자신과 타인의 감정을 이해하고 조절하는 기회, 또래와의 효과적인 상호작용과 협동의 기회를 통해 긍정적인 자아개념을 발달해 나가도록 한다. Coopersmith(1967)는 유아의 자아개념 발달을 위해서 교사는 유아들이 스스로의 가치감과 능력감을 가지도록 도와야 한다고 하였다.

- 가치감
    - ▸ 개인의 삶에 있어서 타인으로부터 경험하는 존경심과 수용, 대우의 양을 의미한다.
    - ▸ 작은 행동과 성취의 단계에서 다른 사람에게 수용되고 인정받으며 성장하는 것은 스스로에 대한 가치감을 형성한다.

• 능력감

▶ 개인이 성취한 객관적인 지위와 사회적 위치를 포함한 성공과 실패의 경험을 의미한다.

▶ 적절하고 다양한 문제를 해결해 나가는 과정에서 스스로의 능력에 대한 믿음을 형성한다.

3) 자아개념 발달을 위한 교육의 실제

(1) 영아의 자아개념 발달을 위한 교육의 실제

영아는 자신의 신체를 인식하고 일상생활 속에서 신체를 활용하여 무언가를 성취해 나가는 경험을 통해 자아개념을 형성해 나간다. 이 시기에는 교사나 부모 등 성인의 도움 없이는 아무것도 할 수 없는 무능력한 자신을 경험하기보다는 자신의 능력에 적합한 도전의 기회를 통해 일상생활 속에서의 성취 경험을 갖는 것이 필요하다. 이를 위해 영아교사는 영아들이 스스로 도전하는 것에 대해 수용하며, 격려와 지원, 안전한 한계를 제공해야 한다. 그뿐만 아니라 영아의 자아인식 형성을 위해 놀이를 통해 자신의 신체에 관심을 가지고 그 기능들에 대해 경험하는 기회를 제공해야 한다. 영아들의 자아개념 형성을 위한 일상생활, 놀이의 예는 다음과 같다.

① 일상생활

내가 해 볼래요	
상황	만 1세 건이는 선생님과 친구들과 함께 점심 먹을 준비를 하고 있다. 선생님은 아이들에게 각자의 턱받이를 입히고 있다. 건이는 바구니에서 "건이가, 건이…"라고 이야기하며 자신의 턱받이를 꺼내 혼자 입었지만 거꾸로 입었다.
영아 경험 실제	1. 건이의 곁으로 다가가 격려한다. – 건이 숟가락이랑 포크를 이용해서 맛있게 밥 먹어 보자. – (턱받이를 바르게 해 주며) 건이가 건이 턱받이를 잘 찾았구나. (영아는 "내가!"라며 자신을 가리킨다.) 아~ 건이가 찾았어~ 우와!! 건이가 혼자서 턱받이 입느라 힘들었을 텐데… 턱받이도 하고 숟가락으로 밥도 이렇게 떠서 먹을 수 있구나.

<table>
<tr><td>영아 경험 실제</td><td>2. 건이와 점심을 먹으며 스스로 음식을 먹을 수 있는 기회를 제공한다.
– 건이는 숟가락을 이용해서 밥을 먹는구나~
(영아는 고개를 끄덕이며 숟가락으로 밥을 떠서 교사에게 보여 준다. 그 순간 숟가락에서 밥이 식판 위로 떨어진다. 영아는 눈을 동그랗게 뜨며 교사를 쳐다본다.)
– 아고, 떨어졌네~ 다시 해 볼까~? (영아는 다시 숟가락으로 밥을 뜬다.)
– 건이처럼 선생님도 숟가락으로 밥을 떠서 입으로 쏙~
(영아는 교사를 따라 숟가락으로 밥을 떠서 입안으로 가져간다.)

3. 포크를 이용하여 김치를 집으려고 하는 건이를 관찰하며 지원한다.
– (영아가 포크로 김치를 찍으려고 하는데 김치가 옆으로 자꾸 미끄러진다.) 건이 김치도 먹을 수 있구나~ 다시 한번 꾸욱 김치를 찍어 볼까~?
– (영아의 시도를 관찰하며) 건이가 포크로 김치를 콕 찍을 수 있을 만큼 힘이 세구나~ (영아가 포크로 김치를 집어 먹는다.)</td></tr>
<tr><td>영아 경험에 대한 이해</td><td>• 건이는 자신의 물건에 대해 알고, 스스로 해 보려고 하는 욕구를 가지고 있다. 교사가 건이의 욕구를 수용하고 기회를 제공하여 인정받고 있다고 느낄 수 있었다.
• 건이는 아직 만 1세 영아로 턱받이의 앞뒤를 생각하여 착용하거나 도구를 유능하게 사용하기는 쉽지 않지만, 스스로의 경험을 통해 기술을 습득해 나간다. 건이의 발달을 충분히 고려하여 기다려 주고 적절하게 격려하는 교사를 통해 건이는 자신에 대한 뿌듯함을 경험할 수 있었다.</td></tr>
<tr><td>교사지원</td><td>• 상호작용
– 교사는 부드러운 목소리와 온화한 표정으로 긍정적인 격려를 해 줌으로써 영아가 존중받고 있음을 느낄 수 있도록 하였다.
• 자료
– 영아의 크기에 적합한 숟가락과 포크를 사용할 수 있도록 마련해 주었다.
• 일과
– 영아가 예측 가능한 일과를 제공하였으며 자신의 능력에 적절한 시도를 해 볼 수 있는 급간식을 충분히 제공하였다.</td></tr>
</table>

※ 선생님, 나는요...

- 영아는 일상적인 상황에서 스스로 할 수 있는 것들이 하나하나 생기는 게 너무 너무 신기하답니다. 손을 씻기 위해 물을 트는 것, 보드라운 비누를 스스로 사용하는 것, 나의 물건을 내가 찾아내는 것, 양말을 벗는 것, 신발에 발을 집어 넣는 것, 비록 충분한 음식이 내 입에 들어오진 않지만 숟가락과 포크를 이용하는 것... 이 모든 것들을 위해 충분한 시간적 여유와 마음의 여유를 가져 주세요.
- 한 번의 시도로 완성되는 법은 없어요. 손을 씻다가 옷이 젖게 되면 따뜻한 손길로 옷을 갈아 입혀 주세요. 아직은 음식을 입속으로 넣다가 흘리는 게 너무 많아 책상 위를 더럽히지만, 따뜻하게 격려해 주세요. 영아는 더러워지는 것보다 자신이 할 수 있고, 해 보았다는 것에 만족하며 자라난답니다.

② 놀이

나예요~	
상황	만 2세 세연이는 화장대 거울을 보며 자신이 좋아하는 토끼 머리띠를 하고, 화장하는 척 하며 놀이를 하고 있다. "선생님, 우리 엄마도 맨날 이렇게 화장해요. 입술 색이 바뀌는데..."라고 말하며 자신이 원하는 옷을 골라 입고 자신의 얼굴을 거울에 비추어 본다.
영아 경험 실제	[첫 번째] 영아가 거울에 비친 자신의 모습을 꾸며 볼 수 있도록 한다. – 거울 속에 세연이 얼굴이 보이네. 세연이 머리띠도 했구나. 세연이 입술색도 바꿔 볼까? 어떤 색으로 하고 싶니? (영아가 붉은색 보드마커를 선택한다.) 거울 속 세연이 입술 바꿔 볼까? [두 번째] 영아가 원하는 옷, 머리, 소품 등의 사진을 붙여 자신의 모습을 꾸며 볼 수 있도록 한다. – 세연이 사진을 찾았네~ 세연이 머리 모양이 바뀌었네. – 세연이는 하늘색 옷을 입고 싶구나. [세 번째] 다양한 동작 사진 중에 자신이 원하는 동작 그림을 선택하여 동작을 흉내 내 본다. 이때 영아 얼굴 사진과 영아가 선택한 동작 그림을 연결하여 게시한다. 게시된 자신의 동작을 흉내 내 보는 영아의 사진을 찍어 주고, 영아가 자신의 모습을 볼 수 있도록 한다.
영아 경험에 대한 이해	• 세연이는 거울 속에 비친 자신의 모습을 탐색하며 자신을 인식하였다. • 세연이는 자신이 좋아하는 것을 알고 표현하며 활용하여 놀이를 하였다. • 세연이는 선택한 동작을 만들어 보며 자신의 신체를 인식하는 경험을 하였다.
교사지원	• 상호작용 – 자신의 모습에 관심을 가진 영아의 흥미가 지속될 수 있도록 지원하였다. – 영아가 무엇을 좋아하는지 관심을 가지고 인정해 주었다. • 자료 – 영아가 자신의 모습을 탐색하고 자신이 좋아하는 것들을 알 수 있도록 사진, 그림자료 등을 제공하였다. • 공간 – 영아가 만든 자신의 모습을 게시하고 자신의 신체를 이용하여 직접 움직여 볼 수 있도록 하였다.

(2) 유아의 자아개념 형성을 위한 교육의 실제

유아는 자신이 소속되거나 관계를 맺고 있는 다른 사람들 속에서 자아를 형성하며, 자신의 소유, 자신이 가진 속성의 평가들을 통해 자아개념을 형성해 나간다.

유아의 자아개념 형성을 위해서 교사는 유아 한 명 한 명에 대한 관심을 바탕으로 각자가 가진 특성, 가치, 신념 등에 대해 수용하고 인정하며 긍정적인 경험을 할 수 있도록 도와야 한다. 유아들의 자아개념 형성을 위한 실제는 다음과 같다.

놀이의 시작	3월이 되면 새로운 선생님과 몇몇 새로운 친구들과 만나게 된다. 어린이집에 새롭게 입소한 3명의 신입 원아와 15명의 재원생이 함께 생활하게 된 승현이네 반도 긴장과 호기심 속에 서로에 대해 알아가고 있다. 승현: (승호의 사진, 이름이 있는 막대인형을 내밀며) 너 이름 최승호지? 나랑 최-최, 승-승 똑같다. 승호: (승현이를 바라만 본다.) 승현: 너 원래 무슨 반이었어? 난 감사반이었는데... 승호: (긴장한 눈, 작은 목소리로) 잎...새... 승현: 잎... 뭐라고? 그런 거 없는데... 너 여기 안 다녔어? 너 말 잘 못해? 승호: (고개를 저으며) 나 잎새반이었다고~ 교사: (승현이와 승호의 대화를 듣고) 승현이가 비슷한 이름을 가진 승호에게 궁금한 게 많구나. 승현: 신기하죠? 나랑 최-최, 승-승 똑같아요. 너도 블록놀이 좋아해? 승호: (고개를 끄덕이며 교사를 바라본다) 교사: 승현이는 승호에게 또 어떤 것들이 궁금할까? 승호도 승현이한테 궁금한 게 많을 것 같은데~

놀이 1 : 나를 맞춰 봐~	
경험의 실제	교사는 유아들이 친구들에게 궁금한 질문 목록을 만들 수 있도록 돕는다. 유아가 만든 질문 목록을 뽑아 친구에게 질문에 대해 동작으로 힌트를 주고 알아보는 놀이를 한다. 관심을 보이는 유아들이 함께 참여할 수 있도록 한다.
경험의 이해	• 유아는 자신과 또래의 특성에 대해 관심을 가지고 있다. • 유아는 외적인 자신에 대한 인식과 더불어 좋아하는 것, 잘하는 것 등의 심리적인 특성을 통해서도 자아개념을 형성한다.
교사의 지원	• 자료의 변화 : 유아가 궁금한 것을 그림으로 표현하거나 교사의 도움을 받아 그림으로 표현해 보도록 자료를 제시하였다. • 상호작용 : 유아들의 대화를 관심을 가지고 관찰하였다.

놀이 2 : 미래의 나의 모습 명함 만들기	
경험의 실제	자신이 어렸을 때 찍은 사진을 친구들에게 소개하며 자신의 미래 모습에 대해 관심을 보이는 유아들이 자신의 미래 명함을 만들어 본다. 교사: 승현이는 3살이었을 때보다 키가 정말 많이 자랐구나. 앞으로 키도 쑥쑥 자라고 어른이 된 승현이의 모습도 기대가 되는 걸~ 승현: 나는 커서 집을 짓는 사람이 될 거예요. 그래서 멋진 2층집 지을 거에요. 선생님한테도 내가 집 지어서 선물해 줄게요~ 교사: 정말~? 승현이는 블록 놀이를 정말 좋아하는데... 나중에 집을 짓는 사람이 되고 싶구나~? 현정: 나는 아픈 강아지 돌봐 주는 사람 될 거야. 교사: 승현이랑 현정이는 나중에 커서 하고 싶은 일이 있구나. 왜 이런 일을 하고 싶다고 생각했니?
경험의 이해	• 유아는 과거의 모습과 현재의 모습을 비교하며 자신의 성장에 뿌듯함을 느낀다. • 자신이 할 수 있는 일, 하고 싶은 일들이 무엇인지 생각하며 자존감을 형성하는 경험을 한다.
교사의 지원	• 상호작용 : 유아가 좋아하는 것에 관심을 가지고 격려하였다. • 자료의 변화 : 유아가 자신의 미래 명함을 만들 수 있도록 다양한 재료를 제공하고 필요한 자료를 지원하였다.

활동명	까만 크레파스		
연령	만 5세	활동유형	동극
활동 배경 놀이 사례	유아들은 『까만 크레파스(글/ 그림 나카야 미와, 웅진닷컴, 2002)』 그림책을 보고 동극을 하고 싶어 한다. 유아들과 교사는 동극을 하기 위해 필요한 것들을 생각하고 각자 할 수 있는 역할을 나누어 동극을 준비하고 동극을 한다.		
활동목표 (누리과정 관련 요소)	• 동극에 필요한 것들에 대해 알고 자신이 할 수 있는 것을 찾아 실천할 수 있다. (사회관계〉 더불어 생활하기〉 내가 할 수 있는 것을 스스로 한다) • 자신의 역할에 적절한 말과 행동을 안다. (의사소통〉 듣기와 말하기〉 상황에 적절한 단어를 사용하여 말한다)		
활동자료	유아들이 준비한 동극에 필요한 자료(배경, 역할에 따른 소품, 마이크 등), 『까만 크레파스』 그림책		

활동단계	활동내용	준비물 및 유의점
도입	1. 그림책 마지막 장면을 보며 주의를 집중한다. – 이 그림은 어떻게 완성되었는지 기억하니? 2. 유아들이 만든 동극자료를 보며 이야기를 나눈다. – 너희들이 원하는 동극을 하기 위해 무엇이 필요했었니? – 이 마지막 장면은 어떻게 만들었니?	• 유아들이 스스로 자신들이 만든 자료를 충분히 이야기할 수 있도록 기회를 제공한다.
전개	3. 그림책의 내용을 회상하며 이야기를 나눈다. – 크레파스들이 자신들이 그릴 수 있는 그림을 그릴 때 기분은 어땠을까? 어떻게 표현할 수 있을까? – 까만 크레파스는 자신이 할 수 있는 것이 없다고 생각했을 때 어떤 기분이었을까? 4. 역할을 정하고 동극을 한다. – 역할은 어떻게 정하면 좋겠니? – 동극을 관람하는 역할을 하는 사람들이 지켜야 할 규칙은 무엇일까?	• 그림책의 내용을 회상하며 유아들이 그림책에 등장하는 크레파스들의 마음을 어떻게 표현해 볼 수 있는지 생각해 볼 기회를 제공한다.
마무리	5. 동극을 마친 후 평가한다. – 동극을 하며 가장 기억에 남는 것은 무엇이니? – 아쉬운 부분은 없었니? 6. 자신이 할 수 있는 것에 대해 이야기하며 전이한다.	• 유아들이 원할 경우, 역할을 바꾸어 한 번 더 동극을 한다.
추후 예상 관심과 놀이 & 지원	• 자료의 변화: 동극에 필요한 자료를 제공하였다. • 공간의 변화: 동극을 준비할 수 있도록 교실 공간을 통합하거나 변형하였다. • 상호작용: 유아들이 동극을 준비하는 과정을 관찰하고, 함께 참여하며 의견을 제시하기도 하였다.	
가족 및 지역사회 연계 활동	• 우리 집에서 내가 할 수 있는 일들이 무엇인지 함께 이야기 나누고 실천해 볼 수 있도록 한다.	

4) 자아개념 발달을 위한 교사의 역할

유아교육기관에서 유아의 자아개념 발달을 위해 정체감, 소속감, 안정감, 유능감 등을 경험할 수 있는 기회를 제공하는 것이 필요하다(Wasserman, 1988). 자아개념은 개인이 어떠한 경험을 하는지와 밀접한 관련이 있으며 유아의 자아개념 형성을 위해 격려하기, 자기에 대한 신뢰 형성하기, 소속감, 개별성 인식하기, 자아존중감 모델링 보이기 등 유아교육기관에서 유아들의 경험에 관여하는 교사의 역할이 중요하다(Johnson, 1993).

(1) 자기를 인식할 수 있는 구체적이고 긍정적인 경험 제공하기

교사는 유아가 자신의 신체를 인식할 수 있는 경험을 제공하고 각 신체의 명칭뿐 아니라 그 기능에 대해서 인식할 수 있는 구체적인 경험을 제공하는 것이 필요하다. 유아의 자기 신체에 대한 인식은 사회환경의 영향을 받게 되고 외모에 대한 가치 판단이 형성되므로, 각자가 다른 모습이지만 모두 소중한 존재임을 이해할 수 있는 긍정적 경험을 제공해야 한다. 또한 자신의 신체적 자아를 통한 자기인식의 경험뿐만 아니라 자신의 감정, 정서, 생각 등을 알고 표현할 수 있는 정서적 · 사회적 자아를 인식할 수 있도록 도와야 한다.

- 유아교육기관에 개인의 사진과 이름을 활용하여 자기인식을 할 수 있도록 지원한다.
- 유아가 일상생활, 놀이 중 자신의 신체를 자연스럽게 관찰할 수 있도록 안전한 거울을 비치하고, 신체를 인식할 수 있는 기회를 제공한다.
- 유아의 능력을 고려하여 여러 신체 마주치기(손바닥, 발바닥, 손가락, 엉덩이 등), 작은 소리로 말 전달하기, 동작 만들기 등 신체의 각 부위 기능을 활용한 게임을 한다.

♣ 신체 인식에 도움이 되는 놀이

[내 얼굴, 선생님 얼굴]
'코는 어디있나' 노래를 부르며 영아의 얼굴을 탐색한다.
영아의 손을 함께 잡고 신체 가리키기, 거울보며 탐색하기 등 다양한 방법으로 기회를 제공한다.

[까꿍! 달라졌어요~]
보자기나 스카프로 까궁 놀이를 한다. 이때 스티커를 영아, 교사의 얼굴에 붙인다. 거울을 보며 달라진 얼굴을 탐색할 수 있도록 한다. 발달 수준에 따라 코 벌렁거리기, 눈 깜빡이기 등 신체의 움직임을 다르게 하여 놀이한다.

(2) 유아 개인을 수용하고 존중하기

유아의 긍정적인 자아개념인 자아존중감은 의미있는 타인으로부터 자신이 존중받고 수용되며 자신의 능력에 적절한 한계를 경험할 때 발달한다. 교사는 유아 한 명 한 명에 대해 관심을 가지고 너무 쉽거나 어려운 과제보다 적절한 수준의 경험을 할 수 있도록 도와야 한다.

[함께 생각해 보아요]

만 1세반에서 숟가락으로 점심을 먹는 영아에게 교사가 한숨을 쉬며 "또 이렇게 다 흘렸니~", "왜 맨날 지저분하게 먹니?"라며 영아의 자리를 정돈해 준다.

☆ 교사는 영아에 대해 무엇을 알고 있나요?

☆ 영아는 자신에 대해 어떤 생각을 할까요?

※ 선생님, 나는요...

유아는 상대방의 표정과 말투, 행동 하나하나를 통해 자신에 대해 알아가요.

선생님들의 작은 한숨 소리일지라도 유아를 좌절하게 한다는 것을 기억해 주세요.

웃는 얼굴과 부드러운 목소리로 말해도 나를 인정하지 않는 선생님의 마음은 다 느껴져요. 진심으로 유아 한 명 한 명을 존중해 주세요.

- 유아가 가진 능력, 상황 등 현재의 모습을 있는 그대로 인정해 줌으로써 스스로 가치 있고 인정받는다는 느낌을 갖도록 한다. 또래 간의 비교는 하지 않으며, 지금의 유아가 할 수 있는 것에 초점을 맞추어 개인의 강점을 함께 찾아보고 유아 스스로 자신의 모습에 만족할 수 있도록 돕는다.
- 유아가 선택할 수 있거나 의견을 제시할 수 있는 기회를 제공하여 자신의 가치를 느낄 수 있도록 한다. 유아가 자신의 생각과 의견을 제시하는 것을 허용하고 교사의 생각과 다른 의견을 제시할 경우라도 수용할 수 있는 방법을 모색한다.
- 유아의 이름을 자주 불러 주고 개별적인 상호작용의 기회를 갖는다. 교사가 "너희들", "oo반"이라고 부르는 것보다는 개인의 이름을 자주 불러 주어 유아 각자를 인정하고 존중하고 있다는 것을 느끼도록 한다. 유아가 좋아하는 노래나 시, 이야기에 이름을 넣어 주는 방법을 활용할 때는 모든 유아의 이름을 공평하게 넣어 준다.

(3) 유아의 학문적 자존감 형성을 위한 환경 지원하기

유아는 자신이 세운 목표를 성취할 수 있다는 믿음을 바탕으로 긍정적인 자아개념을 발달해 나간다. 따라서 유아교사는 유아로 하여금 학습자로서 자신을 인식하고 습득한 기술을 활용하는 경험을 통해 긍정적인 자아개념을 발달해 나갈 수 있도록 돕는 것이 필요하다.

- 유아가 자신의 능력으로 혼자 다룰 수 있는 가구, 놀이자료, 환경을 준비한다. 유아는 자신이 하고자 하는 것에 대한 성공의 경험을 통해 유능감을 느끼게 된다.
- 유아가 놀잇감 제자리에 정리하기, 책상 닦기 등을 통해 자신이 도움을 줄 수 있다는 것을 경험하게 하며 만 5세 이후의 유아의 경우 녹음기, 현미경, 라이트 테이블, 컴퓨터 등의 도구와 기계를 조작하고 활용하도록 격려함으로써 능력감과 자아통제감을 발달해 나가도록 한다.
- 유아가 자신과 세계에 대한 이해와 지식을 확장해 나가도록 다양한 책과 인쇄물 등을 읽고, 현장학습 및 직접적인 경험을 할 수 있는 기회를 제공한다.

5) 자아개념 발달을 위한 그림책

그림책	개요
	꼬마 카멜레온의 커다란 질문 카롤린 펠리시에 글, 마티아 프리망 그림 / 웅진주니어, 2018년 이제 막 세상에 나온 꼬마 카멜레온이 다른 동물들을 만날 때마다 비슷하게 변신을 하며 엄마에게 "나는 누구예요?"라고 질문하는 과정에서 자신을 알아 가는 이야기. 꼬마 카멜레온을 통해 자신에 대한 궁금증과 호기심을 표현하고 이 세상에 단 하나뿐인 나에 대해 알아 가는 데 도움이 된다.

 	아기 곰이 곰이 아니라면 칼 뉴슨 글, 아누스카 알레푸스 그림 / 사파리, 2019년 자신이 곰이라는 사실을 깜빡한 아기 곰이 새, 사슴, 여우, 다람쥐 등 동물들이 잘하는 것을 따라 하게 되면서 자신이 누구인지 알아 가는 과정이 담긴 이야기. 자신이 누구인지, 자신이 무엇을 할 수 있는지 알아 가는 데 도움이 된다.
 	민들레는 민들레 김장성 글, 오현경 그림 / 이야기꽃, 2014년 민들레가 씨를 날려 여기저기 곳곳에 자리를 잡고 꽃을 피우고 다시 씨를 날리는 과정을 담은 그림책. 익숙한 민들레라는 소재를 통해 어떤 모습을 하더라도, 어느 곳에 있더라도 변하지 않을 자신이라는 존재에 대해 생각하는 데 도움이 된다.
 	나는요, 김희경 글, 그림 / 여유당, 2019년 자신이 누구인지 궁금한 아이가 잘 놀라는 사슴, 새로운 도전을 할 때 몸이 떨리는 날치 등 동물들의 모습에서 자신과 비슷한 모습을 발견하게 되는 이야기. 자신의 상황과 모습을 알게 되며 다양한 자신의 모습을 긍정적으로 수용하는 데 도움이 된다.
 	기린은 너무해 조리 존 글, 레인 스미스 그림 / 미디어창비, 2019년 목이 길어 슬픈 기린과 목이 짧아 슬픈 거북이의 만남을 통해 자신이 가진 것을 자랑스럽게 생각하게 되는 과정을 그린 이야기. 자신의 외모와 현재에 대해 긍정적인 자아감을 형성할 수 있도록 도움을 준다.

♣ 마무리 활동

◎ 나 이런 사람이야~ 옆 친구와 나의 같은 점과 다른 점을 찾아보세요.

◎ 지금 현재 내가 좋아하는 것, 싫어하는 것을 소개해 보세요.

제3장
정서

등원 시간

정훈 : (함박웃음을 지으며) 아빠가 이 모자 사 주셨다~ 멋지지?

준서 : 오~ 멋진데.. 좋겠다~!!

서율 : (바닥에 앉아서 울면서) 엄마 보구 싶어~

교사 : 서율이가 속상한 일이 있구나.

은아 : 아빈아~ (머리끈을 내밀면서) 내가 너 줄려고 이거 가져왔어, 예쁘지?

아빈 : 와~ 진짜 예쁘다. (수줍은 듯 웃으며) 은아야, 고마워.

단비 : (지민이와 자동차를 서로 잡고 찡그리며) 야~ 이거 내가 먼저 잡았잖아.

지민 : 아니야, 내가 먼저 잡았어. (화내면서 큰 소리로) 왜 맨날 내꺼 뺏어?

역할놀이 영역

윤주가 가족 인형들을 테이블 위에 올려 놓고 혼자 놀이하고 있다.

윤주 : (엄마 인형) 으이구, 으이구, 엄마가 몇 번을 말해. 조심하랬지?
이거 다 깨졌잖아. 어떻게 할 거야? 왜 이렇게 엄마 말을 안 들어? 못살아 진짜~

윤주 : (아이 인형) 흑흑.. 미안해..

윤주 : (엄마 인형) 뭘 잘했다고, 울어? 뚝, 그쳐!

윤주 : (아이 인형) 엄마 미워.. 나 아픈데.. 미워..

교사 : 아이가 많이 아픈가 보다. 엄마가 야단만 치니까 많이 속상하겠다.

윤주 : 속상하고 아파요. 유리가 깨져서 다쳤어요.

교사 : 그랬구나. 우리 인형에게 연고 발라 주러 갈까?

윤주 : 네~ (자기 손을 내밀며) 여기도 발라 주세요.

[함께 생각해 보아요]

▶ 위의 사례와 같은 상황에서 바람직한 교사의 역할을 생각해 보세요.

유아들은 매일의 하루 일과 속에서 다양한 정서를 나타낸다. 위의 사례에서 본 것처럼 자신의 기쁨과 슬픔, 호감과 분노 등을 표출한다. 이러한 정서는 또래나 교사와의 관계 안에서 나타나기도 하고, 가족들로부터 받은 정서를 그대로 드러내는 것이기도 하다. 유아들은 좋아하는 놀잇감이나 사물에 호기심과 흥미를 보이며 흥분하고, 급하게 서두르기도 하고, 편안하게 앉아서 행복한 표정으로 책을 읽기도 한다. 무서운 이야기를 들을 때는 숨죽이며 긴장하고, 두렵고 놀란 표정을 짓기도 하고, 자신의 놀잇감을 빼앗아 간 친구에게는 화내고 소리를 지르며 슬픔에 찬 얼굴로 호소하기도 한다. 이처럼 정서는 다양한 정서적 상황들과 연계되고, 교사나 또래 간의 상호작용에서 매우 중요한 역할을 한다.

유아들은 아직 자신과 다른 사람의 감정에 대한 인식과 표현이 서툴기 때문에 많은 갈등 상황이 생기기도 하지만, 갈등을 해결하는 과정에서 자신의 감정을 인식하고, 부정적인 감정을 사회적으로 허용되는 범위 안에서 표현하고 조절하는 것을 배워 가기 시작한다. 유아와 직접적인 상호작용을 하게 되는 교사와 부모는 다양한 정서적 경험을 제공해야 하며, 정서의 인식과 표현, 정서 조절에서도 모델링의 대상이 되는 것을 기억하고 유아의 올바른 정서발달을 위해 노력해야 한다. 무엇보다도 유아의 현재 정서 상태를 있는 그대로 인정하고 마음을 읽어 주는 것이 우선되어야 한다.

1. 정서의 개념 및 중요성

정서(emotion)는 흔히 감정이나 느낌(feeling)이라는 단어와 같은 의미로 사용되며, 신체적 · 생리적 반응을 동반한 지속적인 감정을 지칭한다. 또한 정서는 지각하고 사고하고 행동하는 것의 원인이 되며, 그것들을 구성하고 안내하는 하나의 느낌이라고 할 수 있다(김춘경 외, 2016; Hyson, 1998). 연령과 문화에 상관없이 인간에게 공통적으로 나타나는 기본 정서(basic emotion)는 기쁨, 흥미, 놀람, 공포, 분노, 슬픔, 혐오 등이다. 이러한 정서는 유아가 언어로 자신의 감정을 표현할 수 없더라도 목소리나 신체 움직임의 변화를 통해 나타나고, 특히 다양한 문화 안에서 일정하게 인식되는 '보편적 얼굴표정'을 통해 드러난다(Berk, 2008; Izard, 1991; Kail, 2008).

정서는 인류의 환경 적응을 돕는다는 관점에서 정서의 도구적 가치가 강조되기도 한다(Berk, 2008; Izard & Ackerman, 2000; Kail, 2008). 정서는 어떤 상황에 대한 개인의 판단이며, 이를 통해 다음 행동을 준비시킨다. 예를 들어, 행복은 그 상황에 머물게 하고, 공포는 우리가 위험을 피하도록 재촉한다. 상한 음식에 대한 역겨움은 그것을 먹지 않게 하며, 즐거움은 그 일을 지속하게 한다. 아이의 미소는 양육자에게 행복을 전달하여 필요한 것을 제공받게 하며 유대관계를 강화시킨다. 이렇게 정서는 그 상황을 유지하거나 바꾸는 등 다양한 물리적, 인적 환경과의 관계 안에서, 자신의 건강과 안전을 지키고 자신의 목적을 달성하도록 돕는 활력소가 된다.

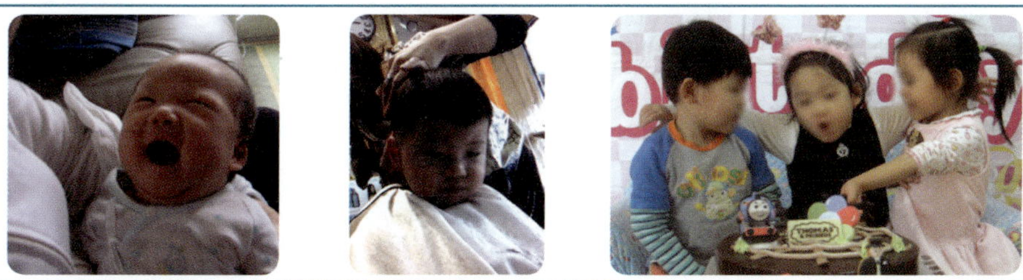

유아들은 다양한 정서를 경험하고 표현한다.

최근에는 미래사회의 경쟁력으로서 정서와 사고를 통합하는 정서지능(Emotional Intelligence)의 중요성이 부각되고 있다. 정서지능은 정서를 일종의 '능력(ability)'으로 인식한 피터 샐러베이와 존 메이어(Salovey & Mayer, 1990)에 의해 처음 등장한 개념이며, 정서에 대한 정보를 이성적으로 처리하는 능력을 말한다. 즉, 다양한 상황에서 자신과 타인의 정서를 인식하고 적절하게 표현하며, 그 정서를 조절하여 효과적으로 반응함으로써, 대인관계나 사회적 목표에 성공적으로 대처하는 능력을 말한다(Goleman, 1995; Mayer & Salovey, 1997; Saarni, 1999; Salovey & Mayer, 1990).

정서에 대한 이러한 인식은 교육을 통해 정서 능력을 개발할 수 있다는 이론적 기초를 마련하였다. 이후 정서지능은 정서의 인식과 표현, 정서에 의한 사고 촉진, 정서에 관한 지식 이해, 정서의 반영적 조절이라는 구성 요소를 중심으로 위계적 모형이 세워졌으며(심숙영, 2018; 황금선, 조한익, 2016; Mayer & Salovey, 1997; Mayer, Salovey, & Caruso, 2004; Salovey & Mayer, 1990), 이를 바탕으로 다양한 정서지능 프로그램의 개발과 그 효과에 대한 연구가 이루어지고 있다.

연구 결과를 토대로 보면, 정서지능이 높은 유아는 낯선 상황을 비롯한 다양한 상황에 더 잘 적응하고, 사고와 감정, 행동을 융통성 있게 조절하여 또래 관계에서 유능감을 나타내며, 높은 인기도를 보이는 것을 알 수 있다(김수영, 정정희, 2003; 유경숙, 2009; 지금수, 송진숙, 2005; Garner & Estep, 2001; Saarni, 1999; Salovey & Mayer, 1990). 이는 미래사회를 살아가기 위해 필요한 적응력과 대인관계 기술, 문제해결 능력 등에도 긍정적인 영향을 미치게 된다.

유아기는 다양한 정서적 경험을 토대로 정서지능의 기초가 형성되는 시기이므로, 정서 능력 개발을 위한 교육이 매우 중요하게 다루어져야 한다.

2. 정서 발달의 특성

1) 정서의 발달

유아기의 정서발달은 얼굴표정과 생리적 반응 등에 대한 관찰을 통해서 확인할 수 있다. 신생아 시기의 영아는 기쁨과 고통(쾌/불쾌)의 정서만을 경험하다가, 8~9개월이 되면 기본적인 기초정서를 모두 경험한다(Lewis, 2000).

- 2~3개월 : 사회적 미소(social similes)
  - ▶ 영아에 대한 부모의 긍정적 반응과 애정을 증진시킨다(Ainsworth, 1978; Bowlby, 1989).

- 6개월~12개월경 : 낯선 이 불안(stranger wariness)
  - ▶ 분리불안이 나타나기 때문에 낯선 이가 다가가면 시선을 돌리며 불안해하고 징징거린다.
  - ▶ 높이에 대한 공포도 시작된다(시각벼랑 실험- Gibson & Walk, 1960).
- 18개월~ 24개월경 : 복합정서 출현
  - ▶ 자아에 대한 인식이 발달하면서 자아 의식적 정서(self-conscious emotion)로서 자부심(성공감), 죄책감(실패감, 당혹감)과 같은 복합정서가 나타난다.

2) 정서가 발달에 미치는 영향

정서는 기능적인 측면에서 다음과 같이 발달에 중요한 영향을 미친다(Berk, 2008).

(1) 정서와 인지발달

정서와 인지의 관계는 통합적이고 상호보완적이며 양방향적이다

- 정서는 두뇌에서 정보의 흐름과 인지과정에 영향을 미치며, 인지교육의 효율성을 좌우하는 요소이다(Gardner, 1993; Goleman, 1995).
- 긍정적 정서(흥미, 행복감, 안정감 등)를 느낄 때 동기유발, 학업 성취력이 향상되고 주의집중, 기억력, 문제해결력이 높아진다(Hyson, 1998; Pekrun, 2006).
- 강한 정서는 기억력에도 큰 영향을 미친다.
  - ▶ 치과에서 매우 놀란 아이들은 그 경험을 분명하게 기억하는 경향이 있다(Goodman, Saxe & Harvey, 1991).

(2) 정서와 사회성 발달

정서는 타인과의 상호작용으로 사회적 행동을 조절하게 된다.

- 미소나 울음 등 영아의 정서적 신호는 양육자의 행동에 강력한 영향을 미친다.
- 정서를 잘 이해하는 유아는 또래집단에 잘 수용되고 긍정적인 유대관계를 형성하여 사회적 유능함을 나타낸다.
- 웃어 주기, 흥미롭게 바라보기, 친절하게 말하기 등 정서적 의사소통을 통해 친밀한 관계를 형성한다.
- 타인의 정서적 반응을 통해 아동의 정서가 조절되기도 한다(Schwartz, Campos & Baisel Jr., 1973; Tronick, 2020).

▶ Still Face Experiment(무표정 얼굴 실험): Dr. Edward Tronick

(3) 정서와 건강발달

불안, 우울, 분노 등에서 나타나는 스트레스는 유아기 건강발달에 부정적인 영향을 미친다.

- 정서는 생존 능력에 기여하고 환경에 잘 적응하도록 돕는다. 긍정적 정서 상태일 때 정서이해나 정서조절이 잘 일어나고 회복탄력성이 높아진다.
- 건강한 아이의 뇌와 학대아동의 뇌는 차이가 난다.

▶ 건강한 뇌와 학대받은 뇌의 차이: ZERO to THREE. Safe Babies Court Teams(4:30~5:40)

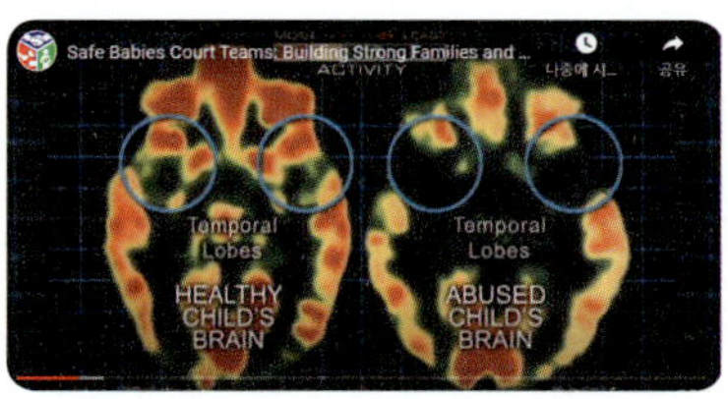

3. 정서 발달을 위한 지원방안

1) 정서 발달을 위한 교육목표

신생아들도 표정과 몸짓으로 정서를 표현하기 때문에, 정서는 저절로 발달한다고 말하기도 한다. 하지만, 인간은 선천적 기질뿐만 아니라 다양한 환경과 사람들 간의 상호작용을 통해서 다양한 정서를 경험하게 된다. 사회문화적 맥락 안에서 복합적인 감정들을 관찰하고 이해하게 되며, 이에 대해 적절하게 반응하고 표현하는 법을 배우게 된다(조순옥 외, 2013; Katz, 1997; calkins, 1994).

정서발달의 결정적 시기에 있는 유아들이, 정서를 인식하고 표현하며 올바르게 이해하고 적절하게 조절할 수 있는 정서지능을 발달시킴으로써, 긍정적인 대인관계를 형성하고 사회 구성원으로서 자신의 역할을 성공적으로 수행하도록 해야 한다.

이를 위한 구체적인 교육목표는 다음과 같다.

- 자신과 타인의 정서를 명확하게 인식하고 솔직하게 표현한다.
- 자신과 타인의 정서를 이해하고 공감한다.
- 사회적으로 수용되는 범위 안에서 자신과 타인의 정서를 조절하고 활용할 수 있다.

2) 정서 발달을 위한 교육내용

정서지능 발달을 위한 교육내용은 샐러베이와 메이어(Salovey & Mayer, 1990) 등이 정서지능의 구성요소로 언급했던 내용들을 참고하여(심숙영, 2018; 황금선, 조한익, 2016; Mayer & Salovey, 1997; Mayer, Salovey, & Caruso, 2004), 정서인식과 표현 능력, 정서이해(공감) 능력, 정서조절 능력으로 제시할 수 있다.

(1) 정서인식 및 표현 능력

정서인식 능력은 정서지능에서 가장 기초적인 요소이며 정서조절의 출발점이 되는 중요한 부분으로서(Mayer & Salovey, 1997), 자신의 내부에서 발생하는 정서를 인식하고 정의하는 능력이다. 정서의 인식과 표현은 자신과 타인의 얼굴표정과 신체적인 변화, 사고과정 등에 주의를 집중해서 정서를 구별하고, 자신이 인식한 정서를 솔직하게 표현(명명)하는 것으로, 정서 발달의 가장 핵심적인 요소라고 할 수 있다.

정서를 인식하는 것은 다음 상황에서 자신이 어떻게 반응할지에 대한 단서를 제공하는 것이기 때문에, 자신과 타인의 감정, 기분을 정확하게 파악하는 것은 매우 중요한 일이다. 정서를 정확하게 인식하고 파악하게 될 때, 다른 사람에게도 자신의 정서를 잘 표현하게 되며, 자신의 정서를 잘 표현할 때 자기효능감도 높아진다(심숙영, 오정윤, 2015; Saarni, 2000). 또한 정서인식 능력은 정서표현 능력과 정서이해 능력을 확장시켜서 정서조절 능력을 향상시키며, 친사회적 행동과 정서조망수용 능력에도 영향을 미쳐서 긍정적인 대인관계를 형성하는 데 도움이 된다(황금선, 조한익, 2016).

다양한 정서를 경험하지만 아직은 언어로 자신의 감정을 표현하는 것이 어려운 유아들은 상황적 단서에 의존하는 경우가 많다. 따라서 정서인식 능력 발달을 위해서는 얼굴표정, 신체의 변화, 자세, 음성표현(소리), 정서를 나타내는 단어, 정서의 강도 등을 주의 깊게 관찰하도록 하는 것이 필요하다(황금선, 조한익, 2016). 이를 위해 유아의 발달 수준에 맞는 애니매이션이나 그림책의 등장인물들을 관찰하고, 행동이나 표정을 따라 해 보는 것은 정서를 구별하고 이해하는 데 큰 도움이 될 수 있다.

[함께 생각해 보아요]

- (a)와 (b)의 얼굴표정을 보고 어떤 정서 상태를 나타내고 있는지 맞춰 보세요. 정서 상태에 대해 말할 수 있는 근거는 무엇인가요?

(a)

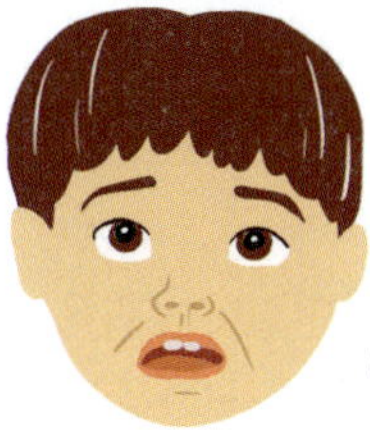
(b)

* 참고 : MAX(Maximally Discriminative Facial Movement; 최대 변별적 얼굴표정)는 영아의 정서 표현을 분류하기 위해 가장 많이 사용되는 것임. 올라간 뺨과 뒤로 당겨져 올라간 입 가장자리는 기쁨을, 추켜 올라간 눈썹, 커진 눈동자, 뒤로 바로 당겨진 입 가장자리와 벌어진 입은 두려움을 의미함(Berk(2008), p. 331 재구성).

정서인식 능력 발달을 위한 또 다른 방법은 자신의 생각과 감정을 언어로 표현할 수 있도록 다양한 정서 어휘(emotion vocabulary)를 경험할 수 있게 하는 것이다. 자신의 감정을 언어로 표현하는 것은 그 어휘 자체를 알고 그 의미를 이해할 수 있을 때 가능하기 때문이다(Saarni, 1999). 정서어휘는 유아가 경험하는 상황에서 자신과 타인의 정서를 이해하고 명명(labeling)할 수 있게 하며, 그 상황을 명확하게 해석하는 정서인식과 표현 능력에 긍정적인 영향을 미친다(한주희, 박찬옥, 2016). 유아의 내적인 상태를 기술하는 정서어휘는 실물 학습을 통해 습득되는 일반적인 단어와는 달리, 특정한 상황 맥락에서 더 효과적으로 이해되고 적용될 수 있다. 따라서 유아가 다양한 정서어휘를 익히기 위해서는, 다양한 상황 맥락 안에서, 그 상황에 적절한 정서어휘가 사용되는 것을 경험하는 것이 중요하다.

인간의 기본적인 정서와 만 5세 유아의 정서어휘를 살펴보면 다음과 같다.

〈표 3-1〉 인간의 기본 정서와 만 5세 유아의 정서어휘

인간의 기본 정서: 10개 (Izard, 1991)	흥미, 기쁨, 공포, 분노, 혐오, 고통, 경멸, 수치심, 죄책감, 놀람
만 5세 유아의 정서어휘 : 16개 (한주희, 박찬옥, 2016)	기쁘다, 반갑다, 고맙다, 편안하다, 자랑스럽다, 재미있다, 걱정하다, 미안하다, 무섭다, 부끄럽다, 불편하다, 놀라다, 슬프다, 화나다, 긴장하다, 신난다

김민화, 곽금주, 성현란, 심희옥, 장유경(2003)은 유아 관찰과 부모 인터뷰를 통해 월령별로 가장 많이 출현하는 '이해단어'와 '표현단어'를 〈표 3-2〉와 같이 추출하였다.

〈표 3-2〉 월령별 최빈 단어 목록

월령	이해단어	표현단어
18	고맙다 기쁘다 놀라다 무섭다 미안하다 사랑스럽다 슬프다 싫다 예뻐하다 재미있다 좋다 화나다 (12)	
24	고맙다 기쁘다 놀라다 무섭다 미안하다 부끄럽다 사랑스럽다 슬프다 예뻐하다 재미있다 즐겁다 화나다 (12)	고맙다 무섭다 미안하다 밉다 싫다 예뻐하다 재미있다 좋다 (8)
30	고맙다 놀라다 무섭다 미안하다 밉다 부끄럽다 사랑스럽다 신나다 싫다 예뻐하다 재미있다 좋다 창피하다 화나다 (14)	고맙다 놀라다 무섭다 미안하다 밉다 신나다 싫다 심심하다 예뻐하다 재미있다 좋다 화나다 (12)
36	걱정하다 고맙다 귀찮다 기쁘다 놀라다 무섭다 미안하다 밉다 반갑다 부끄럽다 불쌍하다 사랑스럽다 슬프다 신나다 싫다 심심하다 예뻐하다 우습다 자랑스럽다 재미있다 좋다 즐겁다 짜증 내다 창피하다 행복하다 (25)	고맙다 귀찮다 기쁘다 놀라다 무섭다 미안하다 밉다 반갑다 사랑스럽다 속상하다 슬프다 신나다 싫다 심심하다 예뻐하다 우습다 재미있다 좋다 즐겁다 짜증 내다 창피하다 행복하다 화나다 (23)

출처: 김민화 외(2003), p.46 재구성.

위의 자료를 보면, 월령이 어릴수록 이해단어와 표현단어 수의 차이가 큰 반면에, 만 3세가 되면 둘의 차이가 크지 않음을 알 수 있다. 이해단어가 표현단어의 수보다 많다는 것은, 유아가 이해하고 있는 정서가 자신이 표현할 수 있는 것보다 더 많다는 것을 의미한다. 이렇게 자신의 정서를 언어로 다 표현할 수 없는 유아들은, 자신의 정서를 표현할 수 있는 적절한 정서어휘를 학습해야 한다. 이를 위해서는 교사들이 먼저 다양한 정서어휘를 이해하고 사용하는 것이 필요하다. 교사들이 적극적으로 정서어휘를 익히고, 다양한 상황에서 그 상황에 맞는 적절한 정서어휘를 사용할 때, 유아들은 자연스럽게 모델링하며 그 정서어휘를 익히게 된다.

정서점검표(Mood Meter)는 유쾌함(pleasantness)과 에너지(energy)를 기준으로, 빨간색(에너지가 높고 불쾌한), 노란색(에너지가 높고 유쾌한), 파란색(에너지가 낮고 불쾌한), 초록색(에너지가 낮고 유쾌한)의 4가지 색깔로 정서를 구분하고, 그 정도에 따라 세분화하여 64가지의 정서어휘를 제시하고 있다. 이를 통해 현재 자신의 정서 상태가 어디쯤에 있는지 시각적으로 파악할 수 있고, 그 위치에 해당하는 정서어휘를 확인할 수 있다.

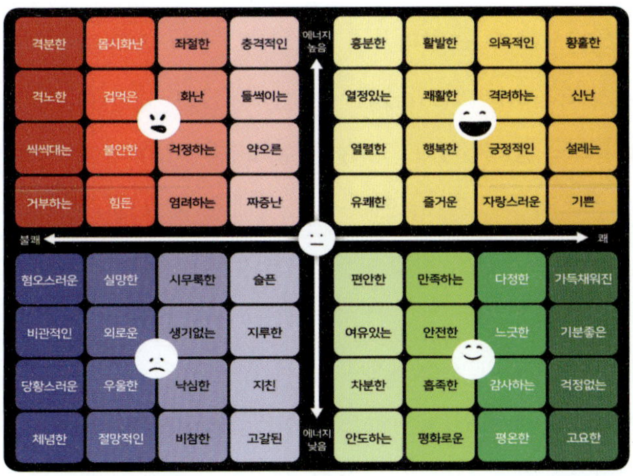

[그림 3-1] 정서점검표(Mood Meter)

출처: http://healthychaps.weebly.com/social-emotional-learning-sel.html 재구성.

[함께 생각해 보아요]

나의 정서 상태, 정서 어휘 점검해 보기

- 정서점검표(Mood Meter)에서 에너지와 유쾌함의 정도를 확인하고 자신의 정서 상태를 점검해 보세요.
  - ▶ 현재 자신의 정서 상태를 나타내고 있는 색깔을 손가락으로 짚어 보세요.
  - ▶ 손가락으로 짚은 곳의 정서어휘를 말해 보세요.
  - ▶ 해당 정서어휘가 현재 자신의 정서 상태를 잘 표현하고 있다고 생각하나요?
- 정서점검표(Mood Meter)를 보면서, 평소 자신의 정서어휘 사용을 점검해 보세요.
  - ▶ 평소에 자주 사용하는 정서어휘는 어떤 것인가요? 왜 그런가요?
  - ▶ 아직 한 번도 사용해 보지 않았거나, 거의 사용하지 않는 정서어휘는 어떤 것인가요?
  - ▶ 동료들과 자신의 정서어휘 사용에 대해 이야기 나누어 보세요.

(2) 정서이해(공감) 능력

정서이해 능력은 정서와 정서에 관한 지식을 이해하는 능력으로, 다양한 정서가 어떻게 관련되어 있는지 감정의 원인과 결과는 어떠한지를 이해하고, 복합적인 정서나 감정의 추이를 이해하고 해석하는 능력이다. 정서이해 능력이 높은 사람은 사람을 직접 대하지 않고도 예술 작품(음악, 미술, 조각, 동화 등)을 통해서 다른 사람의 정서를 이해하고 인식할 수도 있다.

공감(empathy) 능력은 타인의 마음과 감정을 자신의 것처럼 느끼는 능력으로, 감정이입 능력이라고도 할 수 있다. 공감은 상대방의 입장이 되어서 상대방의 감정을 자신 안에서 일으키는 것이며, 이것은 남에게 도움을 줄 수 있는 이타적인 행동의 기본이 된다(조순옥 외, 2013). 또한 공감 능력은 상대방의 입장을 이해하는 것이기 때문에, 더불어 살아가는 세상에서 매우 중요한 능력으로 부각되고 있다.

유아는 아직 다른 사람의 입장에서 타인의 감정을 이해하기는 어렵지만, 자신의 감정을 인식하는 동시에 타인의 감정도 상상해 보도록 유도할 수 있다. 또한 타인의 감정을 이해할 수 있는 다양한 기회를 제공함으로써 정서이해 능력과 공감 능력을 발달시킬 수 있다. 그림책은 유아가 주인공의 마음과 생각을 쉽게 따라갈 수 있도록 구성되어 있기 때문에, 타인의 입장을 이해하고 공감하는 데 유용하게 사용할 수 있다.

유아와 대화를 할 때는 눈을 맞추며, 표정과 행동, 언어를 일치시키고, 유아의 말에 몸 전체를 기울여 듣고 민감하게 반응해 주는 것도 정서이해(공감) 능력을 향상시키는 데 도움을 줄 수 있다.

(3) 정서조절 능력

정서조절 능력은 자신과 타인의 감정과 기분을 효과적으로 조절하는 능력으로, 정서의 유용성과 실용성을 반영하여 정서를 지속하거나 중단할 수 있는 것을 말한다(조순옥 외, 2013). 정서조절 능력은 기본적으로 정서에 대한 이해와 표현 능력을 바탕으로 이루어지며, 상황에 맞게 언제 어떻게 효과적으로 정서를 조절해야 하는가를 인식할 수 있어야 한다. 이는 타인보다는 먼저 자신의 정서를 상황에 맞게 조절하며, 부정적 정서를 줄이고 긍정적으로 유지하려는 것이다(권정윤, 정미라, 박수경, 이방식, 2012).

정서조절 과정은 영아가 자신의 정서를 이해하면서 나타나기 시작한다. 6개월 된 영아도 스트레스 상황이나 당황스러운 상황에 직면할 때, 좌절감을 느낄 때, 몸을 흔들기, 시선을 다른 곳으로 돌려서 회피하기, 딴짓하기 등의 정서조절 전략을 사용하는 것을 볼 수 있다(Grolnick, Bridges, & Connell, 1996).

♣ 참고자료 : 영아의 감정조절 전략

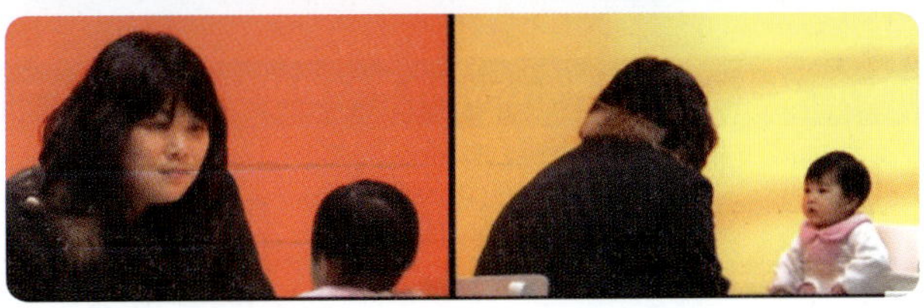

[EBS 다큐프라임. 페펙트 베이비 2부. 감정조절능력 #002]

영아의 정서조절은 자율성이 증가하는 만 2세경에 활발하게 나타나는데, 자신의 스트레스의 근원을 이해하고 스트레스의 주된 요인을 변경하거나 제거하려고 한다(Kopp, 1989; Diener & Mangelsdorf, 1999). 정서조절은 선천적 기질과 성에 따라 다르게 나타나고, 주 양육자와의 상호작용에 따른 애착 안정성과도 관련이 있는 것으로 나타났다(권정윤 외, 2012). 또한 영아가 신체 움직임이 많고 새로운 자극에 접했을 때 회피하는 정도가 낮을수록, 화, 슬픔, 두려움 등과 같은 부정적 정서에 대한 강도가 낮을수록, 정서조절 능력이 높게 나타났다(권정윤 외, 2012; Kagan, 1989).

유아기에 급격하게 발달하는 전두엽은 감정의 뇌를 조절하는 가장 중요한 부위이다. 따라서 이 시기의 유아들이 충분한 정서적 교감을 통해 사랑받고 있음을 느끼고 이를 기반으로 정서적인 표현과 정서조절 능력을 발달시키는 것이 중요하다(권정윤 외, 2012).

정서조절 능력은 부정적인 감정을 조절하는 부분에서 더욱 중요하다. 여기서 정서를 조절한다는 것은 부정적인 감정을 숨겨야 한다는 것이 아니다. 분노(화)는 모든 사람에게 일어날 수 있는 자연스럽고 당연한 감정이며, 자신에게 불쾌하고 위험한 일이 벌어진 것을 알려주는 신호라고도 볼 수 있다. 이러한 부정적인 감정을 무조건 참거나 억누르려고 하면 더 크게 폭발하거나 더 위험한 일이 벌어지기도 한다.

유아들은 종종 자신의 뜻대로 되지 않을 때 화를 내는데, 유아들의 화(angry)는 성인의 분노와는 다르게, 어떤 것을 이루기 위한 강한 의지의 표현이거나 뭔가를 끈질기게 해내려는 것으로 나타나기 때문에, 인지발달에도 긍정적인 영향을 줄 수 있다(Lewis, Sullivan, Ramsay & Alessandri, 1992).

♣ 참고자료 : 화(anger)는 강한 의지의 표현 – Lewis의 끈 당기기 실험

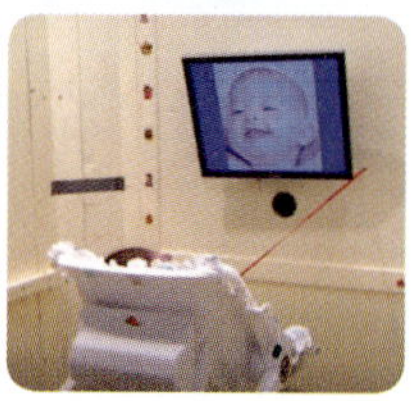

[EBS 다큐프라임. 페펙트 베이비 2부. 감정조절능력 #003]

따라서 화내는 것을 무조건 막기보다는, 자신의 '분노'의 감정을 인식하고 비공격적인 방법(언어 등)으로 표현하며, 격앙된 감정을 차분하게 다스릴 수 있도록 도와주는 것이 필요하다. 유아의 분노(화)를 공감해 주고 자연스럽게 마음을 안정시키는 다양한 방법은 그림책(『소피가 화나면, 정말 정말 화나면』, 『화가 호로록 풀리는 책』, 『나 진짜 화났어!』 등)을 통해서도 효과적으로 경험해 볼 수 있다.

분노의 감정을 조절하는 것에 있어서도 교사와 부모는 유아에게 중요한 모델이 된다. 교사와 부모는 부정적인 감정을 말로 표현하고 화를 다스릴 수 있는 자신만의 방법을 훈련하는 것이 필요하며, 이러한 노력과 행동이 그대로 유아에게 전달된다는 것을 기억해야 한다. 일반적으로 적용할 수 있는 분노(화)를 조절하는 방법을 살펴보면 다음과 같다.

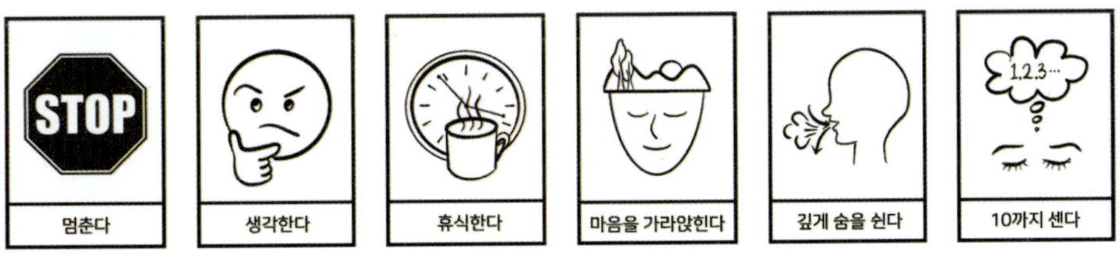

[그림 3-2] 분노를 조절하는 방법

출처: https://www.teacherspayteachers.com/Product/My-Calm-Down-Card-Social-Story-998367 재구성.

3) 정서 발달을 위한 교육의 실제

(1) 일상생활

유아는 모든 일과 속에서 다양한 정서를 나타내기 때문에, 정서교육은 유아의 일상생활과 밀접하게 연관되어야 하며, 일상적인 교육상황에서 자연스럽게 발달할 수 있어야 한다. 또한 유아의 정서경험은 사회적 맥락 안에서, 교사나 또래와의 관계 속에서 이루어지므로(Saarni, 1999), 유아에게 모델링이 되는 교사의 모든 말과 행동에 주의를 기울여야 한다.

- 등, 하원 시간

등원 시간은 유아가 기관에서 자신의 첫 번째 정서 상태를 경험할 수 있는 시간이다. 교사는 유아의 기분과 건강상태를 파악하고 그에 맞는 지원 전략을 구상한다. 교사의 다정하고 따뜻한 반응을 통해 유아는 정서적으로 안정감을 느끼고 하루를 기분 좋게 시작할 수 있게 된다. 교사는 유아의 말에 귀를 기울여 주고 따뜻하게 미소 지으며 안아주기, 손잡아 주기, 손 인사 등으로 친근감을 표현하고, 수용적인 분위기를 만들어 줄 수 있다.

하원 시간은 하루 일과를 돌아보며 유아가 타인과의 관계 속에서 느꼈던 정서 상태를 점검해 볼 수 있는 시간이다. 교사는 다양한 상황에서 어떤 기분이 들었는지를 질문하여 자신의 감정을 표현해 보도록 하고, 각각 다른 입장을 경험해 보거나, 인과관계를 유추해 보는 기회를 제공할 수 있다. 하루 일과를 마무리하는 시간이기에 만족감과 성취감, 다음날에 대한 기대감을 가지고 귀가할 수 있도록 정서적으로 지지해 주고 격려하는 것이 필요하다.

- 간식 및 점심시간, 낮잠 및 휴식시간

이 시간은 유아에게 기본적인 생리적 욕구가 충족되는 시간이다. 유아는 생리적 욕구가 충족되어야 정서적으로도 안정감을 갖게 되고, 교사에 대한 신뢰도와 학습의 효율성도 높아진다. 따라서 교사는 유아의 개별적인 생리적 욕구와 신체적 리듬을 파악하고, 이에 따른 개별적인 배려와 지원을 충분히 해 줄 수 있어야 한다.

교사는 유아의 개별적인 요구에 최대한 민감하게 반응하며 친절하고 수용적인 태도를 보여 주어야 하지만, 안전을 위협하는 위험한 상황이나 전체 질서에 반하는 경우에는, 타인의 감정에 공감하고 자신의 정서를 조절할 수 있는 기회를 제공할 수 있어야 한다.

- 음악 활용

정서는 다양한 음악을 통해서도 경험될 수 있다. 등, 하원 시간, 간식 및 점심시간, 놀이시간에 어울리는 경쾌하거나 잔잔한 음악을 들려줄 수 있다. 낮잠과 휴식 시간에는 마음이 편안해지는 조용한 음악을 들려주어서 유아가 안정된 정서를 경험해 볼 수 있도록 한다. 또한 그날의 날씨나 행사, 이벤트에 따라 어울리는 부드럽거나 힘찬 음악, 기쁘거나 슬픈 분위기의 음악, 빠르거나 느린 템포의 음악, 크거나 작은 소리의 음악 등을 통해 특별한 상황과 맥락에 어울리는 다양한 정서를 인식하고 표현할 수 있는 기회를 제공한다.

다음은 일상생활에서 영아의 정서 발달을 지원하는 사례를 살펴본다.

〈표 3-3〉 일상생활에서 영아의 정서 발달을 지원하는 사례

<table>
<tr><th>일상생활</th><td>점심식사 시간</td><th>정서 발달 내용</th><td colspan="2">정서인식 및 표현(만 2세)</td></tr>
<tr><th>관련
표준보육과정
(2세)</th><td colspan="4">사회관계 영역〉 나를 알고 존중하기〉 나의 감정을 표현한다
자신의 욕구나 감정을 인식하고 다른 사람이 알도록 적절한 말과 표정, 행동으로 표현할 수 있도록 한다.</td></tr>
<tr><th colspan="3">경험의 실제</th><th>경험의 이해</th><th>교사지원</th></tr>
<tr><td colspan="3">식사 시간에 수민이는 밥을 다 먹었지만 자리에서 일어나지 않는다.
교사: 더 먹고 싶니?
수민: (고개를 끄덕인다)
교사: 더 먹고 싶구나. 그럴 때는 '선생님~ 더 먹고 싶어요' 하면 돼. 한번 해 볼래?
수민: 더 먹을래...
교사: 잘했어. 맛있게 잘 먹었구나. 수민이는 어떤 것을 더 먹고 싶니?
수민: (손가락으로 밥과 반찬이 있었던 자리를 가리킨다)
교사: 여기에 뭐가 있었지?
수민: 밥.
교사: 그렇구나. 그럼 여기는?
수민: 계란.
교사: 수민이가 밥이랑 계란 반찬을 더 먹고 싶구나.
수민: 응.
교사: 여기 있어. 이제 더 먹고 싶으면 '밥이랑 계란 더 주세요' 라고 말해 봐. 그럼 선생님이 더 빨리 도와줄 수 있어.</td><td>수민이는 언어로 자신의 생각과 욕구를 표현하는 것을 어려워했다.
수민이는 교사의 비계설정과 격려로 조금씩 자신의 욕구를 언어로 표현해야 하는 것에 대해 알게 되었다.
그리고 필요한 내용을 간단한 단어로 표현하였다.</td><td>상호작용 : 자신의 생각과 욕구를 언어로 표현하기 어려운 수민이에게 주의를 기울이고 공감해 주었다.
수민이가 해야 하는 말을 그대로 해 주면서 시범을 보였다.
수민이가 해야 하는 말을 유추할 수 있도록 비계설정을 해 주었다(여기에 뭐가 있었지?).</td></tr>
</table>

(2) 놀이

유아는 자신의 흥미와 관심을 반영하여 자유롭게 놀이하면서, 자신의 정서 상태를 그대로 투영한다. 특히, 역할놀이를 통해 자신이 보고 들은 것을 그대로 모델링하거나, 서운했던 감정, 화가 났던 상황, 행복했던 기억들을 자연스럽게 드러낸다. 놀이하면서 나타나는 다양한 감정 표현은 가상세계라는 이유로 대체로 용납되기 때문에, 유아의 자유로운 정서 언어가 가장 활발하게 사용되는 상황이기도 하다(조순옥 외, 2013).

교사는 유아의 정서 발달 정도와 내용을 확인하고 반복적으로 관찰하면서, 역할놀이를 위한 충분한 놀이 시간과 공간, 소품과 재료 등 필요한 지원을 모색해야 한다.

〈표 3-4〉 놀이시간에 유아의 정서 발달을 지원하는 사례

<table>
<tr><th>놀이</th><td>쌓기놀이 영역</td><th>정서 발달 내용</th><td colspan="2">정서 조절(만 3세)</td></tr>
<tr><th>관련 누리 과정</th><td colspan="4">사회관계 영역〉 나를 알고 존중하기〉 나의 감정을 알고 상황에 맞게 표현한다
자신의 감정에 대해 알고 다양한 상황에서 자신의 감정을 적절하게 표현할 수 있도록 한다.</td></tr>
<tr><th colspan="3">경험의 실제</th><th>경험의 이해</th><th>교사지원</th></tr>
<tr><td colspan="3">블록으로 구성하기를 잘하는 민정이는 오늘도 혼자 놀고 있다.
혜민: 나랑 같이 할까?
민정: (짜증 내며) 싫어, 저리 가.
수민: 나도 이거 만들고 싶은데... (민정이가 만든 블록을 만지다가 블록이 넘어졌다)
민정: 야~ 너 땜에... 이씨~ 저리 가~~!! (크게 소리 지르며 화를 내는 것을 보고 반 친구들이 모두 놀이를 멈추고 쳐다본다)
민정: (큰 소리로) 뭘 봐, 빨리 가~
교사: 민정아...
민정: (블럭을 던지며) 다 싫어. 다 꺼져~</td><td>민정이는 자신의 블록이 망가질까 봐 친구들이 가까이 오는 것을 싫어하고 짜증을 냈다.
자신의 블록이 망가졌을 때 크게 소리를 지르고 화를 냈다.
부정적 감정을 해소하는 방법을 알지 못한다.</td><td>상호작용 : 민정이의 감정을 읽어주고 안아주며 수용해 주었다/누구나 화를 낼 수 있음을 알려 주었다/화가 날 때 표현하는 다른 방법을 찾아보도록 제안하였다.
공간 : 화가 났던 공간을 벗어나서 자신의 감정을 마주할 수 있는 편안한 공간으로 이동시켜 주었다.

이후 가능한 교사의 지원
▶ 화를 다스리는 방법에 대한 그림책을 같이 보거나 교사의 방법을 알려 줄 수 있다.</td></tr>
</table>

교사: 민정이가 화가 많이 났구나. 많이 속상했구나... 선생님이랑 잠깐 저쪽으로 갈까? 민정: (감정이 격한 상태로 따라간다) 교사: (소파가 있는 조용한 곳에서) 여기 앉아서 크게 숨 쉬어 볼까? 잘했어. 많이 속상했지?!! 선생님도 친구가 그렇게 하면 많이 화가 났을 것 같아. 누구나 그렇게 화가 날 수 있어(천천히 부드럽게 안고 토닥여 준다). 민정: (울면서) 속상해. 화나. 내꺼 다 망가뜨려서... 교사: 그랬지... 그런데 화가 날 때 지금처럼 표현하는 것보다 더 좋은 방법이 있어. 알아볼까?	자신의 감정을 읽어 주자 화가 난 감정을 말로 표현하고, 화가 났을 때 표현하는 다른 방법을 찾아보게 되었다.	– 거울 보며 1~10까지 세기 – 크게 숨쉬기 – 잠깐 나갔다가 오기 – 교사에게 안아 달라고 하기 – 천사 점토 만지기 ▶ 객관적인 상황에 대해 이야기해 주기(혜민, 수민, 친구들) ▶ 민정이가 동의하면 영상을 촬영해서 보여 주며 이야기 나눠 보기

출처: 김희진(2020), pp. 228-231.

(3) 활동

대소집단 활동은 주제에 대한 개념을 이야기 나누기, 동화, 동시, 동극, 게임, 신체표현, 음률, 미술, 과학 실험 등 다양한 형태의 방법을 활용하여 통합적으로 풀어 내는 것이다. 올바른 정서 발달을 위해 교사는 유아의 발달 수준에 맞는 활동들을 연계하여 진행할 수 있다.

- 그림책 읽기

그림책은 가정이나 기관에서 보편적으로 활용되고 있는 교수매체로서 유아의 정서 발달에 효과적으로 작용하므로, 그 교육적 활용가치가 매우 크다고 할 수 있다(김정원, 민희숙, 방승연, 2014; 김지현, 2010; 오영희, 우수경, 전호숙, 2004).

유아 그림책의 등장인물들은 주로 유아와 비슷한 또래들이거나 주변 사람들이다. 또한 유아에게 익숙한 일상생활의 이야기들로 구성되거나 그것을 바탕으로 한 다양하고 재미있는 상상력이 반영되어 있기 때문에, 유아가 그림책의 이야기에 쉽게 몰입하게 된다. 타인의 관점에서 생각하는 것이 어려운 유아라도 그림책 주인공의 경험과 감정에 비교적 쉽게 동조하게 되는 것을 볼 때, 유아가 그림책을 통해서 자신뿐만 아니라 타인에 대해서도 특정한 정서의 인식과 표현, 이해와 조절에 관한 경험을 충분히 할 수 있음을 알 수 있다.

유아는 그림책 등장인물의 갈등과 긴장, 성공적인 문제해결 등의 과정을 따라가며 특정한 상황과 맥락 안에서 기쁨과 슬픔, 외로움과 고통, 아름다움과 놀람 등의 다양한 정서를 인식하고 정서어휘를 인지하여 자신과 타인의 정서를 표현할 수 있게 된다. 또한 실제로 일어나는 비슷한 갈등 상황에서 그림책 등장인물의 문제해결방법을 그대로 적용할 수 있을 정도로 그 내용을 내면화할 수 있게 된다(김지현, 2010; Doll & Doll, 1997).

정서와 관련된 그림책을 읽은 후에 토의활동, 극화활동, 미술활동, 조형활동, 음률활동, 게임 등의 연계 활동을 제공함으로써 정서지능을 더욱 향상시킬 수 있다(김지현, 2010; 서현아, 김소연, 2002; 오영희 외, 2004; 한윤경, 2007).

- 승패가 있는 게임 활동

유아는 게임 활동을 통해 규칙을 지키고 승패를 받아들이는 정서훈련을 할 수 있다. 게임에서 이겼을 때는 기쁨을 표현하고 누리며, 패했을 때는 슬픔과 실패의 감정을 그대로 인정하고 받아들이는 것이 필요하다. 또한 이긴 팀은 패한 팀을 격려하고, 패한 팀은 이긴 팀을 진심으로 축하해 주는 정서적 경험이 중요한데, 이를 위해서는 승패에 대한 명확한 규칙 설정이 우선되어야 한다.

게임의 과정에서도 정해진 규칙을 지키고 서로 협력하면서, 자신과 타인의 정서를 이해하고 조절하는 경험을 할 수 있다. 교사는 무조건 이기기 위한 경쟁을 조장하기보다는 서로 협력하고 격려하며 기쁨을 공유하는 경험을 할 수 있도록 해야 한다.

〈표 3-5〉 유아의 정서 발달을 지원하는 활동 사례

활동명	눈물이 바다처럼 흘러요	정서발달 내용	정서이해(공감)
활동유형	대집단 활동 - 미술	연령	만 4세
활동 배경 놀이 사례	민수는 작은 일에도 자주 울어서 친구들이 '울보'라고 놀린다. 민수를 놀리는 다른 친구들은 자기가 실수하거나 속상한 일이 있어도 민수처럼 '울보'가 되지 않으려고 울음을 꾹꾹 참고, 슬프지 않다고 말하기도 한다. 정민이는 오늘 직장 다니는 부모님이 오후에 시간을 내서 오랜만에 놀이공원을 가기로 했다고 아침부터 큰 소리로 자랑하며 들떠 있었는데, 부모님이 급한 일이 생겨서 갈 수 없게 되었다는 연락을 받고 말수가 줄어들었다. "정민아, 너 왜 그래?" 친구들이 물어도 대답이 없다. "너, 울어?" 다른 친구가 물어보자 "아니야, 나 슬픈 거 아니야, 안 울어~" 정민이는 떨리는 목소리로 말했다.		
활동목표 (누리과정 관련 요소)	슬픔은 누구나 가질 수 있는 감정임을 안다. 친구의 감정을 인정하고 공감해 줄 수 있다. (사회관계〉 더불어 생활하기〉 서로 다른 감정, 생각, 행동을 존중한다)		
활동자료	그림책『눈물바다(글/그림 서현, 사계절, 2009)』 여러 가지 모양의 종이, 여러 가지 그림 그릴 재료(색연필, 크레파스 등) 눈물바다를 표현할 수 있는 커다란 천 또는 비닐		
활동단계	활동내용	준비물 및 유의점	
도입	1. 그림책『눈물바다』를 읽는다. - 주인공은 어떤 마음일까? - 왜 그런 마음이 되었을까? - 그래서 어떻게 했니? 	그림책 『눈물바다』	
전개	2. 슬픈 감정이 생길 때의 상황을 생각해 본다. - 울고 싶을 때가 있니? - 어떨 때 울고 싶었니? 왜 울고 싶었니? - 울고 싶을 정도로 슬픈 감정은 누구나 가지고 있는 거란다. 부끄러운 일이 아니야. 울고 싶을 때는 울어도 괜찮아 - 너희가 울고 싶을 때 친구들이 뭐라고 말해 주면 좋겠니? - 울고 싶은 친구가 있으면 어떻게 해 주면 좋을까? 3. 울고 싶었을 때의 모습을 그려 본다. - 언제 울고 싶었는지, 왜 울고 싶었는지 그림으로 그려 보자.	눈물바다를 연상할 수 있도록 큰 천이나 비닐을 한쪽 벽에 미리 부착해 놓는다.	

전개	4. 눈물바다를 다 같이 꾸미고, 자신의 그림을 배치한다. – 그림책의 주인공처럼 눈물바다를 만들어 보자 – 우리가 그린 그림을 눈물바다 안에 넣어 볼까? – 우리의 슬픔을 눈물에 넣어서 둥둥 떠내려가게 하자.	그림 그릴 재료 준비
마무리	5. 활동을 회상하고 평가한다. – 눈물바다를 만드니까 어땠니? – 슬픈 그림을 눈물에 떠내려가게 하니까 어떤 기분이 드니?	
추후 예상 관심과 놀이&지원	유아들이 슬픔과 눈물에 대해 솔직하게 표현한다. 누구나 울고 싶은 감정을 가지고 있기 때문에 더 이상 친구를 '울보'라고 놀리지 않도록 한다. 언어 영역에 『눈물바다』, 『남자가 울고 싶을 땐』 그림책을 비치한다. 미술 영역에 함께 만든 '눈물바다' 작품을 전시하고 그림을 추가하거나 더 꾸밀 수 있도록 한다.	
가족 및 지역사회 연계 활동	가정통신문을 통해 위의 그림책들을 소개한다. 슬픔도 자연스러운 감정이므로 "울면 안 돼, 남자는..."이라는 말을 사용하지 않도록 하고 유아의 감정에 먼저 공감해 주시도록 부모교육을 진행한다.	

4) 정서 발달을 위한 교사의 역할

유아의 정서지능 발달을 위해서는 교사 자신이 먼저 그 중요성과 필요성을 인식하고 있어야 하며, 자신의 말과 행동, 표정을 통해 나타나는 정서 상태를 점검해야 한다.

- 편안하고 수용적인 교실 분위기 조성하기
  - ▶ 교사는 교실 안의 심리적인 분위기를 주도한다. 다양한 표정, 거칠거나 상냥한 말투, 목소리의 크기나 높낮이, 몸짓과 손짓 등 교사의 모든 모습이 유아에게 민감하게 영향을 미친다.
  - ▶ 교사는 편안하고 온화한 표정, 따뜻한 눈 맞춤과 부드러운 신체접촉으로 유아가 정서적 안정감을 가질 수 있도록 해야 한다.
  - ▶ 특히, 영아에게는 부드러운 신체접촉이 더 많이 요구되며, 이를 통해 안전

감과 신뢰감을 형성할 수 있다.

- 다양한 정서에 대해 언어로 말해 주기(정서적 반영)
  - ▶ 유아는 자신이 이해하고 경험하는 다양한 정서를 언어로 표현하는 능력이 부족하므로 교사가 특정 상황에서 정서어휘의 모델을 보여 주는 것이 중요하다.
  - ▶ 유아를 주의 깊게 관찰하고, 관찰한 정서에 대해 짧은 문장으로 말해 준다.
  - ▶ 이유를 단정 짓지 말고 보이는 상황에 대해서 반영한다.

  예) "엄마가 보고 싶어서 슬프구나" VS "슬퍼 보이는구나"(Good)

  예) "선생님 미워"라고 말하며 화내는 유아에게 교사가 할 수 있는 반응 유형

  설교: 수민아, '미워'라는 말은 나쁜 말이야, 그런 말 하면 안 되지?

  합리화 : 선생님이 수민이 밥 가져오느라 늦었어.

  부인 : 수민이는 착하니까 선생님 미워하지 않지?

  무시 : 알았어, 이제 밥 먹자.

  정서적 반영 : 음~ 우리 수민이가 속상했구나.

  출처: 심숙영(2018), p.132 재구성

- 인지-정서 간의 통합적 교수방법을 모색하기
  - ▶ 유아의 정서지능은 감성을 이해하는 인지적 측면과 감성을 자극하는 정의적 측면의 학습이 상호보완적이고 통합적으로 이루어질 때 최대의 효과를 거둘 수 있다(박희숙, 2015).
  - ▶ 정서교육을 위해 문학, 그림책, 음악, 조형, 미술활동, 신체표현 등의 활동이 통합적으로 이루어지도록 한다.

5) 정서 발달을 위한 그림책

내용 구분	그림책	개요
정서인식 및 표현		마음아 안녕 최숙희 글, 그림 / 책읽는곰, 2018년 온통 괴물에 둘러싸여서 자신의 마음을 표현하지 못하던 소심한 주인공이 자신의 마음을 표현하게 된 이야기. 자신의 마음 상태를 인식하고 솔직하게 표현하는 것이 건강한 관계의 시작임을 알게 된다.
정서인식 및 표현		기분을 말해 봐! 앤서니 브라운 글, 그림 / 웅진주니어, 2011년 침팬지가 여러 가지 상황에서 느끼는 다양한 감정을 나열한다. 다양한 상황과 맥락에 맞는 기분, 정서를 인식할 수 있고 마지막 질문을 통해 자신의 기분도 인식할 수 있게 된다.
정서이해 (공감)		눈물바다 서현 글, 그림 / 사계절, 2009년 하루종일 속상하고 억울한 일들로 가득했던 주인공이 눈물을 펑펑 쏟아 내어 상상의 바다를 만드는 이야기. 주인공의 속상하고 억울한 마음을 공감하며 함께 울고 웃을 수 있다.
정서조절		소피가 화나면, 정말 정말 화나면 몰리 뱅 글, 그림 / 책읽는곰, 2013년 엄마와 언니 때문에 화가 잔뜩 난 소피가 숲길을 걷고 산들바람을 맞으며 화를 가라앉히고 기분 좋게 돌아오는 과정을 그리는 이야기. 화나는 감정을 공감하며 화를 조절하는 방법을 자연스럽게 배운다.
		화가 호로록 풀리는 책 신혜영 글, 김진화 그림 / 위즈덤하우스, 2021년 화가 난 주인공에게 그 이유를 묻지 않고 화난 것에 공감하면서 화를 푸는 방법을 하나씩 알려 준다. 다양한 화 풀기 방법을 경험하면서 자신만의 방법을 찾을 수도, 새로운 방법을 찾아낼 능력도 알게 된다.

♣ 마무리 활동

◎ 감정카드 놀이

〈인싸이트 심리검사 연구소〉

1. 긍정적 정서, 부정적 정서를 나타내는 단어 확인하기 : 단어 이름과 표정 그림을 연결지어 확인해 보세요.
   (감정카드가 없다면 정서 이름과 간단한 이미지를 넣어 카드를 만들 수 있다)

긍정적 정서	사랑스러운, 만족스러운, 재미있는, 다정한, 통쾌한, 감사한, 기대되는, 신나는, 행복한, 편안한, 따뜻한, 반가운, 궁금한, 흥미로운, 든든한, 뿌듯한, 기쁜, 안정된, 자신감 있는, 생기가 도는, 가슴뭉클한, 느긋한.
부정적 정서	화가 난, 실망스러운, 외로운, 긴장된, 불안한, 무서운, 걱정스러운, 마음이 아픈, 짜증 나는, 서운한, 답답한, 지루한, 슬픈, 수줍은, 불쾌한, 괴로운, 미안한, 귀찮은, 우울한, 속상한, 피곤한, 미운, 억울한, 심란한, 불편한, 놀란, 후회스러운, 지친, 긴장한.

2. 어제, 오늘, 내일의 감정카드 찾기 : 어제와 오늘의 감정, 내일 갖고 싶은 감정을 담은 카드 3장을 찾아서 이야기 나눠 보세요.
3. 감정을 설명하고 맞춰 보기 : 감정카드 하나를 선택하고 그 감정에 대해 설명하거나 표정을 지어서 상대방이 그 감정을 맞춰 보도록 해 보세요.

◎ 표정은 왜 중요할까요?

- 다음의 영상을 보고 부모와 교사의 표정이 유아에게 어떤 영향을 미치는지 이야기해 보세요.
  – 시각벼랑에서 웃는 엄마 VS 무표정한 엄마

◎ 무슨 감정일까요? (Emotimeter 앱 활용)

- Emotimeter 앱을 활용해서 자신의 표정에서 어떤 감정이 가장 많이 나타나는지 확인해 보세요.
- 상대가 지정해 주는 표정을 지어 보고 앱에서 명명하는 감정과 일치하는지 확인해 보세요.

제4장
성역할

역할놀이 영역

민혜와 규민이가 아빠엄마 놀이를 하고 있다.

민혜 : 오늘은 친구들하고 카페에서 만나기로 했어. 예쁘게 화장해야지(볼터치, 립스틱 바르는 시늉). 오늘은 어떤 가방을 들고 갈까? 새로 산 명품가방 어딨지? 구두는 높은 걸 신어야 키도 크고 날씬해 보이겠지?!!

규민 : 여보, 나 배고파. 밥 줘~

민혜 : 지금 바쁘니까 좀 기다려요.

규민 : 배고프다니까.. 빨리 줘~

민혜 : 이그~ 무슨 남자가 참을성도 없어. 좀 참아요.

집단활동 시간

'나는 커서 OO가 될래요'에 대한 이야기를 나누고 있다.

유진 : 나는 아빠처럼 씩씩한 군인이 될 거에요.

동우 : 야, 너는 여잔데, 어떻게 군인이 되냐? 군인은 남자가 하는 거야.

유진 : 아니야, 나도 할 수 있어. 우리 아빠가 그랬어.

동우 : 거짓말, 그런 게 어딨어?

[함께 생각해 보아요]

민혜와 규민이, 동우가 가지고 있는 성역할 고정관념은 어떤 것일까요?
성역할 고정관념을 가진 유아들에게 교사가 어떻게 지원해 줄 수 있는지 생각해 보세요.

(* 위 사례에 대한 분석과 지원방안은 p. 166~168에서 확인할 수 있음)

유아들의 놀이와 대화 속에는 이미 우리 사회의 고정된 성역할 개념이 반영되어 있는 것을 볼 수 있다. 성역할 개념과 성인지 감수성이 발달하는 과정에 있는 유아들은 생물학적 요인과 더불어 자신의 주변 환경에서 오는 심리적, 사회문화적인 요인의 영향을 받아 그 사회집단에서 기대하는 성역할 고정관념을 형성해 나간다. 이때 형성된 성역할 고정관념과 편견은 일생 동안 계속해서 영향을 미칠 수 있기 때문에, 유아교육기관의 교사들은 유아들이 성역할 개념을 올바르게 형성하도록 이끌어 줄 필요가 있다.

1. 성역할의 개념 및 중요성

사람은 태어나면서부터 생물학적으로 타고난 성별에 따라 행동이나 태도, 외모 등에 대해 다른 기대와 평가를 받는다. 또한 실제로 각 개인의 성별에 따라 행동과 태도의 차이가 나는 것을 볼 수 있는데, 이는 개인이 속한 문화권 내에서 어느 정도 유사한 형태로 나타난다. 성별에 따른 행동과 태도의 차이는 생물학적 요인과 더불어 심리적, 사회문화적인 요인의 영향을 받기 때문이다.

'성역할'은 개인이 속한 사회집단 안에서 성별에 따라 다르게 수용되고 기대되는 행동양식, 태도, 가치관, 신념 등을 의미한다(Hurlock, 1978). 이는 사회적으로 합의된 관념에 따라 한 개인이 남성과 여성의 특성이라고 이해하는 것들, 그리고 '남성다운' 또는 '여성다운'으로 구분되는 외모, 말, 감정을 표현하는 방식 및 이와 관련한 구체적인 경험들을 포함한다(Block, 1973; Broverman & Vogel, 1972). 유아들은 부모와 형제, 기관, 또래, 대중매체 등을 통해 사회문화적으로 수용되는 성별에 따른 행동과 태도, 능력의 차이를 자연스럽게 인식하고 인정하게 되면서 성역할 개념을 획득하게 된다(Eisenberg, 1982; Eccless Hoffman, 1984; 조순옥 외, 2013). 이러한 성역할 개념을 획득함으로써 그에 따른 유아의 성역할 행동이 나타나게 된다.

최근 우리 사회에 많은 인식의 변화가 이루어지면서, 여아는 여자답게, 남아는 남자답게 자라야 한다는 이야기가 많이 줄어들고 있다. 하지만 여전히 유아들은 생애 초기부터 성별에 따른 전형적인 행동, 태도, 가치를 획득하기 시작하여, 성별에 따른 놀잇감, 놀이 형태, 놀이 대상에도 차이가 나타나게 된다. 이러한 성역할 개념이 고정적으로 강화될 경우, 개인의 창의적 사고와 능력이 제한받게 되고 자신의 잠재력을 펼칠 수 있는 기회를 놓칠 수 있으며, 유아의 전인적 발달을 저해하게 된다(고영실, 박용한, 2020; 유희정, 2000; 최인경, 김희진, 2018).

현대사회에서는 여성성이나 남성성의 어느 한 가지 특성을 지닌 것보다는 두 가지 특성을 모두 지닌 '양성성(androgyny)'의 특성을 더 바람직하게 보고 있다(노경혜, 1997; 정미라, 2011; 조순옥 외, 2013; Bem, 1975). 양성성은 한 개인 내에 남성적 특성과 여성적 특성이 공존한다는 개념으로, 남성에게는 경쟁적, 공격적, 이성적, 강한 성취욕구 등의 남성성만을, 여성에게는 따뜻함, 사랑스러움, 자기희생, 보살핌 등의 여성성만을 강요하지 않고 남성성과 여성성의 특성을 모두 지닌 양성성을 지향하는 것이다. 유아교육 현장에서도 종종 '얌전하고 말없는 남자아이'와 '활달하고 씩씩한 여자아이'들이 정체성의 혼란을 경험하는 경우가 있으며(노경혜, 1997), 이러한 혼란이 교사들에 의해 조장되기도 한다는 사실은 매우 안타까운 일이다. 교사들이 이에 대해 좀 더 적극적으로 개방된 사고를 하는 것이 필요하다.

이와 같은 양성적 성역할 정체감은 유아의 긍정적인 전인적 발달을 돕고 삶의 질을 높이며, 빠르게 변화하는 일상의 환경에 효율적으로 적응하는 데도 도움이 된다(정미라, 2011; Shaffer, 2000). 또한 성역할 고정관념에서 벗어나 융통성 있는 성역할 태도를 가진 유아는 자신의 관심과 흥미, 적성에 맞는 다양한 활동에 적극적으로 참여하며, 유연하고 효율적인 대처능력으로 사회적인 유능감을 갖게 되고, 원만한 대인관계를 바탕으로 또래에게도 인기가 많은 것으로 나타났다(고영실, 박용한, 2020; 김영희, 2006; 성수경, 2009; 최인경, 김희진, 2018; Orlofsky, 1979).

최근에 부각되고 있는 '성인지 감수성'은 성차별로 인해 일어나는 문제와 그 차이들이 미치는 영향 등을 인식하는 것으로, 성차별과 성불평등 상황을 인지하고 옳고 그름을 판단하며 적극적으로 행동하는 것을 의미한다(강선미, 2005; 이혜정, 오선영, 김은심, 2018). 성역할 고정관념과 편견에 의해 불평등하게 대우받는 것은 옳지 않으며, 성별에 상관없이 한 개인으로서 동등하고 평등한 기회가 주어지고 존중받아야 한다는 성역할 인식의 개선이 필요하다.

이를 위해 유아교육기관에서는 정형화된 성역할 개념을 강조할 것이 아니라, 유아가 가진 개별적인 특성과 가능성을 마음껏 발휘할 수 있는 개방적이고 수용적인 분위기를 조성하고, 양성성의 특성들을 경험할 수 있는 다양한 활동들을 전개하여 올바른 양성평등 의식을 가지도록 도움을 주어야 한다. 성별에 관계없이 자신과 서로를 존중하며 개성과 능력을 발휘하도록 하는 양성평등 의식은, 유아의 자아존중감에도 긍정적인 영향을 미치게 된다(정미라, 박희숙, 2012).

유아기는 성역할 개념이 형성되고 성역할 고정관념이 강화되기 쉬운 시기이다. 또한 이 시기에 형성된 고정관념과 편견은 성인이 되어서도 변화되기 어렵고 평생 동안 지속되는 것을 고려할 때, 유아가 올바른 성역할 개념을 형성하고 유아 모두가 자신의 성에 구애받지 않고 자신의 능력을 발휘할 수 있는 평등한 성역할 인식을 갖도록 하는 것이 매우 중요하다.

2. 성역할 개념 발달의 특성

1) 성역할 습득에 관한 이론

생애 초기부터 시작되는 성역할 개념 발달, 성역할 행동 습득에 대한 관점을 정신분석 이론, 인지발달 이론, 성도식 이론들을 통해 살펴보면 다음과 같다.

(1) 정신분석 이론

정신분석 이론에서는 성역할 습득을 동일시의 과정으로 설명하고 있다. 성역할 동일시(sex-role identification)는 자신의 성에 적절하다고 생각되는 역할을 참고하여 자신의 태도와 행동을 결정하는 것이며, 이 과정이 무의식적으로 이루어진다는 점에서 모방과 차이가 난다. 보통 남아는 아버지를, 여아는 어머니를 동일시하게 된다.

하지만 이 이론은 성역할에 대한 동일시의 유래를 생물학적 차이(남근의 유무)로 파악함으로써 부모 이외의 또래집단이나 대중매체 등의 사회적 요인을 무시하였다는 한계점이 있다.

(2) 사회학습 이론

반두라(Bandura, 1977)는 유아가 부모, 교사, 또래, 이웃, 연예인 등을 관찰하고 자신의 성에 적합하다고 생각하는 행동을 선택적으로 모방함으로써 성역할 행동을 학습하고, 그에 대한 강화를 통해 남성성과 여성성이 내면화된다고 보았다. 부모와 가족들이 일차적인 영향을 주지만 성장함에 따라 또래와 교사가 성역할 행동 강화에 중요한 역할을 하게 된다.

(3) 인지발달 이론

행동이 자기 지각에 선행한다고 본 사회학습 이론과는 대조적으로 인지발달 이론은 자기 지각이 행동에 선행한다고 주장한다. 따라서 성역할 발달은 동일시나 모방의 과정이 아닌 인지발달의 결과라고 보았다. 콜버그(Kohlberg, 1966)는 6~7세 이전 유아들이 피아제의 보존 과제를 풀 수 없는 것처럼 성항상성의 개념이 없다고 보고, 다음의 발달 단계를 거쳐 서서히 성항상성을 획득하게 된다고 주장하였다(Berk, 2008).

- 성명명(gender labeling) 단계(2~3세): 남자와 여자로 분류하는 간단한 자아유목화

(self-categorization)로 시작하여, 자신의 성과 다른 사람의 성을 남자, 여자로 구분하여 부를 수 있다.

- 성안정성(gender stability) 단계(4~5세): 성은 시간이 지나도 변하지 않는다는 것을 인식한다. 이는 남자아이가 자라서 소년이 되고 아빠가 되며, 여자아이는 소녀가 되고 엄마가 될 것이라고 믿는 것이다.

- 성항상성(gender consistency) 단계(6~7세): 성은 생물학적으로 결정된 것이며, 겉모습(행동이나 옷, 머리 모양 등)이나 상황의 변화, 개인적인 소망에 상관없이 항상 동일하다는 것을 이해한다.

이와 같이 성항상성의 이해는 보존개념의 획득과 관련되며, 대상의 외형적인 모습과 실제 속성을 구분하는 능력과도 연관된다. 인지발달론적 입장에서 보면 유아가 자신을 남자 또는 여자로서 자각하는 것은 인지발달에 따른 인식의 결과이며, 이에 따라 유아가 자신의 성과 관련된 적절한 행동을 능동적으로 찾아가면서 성역할 행동을 습득한다. 이와 같은 인지발달 이론은 정신분석 이론의 한계를 어느 정도 보완하고 있지만, 성역할에 대한 고정된 형태를 이미 내포하고 있으며, 성역할의 고정화가 인지발달로 이해되는 한계를 안고 있다(노경혜, 1997).

(4) 성도식 이론(gender schema theory)

성역할 발달에 대한 가장 적합한 모델로 지지되고 있는 성도식 이론(gender schema theory)은 사회학습 이론과 인지발달 이론의 내용을 포함하고 있다. 유아는 외부의 환경적인 자극에 의해 성유형화에 관한 선호도와 성역할 행동을 학습하는 동시에, 이러한 경험을 성도식화하여 남성성, 혹은 여성성으로 분류하고 이에 따라 자신의 성역할 행동을 구성해 나간다(조순옥 외, 2013).

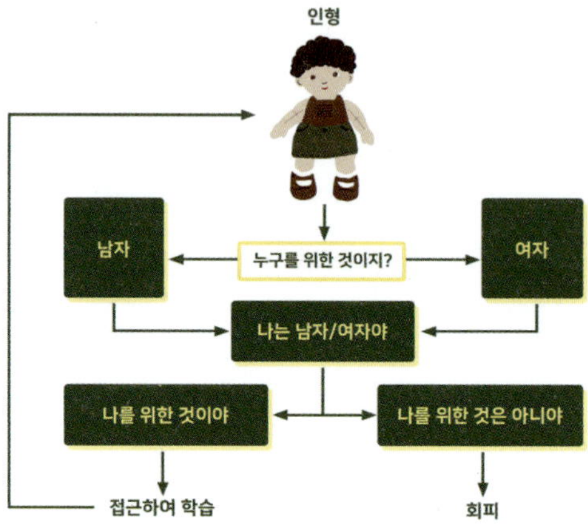

[그림 4-1] 성도식 이론(gender schema theory)의 원리

출처: Kail(2008), p.378 재구성.

즉, 자신을 남성적 또는 여성적으로 특징짓는 성정체감을 형성한 유아는, 자신의 성에 해당하는 적절한 경험과 사건에 관심을 가지게 되고, 다양한 정보들 중에서 자신에게 필요한 정보를 선택적으로 구분하여 받아들이며, 그것을 자신의 성도식에 통합하여 성유형화와 성역할 선호성을 갖게 되는 것이다(정미라, 2011). 예를 들면 성정체감을 형성한 유아가 사물이나 행동 등을 보고 그것이 남성적인 것인지, 여성적인 것인지를 결정하고 그 후에 그것을 더 배워야 하는지 아닌지를 결정하고 활용한다. 이러한 과정을 거쳐 유아기의 성정체감과 성역할 행동은 더욱 뚜렷해진다. 이런 관점에서 보면, 성역할 고정관념이 확고해지기 이전인 유아기에 올바른 자기 성도식을 갖도록 하는 것이 중요함을 알 수 있다.

벰(Bem, 1975)은 이러한 성도식 이론과 관련하여 심리적 양성성(psychological androgyny)의 개념을 제시하였다. 이는 전통적인 남성성과 여성성의 이분법적인 구분을 넘어서 이것이 서로 상반되거나 모순되는 것이 아니라, 사회적으로 인정된 남성적 특성과 여성적 특성이 결합되어 공존한다는 개념으로, 각 개인의 생물학적인 성별과 관계없이 긍정적인 남성성과 여성성이 한 개인 안에 공존한다고 가정하는 것이다. 블럭(Block, 1983)은 개인이 자신의 삶에서 당면하는 문제들을 해결하며 자신의 정체감을 형성하려고 노력하는 과정에서 성역할이 발달된다고 보았고, 남성성과 여성성이 통합되는 양성성의 단계를 성역할 발달의 최고 수준으로 보았다.

성역할에 대한 고정관념을 갖지 않는 이러한 양성적 성역할 정체감은, 유아들이 남성성과 여성성의 긍정적 특성들을 함께 획득하여 자유롭게 사고하고, 다양성을 인정하고 존중하여 대인관계의 유연성을 가지며, 뛰어난 창의력과 상상력으로 자신의 잠재력을 마음껏 실현할 수 있게 한다. 이것이 최근에 양성성에 대한 중요성을 강조하는 이유이다.

2) 성역할 습득에 영향을 주는 요인

유아가 자신의 성별에 따라 적절한 성역할 개념과 성역할 행동을 습득하는 데에는 부모, 형제 및 또래, 교육 경험, 대중매체, 사회문화적 분위기 등 생물학적 요인과 환경적 요인이 통합적으로 영향을 미친다. 이러한 요인들을 자세히 살펴보면 다음과 같다.

(1) 생물학적 요인

생물학적으로 대부분의 남자와 여자는 유전자와 호르몬, 뇌의 구조와 기능의 차이로 인해 신체적 특징, 사고방식과 행동 특성에 차이를 보인다.

대표적인 남녀 뇌 구조의 차이를 살펴보면, 좌뇌와 우뇌를 연결하는 '뇌량(corpus callosum)'이라고 불리는 연결조직의 굵기가 여자의 것이 더 굵다. 이에 따라 남녀 간의 청력 차이가 생기고, 좌뇌 우뇌 모두를 활용해서 듣는 여자가 한쪽 뇌만으로 듣는 남자보다 청각자극에 더 예민한 것을 볼 수 있다. 동시에 수행능력에도 차이가 나는데, 여자는 대화를 하면서 글을 쓰거나 요리 등을 할 수 있지만, 남자의 경우는 그렇지 못하다. 또한 좌우뇌의 협력관계가 좋은 여자는 공감 능력이, 남자는 체계화 능력이 뛰어났다.

뇌와 연결되어 있는 시신경, 즉 망막의 세포구조에서도 남자는 움직이는 물체의 위치, 방향, 속도에 민감한 M세포가, 여자에게는 색깔과 질감에 민감한 P세포가 많은 것으로 나타났다. 이에 따라 남자는 빠른 속도감과 움직임이 많은 액션 영화에, 여자는 화려한 색깔에 환호하는 경향이 있다. 이와 같은 차이는 같은 환경에서 자란 이란성 쌍둥이가 남자아이는 움직임이 큰 자동차를, 여자아이는 분홍색 장난감을 고르는 것과도 연결된다(문용린, 2013; 한정선, 2005; Carlson, 1998; EBS 아이의 사생활 제작팀, 2014; Fisher, 2005).

하지만 부모들이 갓 태어난 영아에게도 성별에 따라 다르게 반응하는 것이 관찰되면서(Lewis, 1974), 이러한 특성을 온전히 생물학적 원인으로만 판단할 수는 없게 되었다. EBS팀의 실험에서도 양뇌의 특징이 공존하는 아이들이 있고, 전체 인구의 17%는 반대의 특성을 가지고 있는 것으로 나타났다(EBS 아이의 사생활 제작팀, 2014). 또한 대뇌피질과 피질하 영역에서는 같은 성 내에서의 차이가 남녀의 차이보다 더 크게 나타나는 경우도 있고, 남녀의 뇌의 차이보다는 유사성이 더 많다는 점에 관심을 기울여야 한다는 연구도 있다(이강봉, 2017).

한편, 맥코비와 잭클린(Maccoby & Jackline, 1987)은 호르몬이 유아의 놀이 유형에 영향을 주어 남자 아이들은 거칠고 소란스러운 활동을 하고 여아들은 조용하고 얌전한 활동을 하게 만든다고 보았다. 하지만 최근에는 여성성과 남성성을 특징짓는 것으로 알려진 호르몬들이 남녀 모두에게서 분비되는 것을 확인하였고, 호르몬은 단지 어떤 특정한 성향을 나타내는 가능성을 높여줄 뿐이라는 의견도 있다(최재천, 2003; 한정선, 2005).

세계 여러 나라에서 이분법적 성역할이 비슷하게 나타나는 것도 생물학적 요인으로 볼 수 있지만, 그 반대의 사례로, 성에 관계없이 같은 일을 수행하거나 여아들이 지배성과 자기주장성에서 높은 점수를 나타내는 사례도 있기 때문에(Berk, 2008) 단정 지을 수는 없는 일이다.

생물학적인 것이 모든 것을 결정할 수 없듯이, 성역할 차이에 대한 요인을 생물학적 이유만으로 설명하기에는 부족한 것이 많다. 그렇다고 해서 생물학적 차이를 완전히 무시하기도 어렵다. 차이는 차별이 아니며, 그 차이에 따라 다른 방법으로 교육해야 하는 것을 의미한다. 차이는 인정하되 그것이 차별과 불평등, 어느 한쪽의 우월주의로 나타나는 것은 지양해야 할 것이다. '생물학적 성(sex)은 정해졌지만 사회적 성(gender)은 얼마든지 열려 있다(최재천, 2003)'는 말처럼, 남녀를 구분하는 문제가 아니라 남성성과 여성성을 모두 가질 수 있는 인간 개인의 차이로 인식하고 존중하며, 그 '차이'들이 모여 아름다운 합주로 완성될 수 있도록 지원해야 할 것이다.

♣ 참고자료 : 남자와 여자의 차이

[EBS 다큐프라임 아이의 사생활 1부 남과여_#003]
https://www.youtube.com/watch?v=8ykOH-D-fpM

(2) 환경적 요인

유아는 태어나는 순간부터 형제나 또래 관계, 유아교육기관이나 교사, 대중매체, 다양한 학습매체, 지역사회나 국가의 문화, 분위기 등 그들을 둘러싸고 있는 모든 환경으로부터 성별에 따른 성역할 개념과 행동을 학습한다. 성역할 개념은 자신이 속한 사회문화 속에서 지속적으로 발달해 나가기 때문에, 유아가 어떤 환경에 노출되느냐가 성역할 개념과 성역할 행동 습득에 중요한 요인이 된다.

남자 형제들이나 남아가 많은 교실 환경에서 지낸 여아들, 여자 형제들과 여아가 많은 곳에서 지낸 남아들은, 자신의 성과 다르게 행동하는 경우가 많다. 남성우월주의가 가득한 사회나 가부장적 분위기가 강한 가정에서 자란 아이들은, 그 사회의 고착화된 성역할 개념에 의해 좀 더 여성적이거나 좀 더 남성적인 행동이 나타날 것이다.

성역할 고정관념을 강화시키는 다양한 환경 요인들을 찾아보면 다음과 같다.

- 사회 구성원들 간의 대화
  - ▶ 또래 친구의 말 : "남자가 왜 여자 색(분홍색) 모자를 쓴 거야?"
    "그건 남자만 하는 거야"
  - ▶ 어른들의 말 : "남자는 우는 거 아니야" "여자아이가 왜 이렇게 드세?"
    "여자아이가 조심성이 없어~"
  - ▶ 속담 : '암탉이 울면 집안이 망한다'
    '여자 셋이 모이면 접시가 깨진다'

- TV 광고

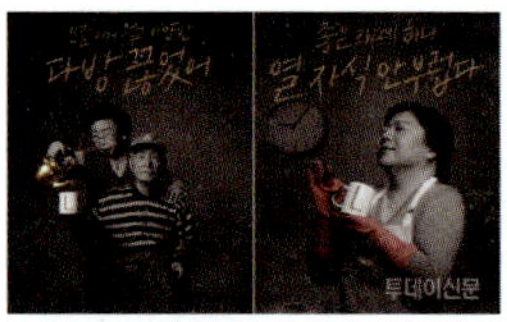

[남양유업 '루카스나인' 광고 성차별 도마]
(투데이신문, 2017. 11. 29.).
http://www.ntoday.co.kr/news/articleView.html?idxno=55855

- 장난감

[엄마처럼 설거지 할래요... 장난감도 '성차별']
(머니투데이, 2018. 12. 21.).
https://news.mt.co.kr/mtview.php?no=2018121815451233025

- 그림책

[초등생 그림책에 남녀 성역할 고정관념 여전] (연합뉴스, 2015. 5. 5.).
: 초등 국어교과서 수록 그림책에 나타난 남성, 여성의 직업
: 남성은 의사, 군인 등 20개, 여성은 간호사, 어린이집 교사 등 6개
https://www.yna.co.kr/view/AKR20150504172900004?input=1195m

대부분의 부모들은 자녀의 성별에 따라 다르게 행동하고 기대한다. 자신이 살아온 삶을 반영하여 사회적으로 기대되는 성역할 고정관념에 따라 놀잇감을 다르게 제공하고, 그에 맞게 행동하도록 자녀들을 대한다. '여자니까 더 조심해야지', '사

내 녀석이 그러면 안 되지' 등의 일상적인 언어들은 성역할에 대한 편견과 고정관념을 나타내는 말로, 자녀들도 그와 같은 고정관념을 그대로 내면화하게 된다. 남자아이가 자동차와 트럭을 가지고 위험한 장난을 하거나, 다른 친구의 장난감을 빼앗는 상황에서도 '남자가 그럴 수 있지' '남자니까 그렇지' 등의 반응을 보인다면, 남자는 좀 더 경쟁적이고 성취하고 독립적으로 자라야 한다는 것을 자연스럽게 학습하게 된다. 부모가 여자아이에게는 놀이의 종류를 정해 주고 집안일 돕는 것을 격려하고 감정적인 대화만을 주로 나누게 된다면, 여자는 순종적이고 집안일을 하며, 다정하게, 조심성 있게 행동해야 함을 배우게 된다(조순옥 외, 2013; Berk, 2008). 또한 어머니는 아들에게, 아버지는 딸에게 더 엄격한 태도를 나타내고, 어머니는 아들에게 더 많은 기대를 하고 독립심을 허용하는 경향이 있다(김희진, 부성숙, 조윤재, 김영애, 2004).

♣ 참고자료 : 남자와 여자의 차이

[젠더온]
우리 아이에게 양성평등이 왜 좋은지 모르시겠다고요?
https://www.youtube.com/watch?v=PhTM9qHCw-k

성역할 동일시와 모방의 대상이며 성역할 강화의 주체인 부모는, 성역할 행동 습득에서 무엇보다 결정적인 영향을 미친다(이은화, 1997). 하지만 자녀에 대한 부모의 성편견적 기대와 상호작용은 무의식적이고 비의도적인 경우가 많으며, 정작 부모 자신은 이를 인식하지 못한다는 점에서 심각한 문제가 된다(최혜영, 김희진, 박은혜, 조문현, 2005; Sanders, Koch, & Urso, 1997). 부모의 일상적인 언어나 행동은 중요한 성역할 모델이 되고, 부모의 성역할 고정관념이나 행동은 자연스럽게 자녀에게 영향을 미치게 되므로, 자신의 성 편견이나 성인지 감수성, 양성평등의식 등을 점검하고 그 필요성을 이해하도록 지원하는 것이 필요하다.

교사는 이와 같은 생태학적 요인과 다양한 환경적 요인에 의해 큰 영향을 받으며 자신만의 성도식(gender schema)을 만들어 가는 유아들에게, 올바른 성역할 개념 발달을 위한 양성평등 의식과 양성성에 대한 내용을 의도적이고 체계적으로 제공하는 것이 필요하다. 다음 장에서는 실제로 어떻게 이러한 교육을 지원할 수 있는지 살펴본다.

3. 성역할 개념 발달을 위한 지원방안

1) 성역할 개념 발달을 위한 교육목표

평생 동안 지속될 수 있는 성역할 개념과 행동이 올바르게 형성되기 위해서는, 유아들이 여자와 남자의 차이를 인식하고 인정하되 그것이 자신이나 타인의 행동을 제한하는 이유가 되지 않도록 해야 한다. 성역할 개념 발달을 위한 교육의 목표는, 정형화된 성역할 고정관념을 벗어나서 남성성과 여성성의 긍정적 특성들을 담아내는 양성적 성역할 정체감을 갖고, 서로를 존중하며 자유롭게 사고하는 유연한 대인관계 안에서 자신의 개성과 능력을 마음껏 발휘할 수 있도록 하는 것이다.

이를 위해서 교사는 개방적이고 수용적인 분위기를 조성하고 양성성의 특성들을 경험할 수 있는 다양한 활동들을 전개하여, 성별에 관계없이 자신과 서로를 존중하며 개성과 능력을 발휘하도록 하는 양성평등 의식을 길러 주어야 한다.

2) 성역할 개념 발달을 위한 교육내용

(1) 성정체성 확립

성정체성은 남자와 여자를 결정하는 비슷한 특성들을 찾아내어, 남자와 여자를 구분하고 자신의 성을 분류하는 인지적인 자아유목화(self-categorization)를 이루어 내는 것으로부터 시작된다. 자신뿐만 아니라 다른 사람에게도 남자와 여자라는 명칭을 정확하게 붙여줄 수 있고(labeling), 자신의 신체적인 성을 받아들일 때, 성정체성이 형성된다.

이를 위해서 남녀의 신체 특성을 알고 구분해 보기, 비슷한 특성으로 유목화해 보기, 그림책에서 남자와 여자의 신체 차이 알아보기, 자화상 그리기 등을 통해서 자신을 관찰하는 시간을 갖도록 한다.

여기서 자신의 신체적인 특성과 남자와 여자의 차이를 구분하는 것은 중요하지만, 이러한 차이가 차별이나 불평등으로 이어지지 않도록 해야 하며, 여성성이나 남성성의 특징이 한쪽 성에만 강요되는 고정관념이나 편견이 되지 않도록 유의해야 한다.

(2) 성항상성 확립

성항상성(gender consistency)은 여아는 엄마가 되고, 남아는 아빠가 되는 것처럼 성은 시간이 지나도 변하지 않는다는 것을 인식하는 성안정성(gender stability)이 우선되어야 한다. 유아들이 특정 놀잇감이나 특정 행동, 놀이를 통해서 자신의 성이 바뀔 수 있다는 불안감을 가지지 않도록 도와주어야 하며, 옷을 다르게 입거나 머리 모양을 바꾼다고 해도 성은 계속 동일하다는 것을 인식하도록 해야 한다.

유아들이 자신의 성에 대해 두려움이 생기고 궁금해할 때마다, 교사는 안정된 어조로 부드럽게 반복해서 이야기해 줄 수 있다. 부모님이나 자신의 예전 사진(영상)들을 확인해 보거나, 다양한 모습으로 친구들을 꾸며 주는 활동들을 통해, 성은 시간이 지나도, 겉모습이 달라져도 바뀌지 않는다는 사실을 이해하도록 한다.

(3) 성역할 고정관념 탈피(양성평등교육)

유아들은 자신이 속한 공동체의 문화적 관습에 의해 자신의 성역할에 대한 고정관념을 형성해 간다. 이미 그런 고정관념을 가진 유아들이나 그런 과정에 있는 유아들이 고정화된 성역할에서 벗어나 새로운 방식의 사고와 행동을 학습할 수 있도록 다양한 기회를 제공해 주어야 한다.

가정에서의 평등한 성역할, 놀이에서의 평등, 직업에서의 평등, 다른 성에 대한 가치 인식, 성차별에 대한 인식과 대응능력(성인지 감수성)까지 포함하는 양성평등 의식을 가질 수 있도록 한다(정미라, 2011). 다양한 직업군의 학부모님을 초대해서 이야기를 나누어 보거나, 다양한 직업체험을 위한 현장학습을 계획하여, 성별의 차이가 아닌 자신의 흥미와 재능에 따라 자신의 역할과 직업을 선택할 수 있음을 알 수 있도록 한다. 또한 그림책, TV, 영화, 게임 등의 미디어에서 볼 수 있는 남녀의 이미지를 찾아보고, 그것이 당연한 것인지, 왜 그렇게 묘사되었는지를 유추해 보면서 성역할 고정관념에 대한 새로운 시각을 가질 수 있다. 이에 더 나아가 자신의 성에 대한 가치를 인식하고 자신이 하고 싶은 일과 해야 할 일에 대해서도 생각해 볼 수 있도록 하는 것이 필요하다.

양성평등 의식은 여성성과 남성성의 특성이 한쪽 성에만 강요되고 한계 지어지는 것이 아니라 모두에게 나타날 수 있고, 그것이 각각의 개성으로 존중받을 수 있도록 하는 양성적 성역할 정체감 형성을 위해서도 중요한 것임을 기억해야 한다.

성역할 개념 발달을 위한 교육내용과 적용 가능한 활동들을 정리해 보면 다음과 같다.

〈표 4-1〉 성역할 개념 발달 교육내용과 적용 가능한 활동

구분	성역할 개념 발달 교육내용	적용 가능한 활동
성정체성 확립	남자와 여자의 차이점 남자와 여자의 공통점 남자, 여자로 이름 붙이기(유목화) 자신의 성 인식	남녀의 신체 특성을 알고 구분하기 비슷한 것끼리 모아 보기 그림책으로 남자, 여자의 차이 알아보기 자화상 그리기, 거울로 보기 등
성항상성 확립	성은 시간이 지나도 변하지 않음 성은 겉모습, 특정 행동이나 놀이에 따라 변하지 않음 성은 개인의 소망에 따라 변하지 않음 성안정성	부모님의 어릴 때 사진 찾아보기 자신의 아기 때 사진(영상) 찾아보기 다양한 모습으로 친구를 꾸며 주기 일상생활에서 성안정성에 대한 교사의 지지

성역할 고정관념 탈피	가정에서의 성역할 평등 직업에서의 성역할 평등 놀이에서의 성역할 평등 대중매체에서의 성역할 평등 성에 대한 가치 인식 성차별에 대한 인식과 대처 (성인지 감수성)	다양한 성별의 직업군 찾아보기 다양한 직업의 부모님 초청하기 다양한 직업 체험해 보기(현장학습) 대중매체의 광고, 이미지 찾아보기 양성평등 관련 시청각 자료 보기 그림책으로 남자, 여자 역할 알아보기 내가 할 수 있는 것 알아보기

3) 성역할 개념 발달을 위한 교육의 실제

(1) 일상생활

성역할 개념 발달을 위한 활동은 일회적인 것보다는 유아의 일상생활 안에서 일관성있게 반복될 때 더 효과적으로 이루어지므로(Lewis, 1991), 유아의 일상생활과 밀접한 관계에 있는 부모와 교사가 상호 협력하여 일관된 교육을 수행하는 것이 필요하다. 다음은 일상생활에서 적용할 수 있는 성역할 개념 발달 지원 사례이다.

〈표 4-2〉 일상생활에서 영아의 성역할 개념 발달을 지원하는 사례

<table>
<tr><td>일상생활</td><td colspan="2">변기 사용하기</td><td>성역할
개념 발달</td><td>성 정체성 확립 (만 2세)
남자와 여자의 차이점 인식하기</td></tr>
<tr><td>관련 표준보육과정(2세)</td><td colspan="4">사회관계 영역〉 나를 알고 존중하기〉 나와 다른 사람을 구별한다
자신과 다른 사람의 신체적 특징, 능력, 성별 등을 바탕으로 구별함으로써 자신이 고유한 존재임을 인식한다</td></tr>
<tr><td colspan="2">경험의 실제</td><td colspan="2">경험의 이해</td><td>교사지원</td></tr>
<tr><td colspan="2">첫째 날〉
영호가 소변을 보는 중에 민지가 화장실에 들어온다.
민지: 너 뭐해?
영호: 쉬~
민지: 근데 왜 서 있어?
영호: 쉬~
민지: 근데 왜 서 있냐구?
교사: 민지는 영호가 너랑 다르게 서서 소변을 보는 것이 이상하구나? 왜 그러는지 알아볼까?</td><td colspan="2">민지는 영호가 자신과 다르게 서서 소변을 보는 것을 이해하지 못함.</td><td>자료: 남자와 여자의 차이를 알 수 있는 그림책을 준비함.

상호작용: 이상하게 여기는 민지의 마음에 공감해 줌. 궁금한 부분을 탐색해 보도록 격려함.</td></tr>
</table>

둘째 날〉 민지가 그림책을 보고 있는데, 영호가 온다. 민지: 나 이제 알아. 나는 너랑 달라. 나는 앉아서 하고 너는 서서 해.	민지는 그림책의 그림을 보고, 여자와 남자가 다른 자세로 소변을 보는 것을 알게 됨.	공간: 남자 변기가 있는 곳에는 남아 사진을, 여자 변기가 있는 곳에는 여아 사진을 붙여 둠. 상호작용: 남자, 여자의 명칭을 사용함. 자기 사진이 어디에 붙어 있는지 확인해 보도록 함.

(2) 놀이

교사는 성역할에 대한 유아들의 관심과 흥미를 반영하여 다양한 놀이 영역을 구성하고, 유아의 성역할 개념 발달 정도와 내용을 반복적으로 관찰하면서 필요한 지원을 모색해야 한다.

〈표 4-3〉 놀이시간에 유아의 성역할 개념 발달을 지원하는 사례

놀이	역할놀이 영역	성역할 개념발달	성역할 고정관념 탈피 (만 4세) 가정에서의 성역할 평등
관련 누리과정	사회관계 영역〉 나를 알고 존중하기〉 나를 알고 소중히 여긴다/ 나의 감정을 알고 상황에 맞게 표현한다/ 내가 할 수 있는 것을 스스로 한다 자신의 감정을 알고 상황에 맞게 적절하게 표현하며, 자신이 할 수 있는 것을 스스로 해 봄으로써, 긍정적인 자아존중감과 자율성을 경험한다		

경험의 실제	경험의 이해	교사지원
민혜와 규민이가 역할놀이 영역에서 놀이하고 있다. 민혜 : 오늘은 친구들하고 카페에서 만나기로 했어. 예쁘게 화장해야지(볼터치, 립스틱 바르는 시늉). 오늘은 어떤 가방을 들고 갈까? 새로 산 명품가방 어딨지? 구두는 높은 걸 신어야 키도 크고 날씬해 보이겠지?!! 규민 : 여보, 나 배고파. 밥 줘~ 민혜 : 지금 바쁘니까 좀 기다려요.	민혜는 여자가 외모를 예쁘게 꾸미는 것을 중요하게 생각함(화장, 가방, 구두- 예쁘게, 명품, 키 크고 날씬) 민혜는 남자는 참을성이 있어야 한다는 고정관념을 가지고 있음.	자료: 부부의 성역할에 대한 생각을 바꿀 수 있는 그림책을 준비함.  공간: 블록 영역과 역할 영역을 통합하여 공간을 넓혀 줌.

규민 : 배고프다니까... 빨리 줘~ 민혜 : 이그, 무슨 남자가 참을성도 없어. 좀 참아요.	규민이는 밥은 아내가 차려 줘야 한다는 고정관념을 가지고 있음.	놀이지원: 역할 영역에 가방, 구두, 화장품 등의 소품들을 치우고, 그림책의 내용을 재현해 보도록 함.

(3) 활동

올바른 성역할 개념 발달을 위해 교사는 유아의 발달 수준에 맞는 활동들을 연계하여 진행할 수 있다.

〈표 4-4〉 활동을 통해 유아의 성역할 개념 발달을 지원하는 사례

활동명	뭐든지 할 수 있어요	성역할 개념 발달	성역할 고정관념 탈피 직업에서의 성역할 평등
연령	만 5세	활동유형	이야기 나누기
활동 배경 놀이 사례	지난 이야기 나누기 시간에 유진이가 아빠처럼 씩씩한 군인이 되고 싶다고 하는 말에 동우가 여자는 군인이 될 수 없다고 했고, 유진이는 아빠가 허락한 것이라고 했지만 동우는 거짓말이라고 무시해 버림. 이후에 남자 친구들이 놀이하는 블록 영역에서 유진이가 같이 놀이하고 싶어 했지만, 유진이를 거짓말쟁이라고 놀리며 끼워 주지 않음. 유진이는 속상해하며 울음을 터뜨림		
활동목표 (누리과정 관련 요소)	내가 알고 있는 직업에 대하여 이야기할 수 있다. (의사소통〉 듣기와 말하기〉 자신의 경험, 느낌, 생각을 말한다) 성별에 상관없이 자신이 원하는 직업을 선택할 수 있음을 안다. (사회관계〉 더불어 생활하기〉 서로 다른 감정, 생각, 행동을 존중한다)		
활동자료	직업 관련 소품(소화기, 미니 경찰차 등) 다양한 직업 카드(직업별로 남녀가 혼합되어 있고 같은 직업을 가진 사람이 2~3명이 되도록 준비함)		
활동단계	활동내용		준비물 및 유의점
도입	1. 직업에 관련한 소품을 가지고 수수께끼를 낸다. – 나는 주로 빨간색 옷을 입어요. – 내가 일할 때는 물이 꼭 필요해요. – 나는 이런 물건을 사용해요. – 나는 누구일까요?		직업 관련 소품

<table>
<tr><td>전개</td><td>2. 직업 카드를 보며 어떤 직업인지 말해 본다.
- 이 사람은 누구일까? 어떤 일을 하는 사람이니?
- 이런 일을 하는 분을 만나 본 적 있니?
- 남자였니? 여자였니?
- 그 일을 남자분(여자분)이 하니까 어떤 생각이 들었니?

3. 같은 직업을 가진 사람들끼리 짝을 지어 본다.
- 같은 일을 하는 사람들끼리 짝을 지어 보자. 누가 해 볼까?
- 짝 지은 카드에 이상한 점이 있니?
- 남자와 여자가 같은 일을 하고 있으니까 어떠니?

4. 남자가 하는 일과 여자가 하는 일이 정해져 있는지 생각해 본다.
- 이 직업은 남자만(여자만) 할 수 있을까?
- 남자만(여자만) 할 수 있는 일은 무엇이 있을까?

5. 어떤 직업을 갖고 싶은지 말해 본다.
- 너희는 어른이 되면 어떤 일을 하고 싶니?
- 왜 그렇게 생각하니?</td><td>2. 먼저 직업별로 한 장(한 성별)의 카드만 보여 준다.</td></tr>
<tr><td>마무리</td><td>6. 활동을 회상하고 평가한다.
- 오늘 새롭게 알게 된 사실이 있니?
- 직업 카드는 오늘 역할놀이 영역에서 사용해 보자.</td><td></td></tr>
<tr><td>추후 예상 관심과 놀이 & 지원</td><td colspan="2">직업 카드를 활용해서 역할놀이 영역에서 놀이한다.
역할놀이 영역과 블록 영역에서 남자, 여자 구분 없이 자유롭게 놀이한다.
다양한 직업을 경험할 수 있도록 역할놀이 영역에 관련 직업 소품과 환경을 주기적으로 교체해 준다.
'직업에서의 평등'에 관한 그림책을 배치해 준다.</td></tr>
<tr><td>가족 및 지역사회 연계 활동</td><td colspan="2">가정에서 '내가 커서 어른이 되면'이라는 주제로 부모님과 이야기 나누고 그림 그리기 활동을 한 후에, 어린이집에 가져와서 발표한다.
직업체험관을 견학한다.</td></tr>
</table>

4) 성역할 개념 발달을 위한 교사의 역할

교사의 행동과 언어는 유아의 성역할 개념 발달 단계에서 매우 중요한 영향을 미치게 된다. 따라서 교사는 자신의 말과 행동에 성역할 고정관념이 담겨 있지 않은지 계속적으로 점검할 필요가 있다.

또한 교실에서 제공하고 있는 교재교구, 교수매체와 자료들, 도서(그림책)가 성역할 고정관념을 담고 있는 것은 아닌지에 대해서도 점검할 필요가 있다. 아래에 제시하는 '책장 평등 지수 점검표'는 기관뿐만 아니라 가정과 연계하여 가정의 성인지 감수성을 점검해 보는 자료로 활용할 수 있다.

〈표 4-5〉 책장 평등 지수 점검표

점검 내용	YES	NO
1. 등장인물의 성비가 균형을 이루고 있나요?		
2. 성역할 고정관념을 강화시키는 내용이 있나요?		
3. 남자아이의 성격, 행동, 말투가 성역할 고정관념을 반영하고 있나요?		
4. 여자아이의 성격, 행동, 말투가 성역할 고정관념을 반영하고 있나요?		
5. 외모 지상주의를 조장하는 표현이 있나요?		

출처: 한국양성평등교육진흥원(2020). 어린이집, 유치원 교사 등을 위한 성인지 교육교재, pp.30-31 재구성.

교사는 유아의 고정화된 성역할 개념에 적극적으로 대처하고, 유아가 스스로의 성에 대해 올바르게 인식할 수 있도록 계속해서 노력해야 한다. 올바른 성역할 개념 발달을 지원하기 위해, 교실에서 적용할 수 있는 교사의 역할들을 구체적으로 제시하면 다음과 같다.

- 교사는 계속적인 관찰을 통해서 유아의 성역할 개념을 점검하고, 개별적인 특성에 맞는 방법으로 지원한다.
- 대소집단 활동뿐만 아니라 유아의 일상생활과 놀이에서도 유아들의 성역할 고정관념이 나타나지 않는지 유의하여 관찰하고 지원한다.
  - ▶ 남아는 파란색, 여아는 분홍색과 같은 성 편견적 선택을 하지 않도록 하며, 남아는 신체운동(동적 활동), 여아는 그림 그리기(정적 활동)만을 권하지 않는다.

- 교실의 놀이 영역이 남아를 위한, 또는 여아를 위한 영역으로 구분되지 않도록 하고, 성별에 상관없이 함께 놀이할 수 있는 공간을 재구성하거나 성역할 고정관념을 벗어나는 새로운 시각의 교재교구나 활동을 계획하여 제시한다.
  - ▶ 재구성이 필요한 이유나 재구성이 필요한 놀이 영역, 재구성하는 방법 등에 대해 유아들의 의견을 반영하고, 함께 만들어 가도록 한다.
  - ▶ 역할놀이 영역에는 다양한 직업군의 의상을 비치하고 모든 의상들을 성별과 무관하게 경험할 수 있도록 한다.
  - ▶ 성역할 고정관념을 벗어나는 직업군 인형, 그림책, 교구 등을 비치한다.

- 생물학적 성정체성과 사회적 성정체성에 대해 올바르게 이해할 수 있도록 한다.
  - ▶ 생명의 존엄성을 바탕으로 자신의 몸을 아끼고 소중히 여기도록 한다.
  - ▶ 생물학적 성, 신체 부위에 대한 정확한 용어를 사용하고 비웃거나 놀리지 않도록 한다.
  - ▶ 남자와 여자의 신체적 차이를 구분하고 인정하되, 그것이 차별의 근거로 작용하는 것이 아니라 서로 존중해야하는 것임을 인식하도록 한다.
  - ▶ 학급의 전체적인 일을 수행함에 있어서 남녀가 모두 동등한 책임과 역할을 가져야 함을 인식하고 행동할 수 있도록 한다.

5) 성역할 개념 발달을 위한 그림책

내용 구분	그림책	개요
성정체성 확립		나는 여자, 내 동생은 남자 정지영, 정혜영 글, 그림 / 비룡소, 1997년 남자, 여자의 신체 비교, 생식기관에 대한 이해, 생명의 소중함과 더불어 우리 모두가 소중한 존재라는 것을 알게 된다.
성역할 고정관념 탈피		남자가 울고 싶을 땐 존티 홀리 글, 그림 / 불의여우, 2019년 학교를 나선 레비의 눈에 보이는 수많은 남자들의 감정을 함께 살펴보는 이야기. 남자라도 감정을 표현하는 것이 결코 창피하지 않은 일임을 알 수 있다.
		내 멋대로 공주 배빗 콜 글, 그림 / 비룡소, 2005년 결혼하고 싶지 않았던 공주가 부모님의 말씀대로 신랑감을 찾는 이야기. 성역할 고정관념을 넘어서는 상상력과 유쾌함이 가득하다.
		난 곤충이 좋아 소피아 스펜서, 마거릿 맥나마라 글, 케라스코에트 그림 / 미디어창비, 2020년 곤충을 좋아한다는 이유로 따돌림을 받았던 소녀가 남의 시선과 상관없이 자신의 꿈을 찾아가는 즐거움을 알게 해 주는 실화! 성별에 관계없이 자신의 꿈을 펼칠 수 있게 한다.
		여자 놀이, 남자 놀이? 우리 같이 놀자 소피아 파니두 글, 다니엘라 스타마티아디 그림 / 키다리, 2021년 특정 행동이나 놀이에서 남자와 여자를 따진다면? 남자다움과 여자다움에 갇혀 있다면? 성별에 상관없이 '나다움'을 지켜 가기 위한 성평등에 대해 생각해 보게 한다.

♣ 마무리 활동

◎ 대중매체에 나타난 성역할 고정관념 찾아보기(p.160 내용 참고)

▶ 우리의 일상생활에서 쉽게 접하는 광고, 영화, 드라마, 노래가사, 신문기사, 사진, 영상, 속담, 단어 등에 나타나는 성역할 고정관념의 내용을 찾아보세요.

▶ 어떤 점이 문제가 될까요?

▶ 어떻게 개선하면 좋을지 이야기를 나눠 보세요.

◎ 나의 성인지 감수성 체크해 보기

▶ 다음의 표를 보고 개인적인 삶, 교사로서의 삶에서 성인지 감수성을 점검해 보세요.

개인적인 삶	본인의 성별 때문에 같은 상황에서 다른 대우를 받은 적이 있나요? 있다면 그때 기분이 어땠나요?	
	본인의 성별 때문에 시도하지 못한 일(직업, 취미 등)이 있나요?	
	내가 생각하는 '여자다움', '남자다움'은 무엇인가요?	
	'여자다움', '남자다움' 때문에 스트레스를 받은 적이 있나요? 있다면 어떤 상황이었나요?	
교사로서의 삶	여자아이와 남자 아이가 각각 지니는 고유한 특성이 있다고 생각하나요?	
	남자(여자)답지 않게 행동하는 남자아이(여자아이)를 본 적이 있나요? 있다면 그 아이의 어떤 모습을 보고 그렇게 생각했나요?	
	전통적인 성역할에서 벗어난 행동을 하는 아이에게 어떻게 반응하시나요?	
	어떤 기준으로 아이에게 놀잇감을 권하시나요?	
	어떤 놀이를 할지 고민하는 아이에게 그 아이의 성별이 좋아할 만한 놀잇감이라고 생각하는 것을 권한 적이 있나요?	
	아이들이 생각하는 '여자다움' '남자다움'은 어떤 것일까요?	
	성별을 활용한 표현을 아이나 양육자에게 사용한 적이 있나요?	
	성인지 감수성을 기반으로 한 교육 현장에서 아이들은 어떤 모습을 보일까요?	

출처: 한국양성평등교육진흥원(2020). 어린이집, 유치원 교사 등을 위한 성인지 교육교재, pp.10-11 재구성.

제5장
친사회적 행동

실내 자유놀이 시간

영주, 민성, 수용, 헌수가 블록으로 탑 쌓기 놀이를 하고 있다.

영주: 여기에 블록을 올리면 시계탑이 되는 거야?
근데 잘 안 올려져. 너무 높아. 넘어질 것 같아.

헌수: 여기 의자에 올라가서 해 봐. 좀 괜찮지?(의자를 놓아 준다)

영주: (수용이가 맨 위에 블록을 올려 놓자 쌓아 놓은 탑이 무너진다) 어! 어떡해~

민성: 야. 우리가 여태까지 해 놓은 건데 무너뜨리면 어떻게 해.

수용: 나는 잡아 주려고 했지...

헌수: 괜찮아~ 우리가 다시 만들면 되지... 너무 높은 곳에 시계탑을 올렸어.
넘어지지 않는 시계탑을 생각해 보자.

민성: 그래... 그것도 좋은 생각이야~

가을 소풍 점심시간

영철이는 도시락을 들고 영선, 민주, 동민, 헌수가 있는 자리로 걸어온다.

영선: 야, 여기 오지 말고 비켜. 여기는 우리 자리야(영철이는 친구들을 바라보면서 서 있다).

동민: 영철아, 비켜. 여기 우리가 맡은 자리야.

영철: 나도 깔개 있어(보자기를 꺼낸다).

민주: 그래도 여기는 좁아. 다른 자리로 가.

헌수: 그러면 영철이는 혼자 먹는데? 영철아, 이리 와. 같이 먹자.
우리가 조금씩 옆으로 움직이면 영철이가 앉을 수 있어.
내가 움직일게. 이리 와(영철이를 손짓하며 부른다).

동민: 어? 자리가 넓어지네? 같이 먹을 수 있겠다.

영철:(헌수 옆으로 움직이면서) 고마워. 헌수야.

[함께 생각해 보아요]

▶ 위 사례를 보면서 '헌수'의 타인을 돕는 행동의 특징을 찾아보세요.

유아는 일생 동안 주변 사람들과 다양한 사회적 관계를 맺으며 성장한다. 이러한 사회적 관계 형성에 중요한 영향을 미치는 요소 중 하나는 친사회적 행동이다. 친사회적 행동은 타인에 대한 이해를 토대로 타인과의 관계 속에서 언어와 행동으로 나타난다. 친사회적 행동이 발달된 유아는 긍정적인 사회적 관계를 맺게 되어 공동체를 발전시키게 된다. 위의 사례를 보았을 때 친사회적인 행동을 하는 유아는 헌수였음을 알 수 있다. 헌수는 시계탑 쌓기 놀이를 지속할 수 있는 방법을 생각해 보며, 친구들을 격려하고 도움을 주어 친구들을 협력의 자리로 이끌어 낼 수 있었다. 또한 헌수가 친구들과 소풍갔을 때 영철이의 입장을 생각하면서 함께 식사하는 자리로 이끌어 내는 모습은 높은 수준의 친사회적 행동이라고 할 수 있다.

그러나 친사회적 행동이 모든 유아들에게 나타나는 것은 아니다. 유아기는 자기중심적인 성향이 있기 때문에 타인의 입장에서 생각하고, 나누어 주고, 배려하며 도와주는 모습이 어려울 수 있는 시기이다. 그러므로 부모와 교사는 유아의 친사회적 행동의 개념을 인식하고 친사회적인 행동 발달을 증진시키기 위해 어떤 방법으로 지원해야 할 것인가를 고민해야 할 것이다.

1. 친사회적 행동의 개념 및 중요성

친사회적 행동(prosocial behavior)이란 외적인 보상을 기대하지 않고 자발적으로 다른 사람을 이롭게 해 주는 행동으로(Bar-Tal, 1976; 조순옥 외, 2013 재인용) 긍정적인 행동의 결과를 나타낸다. 친사회적 행동은 타인과 원만한 관계를 형성하고 유지하기 위해 나타나는 행동으로 배려, 도움 주기, 나누기, 협동하기, 공감하기, 타인 존중하기 등의 유형이 포함되며, 최근에는 사회적 기술이라는 넓은 의미로 사용되기도 한다.

친사회적 행동이 발달된 유아는 다음과 같은 긍정적인 효과를 나타낸다. 타인과 긍정적인 관계를 유지하기 위해 타인을 도와주는 이타적인 행동을 보이고, 타인의 요구에 대한 이해와, 타인의 공감 능력의 발달로 높은 수준의 언어를 사용하며, 친사회적인 행동을 통해 자신에 대해 긍정적인 자아를 갖게 되고, 마지막으로 대인관계 형성 능력, 사회적 적응 능력 및 학업성취도에서 높은 효과를 나타낸다(이경노, 2017; Kärtner, Keller, & Chaudhary, 2010). 이와 같이 유아는 친사회적 행동을 통해 긍정적인 또래 관계를 형성하게 되며 건강한 자아상과 함께 사회적 적응 능력이 발달되므로 유아의 친사회적 행동 발달은 중요하다. 반면 친사회적 행동이 부족한 유아는 자기중심적인 성향이 강하며, 타인을 이해하지 못하고 비협력적이고 공격적인 행동을 보여 원만한 대인관계가 이루어지지 못한다. 그로인해 부적응 행동을 보이기도 한다(장효은, 김춘경, 2016).

최근 우리 사회는 개인주의와 가치관의 혼란 등으로 여러 가지 사회 문제가 복합적으로 나타난다. 유아교육기관에서도 타인을 배려하고 함께 협력하는 유아들의 모습이 이전에 비해 감소하는 경향이 있으며, 또래를 따돌리거나 배척하는 성향을 보이는 유아를 볼 수 있다는 응답이 절반 이상을 차지한다는 보고도 있다(김은설, 2014; 송은영, 이경민, 2014).

유아기에 성공적인 또래 관계가 형성되지 못하면 향후 학교생활에 어려움을 겪으며 성인이 되어서도 관계에 의한 어려움을 겪기도 한다(Campbell, Hansen, & Nangle, 2010). 그러므로 또래 및 교사와 다양한 사회적 관계가 시작되는 유아기에 친사회적 행동 향상을 위한 교육적 지원은 매우 중요하다.

2. 친사회적 행동 발달의 특성

친사회적 행동은 타인의 관점에서 타인의 감정을 추론하며 공감하는 능력을 가지고 있을 때 나타난다. 이러한 친사회적 행동은 영유아기 초기부터 형성되기 시작한다. 영아기에는 다른 사람의 감정에 반응하거나 성인이나 또래의 나누는 행동을 모방하기도 한다. 유아기에는 자기중심성을 탈피하여 타인의 입장에서 타인의 감정 상태나 타인의 의도 등을 추론하고 이해하는 조망수용 능력[1]과 타인의 어려움을 느낄 수 있는 공감 능력을 갖추게 된다(Eisenberg & Spinrad, 2006). 그러므로 부모와 교사는 이 시기의 유아들이 친사회적 행동 발달 특성이 잘 갖추어져, 보다 유능한 사회적 관계를 형성할 수 있도록 적절한 지원을 해야 할 것이다. 친사회적 행동의 발달 특성은 다음과 같다.

〈표 5-1〉 친사회적 행동 발달 특성

연령	친사회적 행동의 예
영아	• 자신에게 관심을 기울이거나 말을 걸어 주는 사람에게 긍정적으로 반응함 • 성인의 행동을 모방하며 또래의 웃음이나 울음도 모방함 • 다른 사람이 울거나 아플 때 감정이입이 되어서 같이 울고 위로해 줌 • 다른 사람의 마음을 이해하고 도와주려는 자신의 의도를 표현함
유아	• 친구들과 협력하며 놀이하는 협동놀이가 가능함 • 친구들과 함께 문제를 해결하는 능력이 생김 • 타인을 도와주고 나누어 주는 조망수용 능력이 생김 ☞ 타인의 의도, 지식, 견해 등을 추론하고 평가하며 타인의 마음을 추론하고 평가

♣ 참고영상 : 타인을 돕는 행동

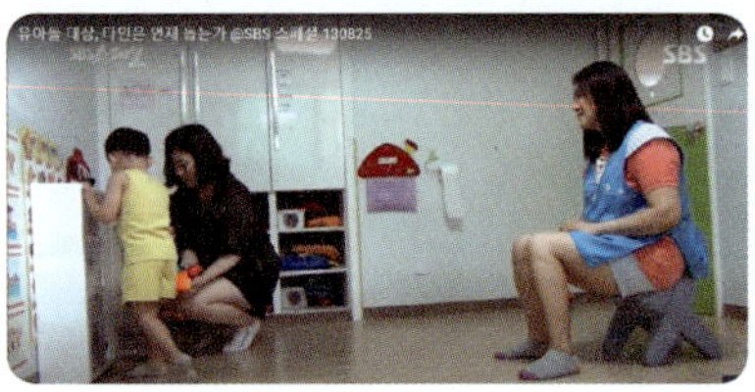

[〈SBS스페셜영상. 유아들 대상, 타인은 언제 돕는가]
https://www.youtube.com/watch?v=509vOWcrMEI

1) 조망수용 능력은 한 개인이 타인을 이해하고 받아들이는 중요한 인지적인 능력이다. 조망수용 능력은 지각적 조망수용, 인지 조망수용, 감정 조망수용 능력으로 나타나는데, 이 중 인지 조망수용 능력과 감정 조망수용 능력이 사회적 능력을 요구하는 사회적인 조망수용 능력에 포함된다.
- 인지 조망수용 능력: 타인의 생각과 의도, 지식 등을 자신과 다른 타인의 관점에서 추론, 평가할 수 있는 능력
- 감정 조망수용 능력: 타인의 입장에서 타인의 생각이나 마음을 추론, 평가하는 능력

3. 친사회적 행동 발달을 위한 지원방안

1) 친사회적 행동 발달을 위한 교육목표

유아가 자신을 존중하고 더불어 생활하는 태도를 갖는 것은 '2019 개정 누리과정' 사회관계 영역의 목표이다. 사회관계 영역의 '더불어 살아가기'는 다른 사람을 서로 돕고 양보, 배려, 협력하며, 나와 다른 사람들마다 감정, 생각, 행동이 다름을 알고 존중하며, 친구와의 갈등 상황을 긍정적인 방법으로 해결하는 내용이 포함된다(교육부, 보건복지부, 2019).

그러므로 친사회적 행동 발달을 위한 목표는 유아가 자신에 대해 긍정적인 느낌을 가질 수 있도록 하며, 공동체의 일원으로서 타인에 대한 친사회적인 행동의 능력을 신장시키며, 실천할 수 있는 태도를 기르는 데 있다. 이를 위해 교사는 유아 스스로 행동을 조절하며 배려와 협동을 수용할 수 있는 과정에 참여할 수 있도록 지원하는 것이 중요하다.

2) 친사회적 행동 발달을 위한 교육내용

그동안 친사회적 행동 발달에 대한 교육 내용은 광범위하게 연구되어 왔다. 대부분의 학자들은 친사회적 행동의 내용을 타인에 대한 감정이입과 공감하기를 친사회적인 행동을 하는 근간으로 보고 있으며, 배려하기, 돕기, 나누기, 협력하기, 위로하기, 존중하기 등으로 내용을 구분한다(Eisenberg & Hand, 1979; 박유진, 권희범, 문은경, 2017 재인용). 유아교육기관에 배포되었던 친사회적 교육 활동 지도자료(교육부, 1998)에서는 친사회적 행동 유형을 타인 존중, 돕기, 나누기, 협동, 양보로 구분하였으며, 인성교육 프로그램(교육과학기술부, 2011)에서는 인성교육의 내용으로 배려, 존중, 협력, 나눔, 질서, 효가 포함되었다. 이러한 내용을 바탕으로 친사회적 행동 발달을 위한 교육 내용을 존중하기, 배려하기, 나누기, 협력하기 등으로 살펴보면 다음과 같다(교육부, 1998; 교육과학기술부, 2011; 유구종, 김민경, 이경미, 2014; 이경노, 2017).

(1) 존중하기

존중은 우리 삶과 밀접한 관계를 맺고 있으며 어떤 대상이 가진 가치를 인정하는 것이다. 이는 유아가 자신을 포함하여 자신을 둘러싸고 있는 친구와 가족을 존중하며, 주변을 소중히 생각하여 함께 살아가는 기초를 기를 수 있는 중요한 내용이다. 그러므로 존중에 대한 하위 내용으로는 자신에 대해 긍정적으로 생각하고 인정하며, 다른 사람의 존재도 소중하게 생각하고 다른 사람의 생각, 행동 등의 문화를 존중하며, 주변에서 볼 수 있는 동 식물, 환경에 대한 존중을 포함한다.

(2) 배려하기

배려는 '타인의 형편을 이해하고 도와주거나 보살펴 주는 마음'으로 타인을 이해하고 타인이 성장할 수 있도록 도움을 주는 것이다. 배려는 타인과의 관계 속에서 생겨나며, 타인을 이해할 수 있는 조망수용 능력과 관련이 있다. 배려에는 인지적 배려, 정서적 배려(타인의 입장을 이해하기, 타인의 정서에 공감하기, 동정심 보이기 등), 행동적 배려(놀이 규칙이나 예의 지키기, 양보하기, 칭찬 격려하기, 미안함이나 고마움 표현하기, 타인의 입장을 수용하기)가 있다.

유아는 자기중심적인 특성이 있기 때문에 놀잇감을 가지고 놀이하는 과정 중 친구와 갈등이 발생한다. 이때 유아는 친구와 함께 놀이하기 위해 친구의 입장에서 생각하는 방법과 놀잇감을 서로 나누어 쓰는 배려를 배우게 된다. 이러한 배려의 내용은 친구가 필요로 하는 놀잇감을 알고 사용하기, 다른 친구들에게 놀잇감 양보하기, 힘들어하는 친구 마음을 헤아려 주기, 차례 기다려 주기, 나아가서는 가족에 대한 공감과 배려, 이웃에 대한 공감과 배려, 자연환경에 대한 배려, 동식물에 대한 배려 등으로 확장될 수 있다.

(3) 나누기

나누기(sharing)는 give(주다) 보다는 확장된 개념으로 보상을 기대하지 않고 자신의 것을 타인에게 제공하는 공유의 의미가 크다. 나누기의 하위 내용은 장소 나누기(놀이 공간 나누기, 자리 공유하기), 기회 나누기(교구 빌려 주기, 친구의 요구에 놀잇감 바꾸어 주기, 놀이 시설 및 교구 차례대로 사용하기), 소유물 나누기(놀잇감 나누어 쓰기, 필요한 자료 나누기) 등이 속하며, 나아가서는 재능을 기부하거나 지구촌에 있는 어려운 친구들을 위해 어떠한 도움을 줄 수 있을까 생각해 보고 나눔을 실천해 볼 수 있다. 교사가 나눔을 유아들에게 제시할 때는 유아들이 나눔의 의미와 필요성을 알고, 나눔의 대상, 실천, 참여에 대한 과정을 경험할 수 있도록 지원하는 것이 중요하다.

(4) 협력하기

협력은 공동의 목표를 함께 달성하기 위해 집단의 구성원이 서로 마음을 합하여 돕는 상태이며, 서로에게 이익이 되는 결과를 추구하는 것을 말한다. 즉, 두 명 이상의 구성원이 공동의 목표를 설정하고, 이를 달성하기 위하여 자신의 책임을 다하고 서로 도움을 주고받는 것이라고 할 수 있다. 협력의 하위 내용으로는 긍정적인 상호의존성(도움 주고받기, 의견 정보 자료 공유하기, 친밀감 형성하기), 개인적인 책임감(나의 역할 인식하기, 책임감 갖기), 협력 과정(공동의 노력을 평가하기) 등이 포함된다(유구종 외, 2014). 유아들은 성장하면서 혼자 놀이하는 것보다 친구들과 협력을 통해 놀이하는 것이 더 즐겁다는 것을 알게 된다. 그러므로 교사는 또래들과 협력하여 놀이할 수 있도록 환경을 조성하여 '협동게임하기, 공동으로 미술놀이하기, 친구와 함께 블록으로 건축물 지어 보기' 등을 지원해 줄 수 있다.

3) 친사회적 행동 발달을 위한 교육의 실제

(1) 놀이

유아는 놀이를 통해 자신과 타인을 이해하며, 타인과의 관계를 통해 친사회적 행동을 배워 나간다. 그러므로 교사는 유아들을 존중하며 유아들이 자연스럽게 놀이를 통해서 스스로의 존재의 가치를 느끼고, 타인을 존중하며, 나누고 배려할 수 있도록 지원해 주어야 한다. 특히, 유아기 시기에는 협동놀이, 공동작업(미술, 요리, 블록 만들기) 등을 통해 친사회적 행동을 도울 수 있으며, 그림책을 읽고 타인의 입장을 이해하고 배려하는 마음을 가질 수 있도록 지원해 줄 수 있다.

〈표 5-2〉 놀이시간에 영아의 친사회적 행동 발달을 지원하는 사례

놀이	역할놀이	친사회적 행동 내용	배려하기(만 2세)
관련 표준보육 과정(2세)	사회관계 영역〉 더불어 생활하기〉 친구와 서로 도우며 사이좋게 지낸다 친구와 놀이를 통해서 다른 사람의 마음에 관심을 갖고 서로 도우며 배려하는 마음을 갖는다.		

경험의 실제	경험의 이해	교사지원
규리: (아기를 만지면서) 아기가 코 자네. 영주: (아기가 우는 모습을 표현한다) 응애, 응애, 아가가 아파서 엄마도 아파. 규리: (옆에 딸랑이를 영주에게 주며 토닥여 준다) 울지마 아가야. 내가 도와줄까? 영주: (아기 업는 포대기를 들어서 인형을 업으려고 하자 규리가 옆에서 도와준다). 고마워 규리야. 이렇게 하면 될 것 같아. 규리: (아기 인형을 업고 있는 영주의 등을 두드리면서 딸랑이를 흔들어 준다) 이제 아가가 안 아플 거야. 영주: 이제 다 나았어. 아가가 웃어. 규리: (아기 인형을 보고 웃는다)	• 규리는 영주와 인형놀이를 하면서 감정에 공감하고 위로하며 영주가 인형을 업는 것을 도와주는 친사회적인 반응을 한다. • 영주는 가상놀이 속에서 아기의 아픔을 돕고 위로하는 반응을 한다.	• 자료 : 영아들이 상상놀이를 할 수 있도록 소꿉놀이 영역에 인형, 침대, 포대기, 딸랑이 등을 비치함. • 상호작용: 교사는 영아들이 엄마놀이를 즐겁게 할 수 있도록 지지함. 교사는 영아와 영아 간의 상호작용이 잘 일어나고 친사회적 행동(공감, 배려)을 할 때 미소로 바라보며 비언어적인 상호작용을 함.

〈표 5-3〉 놀이시간에 유아의 친사회적 행동 발달을 지원하는 사례

<table>
<tr><th>놀이</th><th>블록놀이 영역</th><th>친사회적 행동 내용</th><th>협력하기(만 4세)</th></tr>
<tr><td>관련 누리과정</td><td colspan="3">사회관계 영역〉 더불어 생활하기〉 친구와 서로 도우며 사이좋게 지낸다/ 친구와의 갈등을 긍정적인 방법으로 해결 한다/ 서로 다른 감정 생각, 행동을 존중한다
• 다른 사람의 생각, 행동이 서로 다를 수 있음을 이해하고 존중한다.
• 친구와 함께 놀이하면서 갈등이 있을 때 문제를 해결하는 방법을 경험한다.</td></tr>
<tr><th colspan="2">경험의 실제</th><th>유아 경험의 이해</th><th>교사의 놀이 지원의 실제</th></tr>
<tr><td colspan="2">영주, 민성, 수용, 헌수가 블록으로 탑 쌓기 놀이를 하고 있다.
영주: 여기에 블록을 올리면 시계탑이 되는 거야?
민성: 응 꼭대기에 올려 봐.
영주: 근데 잘 안 올려져. 너무 높아. 넘어질 것 같아.
헌수: 여기 의자에 올라가서 해 봐. 좀 괜찮지? (의자를 놓아 준다)
영주: (영주가 맨 위에 블록을 올려 놓자 쌓아 놓은 탑이 무너진다) 어! 어떡해~
민성: 야. 우리가 여태까지 해 놓은 건데 무너뜨리면 어떻게 해.
영주: 야. 니가(수용이를 손으로 가리키며) 그걸 건드리면 어떻게 해. 니가 다해.
수용: 나는 잡아 주려고 했지...
헌수: 괜찮아~ 우리가 다시 만들면 되지. 너무 높은 곳에 시계탑을 올렸어. 넘어지지 않는 시계탑을 생각해 보자.
수용: 그래... 그것도 좋은 생각이야~
교사: 와 너희들이 시계탑을 쌓기 위해 좋은 방법을 찾아냈구나.</td><td>영주, 민성, 수용, 헌수는 블록 방에서 협력하여 시계탑 쌓기 놀이를 하고 있음.

놀이를 하면서 시계탑의 완성을 위해 탑 맨 꼭대기에 블록을 올려놓는 순간 탑이 무너지게 되면서 갈등이 생기게 됨.

영주, 민성이는 수용이의 행동에 대해 지적을 하면서 갈등이 유발됨.

헌수는 친구의 갈등 상황에 대해 모두 협력하여 시계탑을 만들 수 있는 다른 방법을 제안함.</td><td>• 자료
세계 여러 나라의 탑이 그려진 사진을 벽에 붙여 놓음. 다양한 블록을 제시해 줌.

• 공간
블록 영역의 공간에 제한을 두지 않고 통합하여 공간을 넓혀 줌.

• 상호작용
교사는 유아들이 협력해서 탑을 만들어 가는 과정을 관찰하고 언어적으로 격려하고 비언어적으로 지원함.</td></tr>
</table>

(2) 활동

유아반(만 3~5세)의 대소집단 활동은 유아들이 서로의 관계 속에서 친사회적 행동을 배우게 되는 중요한 기회이다. 특히, 협동으로 할 수 있는 게임, 동작활동, 미술활동 등을 제시해 주어 공동으로 작업을 완성하는 가운데 친사회적 행동을 기를 수 있도록 할 수 있다.

〈표 5-4〉 활동을 통해 유아의 친사회적 행동 발달을 지원하는 사례

<table>
<tr><td>활동명</td><td>친구를 배려해요</td><td>친사회적 행동 내용</td><td colspan="2">배려하기</td></tr>
<tr><td>연령</td><td>만 3세</td><td>활동유형</td><td colspan="2">이야기 나누기</td></tr>
<tr><td>활동 배경
놀이 사례</td><td colspan="4">유아들이 놀이에 열중하고 있는데 점심시간이 되어 정리를 하게 되었다. 철수는 상자에 있는 모래 놀이를 정리하다가 모래를 바닥에 쏟게 되었다. 철수는 모래를 교사와 함께 정리하느라 다른 친구들이 철수를 기다리게 되었다. 친구들은 그 과정에서 철수를 놀리고 기다리는 것을 어려워했다.</td></tr>
<tr><td>활동목표
(누리과정
관련 요소)</td><td colspan="4">• 친구를 돕는 방법에 대해 자신의 생각과 느낌을 말 할 수 있다.
(의사소통〉 듣기와 말하기〉 상대방이 하는 이야기를 듣고 관련해서 말한다)
• 친구의 소중함을 알고 친구를 도울 수 있는 방법을 안다.
(사회관계〉 더불어 생활하기〉 서로 다른 감정, 생각, 행동을 존중한다)</td></tr>
<tr><td>활동자료</td><td colspan="4">친구를 도울 수 있는 그림 자료 4장, 교실에서 친구와 놀이하고 있는 사진, 손 인형</td></tr>
<tr><td>활동단계</td><td colspan="3">활동내용</td><td>준비물 및
유의점</td></tr>
<tr><td>도입</td><td colspan="3">1. 교사는 유아와 함께 친구들의 이름을 부르며 노래를 부른다.
- 00이는 어디 있나. 요기~
2. 우리 반 친구들이 있는 사진을 보여 주면서 이야기를 나눈다.
(교실에서 놀고 있는 사진, 바깥놀이 사진을 보여 주면서)
- 무엇을 하고 있는 사진일까?
- 친구들과 놀이하는 모습을 보면서 어떤 마음이 들어?</td><td>교실에서 친구와 놀이하고 있는 사진</td></tr>
<tr><td>전개</td><td colspan="3">3. 친구들이 어려워하는 사진을 보여 주며 이야기를 나눈다.
(친구가 무거운 것을 혼자 드는 모습, 정리를 혼자 하는 모습
넘어져서 울고 있는 모습, 퍼즐 맞추기를 어려워하는 모습)
- 이 그림은 어떤 모습일까?
- 친구를 보니까 어떤 마음이 들어?
- 이 친구는 어떤 마음일까?
- 친구를 어떻게 위로해 주면 좋을까?
- 어떻게 도와줄 수 있을까?
4. 손 인형을 이용하여 친구에게 해 주고 싶은 말을 해 본다.
(그림 속에 있던 친구의 마음을 교사가 손 인형을 이용하여 말해주면 영아들이 친구에게 해 주고 싶은 말을 할 수 있도록 한다)
* 나는 00이야. 정리를 하려고 하는데 잘못 건드려서 블록을 쏟았어.
친구들이 기다리고 있어서 빨리 정리하려고 하는데
잘 안 돼서 속상했어.
- 00에게 해 주고 싶은 말이 있니?
- 어떻게 도와주고 싶니?</td><td>친구를 도울 수 있는 그림 자료 4장</td></tr>
</table>

마무리	5. 활동을 회상하고 평가한다. – 친구들이 도와주고 마음을 위로해 준 것을 들은 친구의 마음은 어떨까? – 우리 교실에서 친구를 도와서 함께 놀이할 수 있는 것을 찾아보자	
추후 예상 관심과 놀이 & 지원	친구를 도와서 함께 할 수 있는 놀이를 해 본다. 친구를 돕거나 다른 친구에게 도움을 받았던 경험을 이야기 나누어 본다. 친구가 있어서 감사한 것을 그림이나 언어로 표현한다.	
가족 및 지역사회 연계 활동	가족이 서로 도왔던 경험을 그림으로 표현한다. 가족끼리 서로 도우면서 느낀 마음과 도움을 받으면서 들었던 마음을 나누어 본다.	

〈표 5-5〉 활동을 통해 유아의 친사회적 행동 발달을 지원하는 사례

활동명	놀이기구를 만들어요	친사회적 행동 내용	협력하기
연령	만 4세	활동유형	미술
활동 배경 놀이 사례	유아들이 놀이터에 대해 관심을 가지면서 다양한 놀이터를 알아보기로 하였다. 영수는 우리나라에 있는 놀이터 중 재미있는 놀이터의 사진을 가지고 와서 친구들에게 보여 주고 친구와 함께 놀이할 수 있는 우리만의 놀이터를 만들어 보고 싶다고 제안을 하였다.		
활동목표 (누리과정 관련 요소)	• 놀이기구를 만드는 방법에 대해 자신의 생각과 느낌을 말할 수 있다. (의사소통〉 듣기와 말하기〉 자신의 경험, 느낌, 생각을 말한다) • 서로 협력하고 배려하여 놀이기구를 창의적으로 만들 수 있다. (사회관계〉 더불어 생활하기〉 서로 다른 감정, 생각, 행동을 존중한다) (예술경험〉 창의적으로 표현하기〉 다양한 미술 재료와 도구로 자신의 생각과 느낌을 표현한다)		
활동자료	벽돌블록, 신문지, 박스, 스카치테이프, 종이, 색연필		
활동단계	활동내용	준비물 및 유의점	
도 입	1. 유아들이 조사해 온 신나는 놀이기구에 대해 이야기를 나눈다. – 너희들이 가져온 놀이기구에 대해 설명해 줄 수 있니? – 어떤 놀이기구가 재미있다고 생각했니? – 왜 그렇게 생각했니? – 이 놀이기구는 어떻게 만들어졌을까?	다양한 놀이기구 사진	

전 개	2. 우리가 함께 놀이할 수 있는 놀이기구 만드는 방법에 대해 이야기를 나눈다. – 어떤 놀이기구를 만들면 좋을까? – 어떤 방법으로 만들어 볼까? – 친구들에게 놀이 방법을 어떻게 알려 주면 우리가 함께 놀이할 수 있을까? – 놀이기구를 만들려면 무엇이 필요할까? – 어떤 것을 조심해야 할까? 3. 놀이기구를 만들 설계도를 그려 본다. – 친구들이 함께 놀이할 수 있는 놀이기구에 대한 설계도를 그려 보자. 4. 자유놀이 시간에 유아들이 함께 그룹으로 놀이기구를 만들어 본다. – 4~5명이 한 조가 된다. – 자유놀이 시간에 벽돌블록, 신문지, 박스 등을 활용하여 놀이기구를 만든다. – 놀이기구 사용 방법을 종이에 쓴다. – 놀이기구를 사용할 때 지켜야 할 약속을 유아들이 함께 정해 본다.	설계도를 그릴 수 있는 종이 벽돌블록, 신문지, 박스 등을 활용하여 유아들이 함께 의견을 조율하여 놀이기구를 만들 수 있도록 돕는다.
마무리	5. 평가를 한다. – 놀이기구를 만들면서 어떤 점이 기뻤니? – 친구들과 함께 만들어 보면서 어려웠던 점이 있었니? – 어려웠던 점을 어떻게 해결했었니? 6. 친구들에게 놀이기구를 소개한다. – 친구들에게 놀이기구를 소개하며 부탁하고 싶은 말을 해 보자.	유아들이 만든 놀이기구
추후 예상 관심과 놀이 & 지원	놀이기구를 친구들과 함께 해 본다. 놀이기구의 보완해야 할 점을 찾아 보완할 수 있도록 한다. 약속과 규칙을 정해서 놀이할 수 있도록 한다.	
가족 및 지역사회 연계 활동	집에서도 놀이할 수 있는 재료를 찾아 놀이를 함께 협동하여 만들어 볼 수 있도록 한다. 지역사회에 재미있는 놀이기구를 견학한다.	

4) 친사회적 행동 발달을 위한 교사의 역할

유아의 친사회적 행동 발달은 양육자와의 관계의 질, 양육 경험, 가정 및 유아교육기관의 환경에 영향을 받는다. 교사는 유아가 유아교육기관에서 안정감 있게 지낼 수 있도록 민감하게 반응하고, 친사회적 경험을 할 수 있는 분위기와 친사회적인 행동의 모델을 보여 주는 것이 좋다. 올바른 친사회적 행동 발달을 지원하기 위해, 교실에서 적용할 수 있는 교사의 역할들을 제시하면 다음과 같다

- 반응적인 환경을 조성한다.

▶ 교실 환경을 유아의 눈높이에 맞추어 구성하며 모든 유아를 공평하고 따뜻하게 수용해 주는 안정된 교실 분위기를 조성한다.

▶ 충분한 놀이공간과 놀이의 자율성은 유아들이 친구들과 더 협력하고 놀이에 몰입할 수 있다.

▶ 충분한 놀이시간과 기회는 존중, 배려, 나눔, 협력을 경험하게 하며 긍정적인 상호의존성을 바탕으로 책임감과 안정감을 갖게 한다.

- 친사회적 행동의 모델이 되어 준다.

유아는 성장하면서 주위에 신뢰감을 느끼는 대상의 행동을 관찰하고 그것을 모방한다. 그러므로 교사는 유아를 존중하고 이해하며, 친사회적인 언어와 행동을 하여 친사회적인 행동의 중요한 모델이 될 수 있도록 한다.

- 칭찬과 격려를 통해 유아의 행동을 긍정적으로 발전시킨다.

교사는 유아를 세밀하게 관찰하여 "잘했어"라는 말보다는 "지원이는 친구가 밥을 먹을 수 있도록 도움을 주었구나. 정말 고마워"와 같이 구체적인 칭찬과 격려를 하는 것이 좋다. 이러한 격려는 자기만족과 성취감을 느낄 수 있으며 다른 유아들을 존중하고 도울 수 있는 방법을 알게 된다.

- 갈등 상황에서 타인을 존중하는 방법을 배운다.

유아들이 일상생활이나 놀이하는 과정에서 자연스럽게 나타나는 갈등은 유아들의 사회성 발달을 촉진시킬 수 있는 좋은 기회가 된다. 교사는 갈등 상황일 경우나

갈등을 해결하는 방법을 모르는 경우를 제외하고 유아 스스로 갈등을 해결할 수 있도록 유아를 믿고 기다려 주도록 한다. 교사는 다음과 같은 적절한 개입을 통해 유아에게 친사회적인 행동전략을 보여 줄 수 있다.

- ▶ 갈등 상황에 대해 유아 스스로 말하도록 돕는다.
- ▶ 유아의 말을 있는 그대로 수용한다.
- ▶ 다른 친구의 감정이 어떠할지 갈등 상대에 대한 감정이입을 안내한다.
- ▶ 유아로 하여금 더 나은 방법을 찾을 수 있도록 화해의 방법을 모색한다.
- ▶ 유아가 제시한 화해의 방법을 스스로 실천할 수 있도록 한다.

5) 친사회적 행동 발달을 위한 그림책

구분	그림책	개요
돕기		커다란 순무 알릭세이 톨스토이 글, 헬렌 옥슨버리 그림 / 시공주니어, 2017년 커다란 순무를 뽑기 위해 할아버지, 할머니, 동물들이 서로 도와 순무를 뽑는 이야기. 유아들과 그림책 등장인물이 되어보는 동극 활동을 통해 도움을 주고받는 것에 대한 배려의 마음을 이해할 수 있다.
배려		검피 아저씨의 뱃놀이 존 버닝햄 글, 그림 / 시공주니어, 2017년 검피 아저씨는 아이들과 동물들에게 배를 태워 주고 차를 대접하며 배를 타러 오라고 하는 이야기. 검피 아저씨의 따뜻한 마음을 알 수 있으며, 함께할 때에는 약속을 지키는 것이 다른 사람을 배려하는 것임을 알 수 있다.

구분	표지	내용
나눔		**행복한 왕자** **오스카 와일드 글, 제인 레이 그림 / 마루벌, 1995년** 행복한 왕자는 제비에게 부탁하여 자신에게 있는 모든 것을 어려운 사람에게 나누어 주게 한다. 주변의 어려운 이웃에 대해 관심을 갖고 행복한 왕자의 나누어 주는 마음에 공감할 수 있다.
		**다다의 의자** **송혜원 글, 그림 / 한솔수북, 2009년** 의자를 소중하게 생각하는 다다의 집에 의자를 더 이상 놓을 수 없게 되자 다다의 의자를 좋아하는 친구들에게 다다는 의자를 나누어 주며 행복한 마음을 갖는 이야기. 내가 소중하게 생각하는 물건을 나누어 주는 기쁨과 재활용에 대해 알 수 있다. 내게 소중한 물건을 가져와 친구에게 나누어 주는 활동을 할 수 있다.
협력		**둘이서 둘이서** **김복태 글, 그림 / 보림출판사, 2019년** 코끼리가 혼자 나무를 옮기고, 고슴도치가 혼자 물을 마시려고 하고 , 곰이 혼자서 등을 닦으려고 하는데 혼자서 하기 어렵지만 어려운 일을 함께 하면 쉽게 해결할 수 있다는 것을 알려주는 이야기. 둘이서 하면 더 좋은 일을 유아들과 이야기해보고 함께 하는 일을 계획하고 실행해볼 수 있다.

♣ 참고자료 : 마무리 활동

◎ 영화를 보고 친사회적 행동 내용 중 '나눔의 의미'에 대해 이야기를 나눠 보세요.

제6장
도덕성

게임활동

만 5세반 유아들이 5명씩 두 팀으로 나누어 정해진 시간 안에 탁구공 5개를 숟가락을 사용하여 친구에게 전달하여 바구니에 넣는 게임을 한다. 게임의 약속은 '공을 친구에게 전달할 때 공을 떨어뜨리거나, 공이 손에 닿았을 때에는 처음부터 다시 시작한다', '손은 숟가락만 잡는다' 이다.

A팀

민찬: 시작이야. 빨리빨리, 빨리빨리.

영주: (영주가 숟가락으로 공을 받다가 공이 바닥에 떨어지자) 떨어졌어! 어떻게 해.

민찬: 야. 떨어뜨리면 어떻게 해. 시간이 없어(손으로 공을 주어 영탁이에게 전달한다).

영탁: 빨리 빨리~(손을 사용하여 다음 친구에게 전달한다)

민찬: 와, 우리 모두 완성했어~ 화이팅!

B팀

영수: 시작이야. 떨어뜨리지 말고 침착하게 해(영철이가 영수가 전해 주는 공을 숟가락으로 받다가 바닥에 떨어뜨리자 손으로 주워서 다음 친구에게 주려고 한다).

영수: 안 돼. 처음부터 다시 시작해야 해. 공이 떨어졌잖아.

지은: 야, 우리 시간이 얼마 안 남았는데... 공이 바구니에 하나밖에 없어.

영수: 그래도 아까 선생님하고 약속을 정했잖아.

영철: 그래. 숟가락을 움직이지 않고 잘 잡고 있으면 공이 잘 안 떨어져.

영수: (정해진 시간이 되자 중간에 있는 공을 앞으로 가져가며) 시간이 다 되었어.

지은: (바구니에 있는 공을 세어 본다) 공이 2개야. 우리 졌다.

영수: 괜찮아. 다 열심히 했으니까. 잘했어.

[함께 생각해 보아요]

1. 만 5세반 유아들 게임에서 A팀과 B팀 중 어느 팀이 승리했다고 생각하나요? 그렇게 생각한 이유는 무엇인가요?
2. 만약에 정해진 시간 안에 탁구공 5개를 넣은 결과만을 가지고 게임을 진행한다면 유아들은 어떤 생각을 할까요?

사람들은 옳고 그른 것에 대해 도덕적인 가치 기준을 가지고 있다. 그러나 타인에게 보여지거나 타인이 보지 않을 때, 경쟁 관계에 있을 때에는 도덕적 행동이 다르게 나타나기도 한다. '당연히 이 행동이 옳아'라고 판단하지만 우리는 때때로 양심을 저버리는 행동을 한다. 시험에 컨닝을 하는 행위나, A 학점을 받기 위해 다른 사람이 했던 과제를 도용하는 행위 등 우리 주변에는 크고 작은 비도덕적인 사건 사고가 일어난다. 그럼에도 불구하고 위의 예시에서 교사가 '약속을 잘 지킨 팀이 이긴다'라는 말을 하지 않았는데도 약속을 지키며 게임을 진행하는 B팀의 유아들이 있었다. 그중 영수는 게임의 규칙을 지키며 게임을 진행했고, 게임의 결과보다는 과정을 만족하게 생각했다. 이러한 행동은 어떤 차이가 있을까? 다른 사람과 다르게 소신껏 도덕적인 행동을 하는 사람은 어떤 성장과정을 거쳤을까?

우리는 어릴 때부터 사회적 덕목을 함양하기 위해 도덕교육을 받아 왔다. 그럼에도 불구하고 현대사회는 많은 도덕성 부재 현상이 사회 문제로 드러나고 있다. 그 이유 중 하나를 도덕 교육의 기능 약화로 보고 있다(조순옥 외, 2013). 유아기부터 도덕성에 대한 이해와 가치가 확립되어 있지 않으면, 앞으로 다가올 시대에 더 많은 비도덕적인 문제가 나타날 것이다. 이를 위해 교사와 부모는 유아 도덕성 발달의 특성을 인식하여 그에 적절한 도덕교육을 실시해야 한다.

1. 도덕성의 개념 및 중요성

도덕성이란 사회 구성원들과 관계를 맺으며 살아가기 위해 필요한 선을 지향하는 품성으로, 도덕적 행위를 할 수 있는 능력과 태도이다(백미열, 2017). 도덕성은 도덕적 규범의 옳고 그름을 판단하며, 도덕적 상황에서 양심과 공감을 가지고, 도덕적 행동을 실천하는 능력과 태도를 포함된다. 이러한 도덕성은 인지적, 정의적, 행동적 차원을 포함하고 있다.

- 인지적 차원: 도덕적 사고. 윤리적인 개념과 규범에 대해 사고하고 판단하는 능력
- 정의적 차원: 도덕적 감성. 도덕적 규범에 일치하고자 하는 양심, 공감, 이타심을 갖는 태도
- 행동적 차원: 도덕적인 갈등 상황에서 도덕적 규범을 실천하는 행동 자체

이와 같은 도덕성의 세 가지 차원이 통합적으로 나타날 때, 진정한 의미의 도덕성이라고 할 수 있다. 옳고 그름을 판단하는 인지적 요소가 발달된다고 해서 반드시 도덕적 행동으로 연결되는 것은 아니다. 도덕성은 사고를 기반으로 하는 인지적 판단과 정의적 요소인 양심적인 태도가 기반이 되어 바람직한 행동 규범을 실천하는 행동이 반복되면서 점차 내면화된다. 이렇게 내면화된 도덕성은 외부적으로 다양한 상황이 온다고 해도 도덕적 신념 안에서 자율적으로 행동하게 된다.

도덕성과 관련된 연구를 살펴보면, 도덕성이 높으면 삶의 만족도가 높고 사물을 보는 태도가 낙관적이며, 문제해결 능력이 높고, 또래들을 긍정적인 방향으로 이끄는 리더십이 있다. 반면에 도덕성이 낮은 유아들은 관계에 어려움이 있으며, 문제해결 능력이 부족하며, 부적응 행동이 많이 표출된다. 또한 '나는 할 수 없을 거야'라는 부정적인 요소가 강하고, 다른 사람으로부터 따돌림을 당하거나 따돌림을 가하는 경우도 나타났다(김영옥 외, 2009; 김유미, 이순형, 2007; 김정효, 박시영, 2005; 김태훈, 2005; 신지혜, 김혜순, 2014). 이러한 연구 결과를 볼 때, 유아기에 올바른 도덕성을 형성하는 것이 얼마나 중요한지 생각해 볼 수 있다.

2. 도덕성 개념 발달의 특성

1) 도덕성 발달에 대한 이론적 관점

도덕성 발달에 대한 이론적 관점은 인지적, 정의적, 행동적으로 연구해 왔으며, 각각의 영역은 도덕성 발달을 다르게 설명하고 있다. 정신분석 이론과 학습 이론은 유아가 사회에 적응하면서 사회 구성원들에 의해 유지되는 규범이나 규칙을 어떻게 습득하는 가에 관심을 가진다(Berk, 2008). 인지발달 이론은 유아가 옳고 그름에 대해 고민하는 도덕적 가치 기준에 따라 사고를 변화시키는 것을 도덕성 발달의 핵심으로 보고 있다.

(1) 정신분석 이론

정신분석 이론은 도덕성의 감성 발달을 촉진하는 정의적인 요소에 관심을 갖는 이론이며, 대표적인 학자는 프로이트(Freud)이다. 프로이트(Freud)는 성격을 구성하는 세 가지 요소로 원초아(id), 자아(ego), 초자아(superego)를 제시하고, 그중 3~5세에 발달되는 초자아가 도덕성을 관장한다고 보았다. 초자아는 부모나 타인으로부터 사회 규범과 기준을 내면화한 것으로, 원초아의 욕구 중 사회가 도덕적으로 금지하는 것을 통제한다. 초자아는 남근기에 발달하는데, 이 시기의 유아는 오이디푸스 콤플렉스가 생기는 시기로, 자신이 이성 부모의 사랑을 잃고 거세당하게 될 것이라는 두려움 때문에 동성 부모와 자신을 동일시하게 된다. 이때 유아는 동일시 과정을 통해 동성 부모가 가지고 있는 옳고 그름에 대한 도덕적 기준을 내면화하게 되며, 또한 동성 부모를 향해 가졌던 적대감도 죄책감으로 내면화된다고 하였다. 초자아는 이상적 자아(ego-ideal)와 양심(conscience)으로 형성되는데, 이상적 자아는 유아가 도덕적인 행동을 했을 때 부모로부터 인정이나 가치 있게 여기는 것을 내면화하면서 자부심을 느끼게 되는 내적인 역할 모델이다. 양심은 유아가 비도덕적 행동을 했을 때 부모로부터 통제를 받게 되는데 이러한 통제는 자기 통제로 대체된다(김희진, 2020; 박성수, 1994, Berk, 2008; Santrock, 2007).

프로이트(Freud)의 이론을 좀 더 확장시킨 신 프로이트(Freud) 학파의 학자들은, 초자아 못지않게 자아의 중요성을 설명했다. 자아는 초자아의 도덕적으로 옳고 그른 행동에 대한 판단과, 원초아의 본능적인 충동을 만족시킬 수 있는 적절한 방법을 찾는다. 이 때 본능적인 충동을 억제할 수 있는 자아가 발달되어 있지 않으면, 초자아의 도덕적 양심이 있다고 해도 본능에 저항하기 어려워지기 때문이다. 그러므로 만족을 지연시키고 사회적 규칙을 현실에 맞게 적용시킬 수 있는 자아의 역할을 중요하게 여겼다.

(2) 학습 이론

학습 이론은 도덕성의 핵심요소를 도덕적 행동에 맞추어 설명하고 있으며, 스키너(Skinner)의 조작적 조건 형성 이론과 반두라(Bandura)의 사회학습 이론이 대표적이다. 스키너(Skinner)는 강화와 벌을 통해, 반두라(Bandura)는 관찰과 모방을 통해 도덕적 행동이 학습된다고 보았다. 특히 모델링의 중요성을 강조하였는데, 유아들은 적절한 도덕적 행동을 보여 주는 성인의 행동과 모습을 관찰하고 모방학습을 한다. 또한 타인의 비도덕 행위를 관찰함으로써 얻게 되는 대리 학습도 중요한 학습 기제로 본다. 반두라(Bandura)는 모방을 통해 학습된 도덕적인 행동을 적절히 강화하게 되면, 습관이 누적적으로 형성되어 도덕적인 행동을 하게 된다고 하였다. 이러한 자기 보상을 경험하게 되면 외부적인 권위가 없을 때도 자신의 행동을 통제하고 도덕적 행동을 할 수 있다(김희진, 2020; Berk, 2008).

예를 들어, 유아들이 도덕적인 행동을 모방하려 했을 때, 행위에 대한 강화 ('정리를 한 것은 정말 잘한 일이야')나 성격('영철이는 친구를 잘 도와주는 아이구나')을 칭찬하는 긍정적인 강화는 도덕적 행동의 수행 규칙을 내면화하여 도덕적 행동의 형성을 돕는다.

(3) 인지발달 이론

인지발달 이론에서 도덕성 발달은 인간이 도덕적 문제에 직면했을 때 옳고 그름에 대해 추론하고 자신이 어떤 행동을 해야 할지 도덕적으로 판단하는 도덕적 사고과정을 의미한다(조형숙, 김혜원, 김태인, 양수영, 2017). 여기에서 말하는 도덕적 사고는 자제력, 책임감, 분별력, 공정성, 규범 준수 등이 포함된다. 도덕적 사고과정이 발달하기 위해서는 인지적인 성숙이 기반이 되어야 하며, 사회문화적인 경험을 중요한 요인으로 보았다.

【함께 생각해 보아요】

인지발달 이론이 강조하는 도덕적 판단의 관점

▶ 7세 유아와 15세 중학생의 도덕적 판단의 관점에 대해 이야기해 보세요.

상황 1

7세 유치원 어린이와 15세 중학생이 모두 지하철에 앉아 있다. 그때 나이 드신 할아버지 한 분과 아기를 업은 아주머니가 탔다.

- 7세 유아: (얼른 일어나며) 할아버지, 여기 앉으세요.
- 15세 중학생: (얼른 일어나며) 아주머니, 여기 앉으세요.
  이렇게 해서 할아버지와 아주머니가 모두 자리에 앉게 되었다.

상황 2

이 둘에게 '왜 자리를 양보했느냐' 고 물었더니 다음과 같은 반응을 보였다.

- 7세 유아: 엄마가 할아버지는 자리를 양보해야 한다고 하셨어요. 그렇지 않으면 나쁜 아이래요. 엄마는 나쁜 아이를 싫어해요. 그리고 나쁜 짓하면 혼나거든요.
- 15세 중학생: 아기를 업은 아주머니가 힘들어 보였어요. 저도 앉아 있는 게 서 있는 것보다 좋지만 힘들어하는 사람에게 양보하는 게 당연한 거라고 생각해요.

출처: 교육부(1994), pp. 40–41; 조순옥 외(2013) 재인용.

위의 사례에서 유아와 중학생은 모두 노인분과 아기를 업은 아주머니께 자리를 양보해 주었지만 행동의 동기는 달랐다. 유아는 엄마의 가치 판단과 기준에 따라서, 중학생은 상대의 입장을 고려하여 스스로 의사결정을 내린 것이다. 중학생의 '자율적인 도덕성'은 유아의 '타율적인 도덕성'에 비해 보다 성숙한 도덕적 단계로 볼 수 있으며, 이것은 '도덕적 추론 능력'과 관계가 있다. 도덕적 추론 능력은 유아기부터 지속적으로 발달되어 가는 인지적 능력으로서, 유아가 자기중심적 사고에서 탈중심화하여 다른 사람의 입장을 헤아릴 수 있는 조망능력의 발달과 관계된다. 즉, 다른 사람의 입장을 조망하는 능력이 사회인지적 구조의 변화와 함께 발달해 간다는 것이다. 이와 같은 도덕적 추론 능력은 피아제(Piaget)와 콜버그(Kohlberg)의 도덕성 발달 단계에서 도덕적 행위에 영향을 미치는 핵심적인 요소라고 볼 수 있다.

• 피아제(Piaget)의 도덕성 발달 이론

피아제(Piaget)는 4세~12세까지 아동의 공깃돌 놀이를 관찰하면서 아동이 어떻게 도덕적 규칙을 인식하고 수행해 나가는가를 분석하였으며, 아동들에게 갈등 상황을 제시하고 임상적 면담법을 통해 아동의 도덕적 추론 방법을 연구하였다. 그 결과 피아제(Piaget)는 아동의 인지발달 정도에 따라 도덕성에 대한 사고방식이 다른 양상을 띤다고 보았다. 피아제(Piaget)는 이러한 연구들을 통해 도덕성 발달 단계를 크게 타율성과 자율성으로 구분하고 있다.

【함께 생각해 보아요】

▶ 철수와 영수 중에 누가 더 나쁜 아이일까요?

상황 1

철수라는 아이가 엄마가 일 다녀오시느라 힘드실까 봐 설거지를 하려다가 접시 15개를 깨뜨렸다.

상황 2

영수라는 아이는 엄마가 찬장 위에 있는 과자를 먹지 말라고 했는데 과자를 먹으려고 의자를 가져다 놓고 과자를 꺼내려다가 찬장에 있는 컵을 1개 깨뜨렸다.

♣ 참고영상 : 도덕성 행동의 특성

[EBS 육아학교, 유아기 아동들의 도덕성의 특징]
https://www.youtube.com/watch?v=Vyuex29SXrY&t=311s

철수와 영수는 행동의 의도는 달랐지만 둘 다 접시와 컵을 깨뜨렸다. 유아들은 행동의 의도를 고려하기보다는 결과에 의해 판단하므로, 더 많은 접시를 깨뜨린 철수를 더 나쁜 아이로 판단한다. 피아제(Piaget)는 아동의 도덕성이 성인의 권위에 무조건적으로 복종하는 타율적 도덕성에서 아동의 동기에 비추어 아동 상호 간의 규칙을 존중하는 자율적 도덕성으로 발달해 간다고 보았다. 피아제(Piaget)가 제시한 도덕성 발달 단계의 구체적인 특성은 다음과 같다.

- 0단계 : 전 도덕적 단계(4세 이전)
  - ▶ 규칙에 대해 의식하지 못하며, 옳고 그름을 판단하는 일관된 기준을 적용하지 못한다.

- 1단계: 타율적 도덕성 단계(4세~7세)
  - ▶ 규칙은 힘이 있고 권위 있는 사람이 만든 것이며, 권위는 불변하고 엄격한 복종이 요구된다고 생각한다.
  - ▶ 규칙은 절대적이며 변경할 수 없다고 생각한다.
  - ▶ 타인의 의도를 파악하지 못하기 때문에 행위의 결과에 비중을 두고 판단한다.

- 2단계: 자율적 도덕성 단계(7세~10세)
  - ▶ 규칙은 사회적 합의에 의해 만들어진 원칙으로 다수의 의지에 맞추어 변화될 수 있다고 생각한다.
  - ▶ 도덕적인 행위에 대해 의도와 동기를 고려하여 판단한다.
  - ▶ 자신의 신념에 따라 자신의 행동을 규제할 수 있다.

유아의 도덕적 판단이 타율적 도덕성에서 자율적 도덕성 단계로 전환되는 과정에는 인지적인 성숙과 사회적 경험이 중요하다. 인지적인 성숙은 도덕적 갈등을 자기중심적인 관점에서 판단했던 것을 다양한 각도에서 조망해 볼 수 있는 것이다. 또한 사회적 경험은 또래와 공동의 목표를 달성하기 위해 서로 협력하며 갈등 상황을 해결해 나가면서, 타인의 행동 의도나 동기를 파악할 수 있게 되는 것이다. 따라서 또래와 상호작용을 할 수 있는 사회적 경험은 매우 중요하다. 피아제(Piaget) 이후에 도덕성 발달에 대한 연구에서 몇몇 학자들은 유아가 타인의 의도와 동기를 헤아릴 수 있는 도덕적 판단 능력이 피아제가 제시했던 연령보다 더 일찍 나타난 것으로 보고하고 있다.

• 콜버그(Kohlberg)의 도덕성 발달 이론

콜버그(Kohlberg)는 피아제(Piaget)의 이론을 받아들이면서 임상법의 절차를 통하여 도덕성 발달을 좀 더 광범위하게 연구하였다. 즉, 150여 개 문화권에서 다양한 사람들을 대상으로 도덕적 갈등 상황에 대한 딜레마를 제시하고, 인지적 발달 수준에 따라 도덕성 발달 단계가 다르게 나타나고 있음을 밝혔다. 다음은 콜버그(Kohlberg)가 도덕적 발달에 대해 연구하기 위해 제시한 열한 가지 이야기 중의 하나이다.

---

* 하인즈(Heinz)의 딜레마 이야기

유럽의 어느 마을에서 한 남자(하인즈(Heinz))의 부인이 특이한 암으로 거의 죽어 가고 있었다. 부인을 구할 수 있는 약은 한 가지였다. 같은 마을에 사는 약사가 오랜 시간에 걸쳐 이 약을 발명했지만, 그는 하인즈(Heinz)에게 자신이 약을 만든 비용의 열 배를 내라고 하였다. 아픈 부인의 남편, 하인즈(Heinz)는 자기가 아는 모든 사람들에게 돈을 구했지만 약값의 절반 밖에 구할 수 없었다. 그래서 하인즈(Heinz)는 약사에게 약을 좀 싸게 팔거나 지금은 급하니까 반값으로 사고 나중에 벌어서 갚겠다고 하였다. 하지만 약사는 하인즈(Heinz)의 말을 거절했다. 그래서 하인즈(Heinz)는 절망하게 되었고, 약국에 침입하여 자기 아내를 위해 약을 훔쳤다.

- 콜버그(Kohlberg)는 위와 같은 도덕적인 딜레마를 제시하고 다음과 같은 질문을 하였다.
  - 하인즈(Heinz)의 행동에 대해 어떻게 생각하는가? 왜 그렇게 생각하는가?
  - 아내를 위해 약을 훔치는 것은 정당한 일인가?
  - 약사에 대해서는 어떻게 생각하는가? 왜 그렇게 생각하는가?

콜버그(Kohlberg)는 이 질문에 대한 대답을 토대로 '남편의 행위'에 대한 도덕적 판단을 어떻게 추론하는지 알아보고, 도덕성 발달 단계를 3수준 6단계로 설명하였다.

〈표 6-1〉 콜버그(Kohlberg)의 도덕성 발달 단계

제1수준	전 인습적 도덕성 수준(pre-conventional morality level) • 유아는 권위자의 규칙을 지켜야 한다고 생각하며, 외적인 보상이나 벌에 근거하여 도덕적 사고를 한다. • 규칙을 내면화시키지 못한다.

1단계	처벌과 복종 지향 • 이 단계의 유아는 타인의 의도를 읽지 못하며, 권위자가 만든 규칙은 반드시 지켜야 하고 이를 어기면 벌을 받는다고 생각한다. 예) 하인즈(Heinz)는 약을 훔쳤기 때문에 벌을 받아야 한다. 하인즈(Heinz)가 아내를 죽게 놓아 두는 것은 곤란할 것이다.
2단계	도구적 상대주의 지향 • 이 단계에서는 모든 것이 상대적이기 때문에, 다른 사람이 나의 욕구를 채워 주고 만족하면 좋은 것이고 옳은 것이라고 생각한다. 예) 약사는 자신이 원하는 것을 할 수 있으며, 하인즈(Heinz)도 자신이 원하는 것을 할 수 있다.
제2수준	인습적 도덕성 수준(conventional morality level) • 규칙을 내면화시키기는 하지만 그 규칙은 부모나 사회적 규범 같이 외적 요소에 부합하는 규칙에 의존한다.
3단계	착한 소년, 소녀 지향 • 상대방에 대한 신뢰, 관계를 고려하여 타인이 착하다고 보는 기대에 맞추어 도덕적 판단과 행동을 한다. 예) 하인즈(Heinz)가 아내를 위해 아무것도 하지 않으면 죽게 되므로, 약을 나중에 약사에게 갚더라도 아내의 생명을 구하려고 애를 썼다고 판단한다. 약사는 탐욕스럽고 자신의 이익만을 보려는 나쁜 사람으로 생각한다.
4단계	법과 질서의 지향 • 사회적 질서 유지에 가치를 두고 사회 규범이나 의무에 복종해야 한다고 생각하는 단계이다. 예) 하인즈(Heinz)는 아내의 생명을 보호할 의무가 있다. 그러나 약을 훔친 행동은 정당화할 수 없으므로 후에 법을 어긴 처벌을 받아야 한다.
제3수준	후 인습적 도덕성 수준(post-conventional morality level) • 도덕성이 내면화되어 자신의 신념과 가치에 의해 도덕적 판단을 한다. • 그들이 속해 있는 규칙과 법에 의존하지 않고, 인류의 보편적인 가치에 입각하여 도덕적인 판단을 한다.
5단계	사회적 계약과 합법 지향 • 법과 질서는 개인의 권리와 가치를 초월할 수 없다고 생각한다. • 규범과 규칙은 사람들이 동의하여 변경될 수 있다고 본다. 예) 하인즈(Heinz)가 아내의 생명을 살리기 위해 절도를 하는 것은 나쁘다고만 볼 수 없다. 생명을 살리는 것이 우선되어야 한다.
6단계	보편적 원리 지향 • 인간의 존엄성, 공정성, 평화와 같은 보편적인 원리를 도덕적인 기준으로 본다. 예) 약을 훔치지 않고 규칙을 지켰으면 사회적인 약속은 지킬 수 있으나 마음이 어려웠을 것이다. 하인즈(Heinz)는 자신의 부인처럼 약을 원하는 다른 사람들의 필요도 고려하면서 행동을 결정해야 한다. 모든 생명은 고귀하고 절대적이다.

콜버그(Kohlberg)의 도덕성 발달 단계의 3수준은 인류의 보편적인 가치에 입각하여 도덕적인 판단을 하는 높은 수준의 사회적 관점이다. 모든 사람들이 3수준의 5, 6단계를 거치는 것은 아니다. 도덕성 추론이 높은 수준의 단계에 있다고 하더라도, 도덕적 행동이 항상 수반되는 것은 아니다. 그러나 도덕적 추론은 도덕적 행동과 무관하지 않기 때문에, 도덕적 추론이 자율적 도덕 판단 능력으로 발달될 수 있도록 유아들에게 타인의 의도와 입장을 생각해 볼 수 있는 다양한 경험을 지원해야 한다.

• 셀먼(Selman)의 역할수용 능력 발달

역할수용 능력이란 타인이 생각하고 느끼는 것을 타인의 관점에서 이해하고 공감하는 것으로서, 인지적 조망수용 능력과 감정 조망수용 능력을 포함하고 있다(조순옥 외, 2013). 인지적 조망수용 능력은 타인의 의도, 견해 등을 고려하여 나와 타인의 관점을 추론하고 평가하는 능력이며, 감정 조망수용 능력은 다양한 상황 가운데에서 타인의 마음을 정확하게 추론하고 평가하는 능력이다.

유아기의 타인 조망수용 능력은 셀먼(Selman)의 역할수용 능력 발달 수준을 보면 좀 더 깊게 이해할 수 있다. 셀먼(Selman)은 역할수용 능력이 자기중심성과 일방적 수준에서 호혜성과 상호성으로 발달해 나간다고 보았다. 호혜성(reciprocal)은 보답형식의 타인 관계로서, 다른 사람이 나에게 친절하면 친절함으로, 욕을 하면 욕하는 것으로 대하는 것이다. 상호성(mutual)은 보답형식이 아니라, 공동으로 연대하여 다른 사람과 나의 기분, 느낌 등을 함께 공유하는 타인 관계를 말한다. 이런 관점에서 협상 전략과 공유 경험도 자기중심적인 수준에서 상호협력적 수준으로 진보된다는 연구 결과를 제시하였다.

셀먼(Selman)의 '역할수용 능력 발달 수준'과 '대인 간 이해 수준(협상 전략과 공유 경험)'을 살펴보면 다음과 같다(Selman, 1980; 조순옥 외, 2013 재인용).

〈표 6-2〉 셀먼(Selman)의 역할수용 능력 발달 수준, Selman의 대인 간 이해 수준: 협상 전략과 공유 경험

발달 수준	역할수용 능력	협상 능력	공유 경험
0수준 (3~7세) 자기중심적 · 충동적 수준	자기중심적 역할수용 자신과 다른 사람이 별개의 존재라는 것은 인식함. 생각과 감정에 대한 차이는 구별하지 못함.	반영적이지 않은 신체적 전략(싸움 등)을 통한 전략. 예) 때리거나, 힘에 의해 물러서는 행동 등.	반영적이지 않은 전염병의 단순한 모방을 통한 경험 단계. 예) 한 아동이 기침하면 옆의 아동도 기침을 따라 하는 공유 상태.
1수준 (6~8세) 단독적 · 일방적 수준	사회적 · 정보적 역할수용 탈중심화면서 동일한 상황이라도 자신과 타인이 다르게 볼 수 있다는 것을 인식함. 한 번에 한 가지 관점에만 초점을 두며, 그 상황이 복잡해질 수 있다는 것을 이해하지 못함.	일방적인 명령 혹은 자동적인 복종 전략을 통한 전략. 예) 의지가 없는 굴복이나 복종, 일방적인 요구, 위협, 뇌물 등.	자신만의 열정을 표현하는 경험 단계. 예) 쌓기 놀이를 하면서 한 명은 아파트 주차공간을, 다른 한 명은 공영주자창을 생각는 공유 상태.
2수준 (7~12세) 호혜적 · 반영적 수준	자아 숙고의 역할수용 자신이 생각하고 있는 것을 다른 사람이 알 수 있다는 것을 인식하며, 서로 바꾸어 생각할 수 있음을 앎. 탈중심화 능력이 커지면서 다른 사람의 생각과 느낌을 호혜적으로 고려함.	자기 반영적이며, 호혜적인 협응 능력을 통한 전략. 예) 설득이나 제의, 변명을 하거나, 다른 사람의 설득, 제의, 변명을 수용.	유사한 지각이나 경험에 대한 공통적 견해 반영을 통한 공유 단계. 예) "아기는 잠을 자는 거야" 하면 다른 아동도 "그래, 여기 침대에서 코자" 하며 공동적인 지각을 표상하는 공유 상태.
3수준 (10~15세) 상호적 · 협력적 수준	상호 역할수용 두 가지 견해를 동시에 생각할 수 있게 되며, 한 가지 관점이 다른 관점에 영향을 미친다는 것을 앎. 다른 사람도 제3자 입장에서 상호작용할 수 있다는 관점을 갖게 됨. 다른 사람과의 관계에서 호혜적인 조절 가능, 한 단계 높은 상호적 조절도 가능함.	자신과 타인의 요구를 통합하는 협동적인 전략을 통한 협상. 예) 블록 방에서 건물을 만드는데 서로 다른 의견이 나왔을 때 서로 만족스러운 대안을 찾거나, 관계 유지를 위한 타협.	서로 감정이입을 반영하고, 협력적인 과정이 내포된 공유 단계. 예) 다른 사람의 정서, 느낌, 생각을 상호 공통적으로 고려하는 공유 경험 상태.

• 데몬(Damon)의 분배 개념 발달

분배(나누기, sharing)로 인한 갈등을 해결하는 기본 논리는 공정성이다. 자기중심적인 사고를 하는 유아들이 친구에게 자신이 소중하다고 생각하는 것을 나누어 주거나, 공평성과 분배의 개념을 이해하는 것은 어려운 일이다. 하지만 유아교육기관에 있는 유아들이 누구나 공평하게 놀이에 참여할 수 있고 교사로부터 공정한 대우를 받을 수 있는 도덕적인 분위기는 영유아 도덕성 발달에 중요한 역할을 한다.

데몬(Damon)은 분배의 공정성에 대한 아동의 이해를 알아보기 위해 다음과 같은 갈등 상황을 들려주었다.

유아들이 교실에서 그림을 그렸다. 어떤 아이들은 그림을 많이 그렸고 어떤 아이들은 그림을 적게 그렸다. 잘 그려진 그림이 있고 못 그린 그림도 있었다. 어떤 아이들은 착실하게 앉아서 열심히 그렸지만 어떤 아이들은 그림을 그릴 때 장난을 치고 돌아다녔다. 그림을 그린 아이들 중에는 부자와 가난한 아이들도 있었으며, 여자아이와 남자아이도 있었다. 교사는 아이들이 그린 그림을 바자회에 팔기로 했다. 바자회에서 번 돈은 아이들에게 어떻게 나누어 주는 것이 공평할까?

출처: Damon(1850); 김혜금 외(2013) 재인용.

위와 같은 상황에서 '어떻게 나누어 주는 것이 공평할까'라는 질문에 대한 유아의 답변을 바탕으로 데몬(Damon)은 공정성(분배)의 발달 수준을 아래와 같이 구분하였는데, 분배의 개념도 자기중심성에서 객관성과 평등성의 수준으로, 더 나아가 호혜적이고 상호적인 수준으로 진보하는 것을 알 수 있다.

〈표 6-3〉 데몬(Damon) 공정성(분배 개념) 이해 발달 수준

0-A수준(3~4세)
추론의 특징: 분배는 피험자의 개인적인 소망을 반영한다. 선택의 이유: 행동을 하게 된 이유를 단순한 선택으로 주장한다. 추론의 예) 내가 원하니까 많이 가져야 해요

0-B수준(3~5세) 추론의 특징: 분배는 피험자의 개인적 욕구를 반영한다. 선택의 이유: 외현적으로 관찰 가능한 사실을 근거로 선택을 정당화한다. 추론의 예) 우리가 남자니까 더 많이 가져야 해요. 난 몸집이 크니까 더 먹어야 해요.
1-A 수준(4~6세) 추론의 특징: 철저하게 공평성을 주장하고 융통성이 없다. 선택의 이유: 선택은 철저한 평등 개념과 공평성의 원리를 바탕으로 적용한다. 추론의 예) 열심히 하거나 열심히 하지 않은 아이 모두 똑같이 나누어 가져야 해요.
1-B 수준(5~7세) 추론의 특징: 행위에 대해 호혜적이고 상호적인 개념이 있다. 일을 많이 한 사람이 보상을 받아야 한다는 행위의 개념이 생긴다. 선택의 이유: 각자 행위에 따라 좋은 것이든 나쁜 것이든 보상을 받아야 한다. 추론의 예) 그림을 잘 그린 사람이 더 많이 가져야 해요.
2-A 수준(7~9세) 추론의 특징: 자신의 입장에서 서로 다른 공정성의 주장을 한다. 도덕적 상대성에 대한 개념이 생기므로 사람들이 근거를 가질 수 있음을 고려한다. 선택의 이유: 선택의 근거를 필요가 있는 사람들의 요구에 대해 가치와 합리적 이유를 든다. 추론의 예) 그 사람이 많이 가져야 하지만 다른 사람들도 조금은 가져야 해요.
2-B 수준(8~10세) 추론의 특징: 공평과 상호성을 고려하여 통합한다. 선택의 이유: 다양한 상황적 요구를 고려하여 모든 사람들은 그들의 몫이 주어져야 한다. 추론의 예) 가장 공평하게 나누려면 어떻게 하면 좋을지 이야기해 봐요.

출처: Damon(1980); 송명자(1995) 재인용; 조순옥(2013) 재인용.

결국 피아제(Piaget)와 콜버그(Kohlberg)의 도덕성 발달은 타율성에서 자율성으로 진보되고, 셀먼(Selman)의 역할수용 능력 발달 수준과 데몬(Damon)의 분배 개념 발달 수준은 자아중심성에서 탈중심화로 발전해 가는 것을 알 수 있다. 이 과정에서 유아는 사회인지적 구조가 변화되면서, 다른 사람의 입장을 헤아릴 수 있는 인지적, 감정적 조망수용 능력과 자율적인 가치 판단 능력이 발달되어 간다.

3. 도덕성 개념 발달을 위한 지원방안

1) 도덕성 개념 발달을 위한 교육목표

도덕성 개념 발달을 지원하기 위해서는, 유아들이 올바른 가치관을 갖고 도덕적인 행동을 선택하여 실천할 수 있도록 해야 한다. 도덕성 개념 발달을 위한 교육의 목표는 일상생활에 필요한 도덕의 규범과 가치의 중요성을 인식하게 하고, 도덕적 문제해결에 필요한 사고력과 가치 판단 능력을 신장시키며, 자율과 책임을 전제로 한 도덕성의 기초를 다지는 데 있다.

이를 위해서 교사는 민주적이고 자율적인 분위기를 조성하고 도덕적인 개념을 배울 수 있는 다양한 경험들을 제공하여, 도덕적 사고와 감성을 기반으로 도덕적 행동이 나타날 수 있도록 해야 한다.

2) 도덕성 개념 발달을 위한 교육내용

도덕성은 평등, 공정, 책임, 협력, 질서, 규칙, 선과 악, 공정과 불공정, 정의와 부정 등의 도덕적 가치와 민주적 가치로 나눌 수 있다. 그동안 도덕성 교육에서는 이러한 덕목을 기르기 위해 다양한 연구가 이루어져 왔지만, 도덕성의 덕목에 대해 배우는 것과 도덕적 실천에는 큰 차이가 있음이 드러났다. 이러한 사실을 토대로 레스트(Rest, 1984)는 도덕성의 4구성 모델(도덕적 민감성, 도덕적 동기, 도덕적 판단력, 도덕적 품성)을 제시하여 도덕적 행동이 일어나는 사람의 심리과정을 연구하였다(김국현, 2019; 안희정, 2015). 이 구성 모델은 도덕적 행동을 할 때 나타나는 복합적인 심리과정을 토대로 도덕적 행위를 실천할 수 있도록 돕는 모델이라고 할 수 있다.

레스트(Rest, 1984)는 도덕성 교육의 4가지 구성요소가 각자의 특성을 가지고 있지만, 모두 균형 있게 발달될 수 있는 통합적인 교육이 되어야 함을 강조했다. 또한 유아 개개인이 도덕적 행동을 하지 못하는 원인을 파악하여, 유아 개인의 특성에 맞게 개별화된 도덕성 교육이 이루어져야 한다고 보았다(김국현, 2019). 따라서 유아교육현장의 도덕성 교육이 보다 실천적이고 구체적으로 이루어질 수 있도록 하기 위해, 레스트(Rest, 1984)가 제시한 도덕성의 4구성 모델을 중심으로 교육내용을 구성해 보고자 한다(김국현, 2019; 안희정, 2015).

(1) 도덕적 민감성(moral sensitivity)

도덕적 민감성의 핵심은 공감[1)]과 관점채택[2)]으로, 개인이 처한 상황에서 자신의 행동이 타인이나 집단에 어떤 영향과 결과를 미치게 할 것인가를 고려하는 것이다. 다른 사람의 느낌이나 의도를 이해할 수 있다면, 자신의 행동을 선택할 때, 좀 더 민감하게 타인의 입장을 고려하여 판단할 수 있다는 것이다.

이러한 도덕적 민감성은 타인이나 집단과 관계를 맺을 때, 서로의 차이를 인정하고 갈등을 해결하며 긍정적인 판단을 하는 데 도움을 준다. 도덕적 민감성을 향상시키는 데 중요한 원리는 나의 결정으로 타인과 동식물, 환경 등이 고통받을 수 있다는 것을 알게 하는 것이다. 이를 위해서는 도덕적 딜레마에서 타인의 입장 공감하기, 협동을 통해 타인의 행동, 바람, 느낌, 수용, 상호교환 경험하기 등 도덕적 정서 발달을 위한 교육내용을 구성할 수 있다.

- 그림책 속 등장인물의 입장이 되어 타인의 마음 공감해 보기
- 도덕적 갈등 상황에서 나와 다른 타인의 입장에서 생각해 보고, 타인의 마음을 공감해 보기
- 협동학습을 통해 타인의 마음을 이해하고 도움을 주기

---

1) 공감(공감의 정의적 측면): 타인이 아파서 눈물을 흘리는 것을 보고 자신의 마음이 아픈 것을 말한다.
2) 관점채택(공감의 인지적 측면): 타인이 왜 아픈지 머릿속으로 이해할 수 있는 것을 말한다.

호프만(Hoffman, 1970)이 제시한 공감 능력의 발달 단계를 살펴보면 다음과 같다.

〈표 6-4〉 호프만(Hoffman, 1970)의 공감 능력 발달 단계

Hoffman의 공감 능력 발달 단계	도덕적 행동의 예
전반적 공감(global empathy): 생후 1년 타인의 고통을 목격하고 공감적 고통의 반응을 보임 자신의 감정과 타인의 감정을 구별하지는 못함	넘어져서 울고 있는 아이를 보며 자신이 다친 것처럼 금방 눈물을 흘림
자기중심적인 공감(egocentric empathy): 1~2세 대상영속성 개념을 획득하여 자신과 타인을 분리함 타인의 고통을 나와 분리하게 됨 타인의 마음도 자신과 같을 것이라고 봄 타인의 내적 상태까지 정확하게 인식하지 못함	넘어져서 울고 있는 아이를 보고 엄마에게 데려다 주는 행동을 함
타인의 감정에 대한 공감(empathy for another's feeling): 2, 3세~10세 타인의 마음까지 공감하며 자신이 원하는 방법이 아닌 타인의 관점에서 적합한 해결 방안을 찾고자 노력함	팔을 다친 친구의 아픔을 공감하며 어떻게 하면 친구를 도울 수 있을지 생각하고 친구의 가방을 들어주는 행동을 함
타인의 삶의 조건에 대한 공감: 초등학교 고학년~성인기 타인의 독립된 정체성 인정, 인생 전체의 큰 맥락에서 타인의 감정을 느낌	난민을 보고 안타까워하고 동정심만을 갖는 것이 아니라 그들이 처해 있는 지속적인 상황에 대해 공감적 고통을 느낌

출처: 김완수(2013), pp. 12-14 재구성.

(2) 도덕적 판단력(moral judgment)

도덕적 판단력은 도덕적으로 옳고 그른 것에 대해 추론하고 내가 어떤 행동을 해야 할지 결정하는 능력이다. 이러한 능력은 유아들의 경험을 통해 형성된다. 도덕적 갈등의 경험은 상대방을 설득하기 위해 상호작용을 하면서 나와 다른 관점에서 생각해 보게 되고 보다 상위의 도덕적 추론을 하게 된다. 유아교육기관에서 일어날 수 있는 '다양한 갈등 상황에서 도덕적 판단'을 해야 할 때, 교사는 유아들에게 '가설적인 갈등 상황이 포함된 이야기'를 제시하여 토의를 통해 문제를 해결해 보면서, 도덕적 추론 능력과 도덕적 판단의 가치 기준을 배울 수 있도록 해야 한다.

• 가설적 갈등 상황에 대한 토의 과정의 예

▶ 문제 인식
교사는 그림에 나타난 사람들의 표정, 몸짓을 단서로 누가, 언제, 어디서, 어떻게 하고 있는가를 추론하게 발문을 하여 문제 상황을 파악하게 한다.

▶ 관련자 마음 추론단계
문제라고 생각하는 사람들의 심리 상태를 파악하는 발문을 한다.
"어떤 마음이 들까?", "어떻게 생각할까?"

▶ 원인 진단
"왜 이런 행동을 했을까?" 등의 발문을 통해 문제의 원인을 진단해 본다.

▶ 해결 방안 모색
문제의 원인을 종합적으로 고려하여 해결점을 찾는다.

출처: 홍용희(2000), pp. 11-15 재구성.

(3) 도덕적 동기화(moral motivation)

도덕성 교육의 최종 목표는 도덕적 판단을 토대로 도덕적인 행동을 실천하는 것이다. 유아교육기관에서 도덕성 교육이 많이 이루어지고 있지만, 그만큼 도덕적 행동이 실천되고 있는가에 대해서는 부정적인 시각이 크다. 도덕적 행동을 실천하는 것은 복잡한 요소가 많기 때문이다.

도덕적 동기화는 도덕적 행동을 결정하게 하는 요인으로서, 세 가지로 구분할 수 있다. 즉, 누군가에게 벌을 받을까 봐 억지로 하는 도덕적 행동, 칭찬과 보상을 받기 위해 하는 도덕적 행동, 마음 깊이 공감하여 자발적으로 실행하는 도덕적 행동으로 구분한다.

도덕적 동기화는 순수한 도덕적 요인에 의해 자발적으로 도덕적 행동을 할 수 있어야 하며, 이는 '왜 도덕적 행동을 해야 하는가?' 라고 하는 도덕적 가치를 우선적으로 생각할 수 있어야 한다(김혜진, 2016). 도덕적 가치에는 모든 인간은 존중받아야 하며, 모든 인간은 진실해야 하고, 약속에 동의한 사람은 약속을 성실히 수행해야 하며, 힘든 사람을 공감하고 도와주어야 한다는 내용이 포함된다. 따라서 도덕적 동기화를 발달시키려면, 도덕적 행동은 어떤 가치가 있는지, 그 가치는 왜 지켜야 하는지에 대해 인식시켜 주는 것이 중요하다.

- 그림책을 통해 도덕적 가치(존중, 정직, 돕기, 책임 등)에 대해 토론해 보기
- 유아들이 놀이할 때 지켜야 할 약속을 함께 정해 보기

예) 자유놀이 시간 중 자신의 놀잇감을 정리해야 하는 이유에 대해 이야기 나누기
- 자신이 놀이한 것은 어떻게 해야 할까?
- 왜 정리를 해야 하는 것일까?
- 만약에 정리를 하지 않은 곳에 새로운 친구가 온다면 어떤 마음이 들까?
- 내가 놀이를 하러 갈 때, 잘 정리가 되어 있으면 어떤 마음이 드니?
- 00 놀이는 어떻게 정리하면 좋을까?
- 정리하지 않고 계속 놀고 싶으면 어떻게 하면 좋을까?
- 우리가 약속한 것을 잘 기억하기 위해서 어떻게 하면 좋을까?

(4) 도덕적 품성(moral character)

도덕적 품성은 갈등을 일으키는 유혹에 저항해 도덕적 실천에 이르도록 하는 것이다. 콜버그(Kohlberg)는 도덕적 행동의 품성으로 자기 통제력을 들었다. 자기 통제력은 도덕적인 유혹이 왔을 때 순간적인 욕구의 충동이나 행동을 자제하고 즐거움과 만족을 지연시키는 것인데, 그 중 '유혹에 저항하는 능력'이 도덕적 품성에 해당된다. 유혹에 저항하는 능력은 3~4세경에 시작하여 유아기 동안 발달하는 것으로, 바람직한 도덕적 선택을 위해 유혹을 뿌리칠 수 있는 능력을 뜻한다(박성수, 1994). 이러한 능력을 길러 주기 위해서 교사는 유아에게 토의를 통한 문제해결 지도, 자율성을 부여할 때 책임으로 따라오는 것들을 경험해 볼 수 있도록 한다.

- 규칙 지키며, 스스로 선택하여 놀이하기
- 우리가 정한 규칙을 실천한 사례 공유하기
  - ▶ 어떻게 규칙을 실천하게 되었는지 대해 이야기 나누기
  - ▶ 그 약속을 실천하면서 어떤 마음이 들었는지에 대해 이야기 나누기

- 도덕적 갈등 상황에 대한 토의를 통해 문제해결 경험하기
  - ▶ 갈등 상황에서 어떤 선택을 할 것인가?
  - ▶ 00를 선택하면 우리에게 어떤 일이 생길까?

♣ 참고영상 : 마시멜로 실험[3]

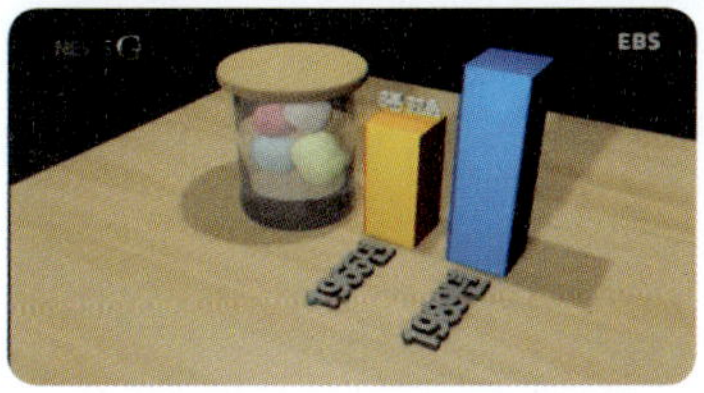

[뉴스G]
우리 아이는 왜! 자제력이 없을까?
https://www.youtube.com/watch?v=p0yJk1hYQ2Y

3) 도덕성 개념 발달을 위한 교육의 실제

(1) 일상생활

유아는 모든 일과 속에서 도덕성을 배운다. 등원해서 자신의 물건 정리하기, 줄서기, 손 씻기, 화장실 가기 등 지켜야 할 약속이 많이 있으며, 그것으로 인한 갈등도 경험한다. 그러므로 교사는 사회적 맥락 안에서 영유아의 모든 일과 중에 도덕성 발달을 도울 수 있도록 주의 깊게 관찰하며, 강압적으로 지시하지 않고 유아 스스로 선택하고 결정할 수 있도록 필요한 지원방안을 모색해야 한다. 다음은 일상생활에서 도덕적 개념 발달을 지원하는 사례이다.

---

3) 마시멜로 실험: 아이들에게 마시멜로 하나를 주고 15분 동안 먹지 않으면 하나를 더 주겠다고 한다. 아이들이 참지 못하고 먹는지 아니면 끝까지 참는지를 관찰하는 실험이다. 1972년 스탠포드 대학의 교수 월터 미셸(Walter Mischel)이 '만족스러운 지연'을 연구하기 위해 수행한 연구이다. 이 영상은 1972년 실험을 기초로 1989년, 2013년도에 마시멜로 실험을 한 연구를 소개해 준다.
1972년 마시멜로 실험결과: 인내심을 가지고 기다리는 아이는 훗날 성공할 가능성이 크다.
1989년 마시멜로 실험결과: 기다리는 방법을 아는 아이들은 '참을성과 자제력'이 높았다.
2013년 마시멜로 실험결과: 아이들을 기다리게 하는 힘은 '어른이 만드는 신뢰'에 달려 있다.

〈표 6-5〉 일상생활에서 영아의 도덕적 개념 발달을 지원하는 사례

<table>
<tr><th>일상생활</th><td>점심식사 후 이 닦기</td><th>도덕성 개념 발달</th><td>도덕적 동기화(만 2세)</td></tr>
<tr><th>표준보육과정
(만 2세)</th><td colspan="3">사회관계 영역〉 나를 알고 존중하기〉 나의 감정을 표현한다
자신의 감정을 인식하고 다른 사람에게 표현할 수 있다.
기본생활 영역〉 건강하게 생활하기〉 자신의 몸을 깨끗이 한다
이 닦기를 시도하고 경험하는 기초를 형성하는 경험을 한다.</td></tr>
<tr><th colspan="2">경험의 실제</th><th>경험의 이해</th><th>교사지원</th></tr>
<tr><td colspan="2">영주는 점심을 먹고 양치를 하려고 칫솔을 찾는다.
영주: 어? 내 양치 컵이 없어.
교사: 영주야, 양치 컵을 엄마가 깜박 잊고 못 챙겨 주셨나봐. 오늘은 어린이집에 있는 양치 컵으로 쓸까?
영주: 내 양치 컵으로 양치해야 해요.
엄마가 내 거로만 하라고 했어요.
크게 울먹이면서 말한다.
교사: 그랬구나. 우리 영주, 속상하겠네.. 엄마가 왜 영주 양치 컵만 쓰라고 하셨을까?
영주: 병 걸린대요. 엄마가 꼭 내 것만 쓰라고 했어요.
교사: 그래. 다른 친구와 함께 쓰면 균이 옮을 수 있어. 선생님이 말한 양치 컵은 친구 것이 아니야. (일회용 컵을 보여 준다) 이것은 친구와 같이 사용하는 것이 아니니까 병에 걸리지 않을 거야. 이제 이것을 사용할 수 있겠니?</td><td>영주는 스스로 이를 닦으려고 하였으며, 다른 양치 컵을 사용하면 병균이 있다는 것을 표현하였다.

영주는 타율적 도덕성의 단계로 부모가 말한 것은 절대적이라고 생각한다.</td><td>• 공간
영아가 편안하고 즐겁게 양치를 경험할 수 있도록 충분한 공간을 확보함.

• 자료
양치하는 방법과 순서와 그림을 붙여 줌.

• 상호작용
영아의 행동을 수용하며 컵이 소독되어 사용될 수 있다는 것을 설명해 줌.
일회용 종이컵이나 손으로 물을 들어 올리는 방법을 설명해 줌.</td></tr>
</table>

(2) 놀이

교사는 유아가 관계를 맺는 대상이 누구인지, 어떤 관계를 맺어 가는지, 어떤 방법으로 놀이하는지, 어떻게 문제를 해결하는지에 대해 관찰함으로써, 사회적인 능력, 대인관계 등을 파악할 수 있다(교육부, 보건복지부, 2019). 빈번한 갈등을 경험하는 유아가 있다면 상호작용을 통해서 유아 스스로 문제해결을 할 수 있도록 도움을 주어야 한다. 또한 놀이를 하거나 활동할 때 지켜야 할 규칙을 함께 만들어 보고, 규칙을 지켜야 하는 이유에 대해 인식할 수 있도록 해야 한다. 이를 통해 유아가 스스로 책임 의식을 가지고 도덕적 행동을 실천해 볼 수 있도록 한다.

〈표 6-6〉 놀이시간에 유아의 도덕성 개념 발달을 지원하는 사례

<table>
<tr><th>놀이</th><td colspan="2">블록놀이 영역</td><th>도덕성 개념발달</th><td>도덕적 품성(만 5세)</td></tr>
<tr><th>관련
누리과정</th><td colspan="4">사회관계 영역〉 더불어 생활하기〉 약속과 규칙의 필요성을 알고 지킨다/서로 다른 감정, 생각, 행동을 존중한다
유아가 게임을 하면서 필요한 약속과 규칙이 있음을 이해하고 다른 사람의 생각을 존중해 주며 협력과 책임을 경험한다.</td></tr>
<tr><th colspan="3">경험의 실제</th><th>경험의 이해</th><th>교사지원</th></tr>
<tr><td colspan="3">영수 팀과 헌수 팀이 블록놀이에서 공 전달하기 놀이를 하고 있다. 서로 놀이하는 방법과 놀이하면서 지켜야 할 약속을 정했다. 다음은 영수 팀의 대화이다.
영수: 시작이야. 떨어트리지 말고 침착하게 해(영철이가 영수가 전해 주는 공을 숟가락으로 받다가 바닥에 떨어트리자 손으로 주워서 다음 친구에게 주려고 한다).
영수: 안 돼. 처음부터 다시 시작해야 해. 공이 떨어졌잖아.
지은: 야, 우리 시간이 얼마 안 남았는데...공이 바구니에 하나밖에 없어.
영수: 그래도 아까 친구들하고 약속했잖아.
영철: 그래. 숟가락을 움직이지 않고 잘 잡고 있으면 공이 잘 안 떨어져. 조심하자.
영수: 좋은 생각이야. 우리 그렇게 하자.
영수: (정해진 시간이 되자 중간에 있는 공을 앞으로 가져가며) 시간이 다 되었어.
지은: (바구니에 있는 공을 세어 본다) 공이 2개야. 우리 졌다.
영수: 괜찮아. 다 열심히 했으니까. 잘했어.</td><td>영수는 게임의 규칙을 지켜야 한다고 생각하며 게임 결과보다는 과정에 책임을 다한 것에 만족해 함.
영수는 친구들이 게임의 규칙을 잘 지킬 수 있도록 영철이의 말을 수용하고 지지해 줌.
영철이는 질서를 지키며 협력하는 방법을 친구들에게 제시해 줌.
지은이는 게임을 이기고 싶은 마음이 있었으나 친구들과 협력하여 게임을 진행함.</td><td>• 자료
게임을 스스로 만들어 볼 수 있도록 박스, 블록 등을 제시해 줌.
• 공간
유아들이 게임을 스스로 만들고 규칙도 만들어 볼 수 있도록 공간을 넓게 구성해 줌.
• 놀이지원
유아들이 직접 만든 게임 도구를 가지고 놀이를 해 보면서 약속과 규칙을 새롭게 정하고 바꾸어 볼 수 있도록 지원함.</td></tr>
</table>

(3) 활동

대소집단 활동 중 도덕적 갈등 상황에 대한 토의, 협동학습, 그림책을 통한 갈등 추론 전략 등을 사용하여 도덕적인 가치 판단 능력을 길러 줄 수 있다.

• 도덕적 갈등에 의한 추론 전략

추론 전략은 도덕적 민감성과 도덕적 판단력을 길러 주어 도덕적 행동으로 이끌 수 있는 전략이다. 도덕적 추론에 사용되는 그림책은 토의로 이끄는 좋은 매개체가 된다. 교사는 옳은 답을 알려 주는 것이 아니라, 갈등을 해결하는 방법을 유아와 함께 추론해 보고, 어떤 생각이 좋은 방법인지 유아 스스로 선택해 볼 수 있도

록 돕는다(조순옥 외, 2013).

- 갈등 해결 방법을 추론해 볼 수 있는 그림책이나 주제를 선정한다.
- 유아들이 생각해 볼 수 있는 문제가 무엇인지 갈등 문제를 규명한다.
- 인지적인 갈등이 일어날 수 있도록 논쟁의 균형을 유지한다. 이때 도덕적 가치가 한 방향으로 흐르지 않도록 약한 편을 지지해 볼 수 있다.
- '만약 너에게 이런 일이 생긴다면 어떻게 할 것 같니?' 등의 질문으로 역할 수용을 격려한다.
- 유아가 자신의 추론을 이야기할 때는 경청하고, 질문하며, 토의하고 선택하는 등의 다양한 상호작용이 활발하게 이루어질 수 있도록 격려한다.

〈표 6-7〉 그림책을 통해 유아의 도덕성 개념 발달을 지원하는 사례

<table>
<tr><td>활동명</td><td>아난시를 어떻게 도울 수 있을까?</td><td>도덕성 발달 내용</td><td colspan="2">도덕적 품성</td></tr>
<tr><td>연령</td><td>만 5세</td><td>활동유형</td><td colspan="2">이야기 나누기(토론)</td></tr>
<tr><td>활동 배경
놀이 사례</td><td colspan="4">게임 중에 OO가 친구들이 보지 않는 상황에서 게임판을 더 가지고 가서 게임에 이겼다. 그것을 다른 OO가 보고 친구를 속이는 나쁜 아이라고 말을 하면서 두 친구가 싸우는 상황이 벌어졌다. 교사는 게임을 성실하게 진행해야 하는 이유와 게임을 이기기 위해 정당하지 않은 방법을 사용하는 친구를 어떻게 대해야 하는지에 대해 고민하면서 토론활동을 제안하였다.</td></tr>
<tr><td>활동목표
(누리과정
관련 요소)</td><td colspan="4">• 동화의 내용을 이해하고 감상한다
• 동화 속 등장인물이 되어 보고, 갈등 상황을 해결할 수 있다.
• 남을 속이지 않고 정당한 방법을 사용해야 하는 이유를 알 수 있다.
(의사소통〉 책과 이야기 즐기기〉 책에 관심을 가지고 상상하기를 즐긴다)
(사회관계〉 더불어 생활하기〉 서로 다른 감정, 생각, 행동을 존중한다)</td></tr>
<tr><td>활동자료</td><td colspan="4">『거미 아난시와 이끼낀 돌(글 에릭 킴멜, 그림 재넷 스티븐, 다음세대, 1999)』 그림책, 편지지, 화이트보드, 펜</td></tr>
<tr><td>활동단계</td><td colspan="3">활동내용</td><td>준비물 및 유의점</td></tr>
<tr><td>도입</td><td colspan="3">1. 그림책 내용을 회상한다.
– 거미 아난시에게 어떤 일이 있었니?
– 거미 아난시가 발견한 것을 가지고 어떤 일을 했니?
– 그래서 어떤 일이 생겼니?</td><td>그림책을 보여주면서 그림책 내용을 회상한다.</td></tr>
</table>

전개	2. 토의를 유도하여 이야기를 나눈다. – 거미 아난시는 그 돌을 가지고 왜 그런 일을 했을까? – 속이는 것은 어떤 행동일까? – 속아서 음식이 없어진 것을 알았을 때 동물들의 마음은 어땠을까? – 왜 그런 마음을 가졌을까? – 너희가 그런 돌을 발견했다면 어떻게 했을 것 같니? – 사슴은 어떻게 했었니? – 사슴에 대해서는 어떻게 생각하니? 3. 아난시를 도와줄 수 있는 방법에 대해 이야기를 나눈다. – 만약에 너희가 아난시라면 어떻게 했을 것 같니? – 만약에 너희가 사슴이었다면 아난시를 속이는 방법 말고 어떻게 아난시를 도와줄 수 있었을까?	화이트보드에 유아들이 말하는 것을 적어 준다.
마무리	4. 평가를 한다. – 아난시에게 해 주고 싶은 말이 있니? – 친구들이 나를 속이거나 잘못된 행동을 했을 때 어떻게 도움을 줄 수 있을까?	편지지 준비
추후 예상 관심과 놀이 & 지원	아난시에게 편지쓰기 '거미 아난시와 이끼낀 돌' 상황극 해 보기 '내가 아난시라면?' 이라는 제목으로 동화 지어 보기	
가족 및 지역 사회 연계 활동	가정에도 갈등 상황이 담긴 그림책과 질문을 제시하여, 유아와 함께 상호작용을 하면서 추론해 볼 수 있도록 한다.	

4) 도덕성 개념 발달을 위한 교사의 역할

• 민주적이고 도덕적인 분위기를 형성한다.

도덕적인 행동의 시작은 생활 속에서 문제를 고민하고 갈등하면서 해결점을 찾는 것이기 때문에, 교사는 유아교육기관의 일상생활 속에서 도덕적 행동이 실천될 수 있도록 해야 한다.

▶ 교사는 자신의 권리를 남용하지 않고 유아와 상호존중 관계를 유지하여 유아 스스로 자율적으로 규칙을 지킬 수 있도록 해야 한다.

▶ 교사는 유아의 생각을 자유롭게 표현할 수 있도록 수용적인 분위기를 조성해

주어야 하며, 갈등 상황이 발생했을 때, 유아와 함께 문제해결에 대해 의논하여 유아가 자발적으로 생각하고 판단하고 선택할 수 있는 기회를 주어야 한다.

- 교사는 협상과 공유의 경험을 할 수 있는 자율적인 분위기를 만들어 주어야 한다.

• 유아들에게 책임감을 길러 줄 수 있도록 한다.

유아들이 교실에서 주인의식을 느낄 때 책임감을 갖게 된다. 예를 들어, 점심시간 전에 정리정돈이 잘 되지 않았을 때, 교사는 이러한 문제를 해결하기 위해 규칙에 대해 일방적으로 알려 주고 지키게 하는 것보다는, 유아들이 불편한 이유에 대해 스스로 느낄 수 있도록 지도해야 한다. 그리고 토의를 통해서 '왜 그 행동을 해야 하는지'에 대해 이해하고 스스로 책임을 가지고 규칙을 지켜 나갈 수 있도록 한다.

• 교사는 도덕적 행동의 모델링이 되어야 한다.

교사는 유아의 의견을 수용해 주고, 배려하는 언어를 사용하며, 약속을 지키는 도덕적인 모델을 보여 주어야 한다. 만약에 교사가 약속을 지키지 못할 때에는 반드시 설명을 통해 이해시켜 주어야 한다.

• 교사는 유아가 도덕적인 행동을 실천했을 때, 의도와 과정을 격려한다.

결과가 좋지 않더라도 의도와 목적이 선한 것으로 출발했을 때는, 격려가 필요하다. 또한 유아가 책임감 있는 행동, 게임에서 공정한 놀이 등 성숙한 행동을 하게 되면, 격려를 통해 행동을 강화시켜 그 행동이 내면화될 수 있도록 돕는다.

• 일관성 있는 올바른 훈육을 한다.

영유아들이 부적절한 행동을 했을 때 어떤 상황에서는 부적절한 행동을 허용하고, 다른 상황에서는 비난을 한다면 유아는 도덕적인 행동을 실천하는 데 혼란을 느낀다. 가장 효과적인 훈육은 유아와 상호존중적인 유대를 구축하고 귀납적인 훈육을 통해 도덕적인 민감성을 길러 주는 것이다.

5) 도덕성 개념 발달을 위한 그림책

구분	그림책	개요
도덕적 민감성		헤엄이 레오 리오니 글, 그림 / 시공주니어, 2019년 큰 물고기들의 위협을 받은 작은 물고기들이 상황을 민감하게 느끼고 반응하며 서로 협력하여 문제를 해결하는 이야기. 유아들과 물고기의 입장에 대해 이야기를 나누고 그 상황에 내가 어떻게 도움을 줄 수 있을까를 생각해 볼 수 있다.
도덕적 판단력		약속은 즐거워! 박윤경 글, 정현지 그림 / 웅진주니어, 2010년 주인공 은지를 통해서 일상에서 접할 수 있는 기본적인 규칙들을 설명해 주는 이야기. 유아들과 약속은 왜 하는 것인지 그 이유에 대해 이야기를 나누어 보고 우리 교실 안에서 우리가 하면 좋을 약속에 대해 정해 볼 수 있다.
도덕적 동기화		행복한 청소부 모니카 페트 글, 안토니 보라틴스키 그림 / 풀빛, 2015년 자신의 일을 즐거워하는 청소부가 유명해지자 사람들이 많은 제안을 하지만 청소부는 자신의 일을 계속하는 이야기. 청소부 아저씨는 왜 청소부의 일을 계속하고 싶다고 했을지에 대해 유아들과 이야기를 나누어 볼 수 있다.
도덕적 품성		거미 아난시와 이끼낀 돌 에릭 킴멜 글, 자넷 스티븐 그림 / 다음세대, 1999년 거미 아난시는 숲속에서 '이끼 낀 이상한 이' 라고 말하면 기절하는 돌을 발견하여 주변 동물 친구들을 속여 음식을 빼앗으면서 일어나는 이야기. 유아들과 등장인물의 입장에서 생각해 볼 수 있도록 이야기를 나누어 볼 수 있다.

♣ 마무리 활동

◎ 최근 우리 사회에 나타나는 도덕성 부재 현상에 대해 이야기 나누어 보세요.

- ▶ 주제를 정해 보세요.
- ▶ 이슈가 되는 기사를 찾아보세요.
- ▶ 어떤 점이 문제가 될까요?
- ▶ 왜 이런 현상이 벌어졌을까요?
- ▶ 우리는 어떤 노력을 해야 할까요?

4

PART

4

사회과학지식의 내용과 교육적 적용

제1장
지리

현정이와 승현이의 등원길

6살 현정이는 오늘 아침 어린이집 등원할 생각에 마음이 분주하다. 오늘부터 3살이 된 동생 승현이도 함께 어린이집에 가기 때문이다. 집을 나서며 현정이는 승현이에게 알려 줄 것이 많다.

현정 : 승현아, 앞으로 누나 손 꼭 잡고 가는 거야. 혼자 막 가면 위험해. 알았지?!

승현 : (현정이를 보며) 손!

현정 : 어린이집에 갈 때는 차가 씽씽 달려서 잘 보고 가야 해.

승현 : (도로를 달리는 자동차를 가리키며) 빠방!! 자동차!!

현정 : 여기는 차들이 다니는 길이야. 우리는 이쪽으로 가야지 어린이집에 갈 수 있어. 길을 건너면 어린이집으로 가는 거야~

횡단보도에 다다른 현정이는 아빠와 동생과 함께 안전하게 초록불을 확인하고 길을 건넌다. 길을 건너자 너른 잔디밭과 나무들 사이로 어린이집을 향하는 길이 나온다.

승현 : (잔디밭으로 들어가려고 하며) 꼬! 꽃!

현정 : 안 돼, 안 돼~ 잔디밭엔 들어가면 안 돼. 너도 이제 어린이집 가면 새싹반 선생님이 알려 줄 거야. 잔디가 아직 다 안 자랐어. 누나 손잡고 저쪽으로 가면 돼.

현정 : 여기는 돌로 만든 길이니까, 조심조심 가야 해. 알았지?

승현 : 어!

현정 : (손가락으로 어린이집 건물을 가리키며) 저~~기 봐봐. 자동차 엄청 많지? 자동차 많이 있는데 앞에 노란색 어린이집 보여? 저기가 누나가 다니는 어린이집이야. 알겠지?

현정 : 승현아, 누나는 2층이야. 넌 1층이니까. 이쪽으로 가. 나중에 누나가 보러 올게~

[함께 생각해 보아요]

▶ 위 사례를 보면서 유아를 위한 지리교육의 의미를 생각해 보세요.

위의 사례처럼 유아는 의도적이지 않은 경험을 통해 지리를 학습해 나간다. 현정이는 그동안 자신이 다니는 어린이집의 위치를 알기 위해 나침반이나 지도를 활용하지 않았을 것이다. 자신의 어린이집 주변을 탐색하고 관찰하는 등 일상적인 경험을 통해 어린이집의 위치를 파악하고, 어린이집 가는 길에 나무들 사이로 난 돌길은 우리가 일반적으로 다니는 길과는 다른 재질과 특성을 가지고 있다는 것도 알게 되었다. 유아를 위한 지리교육은 성인이 생각하는 것처럼 지구본을 돌려가며 나라의 위치를 알고, 수도를 외우는 것을 의미하지 않는다. 유아는 자신이 생활하는 곳에 대한 탐색부터 시작하여 어린이집 주변의 지리적 특성과 그에 따른 생활 방식을 경험하고 이해한다.

1. 지리교육의 필요성 및 정의

지리란 우리가 살고 있는 공간의 이름, 위치, 지형, 기후 등과 같은 물리적인 특성과 이러한 특성이 사람들의 생활에 영향을 미치는 문화적인 특성까지 포함한다(Welton & Mallan, 1999). 지리교육은 인간이 살고 있는 세상의 일반적인 특성에서부터 개인적인 장소에 이르기까지 전체적으로 분포되어 있는 공간에 대한 교육이며, 주변에 살고 있는 사람, 장소, 환경과 그것들 간의 관계, 그리고 자연적인 자원들과 어떻게 상호작용하는지를 알아 가는 것이다(조영아, 2009; 서태열, 2007: Melendez, Beck, & Fletcher, 2000). 급속한 변화 속에 폭넓은 사회적 교류가 이루어지고 있는 현대사회의 특징을 반영하여, 유아기에 공간적 관계와 관련지어 세상을 이해하고 활용하는 능력을 발달시킬 수 있는 지리교육의 필요성이 강조되고 있다(신리행, 김영옥, 2017; 홍혜경, 김현, 정미영, 2007; Harm, 2015).

유아는 태어나면서부터 물리적 세계와의 상호작용을 시작하고 주변에 관심을 갖기 시작한다. 유아는 자라면서 자신이 사는 집을 중심으로 자신이 다니는 유아교육기관의 위치와 거리, 교통수단에 대해 알아 가고, 좋아하는 친구의 집은 우리 집과 거리가 어떻게 되는지 등에 대해 자연스럽게 관심을 가지고 경험하게 된다. 호기심 많은 탐험가로서 유아들이 자신을 둘러싼 모든 환경을 탐색하고, 공간에 대한 인식뿐 아니라 공간에서 살아가는 사람에 관심을 가지며 그들 간의 관계를 이해하는 과정을 통해 지리적 개념을 발달할 수 있도록 해야 한다. 또한 이러한 경험이 이루어지는 동안 세상에 대해 알게 된 것을 바탕으로 유추하고 분석함으로써 사물의 존재 이유와 방법 등을 알도록 한다(Fromboluti & Seefeldt, 1999).

2. 지리 개념 발달의 특성

어린 영아는 세상에 태어나 무엇보다도 자신의 신체 탐색하기를 즐기는데 이러한 신체적 탐색이 지리학의 시작이다(Sunal, 1990). 유아의 신체 탐색은 점차 주변에 대한 탐색을 시도하게 하고 탐색과정을 통해 세상에 대해 알아 가며 지리적 개념을 발달해 나간다.

유아의 지리적 개념은 연령이 증가함에 따라 보다 체계화되고 정교하게 발달한다. 유아의 지리적 개념은 개인적, 지역적, 국가적, 세계적인 개념으로 발달해 나가며, 발달 특성은 다음과 같다(Melendez, Beck, & Fletcher, 2000).

- 개인적 공간개념 발달 : 출생~1세

자신의 몸을 만지고, 당기고, 움켜잡는 등 자신의 신체를 탐색한다. 다리를 들어 올리거나 뒤집고 기어서 이동하면서 주변의 물리적 특성을 다양한 방법으로 탐색한다.

- 개인적 공간 / 지역적 공간개념 발달 : 걸음마기

걸음마기가 시작되는 1세 이후에는 개인적 공간개념과 더불어 지역적 공간개념이 발달한다. 신체적 운동능력의 발달과 함께 가까운 주변 환경, 또래, 이웃집, 놀이터 등 공간적으로 가까운 곳에서 먼 곳으로 탐색한다.

• 개인적 공간 / 지역적 공간 / 국가적 공간개념 발달 : 유아기(4~5세)

유아기에는 개인적 공간개념, 지역적 공간개념과 더불어 국가적 공간개념이 발달하는 시기이다. 실내외의 주변 공간에서 걷고 뛰고 높이 올라가고, 터널을 통과할 때 몸을 웅크리는 등 신체의 자유로운 이동을 통해 자신이 속해 있는 주변의 지리적 환경과 기본적인 방향을 학습한다. 더불어 이러한 지리적 특성에 따른 사람들의 삶의 변화에 관심을 갖는다.

• 국가적 공간 / 세계적 공간개념 발달 : 초등연령

6세부터 초등학교 연령까지는 국가적 공간개념과 세계적 공간개념이 발달하는 시기이다. 이 시기에는 지속적으로 개인적 경험을 보다 정교화하고, 개인적 공간과 지역적 공간개념을 국가적, 세계적 공간에 대한 개념으로 확장해 나간다.

3. 지리교육의 내용

유아는 자신의 신체를 탐색하고 사물에 대한 인식과 감각을 발달시키며 세상을 살아가는 데 필요한 지리적 개념을 발달해 나간다. 유아기는 지리교육의 중요한 시기로, 공간과 장소에 대한 감각의 발달은 주변 환경과 상호작용을 통해 인간과 환경과의 관계를 파악하도록 도움을 주며 다른 지역 사람들의 문화를 이해하도록 한다(박영미, 2009; Davis, 2001).

유아가 지리적 개념을 학습한다는 것은 단순히 물리적 위치에 대해 학습하는 것 이상의 내용을 포함한다. 유아가 자신이 속해 있는 사회에 대해 이해하며 세상에 능동적인 참여자의 역할을 위해 필요한 삶의 태도, 가치, 기술의 기본적인 틀을 마련할 수 있는 지리교육의 내용을 선정하는 것은 매우 중요하다(장영희, 엄정애, 박수진, 강유선, 2006).

급속하게 변화하는 사회를 살아가는 유아는 직접적이고 의미 있는 경험들을 통해 자신이 속한 수많은 공간에 대해 이해하고, 물리적 환경의 특성에 적응하며 대처할 수 있도록 지리적 개념을 발달하는 것이 필요하다. 특히, 유아의 지리적 개념 발달을 위해서는 그들의 지리적 개념 발달 수준을 파악하고 일상생활 속에서 그들의 삶과 연관된 의미 있는 경험을 토대로 확장할 수 있도록 돕는 것이 중요하다. 이에 따라 취학전과 초등학교 저학년 시기에 발달시킬 수 있는 기술은 다음과 같다(Bednarz, Bettis, Boehm, Souza, Downs, Marran, Morrill, & Salter, 1994; Seefeldt, Castle, & Falconer, 2014).

지리학적 질문하기

유아는 주변에 대해 끊임없는 호기심을 가지고 질문을 한다. "왜요?"라는 질문을 하는데 2세 정도에 "왜 그렇게 해요?", "왜 꽃이 피었어요?"와 같은 질문을 하고, 이후에는 "호수는 어떻게 만들어졌어요?", "이 지하도는 어떻게 만들어졌어요?"와 같은 지리적인 질문을 한다.

지리학적 정보 얻기

누워 있는 영아는 사물, 신체 움직임의 정보를 알아내려고 팔을 휘젓고 모빌의 움직임에 집중한다. 걸음마기에는 보다 다양한 정보를 수집하고 다른 점을 알아낼 수 있으며 유아들은 책, 지구본, 그림, 지도 등 부가적인 자원을 이용하여 지리적 기술을 형성한다.

지리학적 정보 조직하기

유아는 자신에게 필요한 지도를 그리고, 의견을 말하고, 그래프 구성 등의 활동을 통해 정보를 조직하는 기술을 발달시키기 시작한다.

지리학적 정보 분석하기

유아는 공간 내 자신의 위치를 알아내기 위해 지도를 사용할 수 있고, 도표를 해석하는 방법을 터득한다. 이후 지리적 관계를 배우기 위해 관찰하고, 사전, 인터넷 등의 다양한 자료를 사용한다.

지리학적 질문에 답하기

유아는 자신이 발견한 것, 즉 사고하기와 문제해결 과정의 마지막 단계인 결론을 이야기하거나, 그림, 구성물을 통해 나타낼 수 있다.

유아를 위한 지리교육 내용을 제시한 연구들을 살펴보면 방향과 위치, 지도, 우리가 살고 있는 지역, 환경과 인간의 관계, 다른 지역에 사는 사람들과의 상호작용의 내용을 제시하였다(권덕수, 2010; 박영미, 2009; Seefeldt, 2001). 유아교육기관에서 유아의 지리교육을 위한 교육내용을 자세히 살펴보면 다음과 같다(Seefeldt, Castle, & Falconer, 2014).

1) 지구

유아들이 자신이 살고 있는 지구는 땅과 물로 이루어지고, 자연의 힘에 따라 변화한다는 특성에 대해 알도록 한다. 지구에 사는 사람들은 이러한 자연적이고 물리적인 특성에 대처하며 살아간다는 것을 이해하도록 한다. 자신이 살고 있는 장소로서 지구에 대한 개념이 발달한다면, 유아는 지구를 보살피는 교육에 포함된 개념, 태도, 가치까지도 배우게 된다. 이에 따른 주요 핵심 개념은 우리가 살고 있는 환경, 땅과 물, 지구 보살피기, 태양계 속 지구 등이 있다.

- 우리가 살고 있는 환경 : 지구는 우리가 살고 있는 곳, 생물과 무생물
- 땅과 물 : 다양한 표면의 구분, 관계에 대한 이해, 땅과 물에 사는 것
- 지구 보살피기 : 직접적이고 매일의 경험과 관련된 개념, 태도와 가치 형성
- 태양계 속 지구 : 그림자 놀이 등을 통한 공간 움직임, 날씨의 변화에 대한 관찰과 기록, 계절이나 날씨가 사람과 사람의 행동에 미치는 영향을 경험

2) 방향과 위치

방향과 위치는 지리 이해의 기초적인 개념으로, 유아들이 단순한 반복과 암기를 통해 지역의 이름과 방향감에 대해 학습하는 것보다는 실생활을 통해서 경험하도록 한다. 영아는 시각적 · 촉각적 수단을 통해 자기 주변의 공간을 탐색하다가, 걸을 수 있게 되면서부터 좀 더 적극적이고 폭넓게 주변을 탐색하기 시작한다. 유아는 공간 안에서 자신과 사물의 위치와 관련된 일상생활에서의 감각운동 경험을 통해 방향에 대한 추상적 개념을 획득한다.

- 움직임 : 자신의 신체와 공간 내에서 몸으로 할 수 있는 일을 인식함으로써 움직임의 탐색이 시작되며(Sanders, 2002), 움직임의 탐색을 통해 공간 내 자신의 위치를 알게 하는 기회(신체인식, 힘과 시간, 공간, 운동능력, 무게, 다른 사람과 함께 일하기, 신체 부분의 움직임 분리, 반복)를 제공해야 함.
- 방향 관련 용어 : 위아래, 좌우, 동서남북, 상대적 위치 등 방향과 관련된 어휘가 완전히 발달하는 데는 수년이 걸림. 일상생활에서 스스로 경험을 통해 어휘를 사용하는 기회를 제공해야 함.
- 거리와 측정 : 실제 경험에 기초하여 표준화된 측정도구뿐만 아니라 비표준화된 측정 방법을 사용. 유아의 어휘를 관찰하여 거리와 측정에 관한 좀 더 정교한 어휘 경험의 기회를 제공해야 함.
- 지도와 지구본 : 지도를 익히고 사용하는 능력은 11세~12세경이 되어야 완전히 발달함. 유아기의 지도 개념은 주로 쌓기 영역에서 블록을 가지고 주변 세계, 공간, 위치, 장소에 대한 실제적 경험을 표상하며, 이를 자연스럽게 표현하도록 기회를 제공해야 함.

Tip. 효과적인 지도 보기
- 유아의 수준을 관찰하여 지도에 대한 이해 정도를 파악한 뒤 활동을 제공
- 유아의 경험(작은 그림 지도와 자동차 등을 이용한 놀이, 견학지 지도 보기 등)과 연계
- 지도 보기에 필요한 개념 발달(표상, 상징, 관점 및 척도) 지원

---

3) 공간 내 관계

유아는 놀잇감의 위치, 놀이공간의 재배치에 참여하거나 주변의 공사현장을 관심있게 관찰면서 자신이 속한 공간에서 환경을 바꾸고 통제할 수 있다는 것을 알게 된다. 막힌 길을 돌아가야 한다거나 좁은 공간에서는 뛰어노는 놀이를 하기 어렵다는 경험들을 통해 자신이 환경에 의해 통제받는다는 것을 알게 된다. 이와 같이 유아는 인간과 물리적 환경과의 관계를 이해하며 인간이 물리적 환경에서 적응

하고 대처하는 방법에 대해 알게 된다.

4) 공간적 상호작용

유아는 멀리 살고 있는 친척과의 만남이나 연락 등의 경험, 물건을 주문하여 배송받는 경험을 통해 공간에 상관없이 다른 사람과 상호작용할 수 있다는 것을 경험하게 된다. 구입한 물건의 생산지를 찾아보고, 물건이 어떤 과정을 거쳐 왔을지 관심을 가지기도 하며, 여행을 갈 때 어떠한 교통수단을 이용할 수 있는지, 시골 할머니 집까지 몇 시간이 걸렸는지 알아보는 것 등을 통해 공간적 상호작용의 개념이 발달한다.

5) 지역

유아는 자신이 살고 있는 지역(동네)에 대해 관심을 가지고 지역 구성원으로서 소속감을 가진다. 보통 물리적 또는 문화적이라는 기준으로 지역을 나누는데, 물리적 지역은 기후, 지형 등으로 정의하며, 문화적 지역은 문화 및 역사적 연속성으로 구분된다. 유아는 자신이 살고 있는 물리적 지역의 변화가 생활에 어떠한 영향을 주는지 경험하고, 우리 지역 또는 여러 나라의 미술, 음악, 이야기 등을 경험하며 지리적 개념이 발달한다.

4. 지리교육을 위한 교사의 역할

유아들의 효과적인 지리 개념 형성을 위해서는 직접적인 경험이 필요하다. 교사는 유아가 자신이 살고 있는 지역, 나라, 지구를 경험할 수 있는 기회를 충분히 제공하고, 지리 개념 형성을 위한 교실 공간의 구성과 자료를 적절하게 활용해야 한다(Melendez, Beck & Fletcher, 2000; 조순옥 외, 2013).

놀이를 통해 지리적 개념을 발달한다.

- 교실의 다양한 형태의 교실 공간 구성하기(개방, 반개방, 사적 공간)
- 교실 공간을 일부는 높은 곳, 일부는 낮은 곳으로 구성하기
- 교실에 길 만들기, 여러 가지 모양의 길을 만들기 위해 가구나 다른 물건 사용하기(개방공간, 원형, U형, 커브길, 모퉁이길 등)
- 천장을 이용해서 리본이나 플라스틱 줄 매달기
- 매트나 색 테이프를 사용하여 영역을 정하고 경계감을 발달시키기
- 교실 구성 바꾸기, 정기적으로 몇 개 가구를 치우고 새 공간을 만들어 변화된 교실에 대해 유아들과 토의하기
- 교실 지도 만들기, 유아들과 함께 교실 지도를 그려 보이는 곳에 게시하고 영역에 대해 말할 때 지도를 활용하기
- 쌓기놀이의 다양한 블록을 이용하여 공간개념 발달시키기
- 교실 내의 동식물 기르기 공간 설치하기
- 시각적으로 자극을 주는 공간 구성하기
- 창을 통해 주변과 외부 공간의 시각적인 자료들을 지속적으로 받아들이기
- 교실 영역에 방향감과 공간개념 발달에 도움이 되는 표시판이나 상징물로 이름 붙이기
- 지리교육을 위한 자료 : 작은 그림지도, 여행안내 책자, 다른 지역 엽서, 의사소통 자원(전화, 스탬프, 문구류)

5. 지리교육의 통합적 적용

1) 놀이 사례 - [주말: 우리동네]

▣ 놀이배경

유아들이 주말 동안에 했던 일에 대해 자유롭게 이야기를 나누고 있다. 한 명의 유아가 옷을 사러 집 근처 아울렛에 다녀왔다고 하자 아울렛 키즈카페에 다녀온 아이, 마트에서 밥을 먹은 아이, 백화점에서 공연을 본 아이, 동네를 산책한 아이 등 다양한 주말 이야기가 등장한다. 그중 한 명의 유아가 동네 뒷산에 올라가 개구리알을 찾았다고 하자 신기해 하면서도 믿지 않는 눈치이다. 따뜻한 봄날, 아이들은 저마다 우리 동네에서 가족들과 즐거운 주말을 보내며 여러 가지 관심을 가지게 된 것 같다.

▣ 놀이의 흐름에 따른 교사의 성찰과 교육적 지원

▣ 놀이 사례(1)

관심의 시작	우리 동네 지도로 내가 다녀온 곳을 알아봐요.

유아들이 주말 동안에 지낸 일에 대해 이야기를 나누자 저마다 자신이 갔던 곳에 대해 이야기하고 있다. 그중 한 명의 유아가 동네 뒷산에 올라가 개구리알을 찾았다고 하자 신기해 하면서도 믿지 않는 눈치이다.
유아들은 개구리알을 찾은 장소를 궁금해 하였고, 우리 동네 지도를 찾아보기로 하였다.

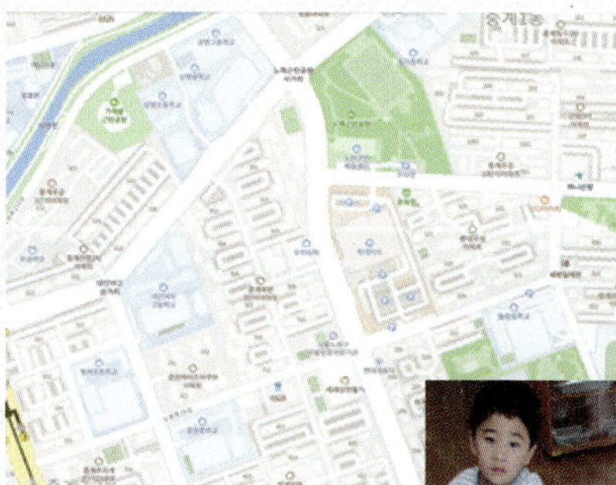

아이들이 모여 주말 지낸 이야기를 나누고 있다.
"주말에 아빠랑 개구리알 찾았는데..."
"개구리알이 어디 있었는데?"
"여기서 네가 개구리알 찾은 곳이 어디야?"

교육적 놀이지원	교사의 놀이지원 실제
상호작용	유아들이 주말을 지내고 온 경험에 대해 주의 깊게 들으며 함께 상호작용하였다.
놀이자료 · 상호작용	서로 다른 곳을 다녀온 유아들에게 자료를 활용하여 관심을 지속할 수 있도록 하였다.

▣ 놀이 사례(2)	
놀이	개구리알 탐험대

주말 동안 동네 뒷산에서 개구리알을 발견했다는 친구의 이야기를 듣고 유아들은 뒷산에 가 보고 싶어 하였다. 개구리알을 찾을 수 있을지 확신은 없지만, 유아들이 직접 개구리알을 찾아볼 수 있도록 기회를 제공하였다.

"개구리알은 어떻게 생겼어요?"
"OOO아, 어느 쪽으로 갔는지 기억나?"

"여기 아까 왔던 길이랑 비슷해요."
"우리 어린이집 놀이터 바닥이랑 달라요."
"언제까지 올라가야 해요?"

교육적 놀이지원	교사의 놀이지원 실제
일과의 변화	유아들의 관심을 반영하여 뒷산에 올라가서 개구리알을 찾아볼 수 있는 기회를 제공하였다.
놀이자료의 변화	개구리알을 본 적이 없는 유아들을 위해 개구리알의 사진 자료를 제공하여 놀이를 지원하였다.

▣ 놀이 사례(3)	
놀이	쇼핑몰 구성하여 놀이하기

주말 동안 가족과 마트, 백화점, 시장 등에 방문하여 각자가 경험한 것들을 이야기하며 우리 동네에 있는 장소들에 관심을 갖게 되었으며, 마트 놀이가 시작되었다. 놀이를 하며 유아들은 마트, 시장, 백화점을 통틀어 우리반 쇼핑몰을 만들기 원했고, 자신들의 경험에 따라 쇼핑몰의 구성이 다양해지기 시작했다. 물건을 사는 공간 이외에도 놀이 공간, 쉬는 공간, 키즈카페, 미용실 등을 교실에 만들기를 원했고 함께 공간을 구성하고 필요한 자료와 충분한 시간을 지원하였다.

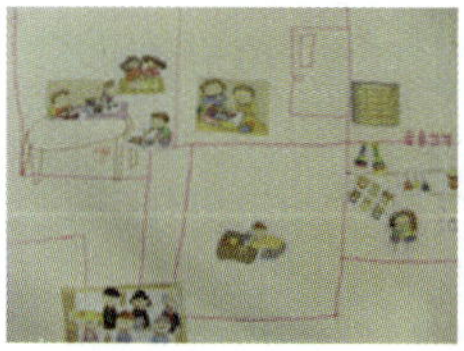

"찬열아, 백화점에서 뭐 샀어??"
"아니, 난 뭐 안 사고 밥 먹었는데..."
"백화점 같은데 키즈카페도 있는데... 거기서 놀고 음료수도 마셨어."
"우리 교실에도 키즈카페가 있으면 좋겠다!"
"우리 엄마는 마트에서 맨날 커피 마셔~"
"나는 아빠랑 마트에서 머리 잘랐는데..."
"선생님, 우리 교실에 마트처럼 카페도 만들고,
미용실이랑 애들이 노는 키즈카페도 만들고 싶어요."

교육적 놀이지원	교사의 놀이지원 실제
공간의 변화 · 안전	쇼핑몰의 다양한 공간을 교실에 배치할 수 있도록 지원하고 유아들이 안전하게 구성할 수 있는 환경을 마련하였다.
놀이자료의 변화	키즈카페 공간, 물건을 사는 공간 등 공간에 따라 필요한 물건을 마련하기 위한 자료를 제공하였다.
일과의 변화 · 상호작용	유아들이 각자의 경험을 놀이로 확장할 수 있도록 충분한 시간을 제공하며 변화 과정을 관찰하고 사진으로 기록, 게시해 주었다.

▣ 놀이 사례(4)	
놀이	우리 동네 뒷산 해설가가 되어요

개구리알을 찾으러 뒷산에 간 유아들은 이전과 달리 더 주의 깊게 뒷산을 탐색하기 시작하였다. 유아들은 그동안 지나쳤던 나무, 꽃, 돌, 풀 등에 관심을 가지면서 이전에 숲 체험 견학에서 만난 해설가 선생님을 기억하고, 우리 뒷산에는 해설가가 왜 없는지 궁금해하며 사람들이 잘 알지 못하는 뒷산에 대해 직접 설명을 해 주고 싶다고 하였다.
유아들은 자신들이 우리 동네 뒷산 해설가가 되기를 원했고, 뒷산에서 알게 된 것들을 알리기 위한 포스터와 뒷산에 사는 동식물 카드 등의 자료를 만들기 시작하였다.

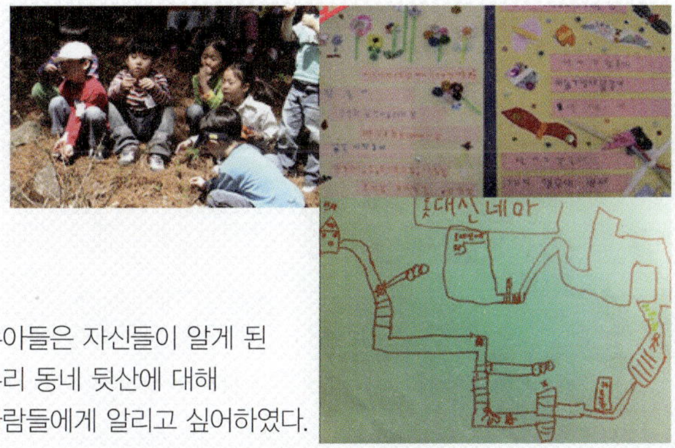

유아들은 자신들이 알게 된
우리 동네 뒷산에 대해
사람들에게 알리고 싶어하였다.

"우리 지난번 숲 체험 갔을 때 만난 선생님처럼
우리 동네 뒷산에도 설명해 주는 선생님이 있으면 좋겠지?"
"나도 내 동생한테 보여 주고 싶어!"
"개구리 봤다고 했는데 엄마도 어디에 있는지 보고 싶다고 했어."
"동극 초대할 때처럼 큰 종이에 만들까?"

교육적 놀이지원	교사의 놀이지원 실제
상호작용	유아들의 놀이를 관찰하고 유아가 제시한 뒷산 해설가가 되기 위해 어떠한 것들이 필요한지 함께 이야기를 나누었다.
자료 · 일과의 변화	유아들이 뒷산 해설가에게 필요한 포스터, 책자, 카드 등 다양한 방법으로 자료를 만들기 위해 뒷산에 사는 동식물의 사진을 찍고, 다양한 수집물을 놀이에 활용할 수 있도록 하였다. 유아들이 필요한 정보를 얻기 위해 뒷산에 방문하여 다양한 자료를 수집할 수 있도록 하였다.

▣ 실행된 교육과정과 예상 놀이 주제를 기록한 주간교육계획안의 예

<table>
<tr><th>**반 한 주 이야기</th><th colspan="2">기간: 2020. 00. 00(월) – 2020. 00. 00(금)</th></tr>
<tr><td rowspan="3">**반
이번 주
경험</td><td rowspan="2">놀이</td><td>쇼핑몰에 필요한 물건 만들기
나만 아는 우리 동네 조사, 우리만 아는 우리 동네 책 만들기
뒷산 해설가가 되어요</td></tr>
<tr><td>우리 동네 한 바퀴 산책하기
우리 동네 봄꽃 관찰하며 봄꽃 지도 그리기
뒷산 놀이터 만들기</td></tr>
<tr><td>활동</td><td>나만 아는 우리 동네(동화)
우리 동네에서 무엇을 하는 곳일까요?(게임)
우리 동네 디오라마(미술)</td></tr>
<tr><td rowspan="2">놀이 사진</td><td>  </td><td>매일 산책을 통해 우리 동네의 다양한 장소를 발견하며 각 장소의 특징을 탐구하였다.</td></tr>
<tr><td> </td><td>우리 동네 뒷산과 길가에 핀 꽃에 관심을 가지고 알게 되었으며 가족과 이웃 사람들에게도 알릴 수 있는 방법을 고민하였다.</td></tr>
<tr><td rowspan="2">이번 주
유아들의
관심</td><td colspan="2">• 뒷산에 사는 동식물이 있어요.
• 우리 동네에는 다양한 곳이 숨어 있어요.
• 우리 동네에 필요한 곳이 있어요.</td></tr>
<tr><td colspan="2">• 유아들은 우리 동네의 숨겨진 장소에 대해 탐색하기 시작함. 각자의 경험을 나누고 산책 시간에 직접 궁금한 장소에 산책을 가보기도 함. 그동안 알지 못한 뒷산에 사는 동식물에 대해 관심을 가지고 단순히 장소만을 소개하는 것이 아니라, 뒷산의 특성(사는 동식물, 할 수 있는 것)을 알아보고자 함.
• 실내 키즈카페 이외에 우리 동네 사람들이 함께 쉴 수 있는 공간에 대해 관심을 가지기 시작함.</td></tr>
<tr><td rowspan="2">다음 주
예상 관심과
놀이</td><td colspan="2">• 소개하고 싶은 우리 동네
• 우리 동네 사람들이 함께 사용하는 공간</td></tr>
<tr><td colspan="2">• 다음 주에는 유아들이 알고 있는 우리 동네를 동생들과 다른 사람들에게 소개를 위한 놀이가 예상됨. 또한 유아들이 우리 동네에 필요하다고 한 공간에 대해서도 관심을 가지고 다양한 시도가 이루어질 것으로 기대함.</td></tr>
</table>

학부모님과 함께할 내용	• 주말 동안 각 유아가 발견한 우리 동네에 관심을 갖고 함께 가 보실 것을 안내하기 • 가정에서도 뒷산에 사는 동식물에 대해 책이나 인터넷 등을 통해 함께 알아볼 수 있도록 협조 구하기 • 가정에서 유아가 가족과 함께 한 경험들에 대해 온라인 알림장에 올려 주시도록 안내하기

▣ 누리과정 5개 영역의 내용과 연계하여 이해한 유아의 경험

신체운동 · 건강

- 뒷산을 안전하게 오르는 방법에 대해 알고, 우리 동네의 다양한 곳들 탐색할 때, 안전하게 놀이하는 방법을 경험함.
- 산책을 하며 안전 표지판을 발견하고 놀이에 필요한 안전 표지판에 대해 경험함.

의사소통

- 서로의 경험과 의견을 듣고 말하는 기회를 통해 바른 태도를 기르고, 상대방의 이야기를 듣고 상황에 적절하게 말하는 경험함.
- 우리 동네와 관련된 지도, 포스터, 간판 등을 만들며 주변의 상징과 말과 글의 관계에 대해 경험함.

사회관계

- 자신이 살고 있는 우리 동네의 물리적 공간과 환경과 사람의 관계에 대해 경험함.
- 놀이를 하며 발생하는 문제를 해결하기 위해 약속과 규칙의 필요성을 알고 규칙을 만들어 실천하는 경험함.

예술경험

- 주변 환경의 아름다움을 발견하고 즐기는 경험을 함.
- 일부 유아들은 우리 동네에서 발견한 것(꽃, 장소)을 그림으로 표현함.

자연탐구

- 우리 동네 자연과 공간적 특성에 관심을 가지고 환경에 관심을 가지고 탐구과정에 즐겁게 참여함.
- 우리 동네 구성, 산책, 그림책 관련 놀이를 즐기며 거리, 방향 등 공간의 물리적 특성에 대해 경험함.
- 날씨, 계절에 따라 달라지는 환경, 사람들의 모습을 통해 환경과 인간의 관계에 대해 경험함.

▣ 놀이 사례 한눈에 보기		
놀이의 시작		주말에 유아들이 가정에서 어떻게 보냈는지 이야기를 나누다가 우리 동네 뒷산과 마트, 백화점, 시장에서 했던 일들을 기억하며 놀이하기 원했다. 특히, 뒷산에서 개구리알을 보았다는 유아의 말에 모두 뒷산에 올라 진짜 우리 동네에 개구리알이 있는지 확인하고 싶어 했다.
교육적 놀이지원	 공간	• 한쪽에서 시작된 쇼핑몰 놀이가 교실 전체로 확장하여 물건을 사고파는 것 이외의 다양한 공간으로 구성하며 유아의 놀이가 지속됨.
	 자료	• 개구리알에 대해 유아들이 요청한 사진, 영상 등의 자료를 제공하여 유아의 놀이가 지속될 수 있도록 함. • 뒷산을 알리기 위해 포스터, 카드, 책자 등을 만들자는 유아의 의견을 수용함.
	 일과	• 개구리알을 찾으러 가자는 유아 의견을 수용하여 뒷산 산책을 진행함. • 놀이시간을 연장하여 유아의 놀이를 지원함.
	 상호작용	• 관찰하기, 질문하기, 함께 놀이하기 등의 방법으로 놀이를 지원함.
	 안전	• 뒷산을 산책할 때, 스스로 자신의 안전에 대해 생각해 볼 수 있도록 함. • 교실에 쇼핑몰을 구성할 때, 나와 다른 사람의 안전에 대해 생각하고 지킬 수 있도록 안내함.
놀이지원 계획/평가		• 유아의 개구리알에 대한 관심을 지원하기 위해 관련 자료와 놀이를 포함하였으며, 우리 동네 뒷산의 다양한 공간과 환경을 탐색할 수 있는 기회를 제공하여 놀이가 지속될 수 있도록 함. • 우리 동네 뒷산과 다양한 공간에 관심을 가진 유아의 놀이가 연계, 확장될 수 있도록 계획함. • 지난주 놀이 관찰과 기록을 바탕으로 다음 주 예상 놀이를 계획함. • 유아의 놀이에 나타난 누리과정 5개 영역의 경험을 찾아봄.

2) 활동 사례 - [주말: 우리동네]

▣ 누리과정 영역별 활동망

주말
우리동네

사회관계
- 나만 아는 우리 동네 조사하여 소개하기
- 우리 동네 다양한 장소 견학하기
  (은행, 우체국, 뒷산 등산로 등)

신체운동, 건강
- 안전하게 산에 오르는 방법
- 우리 동네 한 바퀴(산책)
- 무엇을 하는 곳일까요?(게임)
- 뒷산 놀이터 만들기
- 왼손, 오른손, 왼발, 오른발(게임)

의사소통
- 나만 아는 우리 동네(동화)
- 우리 마을 저 끝에는(동시)
- 곰 사냥을 떠나자(동극)
- 지도 속 기호(이야기 나누기)

예술경험
- 우리 동네 디오라마(미술)
- 우리 교실 지도 그리기(미술)
- 쇼핑몰에 필요한 물건 만들기
  (간판, 쇼핑몰 표지판, 안내도 등)
- 새노래
  : 동네 한 바퀴, 행복한 우리 동네,
  그런 집 보았니, 우리 동네

자연탐구
- 우리 동네 뒷산에 사는 동식물
- 어떻게 도착할까요?(게임)
- 나침반이 궁금해요.(과학)
- 무엇의 그림자일까요?(게임)
- 우리 동네 여러 가지 지도(과학)

▣ 활동 계획안(1)

활동명	나만 아는 우리 동네	지리개념발달	지역
연령	만 5세	활동유형	동화

<table>
<tr><td>활동 배경
놀이 사례</td><td colspan="2">교실에 쇼핑몰을 만들고 놀이를 유지하던 유아들은 어느 날, 우리 동네에 시장, 마트, 백화점 말고 다른 곳들도 있다며 자신이 가 본 장소에 대해 이야기를 하였다. 그러던 중, 우리 동네에서 하천 산책길에 포클레인이 들어가는 것을 보았다는 유아의 말에 신기해 하면서도 갸우뚱하는 유아들의 모습을 관찰하였다.</td></tr>
<tr><td>활동목표
(누리과정
관련 요소)</td><td colspan="2">– 그림책을 통해 우리 동네에 다양한 장소(공간)가 있음을 안다.
(사회관계〉 사회에 관심가지기〉 내가 살고 있는 곳에 궁금한 곳을 알아본다)
– 우리 동네 모습이 담긴 그림책을 즐겁게 감상한다.
(의사소통〉 책과 이야기 즐기기〉 책에 관심을 가지고 감상하기를 즐긴다)</td></tr>
<tr><td>활동자료</td><td colspan="2">『나만 아는 우리 동네(글 소영, 그림 최지은, 키즈엠, 2019)』 그림책, 우리 동네 위성사진</td></tr>
<tr><td>활동단계</td><td>활동내용</td><td>준비물 및 유의점</td></tr>
<tr><td>도입</td><td>1. 조각들로 가려진 어린이집 위성사진으로 주의를 집중한다.
– (조각 하나를 떼며) 조각 하나를 떼니 무엇이 보이니?
– (조각 하나를 더 떼며) 이제 더 많은 곳을 볼 수 있네~
– (모든 조각을 떼며) 이 사진은 어디를 찍은 걸까?
– 어떻게 찍으면 이런 사진이 찍힐까?
– 이곳에 가 본 적이 있니?
2. 그림책을 소개한다.
– 우리 동네에는 과일을 파는 가게도 있고, 큰 병원도 있구나~
– 이 그림책 속 동네에는 어떤 곳들이 있을까?</td><td>• 어린이집 주변 위성 사진
• 그림책(상황에 따라 그림동화, PPT 동화 등 매체의 유형을 다양하게 사용할 수 있다)</td></tr>
<tr><td>전개</td><td>3. 그림책을 감상한다.
– 나만 아는 우리 동네... 00이도 친구들이 알지 못했던 포클레인으로 공사 중인 하천 산책로를 발견했었는데~
– 이 초등학생은 어떤 곳을 알고 있을 것 같니?
– 왜 사람들은 이곳을 잘 알지 못할까?
– 바닥에 떨어진 노란 수첩은 누가 발견할 것 같니?
4. 그림책을 회상하며 이야기를 나눈다.
– 그림책 속 사람들이 자기만 알고 있던 장소에는 어떤 곳이 있었니?
– 우리 동네에 사람들이 잘 알지 못하는 장소가 있을까?</td><td>• 유아의 속도와 반응을 살피며 그림책을 감상한다.</td></tr>
<tr><td>마무리</td><td>5. 자신의 생각과 경험을 나누며 활동을 마무리한다.
– 나만 아는 우리 동네의 모습을 발견한다면 무엇을 하고 싶니?
– 혹시 우리 동네에 있었으면 하는 공간이 있니?
– 왜 그런 공간이 있었으면 좋겠다고 생각했니?
6. '우리 동네에 가면 00이 있고"를 하며 전이한다.</td><td></td></tr>
</table>

추후 예상 관심과 놀이 & 지원	– 각자 유아들의 나만 아는 우리 동네를 글과 그림으로 엮어 새로운 이야기 책 만들기를 해 본다. – 그림책에 나오는 동네 모습과 우리 동네 모습을 비교해 본다.
가족 및 지역사회 연계 활동	– 가족들과 우리 동네를 둘러보며 친구들이 모를 것 같은 우리 가족만 아는 우리 동네를 사진으로 찍어 소개한다.

<table>
<tr><th colspan="4">▣ 활동 계획안(2)</th></tr>
<tr><td>활동명</td><td>우리 동네 디오라마</td><td>지리 개념 발달</td><td>방향과 위치 · 지역</td></tr>
<tr><td>연령</td><td>만 5세</td><td>활동유형</td><td>미술</td></tr>
<tr><td>활동 배경 놀이 사례</td><td colspan="3">지도와 위성사진, 거리뷰 등의 자료를 이용하여 우리 동네를 탐색하고 블록으로 우리 동네를 구성하기를 반복하던 유아들은 지도나 사진처럼 다른 사람들이 쉽게 볼 수 있는 우리 동네를 만들기로 하였다.</td></tr>
<tr><td>활동목표 (누리과정 관련 요소)</td><td colspan="3">– 우리 동네의 길, 건물 등 특징에 관심을 가진다.
(사회관계〉 사회에 관심 가지기〉 내가 살고 있는 곳에 궁금한 곳을 알아본다)
– 관찰한 우리 동네를 다양한 자료를 활용하여 입체적으로 구성한다.
(예술경험〉 창의적으로 표현하기〉 다양한 미술재료와 도구로 자신의 생각과 느낌을 표현한다)
– 문제를 해결하기 위해 다른 사람의 의견을 존중하며 협력한다.
(사회관계〉 사회에 관심 가지기〉 내가 살고 있는 곳에 궁금한 곳을 알아본다)</td></tr>
<tr><td>활동자료</td><td colspan="3">다양한 크기의 상자와 통, 다양한 재질과 모양의 종이, 여러 가지 꾸미기 재료, 산책 시 찍어 온 우리 동네 사진, 우리 동네 지도와 위성사진, 거리뷰, 가위, 풀, 테이프</td></tr>
<tr><td>활동단계</td><td colspan="2">활동내용</td><td>준비물 및 유의점</td></tr>
<tr><td>도입</td><td colspan="2">1. 유아들이 블록으로 구성한 우리 동네 사진을 보며 이야기를 나눈다.
– 이 사진은 너희들이 교실에서 블록을 이용하여 만든 우리 동네의 모습이란다.
– 이곳은 어느 곳이었지?
2. 문제 상황에 대한 해결방법에 대해 이야기를 나눈다.
– 우리가 블록으로 우리 동네를 만들다보니 어떤 것들이 불편하다고 했었지?
– 동생반이나 다른 선생님들에게도 소개해 줄 수 있는 우리 동네를 구성하는 방법에는 어떤 것이 있을까?</td><td>• 유아들의 우리 동네 블록 구성물 사진
• 문제 상황에 대해 자유롭게 의견을 낼 수 있도록 격려한다.</td></tr>
</table>

전개	3. 디오라마로 표현할 우리 동네 장소를 정한다. – 우리 동네 많은 모습 중에 어떤 모습을 디오라마로 구성하고 싶니? – 왜 뒷산을 구성하고 싶니? – 뒷산에는 어떤 것들을 보았지? 4. 다양한 재료를 이용하여 우리 동네를 디오라마로 구성한다. – 어린이집에서 뒷산까지 길을 더 쉽게 기억하려면 무엇이 필요할까? – 뒷산의 흙은 무엇으로 표현할 수 있을까? – 나무가 많이 있는 곳은 어느 쪽이었니? – 사람들이 다닐 수 있는 길은 어디였지?	• 유아들이 정한 우리 동네 장소가 여러 곳일 경우, 소집단으로 구성할 수 있도록 한다. • 지리적 개념을 경험할 수 있도록 상호작용한다. • 유아가 주도적으로 자신의 경험을 표현할 수 있도록 격려한다.
마무리	5. 완성한 우리 동네 디오라마를 소개한다. – 우리 동네 뒷산을 다양한 재료를 이용하여 구성했는데 어려운 점은 없었니? – 이 디오라마를 동생들과 다른 사람들에게 어떻게 소개하면 좋을까?	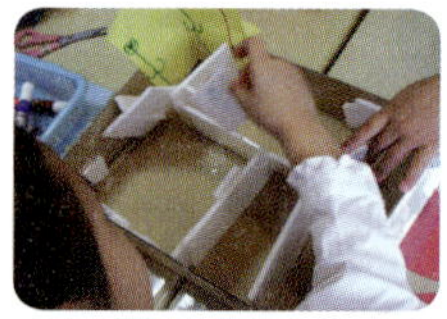
추후 예상 관심과 놀이 & 지원	– 당일에 마무리 되지 못할 경우, 다음 날에 이어 활동이 진행될 수 있도록 돕는다. – 유아들이 자신들이 구성한 우리 동네 디오라마를 전시하고 소개하는 기회를 마련한다.	
가족 및 지역사회 연계 활동	– 유아들이 구성한 우리 동네 디오라마를 활용하여 우리 동네 홍보물을 제작하고 각 가정에 소개한다. – 가족과 함께 직접 장소에 가 보고 그곳을 이용하는 사람들의 인터뷰를 하여 소개한다.	

3) 지리교육을 위한 그림책

지리 관련 내용	그림책	개요
지구는 우리가 살고 있는 곳		캄캄한 밤에 시몽 위로 글, 그림 / 봄봄 출판사, 2014년 낮과 다른 밤의 풍경을 담은 이야기. 낮과는 다른 밤의 풍경과 사람들의 생활을 경험할 수 있다.

방향과 위치		**하늘에서 본 우리 동네** 마이컨 콜런 글, 아메렌트스커 코프만 그림 / 진선아이, 2011년 주인공 팰릭스와 곰 인형이 비행기를 타고 하늘을 날며 우리 동네를 둘러보는 이야기. 위에서 내려다보는 우리 동네의 모습에 방향과 위치에 따른 새로움을 느낄 수 있다.
공간 내 관계		**나만 아는 우리동네** 소영 글, 최지은 그림 / 키즈엠, 2019년 주인공이 떨어뜨린 '나만 아는 우리 동네' 숙제 수첩을 주운 동네 사람들이 각자가 아는 우리 동네를 기록하는 이야기. 다양한 공간에 대해 관심을 가지며 공간의 변화를 경험할 수 있다.
공간적 상호작용		**마지막 뉴스** 서정홍 글, 선현경 그림 / 웃는돌고래, 2016년 뉴스를 통해 농부들이 더 이상 농작물을 팔지 않는다는 소식이 전해지고 시간이 지남에 따라 수입농산물도 구할 수 없게 되는 이야기. 다른 나라의 소식을 알 수 있는 방법을 경험하고, 농촌과 도시의 모습과 사람들의 생활을 경험할 수 있다.
지역		**미스 럼피우스** 바버러 쿠니 글, 그림 / 시공 주니어, 2017년 바닷가 도시에 사는 꼬마 앨리스가 할아버지와 어른이 되면 하고 싶은 일에 대해 이야기하고 성장하며 경험하는 일들에 대한 이야기. 사서, 열대섬, 정글, 사막, 바람, 꽃씨 뿌리기 등 다양한 물리적 공간과 사람들의 생활 모습을 경험할 수 있다.

♣ 함께해 보아요(마무리 활동)

◎ 내비게이션 놀이

- 넓은 공간에서 한 명은 내비게이션 안내자가 되고 한 명은 안내에 따라 움직이는 사람이 되어 다양한 방향, 위치 등의 관련 어휘들을 사용하여 놀이해 보아요.

제2장
역사

어린이집 가는 길

승현이는 할아버지와 어린이집 등원을 준비하고 집을 나서고 있다.

승현: 할아버지! 우리 차 타고 가요?

할아버지: 오늘은 오랜만에 걸어서 가 볼까?

승현: 걸어가면 힘든데... 차 타고 가.

할아버지: 얼마 멀지도 않는데...

승현: 할아버지도 다리 아프지? 그러니까 차 타고 가자.

할아버지: 할아버지는 다리 안 아픈데... 할아버지는 옛날에 항상 걸어 다녔어.

승현: 다리가 안 아파서 걸어 다닌 거에요?

할아버지: 옛날엔 지금처럼 자동차나 버스가 거의 없었지.

승현: 자전거는요??

주말 지낸 이야기 나누기 시간

건이: 나는 어제 엄마랑 아빠랑 놀이동산에 갔었어. 자동차도 타고 말도 타고...

승현: 나도 내일어제 엄마랑 아빠랑 놀이동산 가서 동물도 봤어.

집에서 생일카드 만들기

"엄마, 나는 5월에 태어났는데... 누나는 11월에 태어났어요? 그럼 내가 먼저네!! 내가 엄마 배 속에서 먼저 태어난 거지요?"라고 이야기 한다. 초등학교 2학년 누나는 "나는 9살이고 넌 5살이잖아. 내가 먼저 태어난 거지!! 나는 2007년 황금 돼지띠거든!"라고 승현이에게 이야기한다.

[함께 생각해 보아요]

◎ 여러분이 알고 있는 역사는 무엇인지 생각해 보세요.

1. 내가 알고 있는 역사의 내용을 적어 보세요.
2. 역사는 ___________ 이다.

위의 사례들을 통해 우리는 유아들이 지난 과거에 대해 관심을 가지고 있으며, 이러한 호기심은 일상생활 속에서 자연스럽게 나타난다는 것을 알 수 있다. 승현이는 할아버지의 과거에 관심을 가지고 현재와 달랐던 과거의 생활 모습에 대해 알게 된다. 주변 사람들과 나의 관계를 발견하며 과거의 경험을 나누는 과정을 통해, 유아들의 역사(시간) 개념의 발달을 예측해 볼 수 있다. 유아들의 현재 생활은 수많은 변화를 거쳐 왔으며, 계속되는 변화의 과정 안에 있으며 하루하루 달라지는 자신과 주변 세계에 대한 일반적인 호기심을 가지고 있다. 이제 막 태어난 동생의 모습을 보며 이 세상에 태어났을 당시 자신의 모습은 어떠했는지, 엄마나 아빠는 어렸을 때 부모님의 말씀을 잘 들었는지, 좋아하는 놀이터가 어떻게 달라지고 있는지 등과 같은 호기심은 유아들이 자신과 주변의 역사에 대해 관심을 가지게 하며, 현재와 과거를 이해하는 밑바탕이 된다.

1. 역사교육의 필요성 및 정의

역사는 현재까지 어떠한 사실과 사건들이 있었는지에 대해 알고 과거에 사람들이 무엇을, 어떻게, 왜 성취했는지에 대해 조사하는 것으로, 이러한 과거에 대한 지식을 통해 현재 우리의 행동과 선택에 대한 이유를 이해하게 된다(이혜림, 엄정애, 2008; Melendez & Fletcher, 2000). 지금까지 사람들은 역사를 현재와 관련 없는 영역으로 잘못 생각하고, 과거 사건이나 지명, 인명에 대한 기계적인 암기를 기본으로 역사교육은 어렵고 지루하다는 인식을 가져왔다(조순옥 외, 2013).

역사교육을 통해 유아들은 역사적 뿌리를 이해하고 시간의 측면에서 자신의 위치를 알게 되며 역사적 이해와 관점을 갖기 시작하면서 역사적으로 생각할 수 있게 된다. 과거에 대한 이해를 바탕으로 현재의 자신을 이해하고 더 나아가 민족의 정체성을 가지게 된다(김승희, 2017; 최완기, 2003). 현대사회는 세계화의 흐름 속에서 하루가 다르게 많은 변화들을 겪으며 새로운 문제들에 직면하고 있다. 당면하게 되는 문제들은 시간의 흐름에 따라 나타난 것이므로, 과거에 대한 이해를 바탕으로 해결 방안을 찾을 수 있게 된다. 이에 따라 다양한 변화의 시대를 살아갈 유아들에게 과거에 대한 이해를 통해 앞으로의 미래를 대비할 수 있도록 하는 역사교육이 더욱 중요시되고 있다(정선영, 김한종, 양호환, 이영효, 2001; Barton, 2002). 유아를 위한 역사교육은 과거에 대한 이해를 바탕으로 시간의 흐름 안에서 자신과 가족, 지역사회, 국가, 세계에 대한 현재와 미래를 연결하여 알아 가며 역사적 관점을 가지도록 하는 것이다(김승희, 2017; 권경숙, 배지희, 곽승주, 2009).

2. 역사(시간) 개념 발달의 특성

시간 개념은 역사의 핵심 내용 중에 가장 기본적인 개념이라 할 수 있다. 시간 개념은 시간의 흐름을 인식하여 역사를 이해하게 한다. 이러한 시간 개념 발달을 위해서는 원인과 결과에 대한 논리적 사고가 뒷받침되어야 한다. 유아들은 중심화(centering)와 비가역성(irreversibility)이라는 발달 특성으로 인해 역사 학습의 중심개념인 시간과 시간의 흐름에 대한 이해가 부족하다. 따라서 유아들의 시간 개념의 발달을 이해하고 유아들의 일상생활 속에서 직관적이고 주관적인 시간 개념을 경험하도록 하는 것이 필요하다(Barton, 2002; Seefeldt, Castle, & Falconer, 2014).

- 감각운동기(0~2세)

낮과 밤을 알고, 일상생활을 관찰하며 생활한다.

- 전조작기(2~6,7세)

시간에 대한 생각이 개인적이고 주관적이며 임의적인 단위로 시간을 측정한다. 하루와 같은 시간의 단위를 이해하며 과거를 회상하고 미래를 계획하게 된다. 하루 중 자신이 경험한 사건에 대한 순서를 짓고 시간 단어를 사용한다.

- 구체적 조작기(6,7~10세)

시계와 달력의 의미를 알고, 시간을 말하기 위해 시계를 사용한다.

3. 역사교육의 내용

역사는 과거의 사실을 다루며 시간의 흐름 안에서 연속성을 가지고 변화하며 예술, 과학, 문학 등 인간의 삶 전반에 걸쳐 존재한다(정선영 외, 2001; Jantz & Seefeldt, 1999). 역사교육을 통해 유아들은 나는 누구인지, 과거의 나와 현재의 나는 어떻게 연결되는지, 세상은 어떠한 변화를 겪었으며 앞으로 어떻게 변화하게 될 것인지에 대해 생각하게 된다(미국사회교육협회, 1998). 유아들의 역사 개념에 대한 이해를 돕기 위한 역사교육의 내용으로 유아를 중심으로 가족, 지역사회, 국가, 세계에 대한 역사를 포함하고 있으며 역사와 관련된 영역으로 문화, 시간, 변화, 사람, 장소, 환경을 다루고 있다(김혜진, 2005; 조순옥 외, 2013; Melendez 외, 2000; National Council for the Social Studies: NCSS, 1994; Seefeldt, Castle, & Falconer, 2014).

1) 시간

역사교육은 시간 지향적 교육으로 시간 개념은 역사교육의 기본이 된다. 유아들은 과거와 현재를 구분하기 시작하면서 개인적인 시간 개념과 일상적인 사건 순서 짓기를 통해 시간 개념을 발달시켜 나간다. “내가 어린이집에서 자고 일어나면 엄마가 와요? 자고 나서 간식을 먹으면 엄마가 와요?”와 같이 유아들은 직관적이고 주관적인 시간 개념을 가지고 있다. 유아들은 일과가 순서대로 일어난다는 것을 인식하고 매일 일어나는 하루 일과를 순서 지을 수 있다. 또한 유아들은 전과 후, 내일과 어제와 같은 시간과 관련된 순서 개념을 배우게 된다(최상훈, 이영효, 김한종, 강선주, 2007; Barton, 2002).

• 일상생활을 통한 시간교육

유아교육기관에서의 하루는 융통성 있게 운영되지만 급간식 시간 전에 손 씻기, 양치하기 등 반복되는 일상생활들이 존재한다. 유아들의 일상생활에서 반복적으로 발생하는 사건(상황)을 통해 유아들이 시간을 이해할 수 있도록 한다(조순옥 외, 2013). 또한 역사교육을 위해서 시간의 경과에 대한 개념 발달이 필요하다. 일 년 동안 모은 활동사진, 작품 사진, 그림, 신체 계측(몸무게와 키 등의 기록)은 유아들이 실제 자신의 경험을 토대로 시간 경과의 개념을 발달하는 데 도움을 준다. 교사는 유아들과 일상생활에 대해 상호작용하며 시간과 관련된 용어들을 사용하거나 일과를 다룬 책들을 통해 유아들의 시간에 대한 이해를 돕는다.

Tip. 교사의 질문

[2~3세]
- 오늘 가장 재미있었던 일은 무엇이었니?
- 오늘 산책을 하며 무엇을 보았니?
- 오늘 점심에 무엇을 먹었니?

[4~6세]
- 어제 점심에 무엇을 먹었니?
- 이번 주에 가장 재미있었던 놀이는 무엇이니?
- 00의 생일이 지난 지 며칠이 되었니?
- 지난주 놀이터에서 무엇을 했지?

• 시간 측정 경험을 통한 시간교육

유아들은 만 5세 전후로 시간을 알려 주는 시계에 관심을 가지고 자신의 일과를 시계의 시간과 연결 짓기 시작한다. 하지만 '시간'이나 '분'과 같이 간격의 지속성에 대한 개념이 발달하지 못한 유아들에게 시계를 보고 시간을 측정하도록 하는 것은 어려움이 있다. 이때 교사는 유아들에게 임의적인 방법으로 시간을 측정할 수 있는 기회를 통해 시간의 지속성, 연속성에 대해 경험을 제공한다(이양희, 이봉자, 2002; Seefeldt, Castle, & Falconer, 2014).

Tip. 유아교육기관에서의 시간측정 경험
- 역할놀이 시 소품으로 다양한 종류의 시계 제공하기
- 시침과 분침이 있는 모형 시계 제공하기
- 놀이, 정리, 공동 작업 등 계획된 시간을 알리는 방법 사용하기(동요, 타이머, 버저 등)
- 반복되는 일상생활이나 놀이에 모래시계 제공하기
- 모양대로 구성하기, 오래 버티기 등의 놀이 시 스톱워치 제공하기

2) 변화

역사교육은 과거와 다른 현재, 현재와 다른 미래의 변화를 알 수 있는 변화의 교육이다. 시간의 흐름에 따라 이전과 이후의 변화에 대해 인식하고 적응하는 변화의 개념은 앞서 다룬 시간 개념과 밀접한 관련이 있다(Cooper, 2002).

유아들은 변하는 것과 변하지 않는 것에 대해 확실하게 이해하기는 어렵지만, 일상생활 속에서 다양한 변화를 발견하고 경험하게 된다. 이때 유아들이 변화를 두려워하거나 외면하기보다는 변화를 수용하고 적응하는 방법을 알 수 있도록 하는 것이 바람직하다. 주변 환경은 유아들이 변화를 경험하는 좋은 기회를 제공한다. 일상생활에서 경험하는 날씨의 변화와 그에 따른 식물의 변화, 자신의 성장에 따른 변화, 가족의 변화, 우리 동네의 변화 등을 통해 유아들은 다음과 같은 변화의 개념을 이해한다(Seefeldt, Castle, & Falconer, 2014).

- 변화는 항상 존재하며, 지속적으로 일어난다.
- 변화는 우리의 삶에 영향을 미친다.
- 변화는 기록될 수 있으며, 기록은 다른 사람들의 변화를 이해하도록 한다.

[함께 생각해 보아요]

◎ 우리가 일상생활에서 경험하는 변화는 어떤 것들이 있는지 생각해 보세요.

• 유아 자신

유아들에게 제공되는 경험은 개별적인 의미를 가질 때 보다 효과적이며, 유아들이 자신의 변화에 대해 이해하는 것을 시작으로 변화에 대한 개념을 발달시켜 나가도록 해야 한다. 유아들은 지금의 내가 있기까지 자신의 변화된 모습(태어났을 때, 머리가 길었을 때/짧았을 때, 이가 빠졌을 때, 식사를 스스로 하기 전과 후 등)을 관찰하며 변화의 개념을 이해하게 된다.

Tip. 자신의 변화 경험의 예

- 어렸을 적 사진을 보며 달라진 점, 할 수 있게 된 것 등을 발견하기
- 태어났을 당시와 현재의 몸무게, 키 비교하기
- 이유식을 맛보며 지금 먹는 음식과 비교, 변화 발견하기
- 아기 때 사용한 용품(기저귀, 젖병, 아기용 칫솔, 신발 등)을 관찰하고 지금 내가 사용하고 있는 같은 용도의 나의 물건 찾아보기
- 과거 가족사진, 영상을 보며 변화된 점 발견하기

• 유아교육기관

유아들이 생활하는 유아교육기관에서 변화는 지속적으로 일어나며, 유아들은 함께 참여하여 변화를 이끌어 간다. 계절, 날씨 등에 따라 달라지는 유아교육기관의 모습을 발견하며, 변화에 대한 개념을 발달해 나간다.

Tip. 유아교육기관 변화 경험의 예

- 교실 공간 재배치에 참여하기
- 눈이나 비가 많이 내린 이후 달라진 놀이터 모습 관찰하기
- 선생님과 친구들의 변화 발견하기
- 유아교육기관에서 기르는 동식물의 변화 관찰하기

• 이웃

유아들은 가까운 이웃과 지역사회 안에서 나타나는 지속적인 변화를 발견하게 된다. 새로운 건물, 공원, 도로가 생기고, 미용실이었던 곳이 약국으로 변하기도 하고, 놀이터의 바닥이 바뀌거나 앞집에 살던 이웃이 이사를 가기도 한다. 유아들은 가깝게 생활하는 지역사회의 변화들을 관찰하고 이러한 변화가 나의 생활에는 어떠한 영향을 주는지 생각해 볼 수 있는 기회를 갖게 된다.

• 자연

유아들은 매일의 삶에서 마주하는 자연의 변화를 발견한다. 창밖의 구름, 꽃과 나무, 저 멀리 보이는 산, 주변에서 발견하는 곤충 등은 유아들로 하여금 변화의

개념을 이해할 수 있도록 한다. 따라서 유아교육기관에서는 유아들이 자연의 변화를 충분히 느끼고 관심을 가질 수 있도록 해야 한다.

Tip. 지역사회와 자연의 변화를 경험하기 위한 교사의 상호작용 예

- 아주 오래 전엔 이곳이 어떤 곳이었을까?
- 새로운 것은 어떤 것이 있니?
- 공원이 생기면 공원에서 무엇을 하고 싶니?
- (이전에 유아들이 찍은 사진을 보며) 지난주에 우리가 나무 밑에서 사진을 찍었었는데, 나무가 어떻게 달라졌니?
- 왜 이렇게 되었을까?

3) 인간 삶의 연속성

유아들은 변화의 과정 속에서 계속적인 경험을 하며 살아가고 있다. 유아들은 가족과의 상호작용을 통해 공통된 경험을 알게 되며 삶의 연속성을 경험한다. 조부모와 부모가 경험했던 것을 유아들도 반복적으로 경험하고, 가족 구성원들과 상호작용하며 인간의 삶이 연속되어진다는 것을 이해하게 된다. 가족의 기념일에 참여하거나 지역사회의 축제나 국가 공휴일의 경험을 통해서 삶의 연속성을 경험할 수 있다(Seefeldt, Castle, & Falconer, 2014). 유아교육기관에서는 유아들이 연속적으로 이루어지는 삶에 대해 이해할 수 있도록 가족과 지역사회와의 연계된 경험을 제공하며, 세대 간의 접촉을 통해서 삶이 연속된다는 것을 체험할 수 있도록 기회를 제공하는 것이 필요하다(조순옥 외 2013).

- 가족 : 가족이 살았던 곳, 부모의 결혼, 부모의 어린 시절 이야기 등을 통해 시간의 흐름에 따른 변화의 모습을 발견할 뿐만 아니라, 서로가 공유하는 감정과 정서를 경험하게 된다.

- 세대 간의 접촉 : 역사는 각 세대 간의 상호작용과 관계 형성으로 이어져 간다는 것을 고려한다면, 유아들에게 세대 간 접촉의 기회를 제공하여 반복적

이고 연속적인 삶을 체험하도록 하는 것이 필요하다.

- 기념일과 전통축제일 : 각 사회가 가지고 있는 기념일은 그 사회의 관습과 가치를 포함하여 역사의 풍부한 문화적 유산을 알 수 있는 기회가 된다. 유아들에게 기념일은 부모와 함께 시간을 보낼 수 있는 날이기도 하지만, 우리 사회가 중요하게 생각하는 개념과 관습을 체험할 수 있는 기회이기도 하다.

Tip. 인간 삶의 연속성 경험의 예

- 부모, 조부모의 어린 시절에 대해 들려주기
- 과거의 가족사진 보며 이야기 나누기
- 유아교육기관에 할머니, 할아버지를 초대하여 상호작용의 기회 제공하기
  (옛 이야기 듣기, 조부모의 어린 시절 이야기 듣기, 생일축하 함께하기, 요리, 게임 등)
- 유아교육기관의 기념일을 함께 계획하기
- 지역사회 축제에 함께 참여하기
- 공휴일에 무엇을 했는지 이야기 나누기

기념일과 축제에 참여하거나 옛 물건들을 사용해 보며 삶의 연속성을 경험한다.

4) 과거

사람들은 자신의 모습과 생활에 대해 기록을 남기고 과거를 회상하며 현재를 이해한다. 유아들이 과거를 이해하고 탐색하도록 한다는 것이 역사적 사건을 교육해야 한다는 것을 의미하는 것은 아니다. 유아들이 자신의 어렸을 때 사진, 영상 등의 기록에 관심을 가지고, 자신에 대한 과거를 탐색하는 경험을 통해 과거에 대한 개념을 가질 수 있도록 하며 현재의 사건과 관련된 과거를 이해할 수 있도록 하는 것이 필요하다(Seefeldt, Castle, & Falconer, 2014). 유아들은 흥미로운 옛날 이야기를 듣

고, 이전과 지금 현재의 차이를 생활 속에서 알 수 있으며, 자신에게 일어난 일의 순서에 따라 이야기하기도 한다(Barton, 2002). 유아들은 자신의 생활과 관련된 과거에 대해 흥미를 가지고 있으며, 가족과 지역사회에서 만나는 사람, 환경과의 상호작용을 통해 과거에 대해 경험할 수 있다.

• 인적 자원

유아들이 만나는 부모, 조부모, 유아교육기관 교사, 이웃 등은 과거를 이해하는 데 도움을 주는 인적 자원이다. 유아들은 부모나 조부모를 통해 자신과 가족의 과거를 경험하게 된다. 유아교육기관에서 교사는 유아들의 현재와 가까운 과거 기록을 접할 수 있는 기회와 과거를 회상할 수 있는 기회를 제공하여 유아들이 과거와 연결된 현재를 이해할 수 있도록 한다.

• 실물과 사진자료

유아들은 박물관이나 지역사회에 존재하는 오래된 건물 등을 통해 조금 더 먼 과거에 대해 경험하게 된다(Morris, 2000). 과거의 물건이나 건물 등을 직접 보고 경험하면서 호기심을 가지고 과거에 대한 정보를 얻고자 하는 동기를 갖게 된다. 과거에 사용되었던 사물이 지금은 어떻게 달라졌는지, 왜 이렇게 변하게 되었는지에 대해 생각하며 과거에 대한 이해를 형성한다.

Tip. 과거 개념 형성을 위한 경험의 예

- 인적 자원 활용하기(부모, 조부모가 들려주는 과거 이야기)
- 그림책, 미술, 춤 등을 통해 과거의 문화 경험하기
- 사물을 통해 과거에 사용한 물건과 현대의 물건 비교하기
- 지역사회의 오래된 건물이나 환경 둘러보기

4. 역사교육을 위한 교사의 역할

유아들이 과거에 대한 호기심을 가지고 역사에 대해 이해하고자 할 때, 역사가가 사용하는 탐구 방법을 사용하게 된다. 단순히 과거에 일어난 사건이나 사실, 이름, 날짜 등을 외우는 것이 아니라 능동적인 참여를 통해 의미있는 역사에 대한 조사기술을 발달시켜 나간다(조순옥 외, 2013). 진정한 역사 이해는 과거에 대한 호기심을 바탕으로 인과 관계와 역사적 추론의 기회를 경험하며, 주어진 과거에 대한 자료를 분석하고 결론에 도달하는 것이다(Van Sledright, 2002). 이를 위해 유아교육기관에서 유아들이 다음과 같은 경험을 할 수 있도록 도와야 한다.

- 질문하고 문제 확인하기 – 역사교육을 위해서는 조사기술을 경험할 수 있는 유아들의 자연스러운 질문으로 시작하는 것이 필요하다. 유아들은 자신의 문제를 찾으며 질문하기에 대한 감각을 증진한다.
- 정보 수집하기 – 유아들은 자신이 발견한 문제를 해결하기 위해 책을 찾아보거나 부모, 교사 등의 인적 자원을 통해 자료를 찾을 수 있다.
- 자료 관찰하기 – 유아들이 자료를 모은 후 보고, 느끼고, 만져 보고, 맛보는 등의 주의 깊은 관찰이 필요하다. 이러한 과정을 통해 유아들은 관찰을 통해 학습하는 능력을 증진하게 되고 관찰을 통해 유아는 자신과 주변의 변화를 알게 된다.
- 정보 분석하기 – 유아들이 수집한 자료를 충분히 관찰한 후에는 과거에 대한 분석과 유추가 가능하게 된다.
- 결론 내리기 – 유아들은 자신의 정보를 바탕으로 과거에 대한 나름대로의 결론에 도달한다. 유아들의 정확하지 못한 추론능력으로 인해 결론이 불완전할지라도 정확한 결론을 요구하기보다는 관찰, 면접, 프로젝트 등을 통해 유아의 역사적 사고와 이해를 격려하도록 한다.

5. 역사교육의 통합적 적용

1) 놀이 사례 - [옛날 옛날에]

▣ 놀이배경

유아들이 교실에 만든 우리 동네 여러 장소에서 놀이가 한창 진행되고 있다. 우리 동네 관공서를 견학하며 다양한 정보를 수집한 유아들은 우리 동네 이름이 어떻게 지어졌는지, 우리 어린이집은 언제 생겼는지, 자신들은 언제 이 동네에서 살게 되었는지 등에 관심을 가지게 되었다.

▣ 놀이의 흐름에 따른 교사의 성찰과 교육적 지원

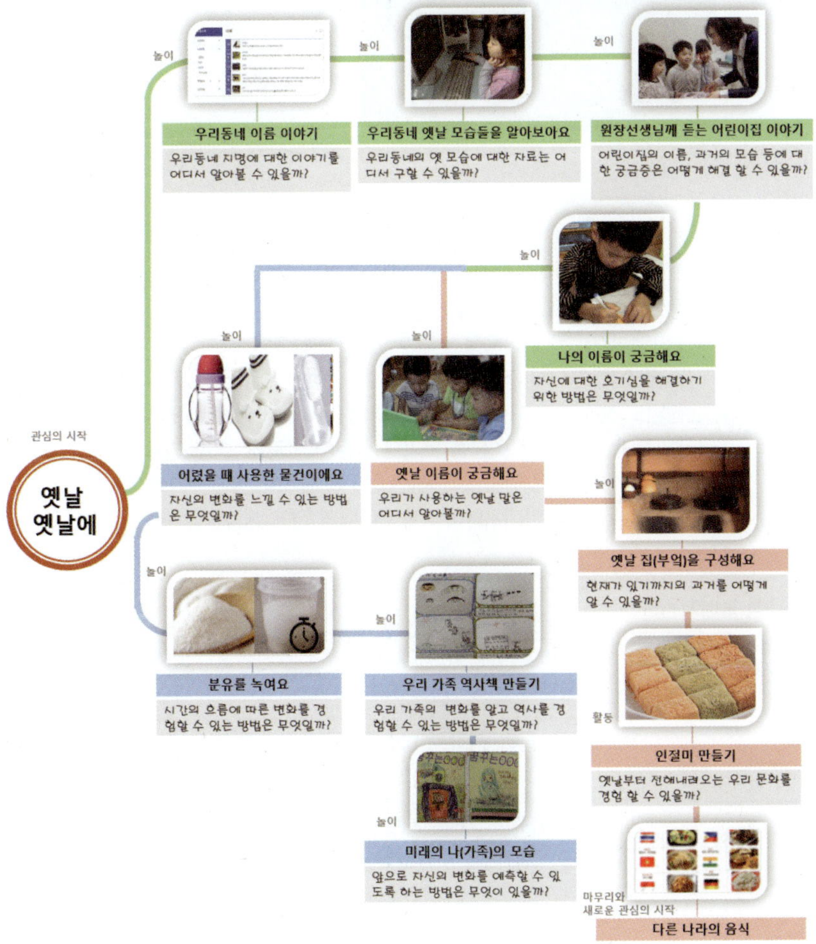

▣ 놀이 사례(1)	
관심의 시작	궁금한 우리 동네 이름 이야기

우리 동네와 관련하여 놀이하던 유아들은 우리 동네의 이름이 왜 "00동"이라는 이름을 갖게 되었는지 궁금해하였다. 유아들과 궁금증을 해결하기 위한 방법을 찾아보고, 아이들이 이야기 한 세 가지의 방법으로 해결해 보기로 했다. 첫 번째 방법은 아이들이 알고 있는 우리 동네 나이 많은 어르신께 물어보기, 두 번째 방법은 경찰서에 가서 물어보기, 세 번째 방법은 컴퓨터로 찾아보기이다. 유아들이 이야기한 세 가지 방법 중 원하는 한 가지 방법을 각자 선택하고 같은 방법을 선택한 유아들이 함께 팀을 이루어 직접 알아보기 시작했다.

"우리 동네 이름은 왜 00동일까?"
"원래 00동이니까 00동이지?"
"선생님, 우리 동네 이름은 누가 지었어요?"
"승현이는 우리 동네 이름을 누가 지었는지 궁금하구나."
"나는 무슨 뜻인지 궁금해요!!"
"선생님도 생각해 보지 못했는데... 너희들이 이야기해 주니 정말 궁금해지네. 우리 동네 이름을 누가 지었는지 어떻게 알 수 있을까?"
"우리 할머니도 같은 아파트에 사는데, 우리 할머니한테 물어볼래요."
"너희 할머니 몇 살인데? 할머니가 태어나기 전에 생겼으면??"

교육적 놀이지원	교사의 놀이지원 실제
상호작용	유아들의 놀이 속에서 생겨난 호기심을 격려하고, 동기유발이 될 수 있도록 상호작용하였다.
일과의 변화	유아들이 생각한 방법을 통해 궁금한 것을 알아볼 수 있도록 일과를 조정하여 경찰서를 방문하였다.
안전	유아들이 문제를 해결하기 위한 방법을 실천함에 있어 안전한 환경이 될 수 있도록 지원하였다.

▣ 놀이 사례(2)	
놀이	내 이름이 궁금해요

유아들은 우리 동네 이름을 알아보며 자신과 어린이집의 이름을 누가 지었는지, 언제부터 이 동네에 존재했는지에 대해 알고자 하였다. 주말 동안 자신의 이름과 관련하여 알아보고 '이름책'이라는 책을 만들었다.
몇 명의 유아들은 태명에 대해서도 알아 와서 엄마 배 속에 있을 때의 자신의 모습에도 관심을 가지게 되었다. 처음에는 자신들의 이름이 어떤 뜻을 담아서 누가 만들었는지에 대해서만 기록된 '이름책'은, 엄마 배 속에 있을 때의 태명까지 추가하여 기록하게 되었다.

"내 이름이 왜 현정인지 알아?"
"몰라. 왜 현정이야?"
"지혜로운 사람이 되라고 현정이라고 지었대."
"누가 지어준거야?"
"우리 부산 할아버지. 부산 할아버지가 지어 주셨대."
"나는 이름이 2개야. 엄마 배 속에 있을 땐 효라고 불렀대."
"그게 뭐야? 웃기다.
선생님, 수정이는 엄마 배 속에 있을 때 이름이 효였대요."
"그래? 수정이 태명이 '효'였구나."
"선생님, 태명이 뭐에요?"
"태명은 아기들이 엄마 배 속에 있을 때 부르는 이름이란다."
"그럼 태명이 첫 번째 이름이네요? 신기하다.
나도 엄마한테 태명 물어봐야지~"

교육적 놀이지원	교사의 놀이지원 실제
놀이자료의 변화	유아들이 주말 동안 집에서 알아 온 나의 이름에 관한 정보들을 바탕으로 나름대로 자신의 이름 카드를 만들고 엮어 이름책을 만들기 시작했다. 처음엔 각자의 명함처럼 만들다가 책으로 만들고 싶다는 제안을 하여 유아들의 흥미를 유지할 수 있도록 자료를 제공하였다.
상호작용	몇 명의 유아들은 자신의 태명에 대해 알아와 이야기해 주었다. 유아들이 얻은 정보를 주의 깊게 들으며 질문하고 교사의 이름, 태명에 대해서도 함께 이야기하며 놀이하였다.

▣ 놀이 사례(3)	
놀이	분유를 녹여요

오전 간식으로 우유를 마시던 현정이가 "우리 아가는 분유 먹는데..."라며 이야기를 시작하자, 다른 유아들도 자신이 아기였을 때 분유를 먹었는지에 대해 서로의 생각을 이야기하며, 자신들이 아기였을 때 상황에 대해 궁금해하였다. 유아들은 가정에서 자신이 어렸을 때의 모습 등에 대해 정보를 알아 오게 되었으며, 분유의 맛과 먹는 방법에 대해 알아보기 시작했다.

"이게 내 동생이 먹는 분유야~"
"나 먹어 봐도 돼?" "나도!!"
선생님, 현정이가 이거 먹어 봐도 된다고 했는데... 뭘로 먹어요?"
"먹고 싶은 친구들이 많으니까 각자 조금씩 덜어 먹을 수 있도록 하자."

"밀가루처럼 생겼네."
"냄새도 나요. 음~ 달콤한 맛이 나요."
"현정아, 동생은 분유를 어떻게 먹니?"
"엄마가 물에 녹여서 줘요."
"선생님, 우리도 물에 녹여 봐요."
"분유 가루를 물에 녹이려면 시간이 얼마나 걸릴까?"
"선생님, 그럼 우리가 분유에 물을 넣고 시간을 재 볼까요?"

교육적 놀이지원	교사의 놀이지원 실제
놀이자료의 변화 · 안전	분유 가루를 탐색하던 유아들이 가루를 녹여야 먹을 수 있다고 이야기하여 가루 분유를 녹이는데 얼마큼의 시간이 걸리는지 알아볼 수 있도록 자료를 제공하였다. 따뜻한 물에 녹일 때 안전에 대해 생각해 볼 수 있도록 지원하였다.
상호작용	유아들의 탐색을 위해 가루 형태의 분유를 제공하고 유아들이 직접 만져 보고 찍어 먹어 보는 등 탐색할 수 있는 기회를 제공하였다. 또한 지금 우유와 어떻게 다른지에 대해서도 함께 상호작용하며 관심을 가지고 탐색할 수 있도록 하였다.

▣ 놀이 사례(4)	
놀이	미래 나의 모습을 만들어요

찬열이와 몇몇 유아들은 자신이 살고 있는 곳, 자신과 가족의 과거에 대해 관심을 가지고 놀이하며 미래의 모습을 궁금해하기도 하였다. 미래의 자신의 키와 머리 스타일 등 외적인 모습뿐 아니라, 어떤 일을 하며 결혼은 했는지 등에 대해서도 이야기하며 미래 나의 모습을 표현하기 시작했다.

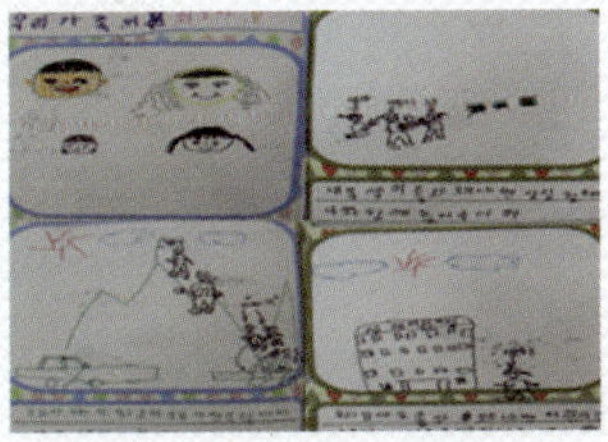

"우와~ 이거 예쁘다. 나중에 키가 크면 이런 옷 입어야지~."
"너 지금도 이런 옷 못 입어?"
"이런 거 입으려면 대학생 형님이 돼야지~~"
"찬열이는 커서 대학생이 되면 이런 옷을 입고 싶구나~??"
"우리 아빠 결혼하기 전에 이런 옷 입은 사진 봤어요."
"니네 아빠 지금은 이런 옷 안 입어?"
"야! 우리 아빠가 대학생이냐? 아빠지! 나이가 더 많잖아."

교육적 놀이지원	교사의 놀이지원 실제
상호작용	미래 자신의 모습에 관심을 가진 유아들과 외적인 모습뿐만 아니라 다양한 변화들에 관심을 지속할 수 있도록 상호작용하였다.
자료의 변화	유아들이 처음에는 자신이 어른이 되었을 때의 모습을 그리다가 인형처럼 만들고 싶다는 개별적인 요구를 반영하여 필요한 자료를 제공하였다.

▣ 실행된 교육과정과 놀이를 기록한 주간교육계획안의 예

<table>
<tr><td>기간</td><td colspan="3">2021년 ◆월 ◆일 ~ **월 **일</td><td>연령</td><td>5세</td></tr>
<tr><td>주제</td><td colspan="5">옛날 옛날에...</td></tr>
<tr><td>목표</td><td colspan="5">• 시간의 흐름에 따른 자신과 주변의 변화에 대해 안다.
• 옛날 우리나라의 문화에 관심을 갖고 달라진 점을 탐색한다.</td></tr>
<tr><td>요일</td><td>(월)</td><td>(화)</td><td>(수)</td><td>(목)</td><td>(금)</td></tr>
<tr><td>등원 및 맞이하기</td><td colspan="5">등원하며 어린이집 마당에 심은 열매 관찰하기</td></tr>
<tr><td rowspan="2">놀이</td><td colspan="5">옛날 집을 만들어요
옛날 부엌에서 음식을 만들어요
다듬이 도구로 옷의 주름을 펴요
그림책: 『돼지 오줌보 축구(글 이춘희, 그림 이혜란, 사파리, 2010)』
『우리가 사는 한옥(글 이상현, 그림 김은희, 시공주니어, 2017)』
찰흙으로 옛날 그릇 만들어요</td></tr>
<tr><td colspan="5">엄마가 불러주던 노래를 소개해요
어렸을 때 사용한 물건의 길이를 재어요
우리 가족 역사책 만들기</td></tr>
<tr><td>활동</td><td colspan="5">인절미를 만들어요(요리)
옛날 이야기(새노래)
아빠의 엄마의 엄마(동화)</td></tr>
<tr><td rowspan="2">바깥놀이</td><td colspan="5">모래 속에 숨겨져 있는 옛날 물건을 찾아요
실외놀이터 식물 관찰하기
옛날 놀이를 해요 – 고무줄 놀이, 비석치기
축구공으로 축구해요</td></tr>
<tr><td colspan="5">대체활동: 터널을 아기처럼 기어서 통과해요, 풍선으로 돼지 오줌보 축구해요</td></tr>
<tr><td>지역사회 연계</td><td colspan="5">우리 동네 오래 사신 어른께 우리 동네 이야기를 들어요</td></tr>
<tr><td>기본생활습관</td><td colspan="5">손 씻는 방법을 알고 실천해요</td></tr>
<tr><td>안전교육</td><td colspan="5">교통 – 차가 다니지 않는 곳에서 놀이해요</td></tr>
<tr><td>기타</td><td colspan="5">유아들의 관심이 나와 우리 가족의 과거와 우리나라의 과거를 알아보는 것으로 나뉘어 두 가지 놀이가 동시에 진행됨
나와 가족, 우리나라의 과거와 지금의 모습을 비교해 보는 과정을 충분히 경험할 수 있도록 함</td></tr>
</table>

▣ 누리과정 5개 영역의 내용과 연계하여 이해한 유아의 경험

신체운동 · 건강	• 우리 동네의 오래된 곳을 찾아보며 산책을 할 때 안전하게 놀이하는 방법을 경험함. • 자신의 신체의 변화를 인식하며 신체 활동을 즐김. • 과거와 다른 환경에서 건강하게 지내기 위한 방법을 알게 됨.
의사소통	• 옛날 말과 현재 사용하는 말을 통해 글자에 흥미를 가지고 경험함. • 옛이야기를 통해 책에 관심을 가지고 이야기를 즐김.
사회관계	• 자신의 가족의 변화에 관심을 가지고 생활의 연속성과 가족의 의미를 경험함. • 현재 자신이 할 수 있는 일들이 무엇인지 알고 실천하는 경험함. • 가족과 지역사회, 우리나라의 축제 및 행사에 대해 관심을 가지고 경험함.
예술경험	• 어린이집 주변을 둘러보며 자연의 아름다움을 발견하고 탐색함. • 옛날 악기와 그림 등을 감상하며 아름다움을 느끼고 창의적 표현을 즐김. • 과거와 현재 서로 다른 예술 표현을 존중함.
자연탐구	• 시간의 흐름에 따른 식물의 변화를 경험함. • 과거와 현재의 물건을 비교하며 미래 생활 속에 필요한 도구에 관심을 가짐. • 주변 환경의 변화를 관찰하고 긍정적인 변화를 위한 방법을 고민함.

▣ 놀이 사례 한눈에 보기		
놀이의 시작		유아들은 우리 동네 다양한 장소에 대해 관심을 가지고 놀이를 하던 중 우리 동네 이름은 누가 지었는지, 왜 이렇게 지었는지 등에 대해 궁금해하며 알아보고 싶어 하였다.
교육적 놀이지원		• 시간이 흐름에 따라 물체의 상태가 어떻게 달라지는지 지속적으로 관찰할 수 있는 공간을 제공함.
		• 유아들이 놀이에 필요한 자료를 요청했을 때, 적절하게 지원함으로써 유아들의 놀이가 유지될 수 있도록 함.
		• 유아들이 선택한 탐구 방법을 실행할 수 있도록 일과를 조정하여 개별적인 욕구를 수용하고 격려함.
		• 적절한 질문을 통해 유아들의 놀이가 유지, 확장될 수 있도록 함과 동시에 관찰하기, 함께 놀이하기 등의 상호작용을 통해 놀이를 지원함.
		• 과거의 물건을 관찰할 때 유아들이 스스로의 안전과 물건의 소중함을 생각하여 다루어 볼 수 있도록 함.
놀이지원 계획/평가		• 우리 동네의 이름으로 시작된 유아들의 관심은 어린이집과 자신의 이름에 대해 알아보는 것까지 확장되었으며, 이러한 것을 과거와 지금, 미래에 대해 생각해 볼 수 있는 기회가 될 수 있도록 함. • 자신과 가족의 과거와 다른 변화들에 대한 관심을 유지하고 유아들이 하고자 하는 놀이가 확장될 수 있도록 계획함. • 지난주 놀이 관찰과 기록을 바탕으로 다음 주 예상 놀이를 계획함. • 유아의 놀이에 나타난 누리과정 5개 영역의 경험을 찾아봄.

2) 활동 사례 - [옛날 옛날에]

▣ 누리과정 영역별 활동망

옛날 옛날에 …

사회관계
- 우리 동네 이름 이야기
- 우리 동네 옛 모습과 지금의 모습이 궁금해요
- 옛날 집 구성하여 놀이해요
- 옛날 부엌에서 음식을 만들어요
- 옛날 결혼식 놀이해요

신체운동, 건강
- 아기처럼 터널 기어 통과해요
- 모래 속에 숨겨져 있는 옛날 물건을 찾아요
- 옛날 놀이를 해요
- 산책하며 우리 동네 달라진 모습 발견해요

의사소통
- 원장 선생님 인터뷰해요
- 우리 가족 특별한 날을 소개해요
- 돼지 오줌보 축구(동화)
- 박물관이 왜 필요할까요?(이야기 나누기)

예술경험
- 옛날 그림을 감상해요(미술)
- 우리 엄마가 불러 주던 노래를 소개해요
- 옛날 이야기(새노래)
- 미래 우리 어린이집 디오라마를 만들어요(미술)

자연탐구
- 어렸을 때 사용한 물건(신발, 옷 등)의 길이를 재어요
- 다듬이 도구로 옷의 주름을 펴요(과학)
- 다같이 돌자 동네 한 바퀴(게임)
- 인절미를 만들어요(요리)

▣ 활동 계획안(1)

활동명	옛날이야기	역사 관련 내용	삶의 연속성
연령	만 5세	활동유형	새노래
활동 배경 놀이 사례	유아들은 자신의 가족에 관심을 가지며 자신의 엄마, 아빠의 과거에 대해 관심을 가지게 되었다.		

<table>
<tr><td>활동목표
(누리과정
관련 요소)</td><td colspan="2">– 우리 가족의 역사에 관심을 가진다.
(사회관계〉 더불어 생활하기〉 가족의 의미를 알고 화목하게 지낸다)
– 반복되는 리듬을 알고 노래 부르기를 즐긴다.
(예술경험〉 창의적으로 표현하기〉 노래를 즐겨 부른다)</td></tr>
<tr><td>활동자료</td><td colspan="2">「옛날이야기」 노래판</td></tr>
<tr><th>활동단계</th><th>활동내용</th><th>준비물 및 유의점</th></tr>
<tr><td>도입</td><td>1. 수수께끼를 하며 주의를 집중한다.
나를 낳아 주신 어른을 낳아 주신 분을 어떻게 부르는지 알고 있니?
2. 「옛날이야기」 노래를 소개한다.
– 선생님이 들려주는 노래에 답이 들어 있대. 한번 들어 볼까?</td><td>• 노래 음원 또는 피아노</td></tr>
<tr><td>전개</td><td>3. 「옛날이야기」 노래의 음을 듣고 불러 본다.
– 라듬 막대를 이용하여 들어 보자.
– 피아노 소리를 한번 들어 볼까?
– 우리가 불러 보기 쉬운 한 글자로 불러 보자.
4. 「옛날이야기」 노래의 노랫말에 대해 이야기를 나눈다.
– 노래에 어떤 노랫말이 있었는지 기억나니?
– 노래를 만든 선생님은 왜 '정말 감사합니다'라는 노랫말을 넣었을까?
5. 「옛날이야기」 노랫말을 넣어 다양한 방법으로 노래를 불러 본다.
– 노랫말을 넣어 함께 불러 보자.
– 또 어떤 방법으로 노래를 불러 보고 싶니?
– OOO이 생각대로 할머니, 할아버지가 낳은 이모를 넣어서 불러 보면 '그게 바로 나예요'는 어떻게 바꾸어 불러 볼 수 있을까?</td><td>• 리듬 막대, 노래판
• 노래를 다양한 방법으로 부르며 우리 가족의 역사에 대해 생각해 볼 수 있도록 한다.</td></tr>
<tr><td>마무리</td><td>6. 자신의 생각과 경험을 나누며 활동을 마무리한다.
– 이 노래를 누구한테 들려주고 싶니?
– 왜 할머니와 할아버지에게 들려주고 싶다고 생각했니?
– 이 노래를 듣는 엄마와 아빠(할머니와 할아버지)는 뭐라고 이야기하실까?
7. 유아들의 이름을 넣어 부르며 전이한다.</td><td></td></tr>
<tr><td>추후 예상
관심과 놀이
& 지원</td><td colspan="2">– 아빠, 엄마 대신 다른 가족 구성원을 노랫말에 넣어 불러 본다.
– 유아들이 가족의 다양한 변화에 관심을 가지며 가족의 역사를 알아보고자 한다.</td></tr>
</table>

가족 및 지역사회 연계 활동	– 할아버지와 할머니의 젊은 시절의 사진, 엄마와 아빠의 아기 때 사진과 지금의 사진을 이용하여 가족과 함께 우리 집 옛날이야기 노래판을 만들어 본다.

▣ 활동 계획안(2)			
활동명	인절미를 만들어요	역사 관련 내용	과거
연령	만 5세	활동유형	요리
활동 배경 놀이 사례	유아들은 옛날 부엌을 만들어 놀이하며 우리나라의 음식을 알아보던 중 떡에 관심을 가지기 시작하였다.		
활동목표 (누리과정 관련 요소)	– 우리나라 음식인 떡에 대해 관심을 가진다. (사회관계〉 사회에 관심가지기〉 다양한 문화에 관심을 가진다) – 인절미에 사용되는 다양한 재료들을 탐색하며 요리 전, 후의 변화에 대해 안다. (자연탐구〉 생활 속에서 탐구하기〉 물체의 특성과 변화를 여러 가지 방법으로 탐색한다)		
활동자료	인절미 만들기 요리순서도, 찹쌀가루, 찐 떡 반죽, 콩가루, 팥가루, 방망이, 개인 접시, 빵칼, 위생장갑		

활동단계	활동내용	준비물 및 유의점
도입	1. ‘인절미와 총각김치’ 노래를 들으며 주의를 집중한다. – 이 노래에는 우리나라 음식 중 어떤 것이 나오니? – 인절미는 무엇일까? 먹어 본 적 있니? 2. 인절미와 관련된 사진을 보며 이야기를 나눈다. – 인절미는 옛날 결혼하는 날 상에 올리기도 했단다. – 인절미의 색은 정말 다양하구나. 무엇으로 이런 색을 낸 걸까?	• 인절미와 총각김치 노래 음원 • 인절미가 혼례상에 올라간 사진, 다양한 고물을 묻힌 인절미 사진
전개	3. 준비된 재료를 탐색하고 요리순서도를 보며 이야기를 나눈다. – 인절미를 만들려면 어떤 것들이 필요할까? – 여기 어떤 재료들이 있을까? – (찹쌀가루를 보여 주며) 이것은 찹쌀가루라고 하는 재료인데 이 가루로 떡을 만든대. 어떻게 가루가 떡이 될까? – 가루가 떡이 되려면 얼마큼의 시간이 걸릴까? – 선생님이 너희와 인절미를 만들려고 찹쌀가루로 떡 반죽을 만드는 모습을 보여 줄게. – 찹쌀가루와 반죽은 어떻게 다르니? – 여기 색깔이 있는 가루는 어떤 가루일까? – 재료들을 이용하여 인절미를 만들려면 제일 처음 무엇부터 해야 할까?	• 유아들과 요리 재료를 충분히 탐색한다. • 유아들이 찹쌀가루의 변화를 경험할 수 있도록 한다.

	4. 완성된 인절미를 먹으며 이야기를 나눈다. - 찹쌀가루를 반죽으로 익히고 고물을 묻혔더니 이렇게 변했구나. - 완성된 인절미는 어떤 맛이 나니? - 처음 떡 반죽의 맛과 어떻게 다르니?	
마무리	5. 인절미 요리 경험에 대해 이야기 나누며 활동을 마무리한다. - 혹시 인절미를 만들면서 어려운 점은 없었니? - 방망이로 빻아야 하는 것이 힘들었구나. 방망이로 반죽을 빻으니까 어떻게 달라졌니? - 인절미를 만들면서 가장 좋았던 점은 무엇이니? - 너희가 만든 인절미를 누구에게 주고 싶니? 6. 유아들과 인절미와 총각김치 노래를 부르며 전이한다.	
추후 예상 관심과 놀이 & 지원	- 과거의 떡 만드는 방법과 현재의 떡 만드는 방법, 떡의 종류 등을 경험하며 떡집 놀이를 한다.	
가족 및 지역사회 연계 활동	- 자신이 만든 인절미를 가족과 함께 먹은 후 가족의 소감을 인터뷰해 보며 떡의 다양한 종류 등에 대해 자연스럽게 이야기해 볼 수 있도록 한다. - 우리 동네 떡집을 방문하여 다양한 떡을 경험하고 과거와 다른 떡의 모습에 대해서 알아볼 기회를 제공한다.	

3) 역사교육을 위한 그림책

역사교육 내용	그림책	개요
시간		시간이 흐르면 이자벨 미뇨스 마르틴스 글, 마달레나 마토소 그림 / 그림책공작소, 2016년 아이가 자라고, 연필이 짧아지고, 감자에 싹이 나는 등 시간이 흐르면서 경험할 수 있는 일들을 담은 그림책. 주변에서 쉽게 접할 수 있는 경험들을 통해 시간 개념을 발달할 수 있다.

변화	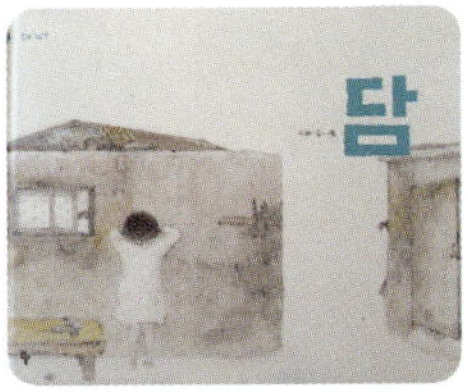	**담** 지경애 글, 그림 / 반달, 2014년 옛날 동네를 연상하게 하는 배경으로 숨바꼭질도 하며 온 동네를 뛰노는 아이들의 이야기. 도시의 아이들이 경험하지 못하는 담, 마당 등의 주거공간의 변화를 느낄 수 있다.
변화		**작은 집 이야기** 버지니아 리 버튼 글, 그림 / 시공주니어, 2017년 시골마을의 작은 집과 주변의 환경이 어제와 다르게 변하면서 점점 도시화되는 모습을 그린 이야기. 시간의 흐름에 따라 조금씩 변하는 우리 주변의 모습에 관심을 가지며 지금의 우리 주변 환경도 처음부터 지금의 모습은 아니었을 거라는 것을 알 수 있다.
삶의 연속성		**할아버지의 이야기 나무** 레인 스미스 글, 그림 / 문학동네, 2011년 증조할아버지가 가꾼 정원으로 들어가 증조할아버지의 어린 시절의 이야기를 담은 그림책. 가족 구성원의 과거에 대해 관심을 가지고 지금 나의 성장 과정과 비교해 볼 수 있다.
과거		**오늘은 뻥튀기 먹는 날** 이미자 글, 그림 / 꿈터, 2018년 맛있는 뻥튀기를 받으러 가는 세 남매의 이야기. 시골의 풍경과 지금의 과자처럼 즐겨 먹던 뻥튀기를 경험하며 지금과 다른 과거에 관심을 가질 수 있다.

♣ 함께해 보아요(마무리 활동)

◎ 나의 역사책을 만들어 보아요

- 준비물 : 나의 과거 사진 여러 장, 잡지, 가위, 풀
- 나의 과거 사진, 현재 사진과 내가 생각하는 미래 나의 모습과 유사한 모습을 잡지에서 오려 붙여 나의 역사책을 만들어 보아요.

제3장
경제

민규네 집

민규는 저녁 늦게 귀가한 엄마에게 우유가 먹고 싶다고 말한다.

민규 : 엄마, 집에 우유가 없어요. 나, 우유 먹고 싶은데..

엄마 : 어머? 벌써 다 먹었어? 지금은 마트가 문을 닫았는데.. 알았어. 이걸로 주문해야겠다. 그럼, 내일 아침에 먹을 수 있을 거야(앱으로 주문한다). 또 다른 거 먹고 싶은 거 있니?

민규 : 아침에 식빵에다가 딸기잼 발라 먹고 싶어요.

엄마 : 그래~ 그럼, 식빵이랑 잼도 주문해야겠다.

민규 : 근데, 어떻게 알고 우리 집에 갖다 주는 거예요?

엄마 : 엄마가 우리 집에 필요한 거랑, 우리 집 주소랑 보냈지. 아침 일찍 갖다 주실 거야.

민규 : 와~ 공짜루요?

엄마 : 아니~ 엄마가 여기서 미리 돈을 계산하는 거야.

민규 : 누구한테요? 어떻게 돈을 줘요?

엄마 : 음...

OO 마트

수민이가 아빠와 함께 쇼핑하다가 맘에 드는 팽이를 한참 쳐다보고 있다.

수민 : 아빠, 나 이 팽이 살래요

아빠 : 그 팽이는 집에 2개나 있잖아.

수민 : 집에 있는 거는 여기가 노란색이고, 이거는 빨간색이에요. 이거 갖고 싶어요.

아빠 : 색깔만 다른 게 또 필요해?

수민 : 민규도 집에 3개 있대요. 나는 2개밖에 없는데... 이거 TV에서 노래도 나왔는데, 3개가 있어야 합체가 된단 말이에요. 나 살래요.

아빠 : 그냥 가자.

수민 : 아빠~~~

[함께 생각해 보아요]

▶ 민규와 수민이에게 어떻게 대답하면 좋을지, 엄마/아빠의 입장에서 이야기해 보세요.

유아들은 일상생활에서 다양한 경제 개념을 직간접적으로 경험한다. 부모와 함께 마트나 매장에서 원하는 물건을 선택하고 구매했던 경험은, 유아교육기관에서 자연스럽게 판매/ 구매 놀이로 나타난다. 간식을 몇 개 더 먹을 것인지, 개수가 제한되어 있는 놀잇감을 얼마나 가지고 놀이할 것인지, 손을 씻기 위해 차례를 기다리는 일, 재활용품으로 자동차를 만드는 일 등등... 유아의 하루 일과 속에서도 다양한 경제 개념들이 사용되고 있다. 경제 개념에 대한 이해와 적용도 생애 초기 경험이 중요하기 때문에, 유아에게 접근 가능한 경제 개념을 추출하고 유아의 발달단계에 적합한 방법으로 경제 개념을 익히도록 하는 것이 중요하다.

1. 경제교육의 필요성 및 정의

최근에 부모들은 자녀들의 건강과 안전, 육아의 효율성을 높이기 위해 많은 비용을 지출하고 있다. 그리고 이러한 제품 선택의 과정에서 유아의 의사를 적극적으로 반영하고 있기 때문에, 유아의 소비결정권이 더욱 확대되고 있다(교육과학기술부, 2011; 서현아 외, 2005; 장명주, 2003). 강력한 소비결정권을 갖게 된 유아들은 구매욕구를 자극하는 대중매체의 광고들을 접하면서 눈에 보이는 모든 것을 자신의 것으로 만들고 싶어 한다. 이렇게 대중매체의 광고 메시지를 그대로 믿는 유아의 무한한 욕구에 비해, 자원(부모의 경제력, 물품 수량 등)은 한정되어 있기 때문에, 다양한 경제적 갈등이 시작된다. 이러한 갈등을 해결하기 위한 방법으로, 한정된 자원 안에서 합리적인 의사결정을 통해 안정된 경제활동을 할 수 있도록 돕기 위한 것이 경제교육이다.

경제교육은 유아의 주변에서 일어나고 있는 경제 현상들을 이해하고, 이를 바탕으로 다양한 경제 관련 문제들을 해결할 수 있는 지식, 기술, 태도를 형성하는 교육이다. 유아기에 경험하게 되는 화폐가치, 상품과 서비스, 생산과 소비 등에 대한 초보적인 개념들은 이후 발달에도 지속적인 영향을 미치게 된다. 따라서 유아기에 적절한 경제교육을 통해 올바른 경제 개념들을 경험할 수 있도록 하는 것이 필요하다. 또한 사회문화적으로 다양하고 활발한 소비활동이 이루어지고 있지만 그에 따른 경제 불평등이나 채무, 파산 등의 사회 문제가 대두되면서, 어릴 때부터 건전한 장기 투자나 다양한 방식의 효과적인 경제교육이 필요하다는 목소리가 더욱 강조되고 있다(교육과학기술부, 2011).

이에 따라 유아 경제교육의 목표는 유아가 합리적인 경제생활을 통해 자신의 삶을 올바르게 이끌어 가고, 책임 있는 경제주체로서 바람직한 사회경제활동에 기여하도록 하는 데 있다. 이를 위해서는 유아의 일상생활 속에서 자연스럽게, 지속적으로 경제교육이 이루어지는 것이 중요하다.

2. 경제 개념 발달의 특성

우리는 종종 '나 이거 살래~', '여기 없으면 다른 마트에서 가져오면 되잖아', '돈이 없으면 카드로 하면 되잖아'라고 소리를 지르는 유아들을 발견하게 된다. 대부분의 유아들은 물건을 살 때는 그에 상응하는 돈을 지불해야하는 것을 알지만, 가진 돈이 제한되어 있거나 물건이 없기 때문에 원하는 것을 다 가질 수 없다는 것은 이해하기 어렵다.

유아는 가정과 지역사회, 유아교육기관 등에서 일어나는 다양한 경험을 통해 경제적 개념을 습득할 수 있으며, 경제 개념에 대한 이해는 대체적으로 연령과 함께 발달하는 경향을 보인다(김정원, 조정록, 2004; Seefeldt, 1997). 또한 5세경의 유아들은 경제 개념에 대한 이해를 토대로 의사결정을 할 수 있다고 보고 있다(조순옥 외, 2013; Seefeldt, 1995). 유아의 경제 개념 발달 특징을 연령별로 살펴보면 다음과 같다.

〈표 3-1〉 유아의 경제 개념 발달 특징

연령		경제 개념 발달 특징
감각운동기	0~2세	• 동전의 모양, 크기를 관찰하고 주의를 기울임
전조작기	3세	• 가게에서 물건이나 놀잇감을 살 수 있지만 돈이 상품과 교환된다는 사실은 인식하지 못함 예) 가게에서 사탕과 장난감을 가져오지만 돈과 교환된다는 것을 알지 못함 • 원한다면 원하는 모든 것을 가질 수 있다고 생각함
	4~5세	• 가게 놀이에서 소비와 구매 개념이 나타남 • 물건을 사는 데 돈이 필요하고, 돈이 교환수단으로 이용됨을 인식함 • 돈과 돈이 아닌 것을 구분하지만, 동전 종류는 구분하기 어려워함
구체적 조작기	6~10세	• 9세 이후, 동전 간에 가치가 다름을 인식함 • 사람들이 돈을 벌기 위해 일한다는 것을 인식함 • '신용' 개념을 이해함

출처: 조순옥 외(2013), p.167 재구성.

3. 경제교육의 내용

우리는 매일 필요한 것과 원하는 것을 고민하고, 제한된 자원 안에서 합리적인 소비를 하기 위해 기회비용을 계산한다. 이와 같이 매일 겪게 되는 경제적인 갈등 상황에서 합리적인 의사결정을 토대로 건전한 경제활동을 해 나가기 위해서는, 유아기에 올바른 경제생활 습관을 형성해야 한다. 올바른 경제생활 습관을 형성하기 위해 유아기 경제교육에서 다루어야 할 교육 내용은 어떤 것이 있을까?

교육과학기술부(2011)에서는 유아기 경제교육을 '자원, 시장, 공유'의 3가지 차원으로 구성하여 '희소성과 선택, 기회비용, 의사결정, 화폐가치, 생산, 소비, 분배, 절제, 재활용'의 9가지 개념요소를 바탕으로 경제교육활동을 제시하였다. 그 외 선행연구(김숙자, 김희경, 2009; 김정원 ,조정록, 2004; 이종향, 2020; 황경윤, 김민진, 2013; Hansen, 1977)들을 토대로 유아 경제교육에서 다룰 수 있는 내용을 정리해 보면 다음과 같다.

〈표 3-2〉 유아의 경제 교육의 내용

자원	제한된 자원(희소성), 필요한 것(need)과 원하는 것(want) 기회비용, 절약과 재활용, 생산과 소비
시장	화폐가치, 판매와 구매, 광고, 권리와 책임
공유	윤리적 소비, 기부와 나눔

1) 자원

자원은 인간이 유용하게 사용하는 각종 재화와 용역을 말한다. 자원은 크게 자연자원(생물자원/무생물자원)과 인문자원(인적 자원/문화적 자원)으로 나눌 수 있다. 이 중에서 인간 생활에 가장 유용한 토지, 물, 광물을 기초자원이라고 하며, 이러한 기초자원을 바탕으로 식물과 동물이 서식하게 되는데 이를 천연자원이라고 한다. 인간은 기초자원과 천연자원을 이용해서 식량자원, 공업원료자원, 에너지자원 등의 1차 자원을 만들어 내고, 이것을 다시 2차, 3차로 가공하여 인간 생활에 필요한 물자를 생산하게 된다.

자원은 그 양이 한정되어 있기 때문에, 인간의 이익만을 위해 자원을 과도하게 개발한다면 생태계가 파괴되고, 결국에는 인간도 살아갈 수 없게 될 것이다. 따라서 지속 가능한 발전을 위해서는 자원을 개발하는 것만이 아니라, 절약하고 보존하기 위한 방법을 계속적으로 고민하고 실천해야 한다.

- 제한된 자원(희소성) : 자원이 유한하다는 사실은 경제교육에서 가장 핵심이 되는 개념이다. 사람들이 원하는 욕구를 모두 만족시킬 만큼 자원이 충분하지 않다는 희소성(scarcity)은, 제한된 자원 안에서 어떻게 수요와 공급을 잘 조절할 수 있는가 하는 중요한 질문을 던지게 한다.

- 필요한 것(need)과 원하는 것(want) : 자신이 원하는 것을 다 갖지 못한다면 자신에게 가장 중요한 것을 선택할 수 있어야 하는데, 그 기준이 되는 것이 '필

요한 것'과 '원하는 것'을 구분하는 것이다. 제한된 자원 안에서 자신에게 꼭 필요한 것인지, 그 이상의 욕구인지를 점검해 보고, 현재 가지고 있는 것에 만족하고 절제할 수 있는 것이 필요하다. 이를 바탕으로 합리적인 선택을 할 수 있게 된다.

▶ '생존을 위해 꼭 필요한 것'과 '자신이 소유하고 싶어 하는 것(있으면 좋은 것)'의 차이를 이해하고, 토의하기, 목록 만들기, 그림으로 표현하기, 관련 그림책 읽기 등의 활동을 통해 그것을 구분해 보도록 할 수 있다.

[그림 3-1] 필요한 것(needs)과 원하는 것(wants)

- 기회비용(opportunity cost) : 제한된 자원 안에서 자신이 어떤 것을 선택한다는 것은 다른 어떤 것을 포기한다는 의미이다. 기회비용은 자신이 원하는 어떤 것을 얻기 위해 포기한 대가를 말한다. 선택을 해야 하는 상황에서는, 포기한 것에 대한 기회비용이 최대한 작은 것을 선택해야 만족도가 높다고 할 수 있다. 그리고 자신이 선택하는 것이 포기하는 것보다 더 만족스러운지를 인식할 수 있어야 한다.

▶ 예를 들어, 약속 장소에 갈 때, 택시를 타면 빠르고 편리하지만 경제적 비용이 많이 든다. 버스를 이용한다면 경제적이지만 불편하고 늦을 수 있다. 모든 기회비용은 객관적인 수치로 표시할 수 있는 것이 아니기 때문에, 이

러한 선택은 각자 처한 상황과 자신이 중요하게 여기는 가치관에 따라 달라질 수 있다. 즉, 눈에 보이는 돈보다 시간을 더 귀중하게 생각한다면 택시를 선택할 것이고, 버스를 타는 것의 기회비용이 더 크다고 판단하게 될 것이다.

- 유아도 이러한 선택의 상황을 설정하고 경제적 가치에 대해 질문하고 토의할 수 있다(햄버거를 먹는 것이 좋을까? vs 집에서 만들어 먹는 음식이 좋을까?/ 밤늦게까지 TV를 보는 것이 좋을까? vs 빨리 자고 일찍 일어나는 것이 좋을까? 등).
- 유아는 이런 과정을 통해서 가장 경제적이고 합리적인 선택이 어떤 것인지에 대해 생각해 보게 된다. 또한 가정이나 지역사회가 바람직하게 여기는 가치관이나 공공의 이익을 위한 가치를 습득할 수 있고, 새로운 가치를 창조하는 기반을 만들어 갈 수 있다

- 절약과 재활용 : 제한된 자원을 유지하기 위한 방법으로, 가지고 있는 자원을 절약하고 재활용(recycling)하기, 재사용(reuse)하기, 쓰레기 줄이기(reduce) 등의 방법을 찾아 볼 수 있다. 유아가 가정과 기관에서 실행할 수 있는 물과 전기 절약, 음식 덜어 먹기, 저축하기, 종이 아껴 쓰기, 놀잇감 소중하게 다루기, 폐품 활용하기, 분리수거하기 등의 구체적인 방법들을 찾아보고 실천해 보도록 한다.

- 생산과 소비 : 생산은 기초자원과 천연자원을 바탕으로 2차, 3차의 가공작업을 거쳐서 사람들이 원하는 물건과 생활에 필요한 물건들을 만들어 내는 일이며, 소비는 자신의 필요와 욕구에 따라 재화와 용역을 선택하고 사용하는 것이다. 생산품은 눈에 보이는 물건들(재화)과 눈에 보이지 않는 활동이나 서비스(용역)가 될 수도 있다. 생산품은 집에서 생산하는 것에서부터, 이웃과 지역사회에서 생산되는 것이 있으며, 특정 지역이나 특정 국가 상황에 맞게 특화되어 그곳에서만 생산되는 특산품들도 있다. 이러한 생산 과정에서는 하나의 물건을 만들어 내기 위해 다양한 역할(분업)이 필요함을 인식하고, 생산된

물건들이 어떻게 소비자에게 올 수 있는지, 어떤 경로(유통과정)를 거치게 되는지에 대해서도 알아볼 수 있다.

- 생산자의 다양한 역할은 다양한 직업과도 연결된다는 것을 알고, 서로 협력해야 하는 것의 필요성과 그 수고에 대해 감사하는 마음을 갖도록 한다.
- 각 사람은 생산자인 동시에 소비자이다. 모든 생산자는 자신이 생산한 물건을 팔거나 일을 한 대가로 돈을 받게 되고, 그 돈으로 자신이 필요한 것을 구입하여 사용하는 소비자가 된다. 유아에게 생산자와 소비자의 역할을 직접 경험해 보는 기회를 제공함으로써 이를 더 잘 이해할 수 있도록 도와야 한다.

2) 시장

시장은 재화와 용역을 사고팔거나, 교환이 이루어지는 곳이며, 그 과정에서 시장가격이 형성된다. 일반적으로 물건을 구매하려는 사람이 많아지면 가격이 올라가고, 물건을 판매하려는 사람들의 경쟁이 심해지면 가격이 내려간다. 그리고 시장에서 정해진 가격에 따라 물건과 화폐가 교환된다. 시장은 일상적으로 사용하는 물건뿐 아니라 교육, 서비스, 토지, 주택, 그림, 주식 등 다양한 것이 거래되는 곳으로, 전통시장, 백화점, 마트, 인터넷 사이트, 가상공간 등 다양한 형태로 존재한다.

- 화폐가치 : 화폐는 물건을 구매하거나 서비스를 얻기 위해 사용하는 교환의 매개체로서 모든 경제활동의 기본이 된다. 따라서 경제활동을 위해서는 화폐의 종류와 기능에 대한 기본적인 이해가 선행되어야 한다. 현재 사용되고 있는 동전과 지폐의 단위, 환전, 화폐의 가치 등을 알아보기 위해서는 관련된 그림책이나 교구 활용, 실물 화폐 탐색 등의 활동을 진행할 수 있고, 역할놀이를 하거나 실제 시장(마트)에서 구매 활동을 해 보는 것도 효과적이다.

♣ 시사자료 : 화폐 단위

세계에서 가장 큰 단위 화폐 사용하는 대한민국? (뉴스쉐어, 2021. 1. 15)
http://www.newsshare.co.kr/38282

- 판매와 구매 : 판매는 생산한 물건을 파는 것이고, 구매는 자신에게 필요하거나 원하는 물건을 구입하는 일이다. 생산자가 직접 물건을 판매하기도 하지만, 다른 사람이 대신 판매하기도 하며, 생산자의 물건을 구매해서 물건을 가공하고 재포장하는 과정을 거쳐 더 비싸게 판매하기도 한다. 판매자는 최대한 많이 팔아 이윤을 남기기 위해 광고를 하고, 구매자는 좋은 물건을 최대한 싸게 구입하게 위해 물건을 비교한다. 이러한 모습은 유아들이 부모들과 구매 활동을 하면서 자연스럽게 경험하게 된다. 유아교육기관에서도 역할놀이를 하며 판매/구매를 경험해 볼 수 있고, 실제 마트에서 구매를 해 보거나, 기관에서 주최하는 아나바다 행사, 지역사회의 벼룩시장 등에 참여하면서 판매활동도 경험해 볼 수 있다.

동네 마트에서 실제로 구매 활동 경험해 보기

- 권리와 책임 : 구매자는 자신이 원하는 상품과 서비스를 선택하고 정확한 정보를 얻을 수 있는 권리가 있으며, 안전한 곳에서 구입하고 상품을 보호하며, 손님으로서 다른 사람의 권리를 보호할 책임이 있다. 유아는 직간접적인 경

험을 통해 좋은 구매 태도와 나쁜 구매 태도를 비교해 보면서, 구매자로서의 권리와 책임을 인식할 수 있다. 또한 자신이 구입한 상품에 결함이 있거나 상품으로 인한 사고, 질병이 유발되었을 경우, 부당한 가격이나 과대 포장, 과대광고라고 판단되는 경우에는 제조사나 공정거래위원회에 의견을 제출할 수 있는 권리도 경험해 볼 수 있다.

- 광고 : 판매자는 물건을 잘 팔기 위해서 물건의 가장 특징적인 이미지를 보여주고, 물건의 필요성과 장점을 소개하는 광고를 만든다. 광고는 실제 물건의 가치보다 더 크게 포장되어서 소비자를 유혹하기 때문에, 광고의 상업적 의도를 알지 못하는 유아는 광고의 내용을 그대로 믿고 구매를 원하는 경우가 많다(조순옥 외, 2013). 이렇게 대중매체의 광고가 유아에게 큰 영향을 미치는 것을 인식하여 광고와 실제 물건의 가치를 비교하고 건전한 구매를 할 수 있도록 도와야 한다.
  - ▶ 광고는 물건을 잘 팔기 위해 꼭 필요한 전략이며, 다양한 매체를 통해서 이루어질 수 있다.
  - ▶ 광고를 통해서 재화와 용역에 대한 바른 정보를 얻고 꼭 필요한 물건인지 생각한 후에 구매해야 한다. 유아가 차이를 인식할 수 있도록 광고와 실제 물건을 직접 비교하고 토의해 볼 수 있다.

♣ 시사자료 : 과대 포장

포장이 클수록 잘 팔리는 장난감, 아이들 미래 갉아 먹는다(한국일보, 2021. 4. 28.)
https://www.hankookilbo.com/News/Read/A2021042520220002483

3) 공유

대부분의 사람들은 자신이 가지고 있는 능력이나 재능을 바탕으로 경쟁을 통해 더 많은 것을 가지려고 한다. 가장 합리적일 것이라고 여겨지는 이런 모습은, 시간이 지남에 따라 빈익빈 부익부 현상을 악화시키고 불평등한 고용기회, 생명 경시, 인간소외 등의 문제를 일으키기도 한다. 하지만 옆에 있는 친구와 이웃이 무한 경쟁의 상대가 아니라 함께 돕고 함께 살아가야 할 공동체의 구성원임을 기억한다면, 자신이 가지고 있는 것을 나눔으로 인해서 더 큰 기쁨과 삶의 의미를 찾게 될 수 있다.

- 윤리적 소비 : 자신의 경제력 안에서 최선의 제품을 구매하려는 합리적 소비만이 강조된다면, 무분별한 가격 경쟁과 함께 환경 문제나 제3세계 노동자의 권리가 무시될 수 있다. 윤리적 소비는 평화와 인권, 환경 보존 등의 인류 보편적인 가치를 소중하게 생각하는 데서부터 시작된다.
  - ▶ 녹색 소비 : 기초자원과 천연자원, 우리가 계속 살아가야 할 환경을 소중하게 생각하고, 환경에 미치는 영향을 고려하는 소비생활을 말한다. 제품의 생산과 소비과정에서 최대한 환경을 덜 오염시키고 자원을 절약하는 방법을 고민하도록 생산자를 자극해서, 지속 가능한 소비를 위해 노력하는 것이다.
  - ▶ 유아와 함께 환경마크가 있는 제품이나 저탄소제품 사용하기, 장바구니 사용하기, 과대 포장 반대하기, 쓰레기 줄이기, 재활용하기 등 녹색 소비를 실천할 수 있는 방법을 찾아보고 실천해 볼 수 있다.

♣ 참고자료 : 녹색제품 관련 인증 마크			
구분	마크	운영목적	정의
환경표지 인증제품		전과정적으로 환경성이 우수한 제품 인증 (KS 품질 이상 만족)	같은 용도의 다른 제품에 비해 제품의 환경성을 개선한 제품
우수 재활용 인증제품		폐자원을 재활용하여 제조한 제품 가운데 품질이 우수한 제품 인증	재활용 가능 자원을 이용하여 만든 재활용 제품 중 산업통상자원부에서 공고한 규격과 품질 기준을 충족한 제품
저탄소 인증제품		환경성적표지 인증을 받은 제품 중 온실가스 배출량을 줄인 제품 인증	환경성적표지 인증제품이 원료, 원료 대체나 공정, 효율 개선을 통해 종전보다 온실가스를 적게 배출하는 제품

출처 : 환경부(2020. 1. 28.).

- 기부와 나눔 : 기부는 함께하는 공동체를 소중하게 여기면서, 자신이 가지고 있는 것을 대가 없이 내어 놓고 나누는 것이다. 기부는 현금, 의류, 장난감, 음식뿐만 아니라 자신의 혈액, 장기 등도 포함할 수 있고, 자신이 가지고 있는 다양한 전문성과 지식을 나누는 재능기부의 형태도 있다. 개인이나 기업이 자신의 능력을 자신의 이익추구나 기술 개발에만 사용하지 않고, 다른 사람이나 사회단체, 공공기관 등에 나누는 것은 비합리적인 소비로 보일 수 있다. 하지만 이러한 기부와 나눔을 통해 사회 구성원이 그 이익을 나누어 가짐으로써, 함께하는 건강한 공동체가 만들어질 수 있다. 또한 그 기쁨과 가치가 '기부와 나눔'의 주체자에게 다시 돌아가는 선순환이 이루어진다.
  - ▶ 우리 주변에서 볼 수 있는 '푸드뱅크', '아름다운 가게' 등 사회적 기업 견학, '연탄 봉사' '도시락 배달' 등의 봉사활동 참관 등을 통해 '기부와 나눔'의 목적, 실천 방법, 의미를 생각해 볼 수 있도록 한다.
  - ▶ 가정 및 지역사회와 연계해서 유아가 직접 '기부와 나눔'에 참여할 수 있는

방법을 찾아보고, 실천해 볼 수 있다(주변의 경찰서, 소방서, 양로원 방문해서 위로해 드리기, 아나바다 장터를 열고 수익금으로 도움이 필요한 곳에 보내기 등).

♣ 참고자료 : 사회적 공유

아름다운 가게
www.beautifulstore.org

4. 경제교육을 위한 교사의 역할

교사가 경제 관련 지식, 기능, 태도에서 높은 역량을 가질수록, 교사의 경제 전문성과 경제 이해력이 높을수록, 유아 경제교육의 효과도 높게 나타났다(김은숙, 정신섭, 2017; 이종향, 2020; 조순옥 외, 2013). 따라서 유아 경제교육에 큰 영향을 미치는 교사는, 자신의 경제적 역량을 점검하고 향상시키기 위해서 계속적으로 노력할 필요가 있다.

유아가 경제적인 개념을 점진적으로 습득해 나가기 위해, 교사는 의미 있는 경제 관련 활동을 일상생활 속에서 제공해야 하고, 간접적인 경험보다는 실생활의 직접적인 경험을 통해 효과적으로 교육할 수 있어야 한다(Seefeldt, 1991). 또한 학부모를 경제교육 과정에 참여시키는 것이 중요하며(조순옥 외, 2013), 기관에서의 경제교육의 방법과 내용을 공유하고 학부모를 초대하거나 학부모의 경험을 활용하여, 평소 가정에서도 가정 경제생활을 통해 유아의 경제적인 감각을 길러 줄 수 있음을 알도록 한다.

- 유아가 직접 구매해 보는 경험 제공 : 가정이나 기관에서 유아와 함께 시간과

장소, 사용 가능 금액 등을 설정하여 구매계획서를 작성해 보고 직접 구매해 보는 경험을 제공한다.

- ▶ 자신이 가지고 있는 물건 조사하기
- ▶ 구매할 물건 목록 만들기(구매 목적, 구매할 물건, 구매 장소, 가격 등)
- ▶ 구매할 장소에 가기(상품 정보를 정확하게 제공하는지, 믿을 수 있는 안전한 곳인지 확인하기)
- ▶ 구매할 장소에서 책임 있는 행동하기(뛰어다니거나 소리 지르지 않기, 상품을 함부로 만지거나 뜯어보지 않기)
- ▶ 구매할 물건 중 같은 종류의 것들을 비교해 보기(파손 여부, 유통기한, 가격, 디자인, 구성품, 성분 등 확인)
- ▶ 구매할 물건이 광고의 내용과 같은지 확인하기
- ▶ 구매 결정하고 장바구니에 담기
- ▶ 계산하기(직접 돈을 지불해 보기, 거스름돈 받기, 영수증 받기)
- ▶ 집에 와서 사용(작동)해 보기
- ▶ 필요하다면 환불, 교환하기(부품파손 또는 결함, 작동 여부, 광고내용과의 차이 등)

- 유아가 직접 판매해 보는 경험 제공 : 기관에서 역할놀이를 통해 경험하거나 가정, 지역사회와 연계하여 아나바다 장터를 계획, 운영할 수 있고, 지역사회의 벼룩시장 등에 참여하여 유아가 직접 물건을 준비하고 판매해 볼 수 있는 경험을 제공한다.
  - ▶ 아나바다 물건 준비하기 : 각 가정에서 유아들이 자신에게 꼭 필요한 것과 더 이상 사용하지 않는 것을 구분하고, 사용하지 않지만 버리기에는 아까운 것들을 깨끗하게 세탁해서 물건들을 준비한다.
  - ▶ 아나바다 장터나 벼룩시장의 취지에 맞게 가족들과 상의하여 물건의 가격

을 정하고 가격표를 만든다(간단한 홍보용 포스터 준비하기).

- 물건을 가져가서 자리를 잡고 물건이 잘 보이게 배치한다.
- 구매자에게 물건의 사용법과 장점을 설명한다.
- 물건을 포장해서 넘겨 주고 돈을 받는다.
- 주최자의 의도에 따라 일정 금액을 지불하거나, 판매 금액의 일부를 기부한다.

지역사회와 함께하는 어린이집 아나바다 장터

5. 경제교육의 통합적 적용

1) 놀이 사례 - [오렌지 마트 놀이]

▣ 놀이배경

근처 대형마트에서 오픈기념으로 '오렌지 반값 세일'을 크게 진행하면서, 유아들이 가정과 기관에서 오렌지를 자주 접하게 되었고, 이에 관심을 보이면서 오렌지를 놀이시간에 사용해도 되는지 묻기 시작했다.

교사는 유아들이 오렌지를 사용해서 어떤 놀이를 진행할 수 있을지 기대하며, 경제 개념 발달을 위한 다양한 지원방안을 모색하게 되었다.

▣ 놀이의 흐름에 따른 교사의 고민과 교육적 지원

▣ 놀이 사례(1)	
놀이	오렌지 마트 놀이

오렌지 마트 놀이를 하면서 점점 역할이 세분화되었다.
실제 오렌지를 나무에서 따고 있는 농장주, 모형 트럭에 오렌지를 싣고 가는 운반자, 마트에서 판매하는 직원, 계산원, 손님..

농장주 : (나무에서 오렌지를 따면서) 아이고, 더워..
그래도 이렇게 오렌지가 많이 열려서 기분이 좋네.
운반자 : 사장님, 오늘 주문이 많아요.
10상자 주세요!
농장주 : 아, 알겠습니다.
운반자 : (다 싣고) 수고하세요~
(트럭으로 운반한다)

마트 판매 직원 : 빨리, 빨리 오세요. 손님들이 기다리고 있어요.
운반자 : 네, 여기 있습니다. 아이고, 무거워.
마트 판매 직원 : 감사합니다. 수고하셨어요!!
자, 지금 막 올라온 오렌지 사세요~ 오늘 폭탄 세일입니다.
손님 : 와~ 싱싱해 보인다. 얼마에요?
마트 판매 직원 : 10개에 만 원입니다.
손님 : 10개요? 빨리 고르자. 한 개, 두 개, 세 개... 여기, 만 원이요.
마트 판매 직원 : 네, 감사합니다. 맛있게 드세요.

교육적 놀이지원	교사의 놀이지원 실제
공간의 변화	교사는 놀이공간을 확장하여 교실 전체를 역할놀이 공간으로 사용하도록 허용하였다.
자료의 변화 (유아가 발현한 자료지원)	유아들이 요구했던 농장주의 나무, 운반자의 운송수단, 오렌지 판매대 등을 만들기 위해 적절한 자료를 제공하였다.

▣ 놀이 사례(2)	
놀이	오렌지 TV 광고 놀이

유아들이 오렌지를 더 잘 판매하기 위해 TV처럼 광고를 만들기로 했다. 미술 영역에서 오렌지 판매를 위한 포스터를 만들고, 영상을 촬영하기 위해 교사의 휴대폰을 사용하였다.

수민 : 우리, 오렌지 광고를 해야겠어.
민수 : 그래, 종이에 '맛있어요', '싸게 팔아요', 이런 거 만들어서 붙이자.
수민 : 좋아~ (미술 영역에 가서 포스터를 만든다)
지수 : 나는 영상을 찍고 싶은데, TV처럼...
민규 : 나두.. 같이 할까? 너가 모델 해. 내가 찍어 줄게.
근데, 뭘로 찍지?
지수 : 선생님, 영상을 찍어서 광고 만들려구 하는데, 휴대폰이 필요해요. 집에서 우리 엄마 휴대폰으로 많이 찍어 봤는데..
선생님 : 정말 좋은 생각이다. 휴대폰이 필요해? 선생님이 빌려줄까? 여기 거치대도 있어.
지수 : 와~ 좋아요. 감사합니다.
민규 : 이리 와 봐. 오렌지를 들고 먹는 척해 봐.
웃으면서... (영상을 찍는다)
지수 : (카메라를 보면서) 와~ 정말 맛있어요.
짱이에요.

(포스터를 곳곳에 붙이고, 휴대폰을 교실의 TV에 연결해서, 광고 영상을 시청한다)

교육적 놀이지원	교사의 놀이지원 실제
자료의 변화 (유아가 발현한 자료지원)	유아가 생각해 낸 영상을 촬영하기 위해 교사가 휴대폰과 거치대를 제공하였다. TV와 연결해서 영상을 시청할 수 있도록 지원하였다.
상호작용	유아들의 생각을 격려하고 정서적으로 지지해 주었다.

▣ 놀이 사례(3)	
놀이	오렌지 카페 놀이

오렌지 마트 매장의 규모는 더 커졌고, 오렌지주스 만들기 활동을 한 후에는 매장 한편에 오렌지 카페를 개장하였다.
직접 만든 오렌지주스를 판매하고, 손님들이 테이블에 앉아서 주스를 마시며 이야기를 나눈다.

수민 : 우리 카페 만들까? 거기서 오렌지주스를 파는 거야.
우리가 직접 만들 수 있잖아. 진짜로 만들자.
민수 : 재밌겠다~ 내가 사장님 할래. 나 주스 잘 만들 수 있어.
정민 : 나는 서빙할게. 주문을 받아야지. 먼저 카페를 꾸며야겠다.
여기 책상에 예쁜 덮개가 필요해. 거기 보자기 좀 가져와 봐.
정한 : 여기 있어. 나는 손님할게. 그치만 카페 만드는 건 도와줄 수 있어.
민수 : 선생님~ 착즙기 써도 돼요? 저 카페 사장이에요.
선생님 : 혼자 할 수 있겠니? 선생님이 도와줄까?
민수 : 누를 때, 한 번만 도와주세요.

(준비를 마치고)

정민 : 자~ 오렌지 카페 오픈합니다.
맛있고 신선한 오렌지주스 있어요~
민수 : (착즙기를 사용하면서) 여기서 직접 만들어요. 어서 오세요.
정한 : 오~ 여기 분위기 좋네. 오렌지주스 한 잔 주세요!
정민 : 네, 손님. 잠시만 기다리세요.
자, 여기 나왔습니다. 맛있게 드세요~
정한 : 감사합니다(진짜로 마신다). 오~ 정말 맛있네요.
선생님도 드셔 보세요. 진짜 맛있어요.

교육적 놀이지원	교사의 놀이지원 실제
자료의 변화	요리활동 시간에 사용했던 실제 착즙기와 오렌지를 놀이에도 사용할 수 있게 지원했고, 안전을 위해 옆에서 함께 도와주었다.
공간의 변화	카페 매장을 오픈하기 위해 새로운 공간을 마련해 주었다.

▣ 한 주간의 누리과정 운영의 실행을 기록하고 평가한 예

<table>
<tr><td colspan="2">기간</td><td colspan="5">○ 월 ○ 주</td><td></td></tr>
<tr><td colspan="2">요일</td><td>월</td><td>화</td><td>수</td><td>목</td><td>금</td><td>비고</td></tr>
<tr><td rowspan="2">놀이</td><td>시장놀이</td><td colspan="5">언어, 미술 영역에서 시장놀이 소품을 직접 만들어서 놀이함(포스터, 가격표, 지폐, 계산대 등)</td><td></td></tr>
<tr><td>오렌지 마트</td><td colspan="5">오렌지 마트 놀이를 위한 재활용품들을 지원함
(배송 차량, 오렌지 판매대, 박스, 봉지 등)
시장놀이와 연계해서 오렌지 마트를 교실 전체로 확장하여 진행함. 마트 한쪽에 오렌지주스 카페도 만들어서 놀이함</td><td>계획에 없었지만 진행된 놀이의 기록</td></tr>
<tr><td colspan="2">활동</td><td colspan="5">이야기 나누기 '내가 사고 싶은 것' → 오렌지 껍질을 활용해요
노래 '시장잔치' → 오렌지를 넣어 개사하여 노래함
미술 '나만의 지갑 만들기' → 오렌지 껍질로 방향제 만들기
게임 '장보기' → 진행되지 않음
요리 '오렌지주스 만들기' → 추가됨</td><td>계획했던 내용을 실제 놀이를 반영하여 융통성 있게 실행</td></tr>
<tr><td colspan="2">실외놀이</td><td colspan="5">마트 견학하기</td><td></td></tr>
<tr><td colspan="2">일일 기록 및 지원</td><td>오렌지에 관심을 보임
오렌지 마트에 필요한 소품을 준비함</td><td>오렌지 마트를 개장하여 놀이함
오렌지 광고 영상을 찍고, 포스터를 제작함
휴대폰 지원</td><td>교실 전체를 오렌지 마트로 재구성하고 역할도 세분화함(배송 창고, 판매대, 계산대, 시식 코너 등)</td><td>오렌지주스 만드는 것에 흥미를 보임
다양한 착즙 기구들을 지원함</td><td>오렌지주스를 판매하는 카페 놀이를 함
카페 구성을 위한 자료지원(실제 컵, 테이블보, 소품 등)</td><td rowspan="2">일일 및 주간으로 놀이 내용과 지원 계획에 대해 간단히 기록</td></tr>
<tr><td colspan="2">주간기록 및 지원</td><td colspan="5">시장놀이에서 오렌지 마트 놀이로 구체화되고 카페 놀이까지 확장됨
계획했던 경제 개념과 관련 활동을 유아들의 흥미에 따라 새롭게 재구성하고 다른 것으로 대체하기도 함
공간과 자료에 있어서 유아들의 의견을 충분히 반영하여 지원함</td></tr>
</table>

▣ 누리과정 5개 영역의 내용과 연계하여 이해한 유아의 경험

신체운동·건강	• 공간을 새로 만들면서 신체를 움직이고 힘을 조절하는 것을 경험하고, 도구(착즙기)와 재료를 이용하면서 안전하게 놀이하는 방법을 경험함.
의사소통	• 오렌지를 광고하기 위해 포스터를 만드는 방법에 관심을 가지고, 가격(숫자), 판매물건(오렌지), 장소 등을 기록하는 경험을 함. • 새로운 장소를 만들고, 역할을 정하고, 필요한 자료를 만들 때마다 적극적으로 서로의 생각을 공유함.
사회관계	• 마트 놀이, 카페 꾸미기 등 놀이 상황에서 친구들과 적극적으로 상호작용하면서 서로 다른 의견을 존중하고, 소통하면서 문제를 해결하는 경험을 함.
예술경험	• 오렌지 광고를 위해 눈에 잘 띄는 포스터를 만들고, 오렌지의 장점을 드러내는 영상을 찍고, 분위기 좋은 카페를 꾸미는 활동을 통해서, 색깔, 모양, 공간, 구도, 디자인, 음향 등 다양한 예술경험이 이루어짐.
자연탐구	• 원산지에서 오렌지를 가져올 때, 이동 위치, 방향, 거리 등을 자연스럽게 경험하고, 오렌지의 갯수, 무게 등을 측정하고, 착즙할 때 오렌지의 양, 오렌지의 변화 등 다양한 수학적, 과학적 개념을 학습하게 됨.

▣ 놀이 사례 한눈에 보기		
놀이의 시작		오렌지를 대량 구입하게 되면서, 유아들이 가정과 기관에서 오렌지를 자주 접하게 되었고, 놀이에 활용할 수 있는 방법에 관심을 갖게 됨.
교육적 놀이지원	공간	• 교실 전체의 공간을 오렌지 마트로 재구성하는 것을 지원함.
	자료	• 오렌지 껍질을 벗기고 착즙하는 데 필요한 도구, 포스터 제작과 광고영상 촬영, 시청을 위한 기기들을 지원함.
	일과	• 놀이시간을 충분히 연장하여 일과를 운영함.
	상호작용	• 관찰하기, 질문하기, 제안하기, 놀이 참여하기, 정서적 지지하기 등으로 놀이를 지원함.
	안전	• 도구사용 시 안전사고 예방을 위해 사용 전에 충분한 이야기를 나누고 사용법을 익힌 후에 교사와 함께 사용하도록 함.
놀이지원 계획/평가		• 발달에 적합한 경제 개념과 관련 활동을 계획함. • 경제 개념을 형성할 수 있는 놀이 순간을 포착하고 관련 활동이나 자료를 제안함. • 놀이 진행이나 방법에 대한 유아들의 의견을 충분히 반영하여 지원함. • 매일 진행된 놀이와 관찰 내용, 교육과정 운영, 놀이지원 등에 대해 간략하게 기록함.

2) 활동 사례 - [시장놀이]

▣ 누리과정 영역별 대소집단 활동망

경제
시장놀이

사회관계
- 원하는 것과 필요한 것
- 함께 나눠요
- 아나바다 장터

신체운동, 건강
- 마트 견학하기
- 안전하게 사용해요
- 불량식품은 안 돼요

의사소통
- 오렌지 껍질로 재활용해요
- 광고는 왜 필요할까?
- 절약할 수 있어요
- 달구지를 끌고(동화)

예술경험
- 바꿔서 불러요
- 방향제 만들기
- 시장놀이 소품 만들기
(포스터, 판매대, 지폐 등)

자연탐구
- 모양이 달라져요
- 이거 얼마예요?
- 오렌지주스 만들기

▣ 대소집단 활동 계획안(1)

활동명	오렌지 향기 주머니	경제 개념 발달	자원 – 재활용
연령	만 4세	활동유형	미술(작업)
활동 배경 놀이 사례	오전 간식으로 오렌지를 먹은 날, 주방 앞에 쌓인 오렌지 껍질을 보고, "선생님, 저거 우리 교실에 가져가면 안돼요? 저걸로 놀이하고 싶어요". 큰 그릇에 담긴 오렌지 껍질을 가져오자 향기가 진동했다. "와~ 향기 좋다" "오렌지 껍질도 이렇게 냄새가 좋네?" "우리 이거 신발장에 두자. 신발 냄새가 지독하잖아. 하하". 껍질을 그냥 가져다 두는 것보다 예쁘게 담을 수 있는 방법이 없을까 고민하게 되었다.		

활동목표 (누리과정 관련 요소)	버려지는 오렌지 껍질을 재사용할 수 있음을 안다. (사회관계〉 사회에 관심 가지기〉 내가 살고 있는 곳에 대해 궁금한 것을 알아본다) 오렌지 껍질로 향기 주머니를 만들 수 있다. (자연탐구〉 생활속에서 탐구하기〉 물체의 특성과 변화를 여러 가지 방법으로 탐색한다)	
활동자료	오렌지 껍질, 빵칼, 납작한 접시, 망사주머니, 빵끈(리본 끈), 이름표 종이 태그, 사인펜	(오렌지 방향제 만들기)
활동단계	활동내용	준비물 및 유의점
도 입	1. 준비한 자료들을 탐색한다. – 오렌지 껍질 : 만져 보니까 어떤 느낌이니? 어떤 향기가 나니? 겉과 속은 어떤 차이가 나니? – 빵칼 : 이것을 사용해 본 적이 있니? 무엇을 주의해야 할까? – 망사주머니 : 손을 넣어 보니까 어떠니? 작은 구멍이 보이니? 왜 구멍이 있을까? – 빵끈(리본 끈) : 어디에서 보았니? 이것이 왜 필요할까?	활동자료들 바구니 덮개
전 개	2. 오렌지 껍질을 자른다. – 왜 잘라야 할까? – 어떤 크기로 자를까? – 자를 때 느낌이 어떠니? 3. 오렌지 껍질을 망사주머니에 담는다. – 자른 오렌지 껍질을 주머니에 담아 보자. – 잘 넣을 수 있는 방법이 있니?  4. 이름표 종이 태그에 이름을 쓰고 꾸며 준다. – 향기 주머니에 이름을 붙여 줄까? – 자기 이름을 써도 괜찮아. – 예쁘게 꾸며 보자. 5. 빵끈으로 주머니를 묶는다. – 이름 태그를 넣어서 주머니를 묶어 보자.	껍질을 자를 때 다칠 위험이 있으니 주의가 분산되지 않도록 한다.
마무리	6. 활동을 평가하며 마무리한다. – 버려지는 오렌지 껍질로 새로운 향기 주머니를 만드니까 어떠니? – 어디에 두면 좋을까? 7. 함께 이동하여 신발장 위에 올려 둔다. – 주머니를 올려 둔 사람은 손 씻으러 가자.	새로운 가사판을 음률 영역에 비치한다.

추후 예상 관심과 놀이 & 지원	– 미술 영역에 자료를 두고 자유놀이 시간에 자유롭게 만들어 보도록 한다(껍질을 자를 때는 교사가 옆에서 지켜본다). – 향기 주머니를 비치할 새로운 장소를 찾아본다. – 오렌지 껍질을 활용할 수 있는 또 다른 방법을 찾아본다.
가족 및 지역사회 연계 활동	– 가정과 연계해서 오렌지 껍질 활용법을 조사해 온다. – 가정에서도 오렌지 껍질을 활용한 아이디어를 실천해 본다.

▣ 대소집단 활동 계획안(2)			
활동명	함께 나눠요	경제 개념 발달	공유 · 기부와 나눔
연령	만 5세	활동유형	이야기 나누기(토의)
활동 배경 놀이 사례	오렌지주스 만들기를 한 후에, 주스의 양이 너무 많아졌다. "이거 너무 많은데~, 어떡하지?", "그럼 우리 다른 반 아이들한테도 갖다 줄까?", "싫어~ 우리가 만들었으니까 우리가 먹어야지, 내일 먹으면 되잖아", "또? 그래도 남으면?", "그 다음 날도 먹으면 되지", " 에이~ 계속 먹기는 싫은데, 그리고 바로 먹어야 더 맛있단 말야", "그럼 내가 다 먹을래"… 많이 남게 된 오렌지주스를 어떻게 하면 좋을지 고민하게 되었다.		
활동목표 (누리과정 관련 요소)	많이 가지고 있는 것보다 함께 나누는 것의 기쁨을 경험해 본다. (사회관계〉 더불어 생활하기〉 친구와의 갈등을 긍정적인 방법으로 해결한다) 내가 가진 것을 나눠 줄 수 있다. (사회관계〉 더불어 생활하기〉 친구와 서로 도우며 사이좋게 지낸다)		
활동자료	오렌지주스가 담긴 병들		
활동단계	활동내용		준비물 및 유의점
도 입	1. 남은 주스를 확인한다. – 얼마큼 남았니? – 더 먹고 싶은 사람 있니? – 어디에 두면 좋을까? – 남은 주스를 어떻게 하면 좋을까?		오렌지 주스병들
전 개	2. 두고 계속 먹자는 의견에 대해 이야기 나눈다. – 계속 먹고 싶구나. – 왜 그렇게 생각하니? 3. 나눠 주자는 의견에 대해 이야기 나눈다. – 왜 나눠 주고 싶니? – 다른 것도 나눠 준 적이 있었니? – 나눠 줄 때 마음이 어땠니? – 받는 친구들의 마음은 어떨까? 나눠 줄 때 마음은 어떨까?		두고 먹자는 의견도 주의 깊게 경청한다.

전 개	4. 누구에게, 어떻게 나눠 줄지 생각해 본다. – 누구에게 주고 싶니? – 어떤 방법으로 전해 줄 수 있을까? 5. 각자의 역할을 정하고, 맡은 역할을 수행해본다. – 어떤 역할이 필요할까? 어떤 역할을 맡고 싶니? – 그 일을 하기위해서는 어떤 것이 필요할까? – 각자 역할을 수행하고 다시 모이자.	
마무리	6. 활동을 평가하고 마무리한다. – 나눠주니까 기분이 어땠니? – 또 어떻게 나눌 수 있을까?	
추후 예상 관심과 놀이 & 지원	– 책상에 주스 컵과 티슈를 세팅하고 원장님과 동생들을 반에 초대해서 대접한다. – 주스를 담아가지고 나가서 주방 선생님들과 차량 기사 선생님들께 대접한다. – 주스와 컵을 들고 갈 때, 안전하게 카트를 이용하도록 지원한다.	
가족 및 지역사회 연계 활동	– 가정에서도 부모님과 형제들에게 주스를 만들어 대접해 본다. – 우리 동네에 고마운 분들께 맛있는 음료수를 대접해 본다.	

3) 경제 교육을 위한 그림책

교육내용	이미지	개요
자원 –제한된 자원		**용돈 주세요** **고대영 글, 김영진 그림 / 길벗어린이, 2007년** 사고 싶은 장난감을 사지 못한 병관이가 용돈을 받기 위해 집안일을 하게 된 이야기. 마트에서 물건을 사 달라고 조르고, 용돈을 받기 위해 일하면서 부모님의 사랑과 수고도 알게 된다.
자원 –재활용		**요셉의 작고 낡은 오버코트가...?** **심스 태백 글, 그림 / 베틀북, 2000년** 낡은 오버코트 한 벌이 재킷, 조끼, 목도리, 넥타이, 손수건, 단추로 변해 가는 과정을 보여 주는 이야기. 낡은 물건도 새롭게 사용될 수 있는 알뜰한 삶의 지혜를 보여 준다.

자원 –생산과 소비		**달구지를 끌고** **도날드 홀 글, 바바러 쿠니 그림 / 비룡소, 1997년** 한 해 동안 거두어들인 것을 달구지에 가득 싣고 장에 가서 모두 팔아 가족들에게 필요한 것을 사 오는 여정을 보여 주는 이야기. 생산과 판매, 구매의 순환과정을 자연스럽게 경험할 수 있다.
시장 –판매와 구매		**이슬이의 첫 심부름** **쓰쓰이 요리코 글, 하야시 아키코 그림 / 한림출판사, 1991년** 난생처음 심부름을 하게 된 다섯 살 이슬이의 이야기. 혼자 슈퍼에 가서 돈을 지불하고 우유와 거스름돈도 받는 주인공의 가슴 떨리는 구매 경험을 함께 느껴 볼 수 있다.
공유 –기부와 나눔		**민들레를 사랑한 기니피그 아삭이** **샬럿 미들턴 글, 그림 / 내인생의책, 2010년** 더 이상 민들레가 남지 않게 된 민들레 마을에서, 마지막 민들레 한 포기를 발견한 아삭이가 먹고 싶은 걸 참고 민들레를 길러 내서 다시 민들레가 가득한 마을이 되는 이야기. 자신의 욕구를 절제하고 나누었을 때 모두가 행복해질 수 있다는 것을 경험해볼 수 있다.

♣ 마무리 활동

◎ 나의 지갑을 열게 하는 것 찾아보기

- ▶ 최근 구입한 물건 중에서 잘 샀다고 생각하는 것은 무엇인가요? 그 이유는 무엇인가요?
- ▶ 가성비와 가심비의 기준에서 평가해 보고, 이야기를 나눠 보세요.

◎ 저탄소 인증제품 찾기

- ▶ 저탄소 인증 마크에 대해 알아보세요. 왜 필요한가요? 어디에 사용하나요?
- ▶ 우리가 사용하고 있는 생활제품 속에 저탄소 인증 마크가 있는 것을 찾아보세요.

CO_2
탄소발자국 000g
환경부

제4장
다문화

등원 시간

순영이가 교사에게 급하게 달려온다.

순영 : 선생님~ 어제 미국에서 또 아시아 사람이 다쳤대요.
코로나가 생긴 것이 너희 때문이라고 했대요. 진짜 그런 거예요?

규민 : 아니야. 그걸 어떻게 알아? 그 사람이 잘 모르면서 그런 거잖아.

순영 : 그럼 다친 사람은 어떡해요? 잘못한 것도 없는데, 억울하게…

교사 : 그러게. 순영이 말대로 정말 속상하고 안타까운 일이지.

역할놀이 영역

명호와 시호가 식당놀이를 하고 있다.

명호 : 야, 넌 왜 음식을 손으로 먹어? 더러워~

시호 : 아니야, 인도 사람들은 다 손으로 먹는다고 했단 말이야.
이게 더 편해.

명호 : 그래도 싫어, 난 더러운 사람하고 안 놀아.
너랑 같이 밥 안 먹을 거야. 저리 가.

시호 : 나는 계속 같이 놀고 싶은데, 같이 놀자~

명호 : 안 돼~ 저리 가란 말이야.

[함께 생각해 보아요]

위의 사례를 보면서 그 다음 상황에서 교사가 할 수 있는 반응을 생각해 보세요.

▶ 자신이 평소에 하는 반응은 어떤 것인가요?

▶ 바람직하다고 여겨지는 교사의 반응은 무엇인가요?

유아는 다양한 대중매체나 주변 성인들의 대화 속에서 자연스럽게 다양한 문화를 접하게 되고, 그 과정에서 특별한 고정관념이나 편견이 형성되기도 한다. 이것은 유아의 놀이나 또래 관계에 그대로 반영되어 나타나고 서로를 통해 강화되기도 한다.

최근에 국제적으로도 이슈가 되고 있는 혐오범죄는 국가 간, 민족 간, 성별 간, 세대 간의 심각한 갈등을 보여 주고 있으며, 이런 문화 안에 살고 있는 유아에게도 큰 영향을 미치고 있다. 개인의 사전 경험을 통해 형성된 특정 대상에 대한 편견은, 그 대상을 혐오하는 표현으로 발전하게 되고, 그 대상을 차별하거나 미워하여 증오범죄로까지 연결되는 경우가 많다.

따라서 성역할, 인종, 장애, 언어, 종교 등 다양한 분야에서 고정관념과 편견이 형성되는 유아기에 자기 문화에 대한 정체성과 더불어 타문화에 대한 존중과 수용력을 배우는 것은 더욱 중요한 일이 되고 있다.

♣ 참고자료 : 혐오범죄 관련 뉴스

미국, 아시아 혐오범죄 급증... 한인 피해 증가
(YTN korean, 2021. 3. 4.)
https://www.youtube.com/watch?v=R918JlJU8z8&feature=youtu.be

1. 다문화교육의 필요성 및 정의

지구상에는 많은 사람들이 서로 다른 피부색과 언어, 고유의 생활양식, 전통과 문화, 역사, 종교 등을 가지고 다양한 모습과 방법으로 자신의 삶을 살아가고 있다. 세계화 시대에 과학기술과 정보통신의 발달로 이러한 문화적 다양성을 가까이에서 접할 수 있게 되었지만, 이는 편견과 불평등, 문화적 우월감이나 열등감으로 나타나기도 한다.

현 시대를 살아가고 있는 지구상의 모든 사람들이 다음 세대까지 생각하는 지속 가능한 사회를 만들어 가기 위해서는 함께 소통하고 협력해야 하는데, 그러기 위해서는 서로 다른 문화와 생활방식을 인정하고 존중하는 태도를 기본적으로 갖추어야 한다. 따라서 반편견교육과 더불어 서로 다른 문화를 인정하고 수용하기 위한 다문화교육이 더욱 중요하게 부각되고 있다.

우리나라는 1990년대 이후 국제적, 인적 교류 확대로 결혼이민자 및 이주노동자 등 다양한 인종, 언어, 문화적 배경을 가진 사람들의 국내 유입이 크게 증가하였으며, 2007년에는 국내 체류 외국인이 100만 명을 넘어섰고, 2019년 말에는 250만 명 이상인 것으로 나타났다(육아정책연구소, 2020). 2020년 12월말 기준으로 어린이집에 재원 중인 다문화 유아 수는 44,882명이며, 전체 어린이집 중 다문화 유아가 재원 중인 어린이집은 약 44.8%에 이른다(보건복지부, 2021).

통계적으로도 보았듯이 이제 우리의 생활 주변에서도 외국인과 다문화 유아를 자주 접하게 되었고, 다문화 유아의 적응과 또래 관계, 교육에 대한 문제 등이 대두되면서 다문화교육에 대한 필요성이 더욱 커지고 있다. 특히 유아기는 자신과 타인의 차이점을 인식하고 호기심을 갖는 시기이며, 자신이 속한 사회의 편견이나 고정관념을 그대로 받아들이는 시기이기 때문에, 문화적 다양성을 대하는 열린 시각과 수용적인 자세를 배우는 것이 필요하다(교육인적자원부, 2007; 장명림 외, 2011). 또한 누리과정에서도 유아가 성별, 신체적 특성, 장애, 종교, 가족 및 문화적 배경 등으로 인해 차별받지 않도록 교육과정을 편성, 운영할 것을 명시하고 있다(교육부, 보건복지부, 2019).

다문화교육은 인종, 종교, 언어, 빈부격차, 신분, 사회계층, 성별, 사회적 지위 등에 상관없이 모든 사람은 평등하고 존중받아야 함을 전제로 하여, 서로 다른 문화로 인한 행동과 사고방식의 차이를 인정하고 상호존중의 태도를 길러 함께 사는 공동체를 이루어 가기 위한 교육이다(Morrison, 2007; Sleeter & Grant, 1987). 이러한 다문화교육을 통해서 다양한 문화적 배경을 갖고 있는 유아들이 서로의 다양성을 편안하게 받아들이고 자연스럽게 어울리며, 공평하지 못한 상황에서 적절하게 대처할 수 있고, 올바른 자아 정체성과 자존감을 갖게 된다(조순옥 외, 2013).

따라서 다문화교육의 목표는 개인 및 집단과 각 문화의 고유성을 인정하고 다양성을 수용하며, 개개인이 공동체의 중요한 일원으로서 서로를 배려하고 소통하는 방법을 배워 상호 공존해 나갈 수 있는 태도와 능력을 기르는 것이라고 할 수 있다(교육인적자원부, 2007; 나혜선, 황소영, 조성희, 2020).

2. 다문화 개념 발달의 특성

아주 어린 영아들도 사람마다 다른 피부색의 차이에 주목하는 것을 볼 수 있으며, 점점 자라가면서 자신의 성과 생김새 등을 통해 자신을 인식하고, 주로 눈에 보이는 특성들(신체적 특징, 옷, 언어 등)을 바탕으로 사람과 사람 사이의 유사점과 차이점을 구분하게 된다. 2세경부터는 타인을 탐색하는 과정에서 인종, 민족성, 사회계층에 대한 편견이나 고정관념을 접하게 되고, 자기 문화에 적응되어 있는 다른 사람의 행동을 인식하게 된다. 4세가 되면 민족과 성에 대한 정체성을 가질 수 있게 되고, 자신이 속한 문화와 타문화 사이에서 공통점과 다른 점을 발견하는 데 흥미를 갖는다. 5세경에는 각 문화의 다양성을 인식하게 된다(경기도가족여성연구원, 2015; 조순옥 외, 2013).

이와 같이 유아기의 발달과정에서 형성된 다문화 개념이나 편견, 고정관념들은, 한 번 형성되면 변화되기가 어렵기 때문에, 편협한 시각으로 고정되기 전에 문화적 차이에 대한 열린 시각을 가질 수 있도록 해 주는 것이 중요하다. 연령별로 유아의 다문화 개념 발달 특징을 정리하면 다음과 같다.

〈표 4-1〉 유아의 다문화 개념 발달 특징

연령	다문화 개념 발달 특징
0개월 ~ 6개월	피부색의 차이에 주목함

6개월 ~ 2세	신체적 특징, 옷, 언어 등에 기초하여 사람들 사이의 차이점과 유사점을 인식하기 시작함
2세 ~ 3세	성별이나 신체적 장애, 인종, 직업적인 측면에서의 초보적인 편견이 나타나기 시작함
4세 ~ 5세	자신의 민족과 성에 대한 정체성을 가질 수 있게 됨 각 문화에 대한 다양성을 인식하기 시작함 성역할 고정화, 인종에 대한 편견, 자신과 다른 사람들에 대한 두려움이 나타나기 시작함

출처: 조순옥 외(2013), p.167 재구성.

3. 다문화교육의 내용

'다문화(multi-culture)'는 단순히 다른 민족, 인종만을 의미하는 것이 아니라, 한 국가와 사회 안에서 나타나는 민족, 성, 장애, 사회적 계층, 직업, 종교 등 다양한 문화성을 포함한다. 다문화교육은 나와 다른 사람의 문화적 차이를 이해하고 인식하는 데서 출발하여, 그 차이를 바탕으로 서로 소통하며 상호 협력하는 공동체를 만들어 가고자 하는 것이다. 따라서 세계 여러 나라의 문화와 인종 또는 비주류 문화를 단편적으로 소개하는데 그치는 것이 아니라, 서로 다른 문화를 가진 사람들이 긍정적으로 상호작용하는 태도와 방법을 가르치는 교육이어야 한다(경기도가족여성연구원, 2015; 김영옥, 2007; 양옥승, 김지현, 최경애, 이옥주, 이혜원, 황윤세, 손복영, 김승옥, 2014). 선행연구를 바탕으로 다문화교육의 내용을 정리하면 다음과 같다.

1) 문화 이해

지구상에 있는 각 나라의 다양한 문화를 경험하면서, 각 문화의 독특성을 인정하고 존중하며 긍정적이고 수용적인 태도를 기르도록 한다.

- 다양성 인식 : 유아의 주변에서 만나게 되는 다양한 문화와 그 문화에 속한

사람들의 다양한 생활방식, 언어, 종교, 예술, 행사 등을 경험해 보도록 한다. 다양한 문화를 자연스럽게 접하면서 '다름'에 대한 거부감을 줄여 갈 수 있다. 유아교육기관에 다문화 유아가 있다면, 그 가족의 나라에 대한 문화를 우선적으로 경험해 볼 수 있는 기회를 제공한다. 또한 국제적인 행사(올림픽, 국제 경기, 국제회의 등)에서 관심 있는 국가나 문화에 대해 탐색해 볼 수도 있다.

♣ 참고자료 : 문화 다양성 주간

UN에서 지정한 세계 문화다양성의 날 : 매년 5월 21일
우리나라 문화 다양성 주간 홈페이지
https://www.diversityweek2021.com

- 독특성 인식 : 각 문화와 전통이 만들어진 역사와 배경들을 좀 더 깊이 이해하면서, 각 문화에 대한 독특성을 인식하고 그에 대해 인정하고 존중하는 태도를 가질 수 있어야 한다. 수박 겉핥기식으로 세계 여러 나라에 대한 단편적인 지식을 제공하기보다는, 유아가 관심을 보이는 문화나 생활양식에 대해서 그 배경과 역사를 함께 알아본다면, 그에 대한 이해와 존중의 폭이 훨씬 더 깊어질 수 있다.

- 차이점 인식 : 다양한 문화는 자신의 문화와 다른 점들이 있다. 지역의 특성이나 기후에 따라 음식의 종류, 음식을 먹는 방법, 입는 옷과 사는 곳이 다르고, 그 문화권에서 특별하게 중요시하는 전통과 관습, 가치관들이 다르게 나타난다. 이러한 차이점을 찾아내는 것이 유아에게는 자연스러운 일이지만, 이 차이점이 거부감이나 편견으로 작용하지 않도록 해야 한다. 다르다는 것이 막연한 두려움이나 불평등, 차별의 원인이 되어서는 안 된다는 인식을 갖도록 한다.

• 유사점 인식 : 다양한 문화 안에서 인간으로서 가지는 공통적인 특성들도 발견할 수 있는데, 이러한 공통점과 유사점을 인식하게 되면, 막연한 두려움이나 불신들이 사라지고 그 대상에 대해 더욱 흥미를 가질 수 있게 된다. 따라서 문화적 차이뿐만 아니라 유사점을 인식할 수 있도록 다양한 활동을 제공해야 한다. 인간으로서 가지는 기본적인 욕구, 의사소통의 수단, 집단규칙과 조직, 예술 등에서 다양하게 공유할 수 있는 공통점을 발견해 보도록 한다(조순옥 외, 2013). (세계적으로 유명해진 'Baby Shark' 동요, 한류스타 'BTS' 의 세계적인 공연, 세계의 맛집 찾기 등)

2) 인간 이해

모든 사람은 평등하고 존중받아야 하는 존재임을 기억하고, 차별과 편견에 대항할 수 있는 비판적인 사고를 가져야 한다.

• 평등성 : 모든 사람은 자신의 국가, 민족, 인종, 성별, 신체적 능력, 사회계층, 경제적 능력에 따라 차별받지 않아야 하며, 한 인간으로서 평등한 기회를 가져야 하고, 그 자체로 존중받아야 하는 존재임을 인식해야 한다.

• 반편견 : 서로 다른 문화적 배경과 생활양식, 사고방식에 대한 선입견, 편견, 고정관념, 차별 대우에 대해 비판적인 사고를 할 수 있어야 하고, 이러한 문제에 직면했을 때 대처할 수 있는 능력을 갖추어야 한다.

• 긍정적인 자기 정체성 : 다문화교육이 궁극적으로 의도하는 것은, 서로 다르지만 긍정적인 자기 정체성을 가진 사람들이 함께 모여 평화로운 공동체를 형성하는 것이다(김정원, 2013). 다양한 문화적 배경과 특성을 가진 구성원들이 자신이 속한 문화적 집단과 다른 집단을 비교해서 우열을 가리는 것이 아니

라, 자신들만의 고유한 문화적 특성을 이해하고 자신의 전통에 대한 존중과 자부심을 바탕으로 긍정적인 자아개념을 가질 때, 세계 공동체를 위한 개인의 역할을 잘 수행할 수 있게 된다. 따라서 유아 다문화교육은 유아가 자신의 문화적 배경 안에서 긍정적인 자아개념과 정체성을 형성하고, 그것이 긍정적인 공동체의 정체성으로 확장되도록 해야 한다.

3) 상호 의존성과 협력

모든 사람은 태어날 때부터 상호 의존성을 경험한다. 갓 태어난 영아는 양육자의 도움을 받지 못하면 생명이 유지되기 어렵다. 우리가 사는 사회에서도 서로 도움을 주고받지 않으면 삶을 살아갈 수가 없다. 서로 다른 사람들은 서로 다른 부분의 필요를 채워 주며 공동체의 삶을 구성해 가고 있다는 것을 알아야 한다. 유아들도 자신이 가진 것으로 다른 사람을 기쁘게 도울 수 있고, 감사한 마음으로 도움을 받을 수도 있어야 한다.

- 협력 : 공동체를 구성해 나가기 위해서는 서로 다른 능력을 가진 개인들이 서로 다른 부분에서 각자의 역할을 해 나가야 한다. 하지만 그것은 공동체라고 하는 공동의 목표를 향해 가는 것이기 때문에, 원활한 의사소통과 협력을 통해서 진행되어야 한다. 따라서 똑같은 언어가 아니더라도 서로의 생각을 이해하고 맞추어 나가는 노력이 필요하다. 유아 교실에서도 다양한 방법으로 서로의 생각을 전달하고 서로 도우면서 공동의 목표를 달성해 가는 경험의 기회를 제공할 필요가 있다(생물이나 식물 기르기, 간식 및 급식 도우미, 공동작품 만들기 등).

- 평화로운 갈등 해결 : 서로 다른 생각과 행동, 언어로 인해 오해가 생기기도 하고 다툼이 일어나기도 한다. 유아들은 자신의 내부에서, 또래 유아들과의 관계 속에서 갈등이 발생하기도 하고, 부모나 이웃, 지역 간의 갈등, 국가 간

의 전쟁 등에서 간접적인 갈등을 경험하기도 한다. 유아의 갈등은 성장과 발달에 꼭 필요한 과정이며, 이러한 갈등 상황에 대처하고 문제를 해결해 나가면서 사회적 존재로 성숙해 갈 수 있다. 따라서 갈등의 해결은 서로에 대한 이해와 존중을 바탕으로 해야 하며, 원활한 의사소통을 통해서 평화적으로 해결할 수 있는 방법을 찾도록 해야 한다.

다문화교육을 위한 교육내용과 적용 가능한 활동들을 정리해 보면 다음과 같다.

〈표 4-2〉 다문화교육 내용과 적용 가능한 활동

<table>
<tr><th>구분</th><th>다문화교육 내용</th><th>적용 가능한 활동</th></tr>
<tr><td>문화 이해</td><td>다양성 인식
독특성 인식
차이점 인식
유사점 인식</td><td rowspan="2">TV프로그램, 신문, 내셔널지오그래픽 영상, 여행안내 책자, 영화 등을 통해 부모님 나라와 관련된 지구촌 문화 경험하기
국제경기, 국제회의, 세계축제 등에 관심을 갖고 경험해 보기
여러 나라의 민속 박물관, 대사관 견학하기
경험했던 각 문화 속에서 차이점과 유사점 찾아보기
각 문화의 고유한 특성 찾아보기
다문화 가족 부모님 초청하여 궁금한 점 해결하기</td></tr>
<tr><td rowspan="2">인간 이해</td><td rowspan="2">평등성
반편견
긍정적인
자기 정체성</td></tr>
<tr><td>그림책, 대중매체에서 편견이나 차별, 고정관념 찾아보기
다른 문화로 인한 편견이나 차별을 발견할 때 내가 할 수 있는 것에 대해 토의하기
일상생활에서 다문화 유아에 대한 교사의 지지와 인정</td></tr>
<tr><td>상호
의존성과
협력</td><td>협력
평화로운 갈등 해결</td><td>우리 반에서 내가 도울 수 있는 일 찾아보기
급간식, 요리, 정원 가꾸기 등에서 각자의 역할을 나누어 실행하기
갈등 상황에서 감정 표현하기, 언어로 표현하기
달리기, 점토놀이, 목공놀이, 그림 그리기 등으로 갈등과 분노의 감정 조절하기</td></tr>
</table>

4. 다문화교육을 위한 교사의 역할

1) 교사 자신의 다문화적 인식 수준을 점검한다.

교사는 유아 다문화교육을 실시하기 위해 자신의 고정관념이나 편견에 주의하여 교실 환경이나 교육내용, 교수 자료 등에서 불평등의 요소가 없는지 살펴야 한다. 또한 다문화 유아나 다문화 가족을 대하는 태도에 편협함이 없는지, 부모의 경제적 수준이나 교육 수준, 유아의 성별에 따라 다른 성취도를 기대하고 있지는 않은지 항상 자신을 점검해야 한다.

2) 관광주의적 교육과정이 되지 않도록 한다.

문화적 다양성을 위한 교육 활동이 관광자의 입장에서 무성의하고 상투적이며 피상적인 내용을 나열하기만 하는 것은 아닌지 점검해야 한다(조순옥 외, 2013; Louise Derman-Sparks & A.B.C. Task Force, 1989). 각 사람과 가족에게는 고유한 민족 문화가 있고 나름대로의 방식으로 문화를 이루며 사는 것을 기억하고, 유아가 관심 있어 하는 것, 유아의 일상생활과 관련이 있는 것, 일상생활에서 구체화할 수 있는 것 등을 중심으로 활동을 전개하도록 한다.

3) 물리적 환경구성

다양한 교실 환경은 유아의 사고방식과 행동에 자연스럽게 영향을 미치게 되므로, 편견의 요소를 없애고 다양한 문화에 대한 개방적이고 수용적인 태도를 가질 수 있게 하는 환경을 구성해야 한다. 특히 유아의 가정과 연계하여 부모 나라의 문화를 우선적으로 이해할 수 있도록 하고, 이를 반영하는 학습 환경을 구성해야 한다(교육부, 2018; 김혜숙, 2014; 이기숙, 강숙현, 2018).

다문화 환경을 반영하는 다양한 문화권 사람들의 사진이나 그림 등을 게시하고,

다양한 문화권의 음악을 들려주고, 음률 영역에는 여러 나라의 악기, 춤에 대한 자료, 다양한 문화권의 악기류를 비치할 수 있다. 역할놀이, 쌓기놀이 영역의 소품으로 다양한 문화권의 건물, 동물, 다양한 인종과 성별의 인형들, 특별한 도구 모형(휠체어, 치아 교정기, 돋보기안경, 보청기, 목발, 안전모 등), 지구본, 지도, 다양한 민족의상 등을 배치할 수 있다. 언어 영역에는 다양한 언어로 된 녹음자료, 각 문화권의 전래동화, 여러 나라의 생활 모습, 다양한 직업, 계층, 음식, 민족 등에 대한 그림책, 신문 스크랩, 여러 나라의 문자 등을 비치할 수 있다.

4) 지역사회 자원 활용

다문화교육은 지역사회의 다양한 물적, 인적 자원을 활용해서 더욱 효과적으로 진행할 수 있다. 다문화가족지원센터나 시 · 도교육청에서 파견하는 강사를 모시고 다문화이해교육 프로그램을 진행하거나, 다문화 박물관, 다문화 어린이도서관 등의 다문화 현장 체험을 실시할 수 있다. 다문화 지역축제에 참여하거나 외국에 있는 친구들과 영상 메시지, 이메일을 교환하는 것도 친밀감을 형성하는 데 큰 도움이 된다. 또한 다누리 콜센터(1577-1366)의 번역 서비스를 활용하여 가정통신문을 다양한 언어로 번역할 수도 있다.

♣ 참고자료 : 다문화교육을 위한 지역사회 자원	
중남미 문화원	위치 : 경기도 고양시 고양동 302-1 관람시간 : 11월~3월(10시~17시), 4월~10월(10시~18시) www.latina.or.kr
주한 중국문화원	위치 : 서울시 종로구 사직로 8길 23-1 관람시간 : 월~토 9시~17:30, 일 휴원 www.cccseoul.org
다문화 가족지원 포털 다누리	결혼이민자 대상 사회 적응 교육, 취업 교육 지원, 상담 및 사례관리, 가족 교육, 다문화 가족 자녀 언어발달지원, 다문화 가족 이중 언어 환경조성 등 www.liveinkorea.kr

다누리 배움터	대상별 온라인교육, 찾아가는 다문화이해교육(유아동 교육자료) www.danurischool.kr
서울 다문화교육 지원센터	다문화 정책학교(다문화유치원), 다문화교육 안내 및 신청, 다문화이해교육 자료(자료실) http://multiculture.sen.go.kr

5. 다문화교육의 통합적 적용

1) 놀이 사례 - [손으로 먹어요]

▣ 놀이배경

자유놀이 시간에 명호와 시호가 음식을 먹는 놀이를 하다가, 시호가 인도음식이라며 손으로 먹는 흉내를 내자 명호가 더럽다며 화를 냈다. 시호가 인도에서는 손으로 음식을 먹는 거라고 말해도 명호는 더럽다는 말을 반복하면서 같이 놀지 않겠다고 한다.

명호 : 야, 넌 왜 음식을 손으로 먹어? 더러워~
시호 : 아니야, 인도 사람들은 다 손으로 먹는다고 했단 말이야. 이게 더 편해.
명호 : 그래도 싫어, 난 더러운 사람하고 안 놀아. 너랑 같이 밥 안 먹을 거야. 저리 가.
시호 : 나는 계속 같이 놀고 싶은데, 같이 놀자~
명호 : 안 돼~ 저리 가란 말이야.

명호의 어머니가 평소에 청결을 강조하는 분이며, 명호도 손 씻는 것에 예민한 부분이 있는 것을 알고 있는 교사는, 어떻게 하면 명호가 다른 문화를 자연스럽게 받아들이고 존중할 수 있을지 고민하게 되었다.

▣ 놀이의 흐름에 따른 교사의 고민과 교육적 지원

관심의 시작

손으로 먹는다구?

놀이

세계의 음식 알아보기

인도의 음식문화를 어떻게 알게 할 수 있을까?

놀이

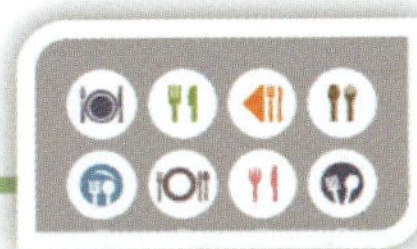

무엇을 사용할까요?

음식을 먹기에 가장 적절한 도구를 어떻게 알 수 있을까?

놀이

커리를 먹는 방법

커리는 왜 손으로 먹을까?

요리활동

난과 커리를 먹어요

난과 커리를 맛있게 먹는 방법을 어떻게 어떻게 지원할까?

일상생활- 손 씻기

손을 깨끗이 씻어요

손으로 먹으려면 손은 어때야 할까?

일상생활- 점심식사

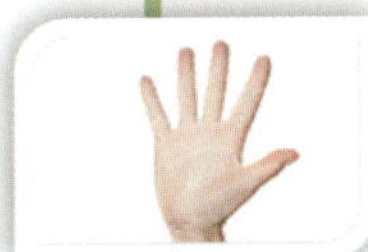

손으로 먹을 수 없어요

식사시간에 우리는 왜 손을 사용하지 않는지 질문해 본다

새로운 관심으로 전환

손으로 먹을 수 없는 음식은?

우리 음식처럼 손으로 먹을 수 없는 음식은 또 무엇이 있을까?

▣ 놀이 사례(1)	
놀이	세계의 음식 알아보기

인도의 음식문화에 대해 거부감을 표현했던 명호와 시호의 이야기를 알게 된 유아들은 세계의 음식문화에 관심을 가지기 시작했고, 언어 영역에 비치한 그림책『세계 음식 한입에 털어 넣기(글 김인혜, 그림 조윤주, 사계절, 2020)』에 관심을 보이고 자세하게 관찰하기 시작했다.

시호 : 와, 이것 봐. 베트남 음식도 있어. 나 이거 먹어 봤는데...

정민 : 여기 있다. 여기!! 인도 사람은 진짜 오른손으로 음식을 먹는 구나.

시호 : 거 봐. 내 말이 맞지?

명호 : ...그래도 더러워.

혜민 : 그런데, 스테이크를 먹을 땐 칼하고 포크가 있어야 돼. 고기를 잘라야 하니까.

정민 : 맞아. 국수를 먹을 땐 젓가락이 있어야 하고...

수민 : 음~ 음식마다 다른 도구가 필요하구나.

교사 : 와~ 너희들 정말 중요한 사실을 알아냈구나.

교육적 놀이지원	교사의 놀이지원 실제
자료의 지원	유아들의 관심을 반영하여 언어 영역에 세계 음식 문화에 관련된 그림책을 추가로 제시하였다.
상호작용	유아들이 자유롭게 책의 내용을 살펴볼 수 있는 기회를 제공하였고, 대화를 잘 듣고 있다가 중요한 내용에 대한 발견을 격려해 주었다.

▣ 놀이 사례(2)	
놀이	무엇을 사용할까요?
유아들은 그림책을 보고 나서 음식을 먹는 다양한 도구에 관심을 보였고, 역할 영역에서 다양한 음식 모형과 도구를 탐색하며, 음식과 도구를 연결하는 식당놀이를 진행하였다. 조작 영역에서는 간단한 카드 게임을 하면서 음식 사진과 도구를 연결해 보는 것을 즐겼다.	

시호 : 손님, 주문하신 스파게티 나왔습니다.
여기 스푼과 포크를 준비했습니다.
정민 : 저는 포크만 있으면 되는데요. 스푼은 필요 없어요.
시호 : 아, 그러시군요.
그런데 스파게티를 요렇게 돌돌 말아서 드시면
소리를 내지 않고 한입에 잘 먹을 수 있습니다.
정민 : 아, 그래요? 한번 보여 주세요.
시호 : 자 이렇게, 돌돌~ 그리고 한입에 쏙~
정민 : 아~ 그런 방법이 있었군요.
시호 : 네~맛있게 드세요~
혜민 : 저는 뭘로 먹나요?
아무것도 안 주셨어요.
시호 : 아, 손님 죄송합니다. 뭘 드릴까요?
혜민 : 저는 스테이크니까 칼과 포크를 주세요.
시호 : 네~ 알겠습니다. 여기 칼과 포크가 있습니다.
그런데, 칼이 조금 약해서 너무 힘을 주고 자르면 위험하니까,
조심해서 사용해 주세요.

교육적 놀이지원	교사의 놀이지원 실제
자료의 변화 (유아가 발현한 자료지원)	식당놀이를 하면서 유아들이 칼과 포크가 필요하다고 하였고, 교사는 안전을 고려하여 너무 크지 않은 '빵칼'을 제공하였다. 다양한 음식 모형은 유아들과 상의하여 빨간 털실로 스파게티를, 스펀지로 스테이크를, 흰 고무줄로 국수, 국물은 실제 물을 이용하였다. 조작 영역에는 사진과 도구를 연결할 수 있는 간단한 카드 게임을 제작하여 지원하였다.
상호작용	음식 모형과 도구를 제시하기 전에 유아들의 의견을 반영하여 토의하면서 적절한 자료들을 선택하였다.

▣ 놀이 사례(3)

놀이	카레는 왜 손으로 먹을까?

식당놀이를 즐겨하던 유아들이 손으로 먹는 '카레' 메뉴도 만들기 원했고, 어떻게 생겼는지, 어떻게 먹는지 더 자세하게 알고 싶어 했다. 그림책에도 자세하게 나와 있지 않아서, 유아들은 직접 컴퓨터로 검색하고 영상을 찾아보았다. 그중에서 짧은 이미지 파일을 찾아서 QR코드로 만들고 출력하여 메뉴판에 넣었다. 손님들이 원할 때 태블릿 PC를 이용해서 재생해 주기로 했다.

시호 : 손님~ 어서 오세요~

정민 : 오늘은 인도 카레를 먹어 볼래요.

시호 : 네~ 손님 정말 탁월한 선택이십니다. 카레는 손으로 먹는 거 아시죠? 먹어 본 적 있으신가요?

명호 : 아니요. 처음이에요.

시호 : 네~ 그럼 방법을 알려드리겠습니다. 먼저 저기 '손 씻는 곳'에서 손을 아주 깨끗하게 씻어 주시구요. 오시면 그 다음에 오른손으로 먹는 방법을 알려 드리겠습니다.

정민, 명호 : ('손 씻는 곳'에서 손을 씻는 흉내를 낸다)

시호 : 잘 하셨습니다. 인도에서는 여러 사람이 같이 사용하는 도구보다는 자신의 손을 이용하는 것이 더 깨끗하다고 생각합니다. 그래서 음식을 먹기 전과 후에 손을 깨끗이 씻고 평소에도 오른손은 아주 깨끗하게 관리합니다. 자, 이제 이 영상을 천천히 보시면서 연습해 보세요.

명호 : 오~ 아주 친절하시군요. 감사합니다.

시호 : 네~ 손님. 영상을 보면서 조금만 더 기다려 주세요.

교육적 놀이지원	교사의 놀이지원 실제
자료 제작 지원 상호작용	유아들이 원하는 것을 잘 듣고 무엇이 필요할지 의견을 나누었다. 손으로 인도 음식을 먹는 방법을 알려 주기 위해, 이미지 파일을 찾고 QR코드로 만들어서 메뉴판에 넣을 수 있도록 지원하였다.
자료의 변화 (유아가 발현한 자료지원)	이미지 파일을 찾고 QR코드를 출력하기 위한 노트북과 프린터기를 제공하였고, 손님들에게 영상을 보여 주기 위해 필요한 매체(태블릿 PC)를 지원하였다.
공간의 변화	식당에 손 씻는 곳을 따로 마련하기 위해 교구장을 이동해서 공간을 확보하였다.

<table>
<tr><th colspan="8">▣ 한 주간의 누리과정 운영의 실행을 기록하고 평가한 예</th></tr>
<tr><td colspan="2">기간</td><td colspan="6">○ 월 ○ 주</td></tr>
<tr><td colspan="2">요일</td><td>월</td><td>화</td><td>수</td><td>목</td><td>금</td><td>비고</td></tr>
<tr><td rowspan="3">놀이</td><td rowspan="2">역할 영역</td><td colspan="5">책상 하나를 식당으로 꾸미고 식당놀이를 계획함</td><td></td></tr>
<tr><td colspan="5">다양한 음식 모형, 음식을 먹는 도구, 메뉴판을 제공함
인도 음식(카레와 난) 메뉴 제공, 음식 먹는 방법을 QR코드로 제공
QR코드를 보기 위한 태블릿 PC를 제공하고, 손 씻기 위한 공간 마련함</td><td rowspan="2">계획에 없었지만 진행된 놀이의 기록</td></tr>
<tr><td>언어 조작 영역</td><td colspan="5">언어 영역 : 세계의 음식 관련 그림책을 제공함
조작 영역 : '음식에 알맞은 도구 찾기' 게임판 제공</td></tr>
<tr><td colspan="2">활동</td><td colspan="5">이야기 나누기 '내가 좋아하는 음식' → 음식을 먹는 여러 가지 방법
미술 '내가 좋아하는 음식 만들기' → 음식 모형 만들기
신체 표현 '음식 축제' → 진행되지 않음
요리 '난과 카레 만들기' → 추가됨
그림책 동화 『세계 음식 한입에 털어 넣기』 → 추가됨</td><td>실제 놀이를 반영하여 계획했던 활동을 수정, 변경함</td></tr>
<tr><td colspan="2">일상생활</td><td colspan="5">손 씻기 – 손으로 음식을 먹는다고 생각하여 더 철저하게 씻게 됨
점심식사 시간 – 우리 음식은 왜 손으로 먹지 않는지 질문하고 생각할 수 있는 시간을 마련함</td><td>계획에 없었지만 진행된 내용 기록</td></tr>
<tr><td colspan="2">일일 기록 및 지원</td><td>음식을 손으로 먹는 것에 대한 갈등이 생김
갈등을 해결할 수 있는 방법을 고민함</td><td>세계 음식 관련 그림책 제공
식당놀이 공간 지원</td><td>식당놀이에서 음식 모형과 음식을 먹기 위한 도구를 제작, 지원
음식–도구 찾기 게임판 제공</td><td>인도 카레 먹는 방법과 이유에 대해 탐색함
탐색할 수 있는 자료와 노트북 제공
놀이시간 연장과 정서적 지원</td><td>메뉴판에 카레와 카레 먹는 방법 영상을 QR코드를 이용해서 추가함
손 씻는 장소 마련을 위해 공간 재배치</td><td rowspan="2">일일 및 주간으로 놀이내용과 지원계획에 대해 간단히 기록</td></tr>
<tr><td colspan="2">주간기록 및 지원</td><td colspan="5">특정 문화에 대한 거부감을 줄이고, 세계의 음식 문화에 대한 수용적인 태도와 존중하는 마음을 가지게 됨
그림책, 게임자료, 음식 모형, 먹는 도구, 먹는 방법에 대한 QR코드 제작 및 지원, 시간 연장과 공간 재배치, 태블릿 PC 사용 지원
자료 제작과 지원에 있어서 유아들의 의견을 충분히 반영함</td></tr>
</table>

■ 누리과정 5개 영역의 내용과 연계하여 이해한 유아의 경험

신체운동·건강	• 음식을 먹기 위해 손을 더 청결하게 관리하게 되었고, 여러 나라의 다양한 음식에 관심을 갖고 즐겁게 음식을 먹는 경험을 함.
의사소통	• 세계의 음식 문화를 알아보기 위해 그림책을 읽고, 식당놀이를 위한 메뉴판을 만들면서 음식 메뉴, 가격 등을 기록하는 경험을 함. • 서로 다른 의견에 대한 갈등 해결과 협의를 위해 활발한 의사소통을 진행함.
사회관계	• 서로 다른 문화를 바탕으로 한 서로 다른 감정과 생각, 행동에 대해 존중해야 함을 인식하게 됨. • 갈등을 해결하기 위해 계속적인 정보와 의견 교환, 직접적인 경험을 통해 긍정적인 방법으로 해결하는 경험을 함.
예술경험	• 다양한 음식 모형들을 만들면서 색깔이나 모양, 질감 등을 탐색하였고, 공간을 재배치하면서 크기, 구도 등을 경험함. • 다양한 음악적 경험의 부족이 아쉬웠음.
자연탐구	• 다양한 음식문화에 대해 구체적으로 탐색하고, 적절한 영상을 찾아 QR코드로 제작하는 탐구과정을 경험함.

<table>
<tr><th colspan="3">▣ 놀이 사례 한눈에 보기</th></tr>
<tr><td colspan="2">놀이의 시작</td><td>음식을 손으로 먹는 것에 거부감을 표현하는 유아와의 갈등을 계기로, 유아들은 세계의 음식 문화를 알아보게 되었고 음식을 먹는 다양한 방법에 관심을 갖게 되었다.</td></tr>
<tr><td rowspan="5">교육적 놀이지원</td><td>공간</td><td>• 역할놀이에 필요한 식당 공간을 좀 더 확장해 주고, 손 씻는 곳을 마련하기 위한 공간을 재배치함.</td></tr>
<tr><td>자료</td><td>• 세계의 음식과 문화를 살펴볼 수 있는 그림책들을 제시함.
• 유아들이 필요로 하는 음식 재료들과 음식을 먹을 수 있는 도구들, 손으로 음식을 먹는 이미지 파일과 QR코드 제작 등을 유아들의 의견을 반영하여 함께 제작하고 지원함.
• 음식과 도구를 연결해 보는 조작(게임)도구를 제작하여 제공함.</td></tr>
<tr><td>일과</td><td>• 놀이시간을 충분히 연장하여 일과를 운영함.</td></tr>
<tr><td>상호작용</td><td>• 관찰하기, 질문하기, 제안하기, 놀이 참여하기, 정서적 지원하기 등으로 놀이를 지원함.</td></tr>
<tr><td>안전</td><td>• 스테이크용 칼은 안전사고 예방을 위해 사용 전에 충분한 이야기를 나누고 위험성이 낮은 빵칼을 사용하도록 함.</td></tr>
<tr><td colspan="2">놀이지원
계획/평가</td><td>• 유아의 갈등을 다문화 개념을 형성할 수 있는 기회로 포착해서 관련 활동과 자료를 제안함.
• 다양한 세계의 음식 문화를 경험할 수 있는 기회를 제공함으로써, '다름'에 대한 거부감을 최대한 줄일 수 있도록 함.
• 다른 문화에 대한 충분한 이해를 바탕으로, 그 문화에 대해 존중하는 마음을 가질 수 있도록 함.
• 놀이 진행과 방법에 대해 유아들의 의견을 충분히 반영하여 지원함.
• 매일 진행된 놀이와 관찰 내용, 교육과정 운영, 놀이지원 등에 대해 간략하게 기록함.</td></tr>
</table>

2) 활동 사례 - [다문화 - 결혼식과 음식]

▣ 누리과정 영역별 활동망

다문화
결혼식과 음식

사회관계
- 결혼식에 갔어요
- 우리 가족은 달라요
- 다 함께 먹어요

신체운동, 건강
- 다문화 박물관 견학하기
- 결혼식 축제를 준비해요
- 전통놀이 한마당
- 구절판과 월남쌈 게임

의사소통
- 어떤 모습인가요?
- 영상으로 만나요
- 이모의 결혼식(동화)
- 여러 나라의 음식책 만들기

예술경험
- 결혼식에 필요한 의상을 찾아요
- 결혼식 명화
  (아르놀피니 부부의 초상)
- 세계의 음식 축제
- 이렇게 먹어요

자연탐구
- 결혼식에서 먹는 특별한 음식
- 몸에 좋은 차가 있어요
- 내가 좋아하는 음식
- 다른 음식, 같은 음식

▣ 활동 계획안(1)

활동명	결혼식에 갔어요	다문화 개념 발달	문화 이해 – 다양성 인식
연령	만 4세	활동유형	그림책 읽기

활동 배경 놀이 사례	역할놀이 영역에서 엄마와 아빠의 결혼식을 준비하고 있었다. 시호가 결혼식에 필요한 물건들을 챙기다가 '들러리도 있어야 되는데, 누가 하지?' 하자, 혜진이는 '들러리가 뭐야? 그런 건 필요 없어' 한다. 시호는 '아니야 들러리가 있어야 멋있지, 꼭 있어야 돼', '그게 뭔데, 나는 그런 거 본 적 한 번도 없단 말이야. 내가 얼마나 결혼식에 많이 가 봤는데...' 한다. '나는 영화에서 봤는데... 우리나라에는 없나?', 시호는 우리나라에서는 들러리가 없어도 되는지, 왜 없는지 교사에게 물어본다.	
활동 목표 (누리과정 관련 요소)	세계 여러 나라의 결혼식 모습을 이해할 수 있다. (사회관계〉 사회에 관심 가지기〉 다양한 문화에 관심을 가진다) 문화는 다르지만 가족이라는 이름의 소중함을 알고 화목하게 지낼 수 있다. (사회관계〉 더불어 생활하기〉 가족의 의미를 알고 화목하게 지낸다)	
활동자료	그림책 – 『이모의 결혼식(글/ 그림 선현경, 비룡소, 2004)』/ 한국과 그리스의 결혼식 장면 사진	
활동단계	**활동내용**	**준비물 및 유의점**
도 입	1. 그림책 표지를 보며 이야기 나눈다. – 어떤 그림이 그려져 있니? – 주인공은 무엇을 하고 있을까? 	그림책
전 개	2. 『이모의 결혼식』 그림책을 읽는다. – 주인공은 결혼식에서 무슨 역할을 했니? – 들러리는 어떤 일을 하는 것 같니? – 주인공은 왜 그리스 사람인 이모부에게 뽀뽀하지 않겠다고 결심했니? – 주인공은 왜 다시 만난 이모부에게 뽀뽀를 했을까? 3. 사진을 보며 결혼식에 대해 이야기 나눈다. – 어떤 사진이 그리스의 결혼식 모습이니? – 한국의 결혼식과 그리스의 결혼식 모습은 무엇이 다르니? – 한국의 결혼식과 그리스의 결혼식 모습은 어떤 점이 같니?	그림책, 한국과 그리스의 결혼식 장면 사진
마무리	4. 활동을 평가하며 마무리한다. – 그림책에서 어떤 점이 재미있었니? – 새롭게 알게 된 점은 무엇이니?	
추후 예상 관심과 놀이 & 지원	– 역할놀이 영역에서 그리스 결혼식 장면을 재현하는 놀이가 이루어질 수 있다. 교사는 그림책과 그림책에 나왔던 소품들을 지원해 준다. – 그리스 외의 다른 나라의 결혼식 장면에 대해서도 관심을 가질 수 있고, 그에 대한 자료나 소품을 준비해 준다.	
가족 및 지역사회 연계 활동	– 가정통신문을 통해 기관에서 활용하고 있는 다문화 관련 그림책 리스트를 알려드리고, 가정에서도 상호작용을 해 주시거나, 필요한 소품을 보내 주시도록 도움을 청한다.	

<table>
<tr><th colspan="4">▣ 활동 계획안(2)</th></tr>
<tr><td>활동명</td><td>비슷한 음식이 있어요</td><td>경제 개념 발달</td><td>문화 이해 – 유사점 인식</td></tr>
<tr><td>연령</td><td>만 5세</td><td>활동유형</td><td>이야기 나누기</td></tr>
<tr><td>활동 배경
놀이 사례</td><td colspan="3">엄마가 베트남 사람인 지민이가 주말에 가족들과 먹은 월남쌈을 사진으로 보여 주었다. 그런데, 집에서 구절판을 먹은 수민이가 자신도 똑같은 것을 먹었다고 하면서, 이름이 다른 것을 이상하게 여겼다. 교사는 월남쌈과 구절판의 이미지를 검색해서 보여 주었고, 아이들은 다른 나라의 음식이지만 비슷하게 생긴 음식들에 관심을 갖게 되었다.</td></tr>
<tr><td>활동 목표
(누리과정
관련 요소)</td><td colspan="3">다른 나라의 음식이지만 비슷한 음식이 있음을 안다.
베트남 음식에 대해 관심을 가지고 베트남에 대한 친밀감을 가질 수 있다.
사회관계〉 사회에 관심 가지기〉 다양한 문화에 관심을 가진다</td></tr>
<tr><td>활동자료</td><td>구절판 사진과
월남쌈 사진</td><td colspan="2">
(구절판)

(월남쌈)</td></tr>
<tr><td>활동단계</td><td colspan="2">활동내용</td><td>준비물 및 유의점</td></tr>
<tr><td>도 입</td><td colspan="2">1. 두 개의 사진을 보여 준다.
– 이 음식의 이름을 알고 있니? 어떤 것이 구절판이니?
– 먹어 본 적이 있니?</td><td>구절판과
월남쌈의 사진</td></tr>
<tr><td>전 개</td><td colspan="2">2. 두 음식의 차이점을 찾아본다.
– 어떤 것이 다르니?
– 밀전병과 라이스페이퍼는 어떤 점이 다르니?
– 뜨거운 물은 왜 필요할까?
3. 두 음식의 비슷한 점을 말해 본다.
– 어떤 점이 비슷하니?
– 왜 비슷해 보이니?
4. 이 음식을 만들게 된 이유를 생각해 본다.
– 왜 이런 음식을 먹게 되었을까? 왜 만들었을까?
– 이런 음식의 좋은 점은 무엇일까?</td><td>두 음식이 그 문화의 독특성을 바탕으로 만들어졌지만, 음식의 활용과 먹는 방법의 유사성을 발견해 보도록 한다.</td></tr>
<tr><td>마무리</td><td colspan="2">5. 활동을 평가하며 마무리한다.
– 두 음식을 비교해 보니까 어땠니?
– 베트남 사람도 우리와 비슷한 면이 참 많구나.
– 다른 나라의 음식이지만 우리나라의 음식과 비슷한 것이 또 뭐가 있는지 찾아볼까?</td><td></td></tr>
</table>

추후 예상 관심과 놀이 & 지원	– 월남쌈(구절판) 요리 활동을 하고 직접 비교하면서 먹어 본다. – 라이스페이퍼와 밀전병의 특성을 탐색해 보고 실험해 본다. – 다르지만 비슷한 음식들을 더 찾아보고, 교사는 다양한 자료와 음식사진들을 지원해 준다.
가족 및 지역사회 연계 활동	– 가족들과 함께 월남쌈과 구절판을 만들어 먹어 보고 인증 숏을 보낸다. – 가정통신문을 통해 활동 내용을 공유하고 다르지만 비슷한 음식들을 함께 찾아본다. – 지민이 어머님을 초대해서 월남쌈에 대한 더 자세한 이야기를 들어 본다.

3) 다문화교육을 위한 그림책

다문화교육 내용	그림책	개요
문화 이해 – 다양성		수호의 하얀말 오츠카 유우조 글, 아카바 수에키치 그림 / 한림출판사, 2001년 몽골의 악기 '마두금'이 생겨난 전설을 담고 있는, 소년과 하얀말의 애틋한 우정 이야기. 몽골의 광활한 대륙이 펼쳐지는 것을 보며, 몽골의 아름다운 자연환경과 애잔한 이야기에 귀를 기울이게 된다.
문화 이해 – 차이점과 유사점		이모의 결혼식 선현경 글, 그림 / 비룡소, 2004년 이모의 결혼식 들러리가 되기 위해 그리스 크레타 섬으로 떠난 주인공의 이야기. 우리나라와는 다른 결혼식 문화를 경험할 수 있고 문화는 달라도 가족이라는 이름의 유대감, 따스함을 느낄 수 있다.
인간 이해 – 반편견		살색은 다 달라요 캐런 카츠 글, 그림 / 보물창고, 2011년 엄마와 산책을 나간 레나가 많은 친구들과 이웃을 만나면서, 사람은 각각 저마다의 살색을 가지고 있으며 특유의 아름다움이 있음을 알게 되는 이야기. '살색'이라는 단어에 담긴 부정적인 이미지를 바로잡고 서로 다른 살색과 그 아름다움을 발견할 수 있다.

인간 이해 – 정체성		난 토마토 절대 안 먹어 로렌 차일드 글, 그림 / 국민서관, 2001년 토마토를 먹기 싫어하는 동생 로라에게 재미있는 상상과 이야기로 관심을 끌어서 토마토를 먹게 하는 이야기. 재미있는 상상의 이야기 속에서 토마토를 싫어했던 로라의 마음을 이해하고 아이가 주도하는 즐거운 식사 시간에 대해 생각하게 된다.
상호 의존성과 협력 – 갈등 해결		만지지 마, 내 거야! (울지 않고 다투지 않고 멋진 친구가 되는 법) 유희정 글, 혜경 그림 / 휴먼어린이, 2012년 유치원이나 어린이집에서 친구와 갈등이 생겼을 때, 잘 해결하는 방법을 알려 주는 그림책. 갈등의 원인, 바람직한 해결방법과 그렇지 않은 해결방법, 그에 따른 결과들을 각각 경험해 볼 수 있다.

♣ 마무리 활동

◎ 나의 문화 다양성 테스트

▶ 다문화교육을 실시하게 될 예비교사로서 자신의 문화 다양성 감수성을 테스트해 보세요.

문화 다양성 감수성 테스트 바로가기

◎ 다문화 영화 감상하기

▶ 다문화 관련 영화를 감상하고 자신이 새롭게 알게 된 점이나 느낀 점을 나눠 보세요.

제5장
환경

바깥놀이 시간

만 5세 누리반 유아들은 유치원 마당에 작은 정원 만들기를 하고 있다.
영수: 와, 만져 봐. 흙 냄새가 좋다.
교사: 어떤 냄새가 나니?
영수: 숲속 냄새요. 숲속 냄새 좋아요.
민영: 선생님, 이렇게 흙을 놓으면 되죠?
지은: 우리 정원 이름을 뭐라고 할까? 우리가 심은 씨앗이 꽃이 피면 냄새가 나니까..
민아: 그럼, 향기 풀풀 정원 어때?
지은: 그러네. 꽃 냄새도 나고 흙냄새도 나니까... 풀풀 재밌다.

유아들이 정원 이름을 정하면서 흙을 만지고 있을 때 흙에서 작은 스티로폼이 나왔다.
영수: 선생님, 여기 쓰레기가 있어요. 이거 딸기 살 때 쓰는 거예요.
교사: 아, 스티로폼이구나. 스티로폼이 왜 흙 속에 있을까?
지은: 쓰레기를 아무 데나 버려서 그래요.
민아: 흙 속에 버리면 왜 안 없어지지?
영수: 스티로폼 불에 잘 안 타. 그거 분리수거해야 해.
교사: 흙 속에 스티로폼 같은 쓰레기가 있으면 꽃이 어떻게 될까?
민아: 꽃이 아파요. 안 자라요. 벌과 나비도 안 와요.
영수: 아, 그럼 우리 정원은 우리가 지켜 줘야 해.
영수: 정원을 들어올 때 지켜야 할 약속을 정해서 붙여 보자.

[함께 생각해 보아요]

- ▶ 위 사례에서 유아들의 환경에 대한 탐구과정이 어떻게 나타났는지 생각해 보세요.
- ▶ 이러한 상황에 있는 유아들에게 교사는 어떤 지원을 해 줄 수 있을까요?

(위 사례 분석과 지원방안은 p. 324에서 확인할 수 있음)

우리는 자연환경과 공존하며 살아가고 있다. 유아는 주변 환경에서 자연의 아름다움을 경험하고, 자연을 관찰하면서 인간이 살아가기 위해서는 동식물과 공존해야 한다는 것을 깨닫게 된다. 이러한 인식은 자연스럽게 환경보존에 대한 관심으로 연결된다. 유아들이 환경의 아름다움과 소중함을 느끼고, 환경의 중요성을 인식하게 되면 자연스럽게 환경을 보호하기 위한 실천 방안을 찾고 책임감을 갖고 실천하는 생활을 할 수 있게 된다.

♣ 참고영상 : 환경문제의 심각성

[SBS] 예상보다 빠른 지구온난화
미리 본 50년 뒤 지구
https://www.youtube.com/watch?v=60WnGcs7gZA

1. 환경교육의 필요성 및 정의

오늘날 인류는 과학기술의 발달로 경제성장과 함께 편리한 생활을 누리고 있지만, 생태계 위협과 자연의 고갈, 이상 기후, 미세먼지 등 환경재해로 인해 심각한 환경문제에 직면하고 있다. 환경문제는 전 세계의 모든 사람들의 삶과 연관되어 있고 우리의 생존이 위협당할 정도로 심각한 상태이다. 유엔은 환경문제가 전 세계인이 함께 고민해야 할 문제라는 인식하에 지속가능발전 10년 계획을 발표하였으며 전 세계에 환경문제를 해결하기 위해 환경교육의 필요성을 강조하였다(Wade & Parker, 2009).

지속가능발전에 근거한 환경교육은 인간의 환경적 태도가 단기간에 단편적으로 형성되는 것이 아님을 전제로 유아기부터 장기간에 걸쳐 지속적으로 이루어져야 한다고 강조한다. 유아기부터 시작되어 지속되는 환경교육은 지구촌 환경에 관하여 책임감 있는 태도를 갖춘 시민으로 성장하도록 지원하는 방향을 제시한다. 유아기에 환경교육을 통해 형성된 환경에 관한 긍정적인 가치관과 태도는 이후 실천적인 행동으로 나타날 수 있으므로 유아의 발달에 적합한 환경교육이 이루어져야 한다(최윤지, 2019; 허경희, 2012).

환경교육의 목적은 생활 주변의 자연환경에 대해 올바른 지식과 관심을 가짐으로써 인간과의 관계의 의미를 발견하고, 환경에 대한 소중함을 느끼며, 환경 자원을 올바르게 이용하고 보존하는 것을 경험하도록 하는 것이다(교육과학기술부, 2013). 유아기에 체계적인 환경교육을 접하고 성장하는 유아들은 주변 환경에 대해 올바르게 이해하고 환경을 보전하고 환경문제에 관하여 능동적으로 대처할 수 있는 능력을 갖추게 된다. 또한 자연의 심미적인 아름다움과 가치를 느끼게 되며, 환경에 함께 존재하는 인간과 동식물이 상호 의존하는 관계임을 알 수 있게 된다. 그러므로 인생 초기인 유아기에 효과적인 환경교육을 경험하는 것은 중요하다(구혜연, 2015; 지옥정, 2012).

유아 환경교육은 유아교육기관에서 통합적인 교육과정을 통해 실시되어야 하며, 유아의 일상생활에서 매일의 경험과 연결이 되도록 지속적으로 실시되어야 한다. 유아의 발달에 적합한 유아 환경교육은 환경의 소중함과 환경보호를 위한 지식과 기술, 태도 및 가치관을 형성하게 된다. 따라서 유아 환경교육의 목표를 제시하면 다음과 같다(김정원, 2003).

- 환경에 대한 예민한 관찰자로서의 유아의 성향을 계발한다.
- 환경의 변화 개념을 탐색할 수 있는 태도와 기술을 익힌다.
- 환경문제와 환경보호에 대한 지식과 정보를 획득한다.
- 환경의 아름다움에 대한 심미적 감상에 근거한 보호의 필요성을 인식한다.

2. 환경교육의 내용

유아 환경교육은 지식뿐만 아니라 일상생활 속에서 자연의 소중함을 느끼고 환경보호에 직접 참여할 수 있는 역량을 키우는 내용으로 구성되는 것이 바람직하다(환경부, 2017). 또한 환경보호에 관한 지식을 바탕으로 환경과 공존하며 존중하는 삶을 지향하는 가치관 형성을 지원할 수 있어야 한다(김강희, 김영옥, 2017; 김정주, 조형숙, 2008; 지옥정, 2012; 최명하, 조부경, 2012). 그러므로 유아 환경교육은 다양한 환경적인 요소 중 유아의 생활 주변에서 쉽게 접할 수 있는 자연을 중심으로 매일의 경험과 연결하여 직접적이고 구체적인 체험을 통해 환경 보존과 관련된 내용을 이해할 수 있도록 구성해야 한다. 이러한 선정 기준을 근거로 환경교육의 내용을 제시하면 다음과 같다(박희재, 2019; 조순옥 외, 2013; Melendez, Beck & Flectcher, 2000).

1) 환경 감수성과 배려

유아는 자연의 아름다움을 경험하면서 인간과 자연이 서로 의존하며 살아가는 공동체임을 인식하게 된다. 자연의 아름다움을 경험하는 것은 소중한 자연을 보존하고 있는 그대로 유지하는 것이 중요하다는 것을 깨닫게 하고 환경을 보존하는 것에 많은 관심을 갖도록 한다. 그러므로 교사는 유아가 주변 환경의 아름다움을 깊이 경험할 수 있도록 자연을 지속적으로 만날 수 있고 체험할 수 있도록 지원해 주는 것이 필요하다.

- 자연환경의 아름다움과 소중함 느끼기
  - ▶ 자연에서 볼 수 있는 물, 돌, 흙 등을 관찰하여 놀이해 보기
  - ▶ 물, 돌, 흙 등이 생활에 어떻게 사용되는지 찾아보고 실제로 사용해 보기
  - ▶ 주변 동식물의 특성과 아름다움을 경험해 보기
  - ▶ 계절에 따른 환경의 변화 경험해 보기

- 환경을 소중히 하는 마음 가지기
  - ▶ 아름다운 자연을 보존하는 방법 알아보기(식물가꾸기, 주변 잡초뽑기 등)
  - ▶ 동식물을 배려하는 마음 가지기

2) 상호 의존성

유아는 인간과 자연, 동식물이 서로 의존하며 공존하는 공동체라는 것을 인식해야 한다. 우리가 아끼지 않고 함부로 사용하는 자원으로 인한 환경문제는 동식물과 인간 모두가 건강한 생명을 유지하며 살아가는 것을 어렵게 한다. 자연 파괴로 인한 생태계의 교란과 훼손으로 인한 폐해가 동식물은 물론 사람들의 일상 곳곳에 영향을 미침으로써 행복한 삶에 위협이 되고 있는 것이다. 따라서 유아 환경교육에는 자연환경과 사람들 모두 건강하고 아름다운 삶을 누리기 위해서 지구상의 모든 생명체가 상호 의존함을 이해하고 보호해야 한다는 내용이 포함되어야 한다.

- 동식물과 상호 의존 관계 알아보기
- 지역사회에 살고 있는 동물 서식처 보호하기(나무-새집, 연못-개구리 등)
- 곤충(나비, 장수풍뎅이 등), 동물(올챙이, 거북이 등)을 돌보기
- 채소를 심고 열매를 맺어 수확하는 과정 경험하기
- 애완동물 보호하기
- 멸종위기 동식물 보호하기

3) 환경문제 인식 및 대처

오늘날 지구상의 환경문제는 심각하다. 우리에게 주어진 소중한 자원을 방만하게 사용하고 훼손했기 때문에 나타나는 현상이다. 심각한 환경문제는 전 세계의 문제이며 우리 생활가운데에서 나타나고 있다. 따라서 이미 우리의 일상에 깊이 들어와 있는 환경문제의 심각성을 알아보고, 환경문제의 발생 원인과 대처 방안에

초점을 맞추는 교육이 이루어져야 한다.

- 환경오염에 관심 가지기
  - ▶ 수질오염이 발생되는 원인(생활하수, 공장 사업장, 축산, 도로, 음식 찌꺼기 등).
  - ▶ 수질오염 인간생활과 생태계에 미치는 영향 관심 가지기 (생태계 파괴, 경제적 피해, 인간과 자연에 미치는 피해 등)
  - ▶ 에너지가 사용되는 곳을 알아보고 에너지의 과용으로 인한 문제점 관심 가지기
  - ▶ 쓰레기의 종류 및 쓰레기로 인한 오염 실태와 원인에 관심 가지기
  - ▶ 먹을거리의 오염과 그로 인한 폐해, 먹을거리와 관련된 환경문제 관심 가지기(몸에 해로운 음식, 유통과정의 문제, 음식물 쓰레기 등)
- 기후변화 및 지구온난화 현상에 관심 가지기
  - ▶ 지구 온난화가 발생되는 원인(자동차 배기가스, 공장의 굴뚝, 쓰레기 소각장 등) 알아보기
  - ▶ 지구 온난화가 인간생활과 생태계에 미치는 영향 관심 가지기 (오존층 파괴, 산성비, 온난화 현상, 경제적인 피해, 인간과 생물에 피해 등)
  - ▶ 예방대책을 알아보기(일반, 가정, 유아교육기관에서 할 수 있는 일)
- 환경문제에 대처하는 방법 알아보기
  - ▶ 쓰레기(가정과 어린이집, 식당의 쓰레기 줄이기, 주변 환경 깨끗이 하기 등)
  - ▶ 음식(먹을거리의 소중함을 깨닫고 음식을 대하는 바른 태도를 가질 수 있도록 하기)
  - ▶ 환경오염 및 재해에 대처하는 방법 알아보기

4) 환경보존

유아를 대상으로 하는 환경교육은 오염과 훼손 등에 초점을 맞추어 진행하기보다 자연환경과 인간이 서로 영향을 주고받으며 존재한다는 공존의 관계를 이해하

는 데 관심을 갖도록 하는 것이 적절하다. 이를 통하여 지구에 있는 자연 자원이 제한되어 있으므로 아끼고 보존해야 한다는 자연보호에 대한 책임 의식을 기를 수 있도록 하는 것이 좋다. 따라서 일상생활에서 소중함을 깨닫지 못하고 아낌없이 사용하는 물, 보이지 않아 고마움을 깨닫지 못하고 사는 공기, 유아들이 교실에서 사용하는 종이와 에너지 등 다양한 종류의 자원을 아끼고 보존해야 함을 알 수 있는 내용이 포함되어야 한다.

- 환경보존의 방법을 알아보고 실천해 보기
  - ▶ 사람이나 동식물이 살아가기 위해 공기, 물, 흙, 에너지 등이 필요함을 인식하기
  - ▶ 깨끗한 생활환경 유지를 위한 생활 실천하기
  - ▶ 아름다운 자연환경 유지를 위한 생활 실천하기
- 자원, 에너지 절약 및 재활용 알아보기
  - ▶ 재활용품과 재사용의 의미를 알고 실천해 보기
  - ▶ 물, 종이 등의 자원 및 에너지를 아끼는 방법 알아보고 실천하기
  - ▶ 쓰레기 분리수거하기
  - ▶ 친환경 제품이 무엇인지 찾아보기, 친환경 제품에 붙이는 마크 알아보기, 친환경 단체에서 하는 일 알아보기
- 신재생 에너지를 이해하고 사용해 보기
  - ▶ 신재생 에너지(햇빛, 물, 지열, 바람)에 관심 가지기 및 사용하기

♣ 참고자료 : 환경단체	
그린피스	https://www.greenpeace.org/korea/
환경운동연합	http://kfem.or.kr/
녹색연합	http://www.greenkorea.org/
한국내셔널트러스트	https://nationaltrust.or.kr/
세계자연기금한국본부	https://www.wwfkorea.or.kr/

3. 환경교육을 위한 교사의 역할

유아 환경교육의 효과적인 적용을 위해서는 유아의 발달에 적합하고 현재 우리 사회의 환경적 문제를 적절히 반영하고 있는 효과적인 환경교육을 실시할 수 있는 교사의 역할이 중요하다. 교사는 다음과 같은 세 가지 환경교육의 전략을 활용할 수 있다(Dighe, 1993; 조순옥 외, 2013 재인용).

- 자연 감상(Love approach)

유아는 자연을 오감으로 느끼며 놀이하면서 자연의 아름다움을 감상하고 자연친화적인 생활을 할 수 있는 사람으로 성장한다. 이를 위하여 자연환경의 변화를 몸으로 직접 체험할 수 있도록 가까운 공원이나 동네로 자주 산책을 나가는 것이 좋다. 유아는 쉽게 자연을 접할 수 있는 산책을 하면서 자연을 사랑하는 마음을 갖게 된다.

- 환경 지식(Know approach)

환경에 대한 지식은 그냥 갖게 되는 것이 아니다. 교사는 유아의 경험에 기초하여 환경에 대한 중요성과 환경보존에 관한 지식을 학습하도록 지원해야 한다. 주변 환경에 대한 의미 있는 경험을 통해 자연환경에 관한 지식을 획득할 수 있도록 도와야 한다. 유아들이 항상 접하며 살고 있는 공기, 물, 음식, 땅, 지구 등과 같은 주제는 유아의 환경에 대한 지식의 학습에 도움이 된다

- 실천 지식(Ding approach)

유아 환경교육은 지속적으로 실천할 수 있을 때 의미가 있다. 유아가 자신이 살아가고 있는 일상에서 환경을 보호하기 위한 다양한 방법을 찾고 작은 것부터 실천할 수 있는 습관을 기를 수 있도록 지원해야 한다. 환경보호를 실천하는 것은 가정과 지역사회와의 협력을 통해 이루어질 때 효과적이므로 가정 및 지역사회 연계

를 통한 실천 방안을 찾아볼 수 있는 교육이 필요하다.

유아 환경교육을 효과적으로 실시하기 위한 교사의 역할은 다음과 같다.

- 교사는 관찰자와 격려자가 되어야 한다.

교사는 유아가 호기심을 가지고 자연환경을 탐색하거나 환경문제를 인식할 때 주의 깊은 관찰을 통해 적절한 상호작용을 할 수 있어야 한다. 교사의 격려와 지원은 유아가 환경과 관련된 놀이와 활동에 보다 적극적으로 참여하도록 함으로써 환경교육의 효과를 높이는 데 도움이 된다.

- 교사는 유아가 적절하고 효율적으로 상호작용할 수 있는 환경을 조성해 주어야 한다.

환경교육은 유아와 환경과의 직접적이고 깊이 있는 상호작용을 통해 의미 있는 교육적 경험이 될 수 있다. 환경은 놀이가 활성화되는 원천이며 유아들이 호기심을 가지고 주변을 탐색하고 관찰하도록 하는 자발적인 동기를 유발시키는 요소이다. 그러므로 자연친화적으로 환경을 조성하여 유아들이 자유롭게 일상에서 쉽게 만날 수 있는 자연환경을 탐색할 수 있도록 환경을 조성해야 한다. 이러한 환경 조성은 다음과 같은 활동으로 이어질 수 있다.

- ▶ 곤충과 동물 키워 보기
- ▶ 작은 텃밭을 조성하여 다양한 식물 가꾸어 수확해 보기
- ▶ 사계절 숲속 관찰하기
- ▶ 자연친화적인 놀이하기

4. 환경교육의 통합적 적용

1) 놀이 사례 - [정원사 놀이]

▣ 놀이배경

유아들은 『조지 아저씨네 정원(글 게르다 마리 샤이들, 그림 베르나데트 와츠, 시공주니어, 2017)』 그림책을 보고 정원에 관심을 갖게 되었다. 이렇게 시작된 관심으로 유치원의 우리 반에 우리의 정원을 꾸며 보고 싶다고 제안하게 되었다. 교사는 '환경'에 대한 개념을 바탕으로 교실에 정원을 꾸밀 수 있는 공간의 마련과 정원사 놀이를 어떤 방법으로 진행할 수 있을지에 대한 지원방안을 고민하게 되었다.

▣ 놀이의 흐름에 따른 교사의 고민과 교육적 지원

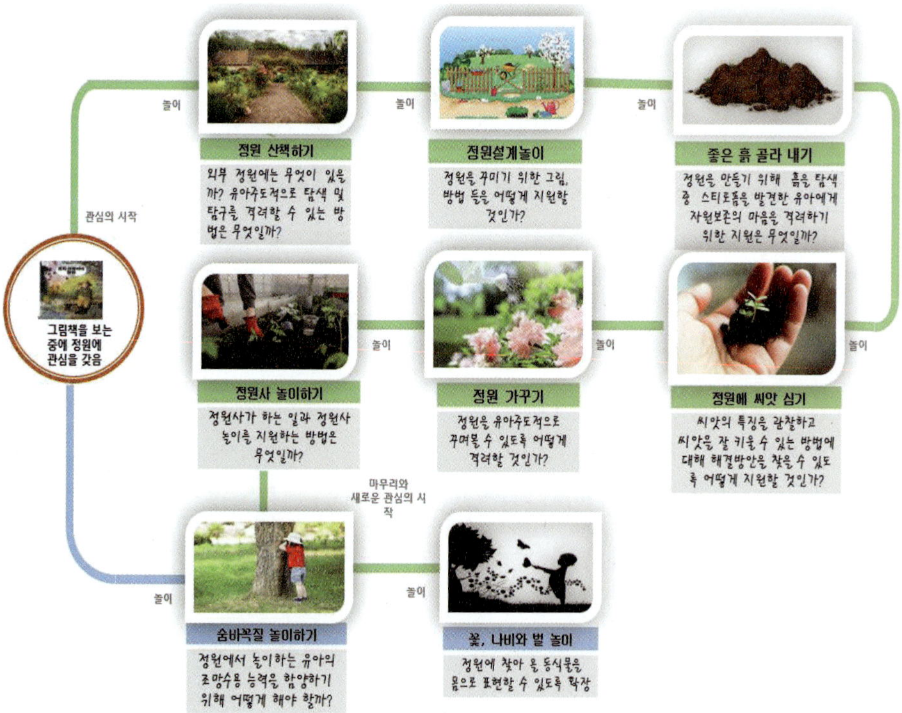

▣ 놀이 사례(1)	
놀이	정원 산책하기

정원으로 산책을 나온 유아들은 주변에 관심을 가지고 이야기하기 시작한다. 유아들은 정원을 꼼꼼히 살폈으며 정원에 무엇이 있는지 살핀 후 꽃잎이 떨어진 것을 돌로 찧어서 음식 놀이를 하였다. 조그만 연못에 있는 물레방아와 곤충과 벌레도 관찰하였으며, 벌레를 무서워하던 유아들도 어떤 벌레인지 궁금해하며 생김새를 관찰하였다.

"야, 여기도 들꽃이다."
"다른 꽃들도 예쁘다."
"와, 벌이다. 나비도 있다"
"조지 아저씨처럼 곤충하고 이야기해 볼까?"
"우아, 재미있겠다. 아저씨는 정원에 있는 곤충하고 말했어."
"그럼 우리도 정원을 꾸미면 말할 수 있겠다. 정원에 돌도 있다!"
"우리도 돌로 정원을 꾸미면 좋겠다."
"그러면 돌을 주워 가야 해"
"선생님, 민들레예요. 이거 불면 씨앗이 되어서 날아간다."
"그래, 우리 정원에 씨앗도 심어야 하는데..."
"선생님, 이건 불어보고(나머지 하나를 보여 주면서) 이것은 유치원에 가져가서 심어요."

교육적 놀이지원	교사의 놀이지원 실제
상호작용	교사는 유아들이 발견한 것들을 사진 찍어 주며 주도적으로 탐색하는 것을 격려하고 발견의 기쁨을 공유하였다. 또한 놀이하는 유아들의 모습을 계속 관찰하였다.
기타(안전)	정원은 개방된 장소이자 위험한 사물이 존재할 수 있으므로 놀이하는 유아의 안전을 확인하였다.

▣ 놀이 사례(2)	
놀이	정원에 놓을 흙 관찰하기

교사는 정원에 넣어줄 흙을 보여 주고, 유아들은 흙을 탐색하기 시작했다. 유아들은 정원을 만들 흙을 옮기면서 정원의 이름을 지어 보고 정원을 만들 때 필요한 것들에 대해 이야기를 나누었다. 또한 흙을 관찰하면서 흙 속에서 스티로폼이 나온 것을 보고 동식물이 살아가기 위해서는 환경을 깨끗하게 보존해야 한다는 것을 인식하였다.

"와, 만져 봐. 흙냄새가 좋다."
"어떤 냄새가 나니?"
"숲속 냄새요. 숲속 냄새 좋아요."
"선생님, 이렇게 흙을 놓으면 되죠?"
"우리 정원 이름을 뭐라고 할까?"
"우리가 심은 씨앗이 꽃이 피면 냄새가 나니까."
"향기 풀풀 정원 어때?"
"그러네. 꽃 냄새도 나고 흙냄새도 나니까... 폴폴 재밌다."

유아들이 정원 이름을 정하면서 흙을 만지고 있을 때
흙에서 작은 스티로폼이 나왔다.
"선생님, 여기 쓰레기가 있어요. 이거 딸기 살 때 쓰는 거예요."
"아, 스티로폼이구나. 스티로폼이 왜 흙 속에 있을까?"
"쓰레기를 아무 데나 버려서 그래요."
"흙 속에 버리면 왜 안 없어지지?"
"스티로폼 불에 잘 안 타. 그거 분리수거해야 해."

교육적 놀이지원	교사의 놀이지원 실제
상호작용	교사는 유아들이 발견하고 사고하는 것을 격려하여 환경은 상호 의존성을 가지고 있다는 것으로 유아들의 생각을 확장할 수 있도록 상호작용을 하였다.
자료지원	교사는 실외 일부 공간에 정원을 만들 흙과 꽃삽을 준비해 주어 유아들이 흙을 고르고 옮겨 놓을 수 있도록 지원하였다.
공간의 변화	교사는 정원을 꾸미기 위해 유아들과 함께 상호작용을 하면서 바깥놀이 공간 중 일부를 정원으로 꾸밀 수 있도록 지원하였다.

▣ 놀이 사례(3)	
놀이	정원에 씨앗 심기

유아들과 정원을 산책하면서 발견한 씨앗과 유아들이 집에서 준비해 온 씨앗을 정원에 심기로 하였다. 유아들이 자발적으로 씨앗을 가져오고 그것으로 싹 틔우기를 하며, 씨앗의 특징을 관찰하는 과정을 통해 정원 가꾸기에 관한 관심을 지속시키면서 정원과 식물에 관한 지식을 공유하였다.

"얘들아, 이것 봐"
(씨앗을 작은 것에서부터 큰 것으로 죽 늘어놓는다)
"와, 씨앗이 점점 커지네?"

"그런데 얘들아, 우리가 씨앗을 심으면
어떤 꽃이 필지 어떻게 알지?
"꽃 이름을 써 주자.
"이것은 잘 가꾸어 줘야 해. 물도 잘 줘야 해"
"우리가 씨앗을 심으면 어떻게 가꿔 줘야 할까?"
"물을 잘 주고, 함부로 여기로 들어오면 안 돼요."
"발로 밟으면 죽어요."
"그러니까 아무거나 버려도 안 되겠지.
깨끗하게 해 줘야 씨앗이 숨을 쉴 수 있지."
"선생님, 꽃 이름을 쓸 종이 좀 주세요."

유아들은 정원에 씨앗을 심고 간판에 꽃 이름을 썼다.

교육적 놀이지원	교사의 놀이지원 실제
상호작용	교사는 싹을 틔우기 위해 어떤 일을 해야 하며, 정원을 어떻게 관리하면 꽃이 잘 자랄지에 관하여 상상하고 실험하면서 유아들의 정원에 관한 학습이 확장되도록 지원하였다.
자료지원	교사는 꽃삽과 물뿌리개를 준비해 주었고, 꽃 이름 써 놓을 작은 간판을 마련해 주었다.

■ 놀이실행 및 지원을 기록한 주간교육계획의 예

주제	정원놀이	
요일	실행	지원
목	• 『조지 아저씨네 정원』 그림책을 보던 유아들은 정원에 관심을 갖기 시작함 • 이렇게 시작된 관심은 우리 반만의 정원을 꾸며 보고 싶다는 제안으로 연결됨 • 정원에는 어떤 것들이 있는지 서로 의견을 나누게 되면서 숲과 정원이 어떻게 다른지 알아보기 위해 주변 정원에 산책을 가기로 결정함	• 교사는 유아들이 놀이시간에 읽은 '조지 아저씨네 정원'에 대해 이야기를 하던 중 정원에 대한 흥미를 관찰하고 상호작용함 • 교사는 유아들이 정원과 산책하면서 보았던 숲과의 차이에 대하여 상호작용하는 것을 존중하고 직접 눈으로 보고 놀이로 확장할 방법을 고민함
금	• 정원으로 산책을 나온 유아들은 주변에 관심을 가지고 이야기하기 시작함 • 그림책에서 보았던 들꽃 이름을 말하면서 사진 찍어 달라고 교사에게 요청함 • 정원에 꽃, 나무만 있는 것이 아니라 곤충, 돌, 조각상, 연못 등이 있는 것을 관찰함 • 떨어져 있는 꽃잎으로 음식 만들기 놀이를 함	• 교사는 유아들이 발견한 것들을 사진 찍어 주며 주도적으로 탐색하는 것을 격려하고 발견의 기쁨을 공유함 • 정원은 개방된 장소이자 위험한 사물이 존재할 수 있으므로 놀이하는 유아의 안전을 확인함
월	• 우리 반만의 정원을 어디에 어떻게 만들면 좋을지에 대해 토의를 함 • 바깥놀이 공간 중 일부를 작은 정원으로 꾸며 보기로 함 • 실내에서는 정원의 설계도를 그려 봄 • 좋은 흙을 만들어 주기 위해 탐색함 • 흙 속에 있는 스티로폼을 발견하여 스티로폼 등 흙을 아프게 하는 쓰레기에 대해 관심을 가짐	• 교사는 정원을 꾸미기 위해 유아들과 함께 상호작용을 하면서 바깥놀이 공간 중 일부를 정원으로 꾸밀 수 있도록 지원함 • 교사는 실외 일부 공간에 정원을 만들 흙, 꽃삽을 준비해 주어 유아들이 흙을 고르고 옮겨 놓을 수 있도록 지원함 • 교사는 유아들이 발견하고 사고하는 것을 격려하여 환경은 상호 의존성을 가지고 있다는 것으로 유아들의 생각을 확장할 수 있는 방법에 대하여 고민함
화	• 유아들과 정원을 산책하면서 주워 온 씨앗과 유아들이 집에서 준비해 온 씨앗을 정원에 심기로 함 • 씨앗의 크기와 특징에 관심을 보임 • 씨앗을 줄지어 놓고 작은 것에서부터 큰 것까지 차례대로 놓는 놀이를 함	• 교사는 싹을 틔우기 위해 어떤 일을 해야 하며, 정원을 어떻게 관리하면 꽃이 잘 자랄 수 있을지에 관하여 상상하고 실험하도록 격려하였고 그 결과를 공유하도록 상호작용함

화	• 씨앗을 심기 위해 필요한 것을 준비해 달라고 함 • 씨앗의 이름을 써서 정원에 꽂아 놓음	• 교사는 꽃삽과 물뿌리개를 지원하고 꽃 이름을 써 놓을 작은 간판을 준비해 줌
수	• 정원을 더 멋지게 꾸밀 수 있는 자료를 요청함 • 정원에 울타리를 치고 작은 조각상과 의자 등을 만들기로 함 • 조각상, 연못, 의자를 놓을 장소의 확장에 대해 질문함 • 정원에 요구르트병으로 울타리를 치고, 벽돌블록을 사용하여 의자를 만들기 시작함 • 낙엽을 한쪽에 깔아 주고 곤충과 벌레들도 함께 살 수 있도록 해 줌 • 실내에서는 우유팩과 여러 가지 병을 사용하여 조각상을 만들기 시작함	• 유아의 요청에 따라 요구르트병, 솔방울, 나뭇가지 등을 제공함 • 정원을 더 꾸며 줄 장소를 요청하여 안전한 장소를 정해 확장할 수 있도록 함 • 정원을 감상할 수 있는 의자를 벽돌블록으로 만들고자 하여 블록을 추가적으로 제공해 줌 • 조각상은 실내놀이 시간에 폐품을 통해 만드는 것을 지켜봄 • 실외놀이 공간에 정원을 꾸미기로 한 것이기 때문에 놀이 공간의 안전성에 대해 이야기를 나눔
목	• 유아들은 실내, 실외에서 만든 조각상과 블록 의자를 밖으로 가져와서 어떤 장소에 놓아야 할지 정함 • 유아들이 정원 이름에 대해 토의를 함 • '향기 폴폴 정원'으로 정함 • 정원을 관리해 주는 정원사를 유아들이 서로 돌아가면서 하기로 결정함 • 정원을 보호하고 아낄 수 있는 방법에 대해 이야기 나눈 후 종이에 적어서 붙여 놓기로 함	• 정원에 있는 싹을 틔우기 위해 어떤 일을 해야 하며, 정원을 어떻게 관리를 하면 꽃이 잘 자랄지에 대해서 상상, 실험, 공유를 함 • 유아들의 요청에 따라 정원 이름을 써 넣을 수 있는 나무 간판을 준비함 • 정원에 다른 꽃과 나무를 소량 심어 놓음
금	• 정원 관찰할 때 거미를 발견하여 거미는 어떤 곳에서 사는지에 대해 관심을 갖게 됨 • 유아가 거미는 깨끗한 곳에 사는 것이라고 책에서 찾아서 알려 줌 • 교실 내에서 정원사 놀이하기 • 블록으로 정원을 꾸며 놓고 나비와 벌이 되어 정원놀이를 진행함	• 교사는 유아들이 정원사 놀이를 할 수 있도록 다양한 블록과 모조 꽃, 나무 등을 준비해 줌 • 신체표현을 할 수 있도록 나비, 벌 등의 머리띠와 음악을 준비함

▣ 누리과정 5개 영역의 내용과 연계하여 이해한 유아의 경험

신체운동 · 건강

- 신체 활동에 자발적으로 참여하며, 신체의 움직임을 조절하며 사용하여 안전하게 놀이하는 방법을 경험함

의사소통

- 자신의 경험, 느낌, 생각을 자유롭게 말하며 다른 사람의 생각을 주의 깊게 듣는 시간을 많이 가짐
- 그림책을 재미있게 듣고 상상해서 정원사가 되어보기로 함
- 씨앗의 이름, 정원에서 지켜야 할 약속 등이 자연스럽게 쓰기로 연결됨

사회관계

- 정원을 꾸미고 정원사가 되기 위해 친구들과 적극적으로 상호작용하면서 서로 다른 의견을 존중하고 문제를 해결하는 경험을 함.

예술경험

- 자연의 아름다움을 느끼고 자연의 소리와 생물체의 움직임을 다양한 형태로 표현함.
- 정원을 꾸미기 위해 다양한 폐품을 활용하여 울타리, 조각상, 의자 등을 만드는 예술경험이 이루어짐.

자연탐구

- 정원에 씨앗 심기를 하면서 씨앗의 크기와 길이에 관심을 가지고, 정원의 꽃, 나무, 곤충, 흙을 관찰하는 탐구과정을 즐김.
- 정원을 깨끗하게 하기 위해 환경을 보호하고 배려해야 하며 자연환경을 소중히 여기는 마음을 가지게 됨

■ 놀이 사례 한눈에 보기		
놀이의 시작		그림책을 보면서 정원에 관심을 갖게 되었고, 주변의 정원에 견학을 가자고 제안을 하면서 우리 반만의 정원을 유치원에 만들고 싶다고 함.
교육적 놀이지원	공간	• 교실 밖 실외놀이 공간을 활용하여 실내 정원놀이가 실외놀이 공간으로 확장됨
	자료	• 향기 풀풀 정원을 만드는 자료들을 제공해 달라는 유아의 요구를 수용함
	일과	• 유아가 놀이에 몰입할 수 있도록 실외놀이 시간을 연장하여 일과를 운영함
	상호작용	• 유아의 놀이를 관찰하면서 필요한 순간에 질문하기, 제안하기, 놀이에 참여하기, 정서적 지원하기 등으로 놀이를 지원함
	안전	• 안전사고 예방을 위해 교실 내, 실외놀이 공간에서 놀이 시 스스로 안전에 주의할 수 있도록 이야기를 나눔
놀이지원 계획/평가		• 정원 만들기에 대한 교사의 활동 계획과 유아의 정원사 놀이를 함께 기록함 • 놀이 상황 중 개별 유아 놀이를 일화 기록으로 남김 • 놀이에 나타난 누리과정 5개 영역의 경험을 찾아서 연계해 봄

2) 활동 사례 - [정원사 놀이]

▣ 누리과정 영역별 활동망

정원사 놀이

사회관계
- 정원사가 되어 보아요
- 환경보호 관련 기관 알아보기
- 주변 정원 산책하기

신체운동, 건강
- 쓰레기 분리수거하기
- 자연의 소리를 표현해요
- 벌과 나비가 되어 봐요

의사소통
- 자연에서 다양한 소리 듣기
- 정원 신문 만들기
- 아름다운 정원 가꾸기

예술경험
- 자연의 소리 감상하기
- 정원간판 구미기
- 폐품 이용하여 정원 울타리, 조각상, 의자 만들기
- 정원 환경 포스터 만들기

자연탐구
- 정원 가꾸기
- 흙을 깨끗이 보호하기
- 정원의 흙과 놀이터 흙 비교하기
- 다양한 씨앗 심어 보기
- 씨앗이 잘 자랄 수 있는 정원 만들기
- 공기 정화하기

▣ 활동 계획안(1)

활동명	자연의 소리를 표현해요	환경교육 내용	환경 감수성과 배려
연령	만 4세	활동유형	신체표현
활동 배경 놀이 사례	정원으로 산책을 나온 유아들은 주변을 둘러보며 다양한 꽃과 나비를 관찰하였다. "소리가 들린다. 바람 소리. 여기에서 바람 소리가 들려. 신기하다." 한 명의 유아가 자연의 소리를 들으려고 하자 다른 유아가 "새소리도 들려. 와, 나무에서도 소리가 들려요." 유아들은 각자 정원에서 나는 소리를 찾아 나갔다.		

<table>
<tr><td>활동목표
(누리과정
관련 요소)</td><td colspan="2">• 주변에서 접할 수 있는 자연의 소리를 관찰하고 자연을 보존하는 방법에 대해 안다.
(자연탐구〉 탐구과정 즐기기〉 주변 세계와 자연에 대해 지속적으로 호기심을 가진다)
• 자신의 생각이나 느낌을 신체로 표현할 수 있다.
(신체운동 · 건강〉 신체 활동 즐기기〉 신체 움직임을 조절한다)
(예술경험〉 창의적으로 표현하기〉 자연과 생활에서 아름다움을 느끼고 즐긴다)</td></tr>
<tr><td>활동자료</td><td colspan="2">– 여러 가지 자연의 소리, 정원에게서 온 편지</td></tr>
<tr><td>활동단계</td><td>활동내용</td><td>준비물 및 유의점</td></tr>
<tr><td>도 입</td><td>1. 교사는 유아에게 정원에게서 온 편지를 들려준다.
– 정원에게서 편지가 왔는데 한번 들어 보자.
안녕? 너희가 나에게 와 줘서 고마워.
우리 정원에서 너희가 소리를 찾았는데 어떤 소리를 찾았는지 들려줄 수 있니?</td><td>편지,
정원 산책 사진</td></tr>
<tr><td>전 개</td><td>2. 정원에서 찾은 소리에 대해 이야기를 나눈다.
– 정원에서 어떤 소리를 찾았니?
– 어떻게 해서 그 소리를 들었니?
– 다른 소리를 찾은 친구도 있니?

3. 정원에서 유아들이 찾은 소리를 교사가 들려준다.
– 어떤 소리인 것 같니?
– 소리를 들으니까 어떤 마음이 드니?
– 자연에서 들려오는 소리를 들으니까 어떤 마음이 드니?
– 선생님이 들려주는 소리 말고 또 어떤 소리를 찾았니?

4. 교사가 들려주는 이야기에 맞추어 소리를 몸으로 표현해 본다.
– 이 소리를 몸으로 표현해 볼 수 있을까?
– 물(새, 바람, 비)은 몸으로 어떻게 표현하면 좋을까?
– 선생님이 들려주는 동화에 맞추어 소리를 들려주면 몸으로 소리를 표현해 보자.

날씨가 좋은 00일이요. 누리유치원 친구들은 숲속을 산책해요.
그때 바람이 살랑살랑 불었어요(바람 소리를 들려준다).
주변에서 새들은 기분이 좋아 지저귀고 있어요(새소리를 들려준다).
나무는 새소리를 들으면서 쑥쑥 자라고 있어요.
정원에는 시냇물도 졸졸졸 흐르고 물속에는 물고기들이 춤을 추며 다니고 있어요(물소리를 들려준다).
맑았던 하늘은 해님이 사라지고 비가 내리기 시작해요(빗소리를 들려준다). 비가 그치자 숲은 바람과 새소리 물소리가 아름답게 들립니다.</td><td>물소리, 새소리,
바람 소리, 빗소리

유아들과
정원에 있던
사진을 배경으로
동화를 들려준다.</td></tr>
</table>

마무리	5. 활동에 대해 평가한다. – 자연에서 들리는 소리를 몸으로 표현해 보니 어떤 느낌이 드니? – 나무는 자라면서 어떤 소리를 냈을까? – 자연의 아름다운 소리를 잘 보존하려면 어떻게 해야 할까?
추후 예상 관심과 놀이 & 지원	– 조지 아저씨가 되어 자연의 다른 소리를 들어 보고 언어로 표현해 본다. (꽃, 나무, 나비, 벌, 흙 등) – 언어 영역에 『조지 아저씨네 정원』 그림책과 00의 정원 그림책을 비치해 준다.
가족 및 지역사회 연계 활동	– 가정과 연계해서 내가 키우는 소중한 식물의 소리를 들어 본다.

▣ 활동 계획안(2)			
활동명	아름다운 정원을 가꾸어요	환경교육 내용	환경문제 인식 및 대처
연령	만 4세	활동유형	이야기 나누기(토의)
활동 배경 놀이 사례	정원에 꽃을 심기위해 흙을 탐색하면서 흙냄새를 맡고 흙과 교감을 하다가 흙 속에 무엇이 살고 있을지 궁금하게 되었다. 그러던 중 흙 속을 만지던 한 유아가 작은 스티로폼을 발견하게 되었다. 그래서 정원에 씨앗을 심을 흙을 보존하고 정원을 잘 가꾸기 위한 방법에 대해 토의를 하기로 한다.		
활동목표 (누리과정 관련 요소)	• 흙 속에 살고 있는 것에 관심을 갖고 흙을 건강하게 할 수 있는 방법을 안다. (자연탐구〉 자연과 더불어 살기〉 생명과 자연환경을 소중히 여긴다) • 정원을 가꾸기 위해 흙을 어떻게 관리해야 하는지 자신의 생각을 이야기할 수 있다. (의사소통〉 듣기와 말하기〉 상대방이 하는 이야기를 듣고 관련해서 말한다)		
활동자료	스티로폼, 토의 활동지, 사진		
활동단계	활동내용		준비물 및 유의점
도입	1. 정원을 꾸미기 위해 흙을 탐색하면서 나왔던 경험에 대해 이야기 나눈다. – 정원에 놓아 줄 흙을 만져 보면서 어떤 느낌이 들었니? – 정원에 우리가 준비한 흙으로 어떤 것을 해 보면 좋겠니?		정원 흙 탐색 사진
전개	2. 흙 속에서 발견한 스티로폼에 대해 이야기 나눈다. – 흙 속에서 어떤 것을 발견했니? – 왜 흙 속에 스티로폼이 있었을까?		

전개	3. 흙 속에는 어떤 것들이 살고 있을지 이야기를 나눈다. – 흙 속에 무엇이 살고 있을까? – 흙과 스티로폼이 함께 살면 어떤 일이 생길까? – 흙을 오염시키는 것들은 또 어떤 것이 있을까? – 오염된 흙은 우리에게 어떤 어려움을 줄까? 3. 흙을 깨끗하게 해 주는 방법에 대해서 이야기를 나눈다. – 흙을 깨끗하게 해 줄 수 방법은 무엇이 있을까? – 흙을 깨끗하게 잘 보존하려면 어떻게 해야 할까? 4. 우리만의 정원을 잘 보살피는 방법에 대해 이야기를 나눈다. – 우리 정원의 흙은 어떻게 보살펴 주면 좋을까?	물소리, 새소리, 바람 소리, 빗소리
마무리	5. 활동을 평가한다. – 오늘 활동을 하면서 알게 된 것이나 느낀 점이 있니? – 정원을 잘 보살펴 주는 약속을 적어 보자.	정원 보살피기 약속판
추후 예상 관심과 놀이 & 지원	– 정원을 잘 보살펴 주는 약속을 만들어 본다. – 약속을 만든 것을 정원에 붙여 놓는다. – 정원사가 해야 할 역할을 정한다.	
가족 및 지역사회 연계 활동	– 지역사회 정원을 견학한다. – 지역사회 정원사를 초청하여 정원사가 하는 일과 어려운 점에 대해 이야기를 들어 본다.	

3) 환경교육을 위한 그림책

교육내용	이미지	개요
환경 감수성과 배려		**온 세상 물의 왈츠** **토마스 로커 글, 그림 / 마루벌, 2002년** 물의 순환을 보여 주면서 물이 있는 소중함과 아름다움을 느껴 볼 수 있는 이야기. 유아들과 물의 아름다움을 감상해 보며 우리 주변에 물이 어떻게 사용되는지 알아볼 수 있다.
상호 의존성		**조지 아저씨네 정원** **게르다 마리 샤이들 글, 베르나데트 와츠 그림 / 시공주니어, 2017년** 따뜻한 정원사 조지 아저씨와 데이지 꽃의 아름다운 이야기. 우리만의 작은 정원을 꾸며 보면서 자연의 아름다움과 자연을 가꾸는 아름다운 마음을 느껴 볼 수 있다.

환경문제 인식 및 대처		**야, 우리 기차에서 내려!** **존 버닝햄 글, 그림 / 비룡소, 1995년** 환경문제로 인해 다친 동물을 기차에 태워 주는 이야기. 유아들과 멸종위기의 동물들이 왜 생겼는지 동물들의 입장에 공감해 보고 인간이 환경을 어떻게 보호해야 하는지에 대해 이해할 수 있도록 한다.
환경보존		**재활용 아저씨 고마워요** **알리 미트구치 글, 그림 / 풀빛, 2005년** 크링겔 아저씨는 이웃 사람들이 버린 물건을 재활용하여 멋진 물건을 만든다. 재활용 아저씨처럼 아껴 쓰고 다시 쓸 수 있는 물건들을 찾아보고 서로 나누는 활동을 해 볼 수 있다.
		**바다로 돌아간 수달** **한성용, 이명희 글, 김혜진 그림 / 마루벌, 2005년** 주인공 은주는 어느 날 다친 수달을 발견하고 수달을 돌봐 주며 다시 자연으로 돌려보낸다. 유아들과 수달에 대해 이야기를 나누며 우리나라 멸종위기 동물과 그 동물들이 잘 살아가기 위한 방안에 대해 함께 이야기할 수 있다.

♣ 마무리 활동

◎ 다음을 찾아보고 실천할 수 있는 것을 이야기해 보세요.

- '지구의 날'에 대해 알아보아요.
- 우리가 예비교사로서 환경보호를 실천할 수 있는 방법을 이야기해 보세요.

♣ 참고자료 : 환경 관련 영화

제6장

민주시민

실내놀이 시간 - 교사가 교실에 새로운 로봇 장난감을 들고 들어왔다.

사례 1)

민아: 우와, 로봇이다. 어떻게 하는 놀이예요?

교사: 응. 이 로봇은 놀이하는 방법이 여기에 쓰여 있어. 읽어 줄게.

철용: 그 놀잇감은 블록 영역에 놓아 주세요.

교사: 그래. 이 놀잇감을 여러 명이 잘 가지고 놀려면 어떻게 해야 할까?

민수: 누가 차례인지 알 수 없으니까 갖고 놀고 싶은 친구는 이름을 써요.

민아: 다 이름을 쓰고 싶을 텐데? 누가 먼저 적어?

교사는 유아들이 만든 규칙을 종이에 적어 주었으며, 유아는 놀이를 한다.

철용: 야, 민수야. 차례를 지켜야지. 네 이름보다 내가 먼저 적었어.

민수: 너두 이거 두 번 눌러야 하는데 약속이 틀리잖아.

철용: 그런데 이거 두 번 누르는 거는 좀 아쉬워. 우리 규칙을 좀 바꿔 보자.

사례 2)

민아: 우와, 로봇이다. 어떻게 하는 놀이예요?

교사: 응. 이 로봇은 놀이하는 방법이 여기에 쓰여 있어. 읽어줄게

교사: 이 로봇을 가지고 노는 규칙을 알려 줄게. 놀고 싶은 친구들은 여기 종이에 이름을 쓰고 차례대로 놀면 돼. 그런데 이 로봇은 하나밖에 없으니까 너희가 사이좋게 놀지 않으면 놀잇감을 치울 수밖에 없어.

유아들은 놀잇감을 가지고 놀다가 갈등이 생기자 계속 교사에게 고자질을 한다.

현철: 선생님, 이 친구들이 약속을 지키지 않아요.

은선: 너, 자꾸 이러면 선생님에게 이를 거야.

[함께 생각해 보아요]

▶ 위 두 사례에서 교사와 유아의 상호작용과 유아의 반응을 비교해 보세요.

위의 사례를 보면 스스로 규칙을 만들어 합의하는 과정을 경험한 유아들은 놀이를 할 때 스스로 정한 규칙을 지키기 위해 노력하였으며, 자신들이 정한 규칙을 자율적으로 수정, 보완하고자 하였다. 반면에 교사가 규칙을 정해 준 유아들은 갈등이 발생했을 때 교사에게 이르거나 교사에게 의존해서 문제를 해결하고자 하였으며 심지어 친구들을 위협하는 경우까지 생겼다. 유아교육기관에서 필요한 결정을 하거나 문제가 생겨서 해결하고자 할 때 구성원 모두 참여하여 토의하고 합의하는 과정을 경험하는 유아들은 힘이나 권력으로 문제를 해결하는 것이 아닌, 토의를 통해 최선의 방법을 찾아가는 현명하고 지혜로운 민주시민으로 성장하게 된다. 이러한 과정이 곧 민주시민교육의 시작이라고 볼 수 있다.

1. 민주시민교육의 필요성 및 정의

민주주의 사회는 구성원의 사고가 존중받으며, 자유로운 의사표현이 가능하고, 민주적인 의사결정이 이루어지는 사회이다. 민주주의 사회는 시민으로서 자유와 권리, 그리고 책임을 알고 공동의 문제에 관심을 갖고 참여하는 민주시민으로 구성된다(심성보, 2017). 민주시민은 '민주주의 국가에서 시민으로서의 책무를 담당하는 데 필요한 지식, 기능, 태도를 갖춘 사람'으로, 민주주의를 실현해 가는 사람이다(NCSS, 2001).

민주주의 사회를 구현하기 위한 근본적이고 중요한 요인은 공동체를 이루는 인간다움과 시민의식을 함양하는 민주시민교육이다. 우리에게 다가오는 미래사회는 예측이 불가하고 다양성이 혼재되어 있으므로 학교에서 민주시민교육은 더욱 강조되고 있다. 민주시민교육은 민주시민의 권리와 책임을 인식하고 민주적인 태도와 가치를 함양할 수 있도록 준비시키는 교육이며, 이는 어릴 때부터 실시되어 이루어져야 한다(교육인적자원부, 2007). 유아는 태어날 때부터 민주시민의 권리를 가지고 있으며, 민주시민에게 요구되는 역량을 획득하는 다양한 과정을 거쳐 민주시민이 되어 간다. 훌륭한 민주시민은 저절로 되어지는 것이 아니기 때문에 어릴 때부터 민주적인 생활방식과 사고방식을 경험하게 하는 교육은 중요하다. 이러한 경험을 한 유아는 개인적인 차원을 넘어서 사회적으로 책임감 있는 민주시민으로 성장할 수 있다(금시내, 2020, 양시내, 2014).

유아사회교육의 궁극적인 목적은 '민주시민 양성'이다. '2019 개정 누리과정'과 '제4차 어린이집 표준보육과정'에서도 유아가 놀이를 통해 심신의 건강과 조화로운 발달을 이루고 바른 인성과 민주시민의 기초를 형성하는 것을 목적으로 제시한다(교육부, 보건복지부 2019; 보건복지부, 2020). 그렇다면 유아 민주시민교육은 어떻게 이루어져야 할까?

유아 민주시민교육은 생애 초기부터 공동체 경험을 통하여 민주적인 가치와 태도가 내면화되면서 이루어질 수 있다. 그러므로 유아교육기관에서는 유아들로 하여금 일상생활 속에서 공동체의 실질적인 의사결정에 참여할 수 있는 경험을 갖도록 하여 공동체를 만들어 나가는 주체로서의 역량을 기르도록 해야 한다. 실질적인 경험은 개인의 의무와 역할을 이해하고, 책임 있는 시민으로 성장할 수 있도록 한다. 이러한 교육은 또래와 성인들과의 관계 속에서 가능하기 때문에 교사의 역할이 중요하다(손환희, 노진형, 2021; 심성보, 2018). 유아교육기관에서 이루어지는 민주시민교육의 목표를 제시하면 다음과 같다(송미정, 2020).

- 사회 구성원으로서 갖추어야 할 질서 의식을 내면화하고 실천한다.
- 자신과 타인의 권리를 존중하고 권리에는 책임이 있음을 안다.
- 자신이 해야 할 의무를 인식하고 맡은 역할을 수행한다.
- 민주적인 의사결정에 참여하여 합리적인 의사결정 능력을 함양한다.

2. 민주시민교육의 내용

유아들에게 민주시민의 권리와 책임을 인식하고 민주적인 태도와 가치를 함양할 수 있도록 하려면, 공동체 속에서 상호 배려하는 가운데 책임감을 발달시킬 수 있는 기회와 지침을 유아에게 제공해야 한다(김성희, 2019). Melendez, Beck와 Flectcher(2000)는 민주시민교육의 내용으로 규칙(수립/ 준수), 기본권리와 책임, 의무와 역할, 참여, 선택, 법, 정부 등을 제시하였으며, 김용숙(2004)은 민주시민교육의 내용에 기본권 인식, 예의 바르고 책임감 있는 생활습관과 질서 의식의 내면화, 민주적 절차에 대한 지식 및 실천 기능의 숙달과 참여 정신 등이 포함된다고 하였다. 유아기 민주시민교육의 내용을 규칙 수립과 준수, 기본권리 및 책임과 의무, 그리고 민주적 의사결정 등의 내용을 중심으로 살펴보면 다음과 같다(DeVries & Zan, 1997; Melendez et al., 2000).

1) 규칙 수립과 준수

사회 구성원 모두가 안정된 생활을 하기 위해서는 규칙이 필요하다. 구성원이 규칙을 준수하지 않았을 때는 무질서와 혼란에 빠지게 되기 때문이다. 교사는 유아에게 규칙에 대한 이해와 규칙을 준수해야 하는 근본적인 이유를 적절한 방법으로 교육해야 한다. 누군가의 힘에 의해서 강압적으로 규칙을 지키도록 한다면 유아는 스스로 자율성을 가지고 규칙을 만들고 자발적으로 준수할 수 있는 역량을 기르지 못할 것이다.

DeVries와 Zan(1995)은 교사가 공동체의 규칙을 만드는 데 유아를 참여시킬 것을 제안하였다. 유아들과 함께 만든 규칙은 교사나 다른 권위자에 의하여 그냥 주어지는 규칙보다 훨씬 강력한 힘을 갖기 때문이다. 규칙을 만드는 과정에 참여하여 함께 규칙을 만들 기회를 경험한 유아들은 규칙의 필요성을 훨씬 절실하게 인식하고 스스로 규칙을 준수하고자 한다. 따라서 유아교육기관의 일상생활과 놀이시간에, 그리고 갈등 상황이 발생했을 때 유아들이 필요한 규칙을 만드는 과정에 함께 참여하여 규칙을 수립하고 준수하는 경험을 해 볼 수 있도록 하는 것은 중요하다.

유아교육기관에서 유아들과 함께 만들어 볼 수 있는 규칙의 예는 다음과 같다.

- 질서 지키기
- 놀이 규칙과 안전한 생활하기
- 공공의 물건 소중하게 다루기
- 친구와의 약속을 잘 이행하기
- 규칙을 함께 정해 보기
  - ▶ 자유놀이 영역 안에서 규칙 정해 보기
  - ▶ 손 씻기, 식사할 때 지켜야 할 예절에 관한 규칙 정해 보기
  - ▶ 바깥놀이에서 조심해야 할 영역에 대한 규칙 정해 보기
  - ▶ 현장학습(견학)에서 지켜야 할 규칙 정해 보기
  - ▶ 게임에서 필요한 규칙 정해 보기
  - ▶ 갈등 상황에서 해결하기 위한 약속 정해 보기

2) 기본권리 및 책임과 의무

국가는 모든 시민이 누릴 수 있는 권리와 의무를 헌법으로 규정하고 있다. 모든 인간은 존중받을 권리, 자유롭게 살 권리, 행복을 추구할 권리, 평등의 권리 등을 가지고 있다. 이러한 모든 권리는 동등하게 존중되어야 하며, 권리와 함께 행동에 대한 책임도 당연히 감당할 수 있어야 한다(DeVries & Zan, 1997).

유아교육기관에서 교사는 유아들이 기본권리를 누릴 수 있도록 유아의 의견을 존중해 주며, 자신이 하고 싶어하는 활동을 스스로 선택하고 표현할 수 있도록 자율성을 부여할 필요가 있다. 존중과 자율성이 주어질 때 유아는 스스로 소중한 존재라고 인식하게 되며 다른 사람과 더불어 살아가는 데 필요한 역량을 기르게 된

다. 유아들의 자신과 타인의 기본 권리에 관한 개념의 인식과 적용을 위해서 교사는 다음과 같은 경험을 지원할 수 있다.

- 나를 존중하며 자유롭게 느끼고 표현하기
- 다른 사람의 의견을 존중하면서 배려하기
- 나와 다름에 대해 이해하고 수용하기
- 다른 사람과 서로 도우며 살아가기

우리 사회의 모든 사람은 자유와 권리를 누리지만 동시에 공동체 안에서 지켜야 할 의무와 책임이 있다. 유아는 책임과 의무를 수행하면서 자신의 존재가치를 느끼고 공동체 안에서 책임감 있는 시민으로 성장할 수 있게 된다. 따라서 유아교육기관에서 유아들이 스스로를 존중받고 자율성을 부여받은 존재로 여기도록 교육하는 것과 동시에 스스로의 행동으로 인한 결과에 대하여 책임을 질 수 있도록 하는 것은 중요하다. 유아교육기관에서 책임과 의무를 감당하는 것과 관련해서 유아들이 경험해 볼 수 있는 구체적인 역할은 다음과 같다.

- 자신의 물건이나 놀잇감을 스스로 정리하기
- 동물 먹이 주기, 식물 물주기
- 식사와 간식 시간에 당번 정해서 역할 수행하기
- 놀이와 활동을 할 때 역할 분담하기

3) 민주적인 의사결정

사회 구성원들은 각자 서로 다른 가치관과 신념을 가지고 있기 때문에 함께 살아가려면 많은 갈등이 발생한다. 이러한 갈등을 해결하기 위해서는 대화와 타협의 민주적인 절차를 통해서 모든 구성원들이 수긍할 수 있는 공동의 합의를 도출할 수 있어야 한다. 따라서 민주사회의 구성원으로 살아갈 유아들에게 일상생활에서 다양한 의사결정에 참여할 기회를 줌으로써 합리적인 의사결정 능력을 기르도록 지원하는 것은 중요하다. 또한 민주적인 범위 내에서 다른 사람들과 상호작용하는 경험을 통해 유아들이 민주적인 참여의 의미와 방법을 배우는 것도 중요하다. 즉 갈등 상황을 해결해야 할 때, 놀이 주제를 선정할 때, 교실 내에서 의논을 해서 결정해야 할 때 서로의 입장을 이야기하고 상대방을 이해시키며 가장 합리적인 방법으로 의사결정을 할 수 있는 경험을 기를 수 있다. 민주적인 의사결정을 할 수 있기 위해서는 유아교육기관에서 다음과 같은 내용의 교육적 경험을 할 필요가 있다.

- 다른 사람의 의견을 존중하기
- 공동체의 의견을 존중하여 선택하기
- 협동학습을 통한 의사결정 경험해 보기
- 토론을 통해 갈등 상황을 해결해 보기
- 선거일에 투표해 보기

3. 민주시민교육을 위한 교사의 역할

유아의 민주시민으로서의 역량 함양을 위해서는 교사의 역할이 중요하다. 교사는 유아교육기관이라는 공동체에서 유아들이 민주시민으로서 갖추어야 할 역량을 기르도록 교육해야 하고 이를 위해서는 교사의 끊임없는 자기 반성적 사고가 요구된다(임은나, 임영심, 2020). 유아의 민주시민으로서의 역량 함양을 지원하는 교사의 역할을 살펴보면 다음과 같다.

- 민주시민교육은 지식전달보다는 실천적으로 이루어져야 한다.

민주시민교육은 지식전달에 머무는 것이 아니라 민주시민교육의 내용을 유아들이 직접 실천해 보는 경험을 통해 실시되어야 한다. 이때 교사는 유아를 존중하고, 유아에게 자율권을 주며, 모든 유아가 공정하게 자신의 권리를 누릴 수 있도록 교실 환경과 문화를 조성해야 한다. 또한 공동체 의사결정에 유아를 주체적으로 참여시켜 유아와 교사가 함께 민주시민교육의 장을 만들어 갈 수 있어야 한다.

- 민주시민교육은 미시적으로 접근해야 한다.

민주시민교육은 일상생활의 작은 부분에서부터 경험할 수 있도록 하는 것이 좋다. 유아교육기관에서 동식물 먹이를 주는 일, 자신의 옷과 가방을 정리하는 일, 놀이를 스스로 선택하는 일 등을 통해서 유아들은 책임감과 역할 수행을 경험한다. 이런 경험으로 형성된 역량은 지역사회로 확장될 수 있다.

- 민주시민교육은 민주적인 방식이 체험을 통해 이루어져야 한다.

교사는 권위주의적 방법을 최소화하고 유아들이 민주적인 절차를 직접 체험을 통해 학습할 수 있는 방법으로 교육해야 한다. 예를 들면, 유아들은 팀을 나누어 갈등 상황이나 주제에 대해 협동학습을 한다. 그 후 전체가 다시 모여서 각 방법에 대한 이야기를 들어 보고 최종적으로 어떤 방법을 사용해야 할지 결론을 내리는 과정을 경험할 수 있다.

민주시민에게 요구되는 역량 함양에 도움이 되는 토의 전략의 구체적인 과정을 제시하면 다음과 같다(조순옥 외, 2013).

♣ 민주시민교육의 개념 형성을 돕는 활동의 예

〈규칙 수립을 위한 토의 전략〉

① 처음에는 규칙이라는 단어보다는 유아들의 눈높이에 맞추어서 단어를 선정한다.
교사가 사용하는 규칙이라는 단어를 이해하지 못하는 유아는 규칙을 성인들이 정한 금지 사항이라고 생각할 수 있다. 그러므로 처음에는 규칙이라는 단어보다는 '쌓기놀이에서 기억해야 할 것', '우리 교실을 행복하게 만드는 방법', '우리를 이렇게 대우해 주세요.' 등의 용어를 사용하여 유아들이 규칙의 개념을 이해하고 규칙을 수립할 수 있도록 도와줄 수 있다.

② 규칙을 정할 때 너무 광범위하게 질문을 하지 않도록 한다.
'우리 반에 필요한 규칙이 뭐라고 생각하니?' 라는 질문은 광범위해서 유아들이 이해하지 못할 수 있다. 그러므로 놀이 중에 관찰된 규칙이 필요한 갈등 상황에서 구체적으로 '이러한 문제가 있는데 이 문제를 우리가 어떻게 해결했으면 좋을지 좋은 의견을 가지고 있는 사람 있니?' 등으로 질문하여 유아들이 규칙의 필요성을 인식할 수 있도록 한다.

③ 규칙에 대한 이유를 강조한다.
교사가 유아들에게 규칙을 제안할 때는 우리에게 왜 그 규칙이 필요한지에 대해 묻는다. 규칙의 이유를 이해하는 유아들은 스스로 규칙을 준수하고자 한다.

④ 유아들의 아이디어와 반응을 수용한다.
유아들이 규칙에 대해 다양한 아이디어와 반응을 보여 주었을 때 교사는 그 규칙을 기억하고 존중한다.

⑤ 유아들이 교실에서 수용될 수 없는 규칙을 제안할 때는 설명하고 설득하면서 반응한다. 유아들이 교실에서 운영될 수 없는 규칙을 제안할 때는 왜 거부되어야 하는지에 대해 설명해 주어야 한다.

⑥ '하지말자' 라는 말보다는 '~하자' 라는 규칙을 정할 수 있도록 안내한다.
예) 교사: 교실에서 뛰어다니는 친구들이 있어서 놀이하는 다른 친구들에게 방해가 되는데 어떻게 해결하면 좋을까?
유아: 교실에서 뛰면 위험하고 친구를 방해하니까 뛰어다니면 안 돼요.
교사: 그래. 교실에서는 걸어 다니도록 하자.

⑦ 유아들에게 규칙을 지시하지 않는다.
교사는 유아들이 규칙을 준수할 수 있도록 이끌어 갈 수는 있으나 강압적이라는 마음이 들도록 지시하지 않는다.

⑧ 규칙은 변경할 수 있다는 것을 알려 준다.
규칙은 합의에 의해 결정된 것이지만 합당한 이유가 있으면 변경이 가능하다는 것을 알도록 한다. 규칙이 목적에 부합하지 않거나 상황이 변하면 다시 모여서 이야기를 나누며 규칙을 바꿔 볼 필요가 있다.

⑨ 모든 사람이 규칙에 동의할 수 있는 과정을 찾아본다.
유아발달과 상황에 맞는 이슈를 선택하고 투표해서 결정할 수 있다. 만장일치가 가능한 경우는 많지 않으므로 다수의 의견에 따라 결정된다는 것을 알도록 한다. 이때 동의하지 않은 소수의 의견도 존중해야 한다는 것과 동의하지 않은 소수의 유아도 다수의 의견에 따를 수 있어야 함을 알려 준다.

⑩ 교사 자신도 규칙을 지켜야 한다.
교사가 유아에게 큰소리로 말하거나 밥 먹는 책상에 앉는 행동 등은 하지 않아야 한다. 교사는 유아가 모델링할 수 있는 가장 의미 있는 성인임을 기억하고 교실에서 지켜야 할 규칙은 솔선수범해서 지키는 모습을 보여 주어야 한다.

출처: 조순옥 외(2013), pp.205-207.

4. 민주시민교육의 통합적 적용

1) 놀이 사례 - [서커스 놀이]

▣ 놀이배경

『대포알 심프(글/그림 존 버닝햄, 비룡소, 2001)』 그림책을 보면서 유아들은 버려진 주인공 심프가 어려운 상황을 극복해 내는 과정에 감정이입하여 심프에게 응원의 메시지를 전하게 되었다. 그러던 중 유아들은 대포알 심프가 자신을 구해 준 아저씨에게 도움을 주기 위해 했던 서커스에 관심을 갖게 되었다. 유아들은 누군가를 위해서 도움을 주는 서커스 공연에 호기심을 가지고 알아보게 되었다.

교사는 유아들이 스스로 서커스 공연장을 꾸미고, 서커스 공연을 연습하면서 필요한 약속을 만들어 가는 교육과정을 통해 민주시민의 개념을 배울 수 있기를 기대하며 다양한 지원방안을 모색하게 되었다.

▣ 놀이의 흐름에 따른 교사의 성찰과 교육적 지원

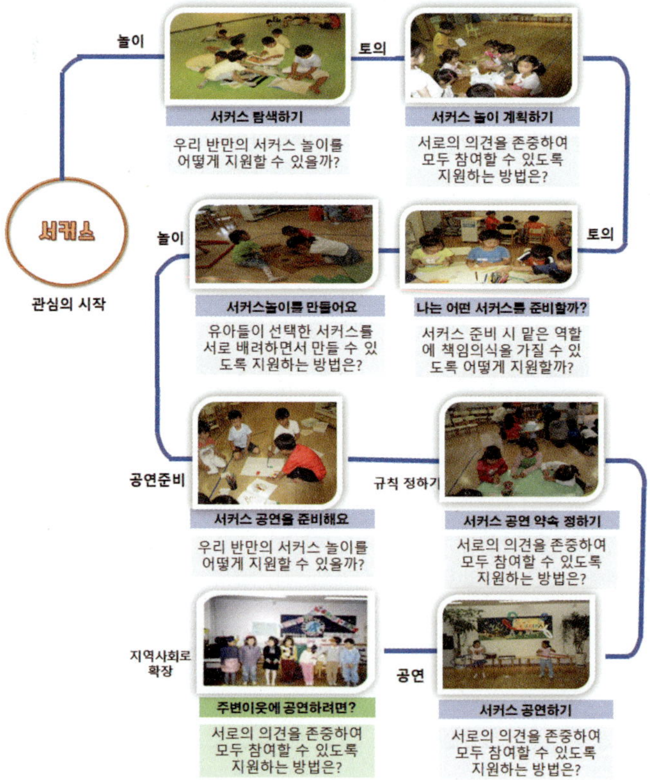

▣ 놀이 사례(1)	
놀이	서커스 놀이를 준비해요

서커스 놀이를 계획하면서 유아들은 각자 하고 싶은 서커스 놀이를 정하고 어떻게 준비하면 좋을지 의견을 교환하였다.

〈그룹 1– 인형극〉
영수: 내가 잘하는 것은 목소리 흉내 내는 거야.
은주: 그런데 인형극을 하려면 어떤 것이 있어야 하지?
철순: 당연히 인형이지. 그 인형은 언어놀이에 있는 손 인형을 사용하자.
은주: 그래, 그거 좋아.
영수: 나는 그럼 인형을 움직이면서 목소리를 재미있게 내 볼게.
교사: 어떤 내용으로 인형극을 해 볼래?
영수: 대포알 심프요!
교사: 왜 그것을 하고 싶어?
영수: 감동적이라서요. 버려졌지만 누구나 잘하는 것이 있어요.
교사: 그렇구나. 또 다른 것이 있으면 생각해 보자.

〈그룹 2– 훌라후프 팀〉
민영: 너 훌라후프 할 줄 알아?
찬영: 당연하지. 서커스니까 신기한 것도 보여 줘야 하는데.
민영: 그럼 나랑 영주는 함께 서서 노래를 하면서 훌라후프를 하면 어때?
영주: 그래, 좋아.
찬영: 나는 두 개를 한꺼번에? 하하하.
영주: 너 할 수 있어? 그거 서커스인데?
찬영: 연습하면 될 것 같아. 두 개 돌리면서 몸을 돌리는 것도 할 수 있어.
영주: 와, 그러면 우리 언제부터 연습할까?

유아들은 이렇게 훌라후프 팀, 인형극 팀, 마술 팀, 수수께끼 팀, 텀블링 팀으로 나누어서 팀별로 서커스 놀이를 계획했다.

교육적 놀이지원	교사의 놀이지원 실제
상호작용	유아들이 서로의 의견을 존중하고 배려할 수 있도록 정서적으로 지지해 주었다.
공간의 변화	각 팀별로 놀이할 수 있는 공간을 마련해 주었다. 텀블링과 훌라후프는 동작실과 바깥놀이 시 놀이할 수 있도록 배려하였다.

▣ 놀이 사례(2)	
놀이	서커스 공연을 준비해요

서커스 놀이를 하다 유아들은 우리가 만든 서커스 놀이를 동생반과 부모님을 초대해서 공연해 보고 싶다고 제안하였다. 서커스를 공연하기 위한 준비를 시작했다.

"동생반을 초대하려면
서커스가 어디에서 열리는지 알려야 해."
"그거 앞에다 서커스 이름 써서 붙이자."
"그거 쓰는 것은 내가 할게."
"나도 그림 그릴 수 있어."
"와. 그럼 동생들이 우리 공연장을 찾아올 수 있겠구나.
그런데 언제 열리는지는 어떻게 알리지?"
"초대장이요. 동생들은 돈이 없으니까 무료예요. 부모님은 천 원이구요."
"하하. 무료라구? 그럼 초대장은 많이 있어야 하니까 함께 만들어야겠구나."
"선생님, 무대는요?"
"옛날에 엄마랑 공연장 갔을 때 무대를 꾸몄어요."
"무대는 우리가 어떻게 꾸미지?"
"선생님, 우리 서커스 공연할 때 필요한 것을 정해요."
"친구들이 하고 싶은 거 해요."

교육적 놀이지원	교사의 놀이지원 실제
상호작용	교사는 유아들이 각자 맡은 역할을 이해하고 책임을 다할 수 있도록 정서적 · 언어적으로 지원하였다. 갈등 상황이 발생했을 때 갈등 상황을 해결해 나갈 수 있도록 상호작용을 하였다.
자료의 변화	유아들이 팀별로 서커스 공연을 위해 만들 자료들을 찾고 있을 때 교사는 적절한 자료를 지원하였다(색종이, 풍선, 큰 종이, 초대장, 펜 등).
공간의 변화	서커스 공연을 준비하는 시간 동안 교실 전체를 서커스 공연장으로 꾸며서 사용할 수 있도록 지원했다.

▣ 놀이 사례(3)	
놀이	서커스 공연

만 3세 동생반을 초대하여 서커스 공연을 시작하였다. 공연은 30분 정도 소요되었다.
공연은 각자 맡은 역할에 따라 세분화되어 진행되었다.
공연자, 안내자, 입장권 받는 자, 진행자 등의 역할을 정하고 공연하였다.

〈서커스 공연 전〉
"완전 긴장되는데?"
"각자 맡은 거 잘 해내자."
"공연하는 사람은 의자에 앉아서 기다려야 해."
"동생들이 여기 바닥에 앉아야 하니까."

〈서커스 공연〉
진행자: 지금부터 누리반의 서커스 공연이 시작되겠습니다.
진행순서: 인형극
마술
수수께끼
훌라후프
텀블링
노래(동생들과 함께 하는 노래)

〈서커스 공연 후〉
"서커스 공연을 했는데 어떤 느낌이 드니?"
"동생들이 훌라후프 두 개 돌릴 때 소리 질렀어요."
"나는 실수를 했어요."
"고무줄이 끊어졌어요. 연습 많이 했는데(마술을 한 유아)."

교육적 놀지원	교사의 놀이지원 실제
상호작용	교사는 유아들이 각자 맡은 역할을 이해하고 책임을 다할 수 있도록 정서적 · 언어적으로 지원하였다.
공간의 변화	교사는 강당에 위험요소가 없는지 확인하고 공연을 할 수 있도록 공간을 마련해 주었다.

▣ 놀이실행 및 지원을 기록한 주간교육계획의 예

주제	서커스 놀이	
요일	실행	지원
금	• 『대포알 심프』 그림책을 통해 버려진 주인공 심프가 어려운 상황을 극복해 내는 과정에 대해 응원의 메시지를 전함 • 이렇게 시작된 관심은 대포알 심프가 했던 서커스를 우리 반에서도 해 보고 싶다는 관심으로 연결됨	• 교사는 『대포알 심프』 그림책을 보며 주인공의 입장이 되어 보는 활동을 주의 깊게 관찰함 • 교사는 유아들이 그림책에서 등장한 '서커스'에 대해 호기심을 가지고 알고 싶어 하는 것에 대해 존중하고 놀이로 확장할 수 있도록 지원하는 방법에 대해 고민함
월	• '서커스' 놀이를 하기 위해서 유아들은 그림책에서 보았던 서커스 이외에 다른 서커스를 책과 영상을 통해 알아보았음 • 서커스에 대해 유아들 나름대로 해석하고 있었음. 주인공 심프가 누군가에게 도움을 주기 위해 서커스를 한 것처럼 서커스 놀이를 하면서 누군가에게 보여 주고 싶다는 말을 함	• 교사는 '서커스' 책과 다양한 영상자료를 유치원에 제공해 줌 • 서커스 놀이가 위험한 놀이가 되지 않도록 상호작용을 주의 깊게 관찰함
화	• 서커스 놀이를 어떤 방법으로 하면 좋을지 토의함 • 유아들이 생각한 서커스는 다른 사람들에게 즐거움을 주고, 위험하지 않아야 하며, 다양한 서커스 종류를 알아보고 잘할 수 있는 종목을 선택하기로 함 • 서커스의 종류를 토의를 통해 결정함 → 인형극, 훌라후프, 마술, 수수께끼, 텀블링, 노래(악기연주 포함)	• 교사는 유아들이 서커스 놀이를 계획하는 데 있어서 서로의 의견을 존중하여 모두가 참여할 수 있는 놀이가 될 수 있도록 언어적·정서적으로 상호작용함 • 교사는 유아가 토의를 통한 의사결정을 경험할 수 있도록 최소한의 개입을 통해 유아 스스로 결정할 수 있도록 지원하는 방법을 고민함
수	• 서커스 중에 각자 하고 싶은 것을 선택함 • 그룹별로 서커스 놀이 만드는 방법에 대해 토의하여 다음과 같이 결정함 – 인형극 → 『대포알 심프』 그림책을 활용하여, 대본을 쓰고, 손 인형으로 표현하기로 함(목소리 표현, 손 움직이는 방법 등에 대해 결정함) – 훌라후프 → 한 개 돌리기(노래하면서), 두 개 돌리기(몸을 돌리면서) – 마술 → 부모님 중에 마술을 하는 분이 계셔서 초청해서 배우기로 함 – 수수께끼 → 재미있는 수수께끼 찾아오기, 숨은 그림 찾기 제공해 주기	• 교사는 다양한 의견이 충분히 제시될 수 있도록 자유놀이 시간을 융통성 있게 조율하여 그룹별로 이야기를 나누고 종이에 적어서 벽에 붙여 놓을 수 있도록 지원함 • 교사는 각 팀별로 놀이할 수 있는 공간을 마련해 주었음. 텀블링과 훌라후프는 동작실과 바깥놀이 시 놀이할 수 있도록 함

<table>
<tr><td>수</td><td>– 텀블링(텀블링을 잘하는 유아가 있음)
– 노래(악기) → 우쿨렐레에 맞추어 노래하기로 결정함</td><td>• 유아들이 '마술'을 잘하시는 분(부모님)을 초청하여 배우고 싶다고 하여 교사는 해당 부모님께 지원을 요청함</td></tr>
<tr><td>목</td><td>• 유아들이 서커스 놀이를 준비하면서 동생들을 초대해서 공연을 하자고 제안함–〉 서커스 공연이 결정됨
• 서커스 공연을 위해서 유아들과 토의를 통해 결정된 내용은 무대 풍선과 색종이로 꾸미기, 공연장 이름 쓰기, 서커스 공연 포스터 만들기, 초대장 만들기, 공연에서 지켜야 할 약속 정하기, 공연 차례 적어 놓기, 동생들 공연장에서 먹을 팝콘 튀기기
• 각자 맡을 역할을 정하여 서커스 공연을 준비하기로 함</td><td rowspan="2">• 교사는 유아들이 각자 맡은 역할을 이해하고 책임을 다할 수 있도록 정서적 · 언어적으로 지원함
• 갈등 상황이 발생했을 때 갈등 상황을 해결해 나갈 수 있도록 상호작용을 함
• 유아들이 팀별로 서커스 공연을 위해 만들 자료들을 찾고 있을 때 교사는 적절한 자료를 지원함(색종이, 풍선, 큰 종이, 초대장, 펜 등)
• 서커스 공연을 준비하는 시간 동안 교실 전체를 사용할 수 있도록 공간의 변화를 통해 서커스 놀이를 지원함.
• 교사는 의사결정 과정에 많은 유아들이 참여할 수 있도록 어떻게 지원해야 할지 고민함</td></tr>
<tr><td>금</td><td>• 유아들은 각자 맡은 공연 준비를 함
• 유아들은 각자 맡은 서커스를 연습함</td></tr>
<tr><td>월</td><td>• 서커스 공연을 할 때 조심해야 할 규칙을 유아들이 스스로 정함
– 공연을 하는 사람이 지켜야 할 규칙
– 공연을 보러 오는 동생들에게 알려 주고 지키도록 요청할 규칙
– 공연을 보러 오는 관객들인 동생들을 안내할 때 지켜야 할 규칙
– 공연이 끝난 사람이 지켜야 할 규칙
• 공연할 때 공연을 안내하는 사람, 티켓을 받는 사람, 공연하는 사람이 하는 역할에 대해 결정함
• 강당을 꾸미고 다음 날 공연을 위해 연습해 봄</td><td>• 교사는 유아들이 스스로 규칙을 정하여 지킬 수 있도록 규칙의 필요성에 대해 상호작용함
• 유아들이 정한 규칙을 적어서 게시할 수 있도록 안내함
• 교사는 강당에 위험요소가 없는지 확인하고 공연 장소를 꾸밀 수 있도록 지원함</td></tr>
<tr><td>화</td><td>• 서커스 공연 전에 유아들과 공연할 때 지켜야 할 약속과 각자의 역할에 대해 이야기 나누고 공연을 함
• 서커스 공연은 진행자의 순서에 따라 진행이 되고 마지막은 동생과 함께 부르는 노래를 함
• 서커스 공연 후 평가하는 중에 부모님을 초대하고 싶다고 했으며 지역사회에서 공연할 수 있는 방법에 대해서도 관심을 나타냄</td><td>• 교사는 유아들이 각자 맡은 역할을 이해하고 책임을 다할 수 있도록 정서적 · 언어적으로 지원함
• 교사는 서커스 공연 중 위험요소가 발생할 수 있는지 확인하고 지원함</td></tr>
</table>

▣ 누리과정 5개 영역의 내용과 연계하여 이해한 유아의 경험

신체운동·건강

- 서커스 공연을 하면서 신체를 움직이고 힘을 조절하는 것을 경험하고, 안전하게 놀이하는 방법을 경험함.

의사소통

- 서커스 공연에 대한 계획, 실행을 하는 모든 과정에서 서로가 상호작용하며, 의견을 조율함.
- 공연에 필요한 포스터, 초대장, 지켜야 할 약속들을 글로 써 보는 경험을 함.

사회관계

- 서커스 공연 준비와 공연 상황에서 친구들과 적극적으로 상호작용하면서 서로 다른 의견을 존중하고, 소통하며 문제를 해결하는 경험을 함.

예술경험

- 서커스를 다양한 모습으로 표현하며(음률, 조형, 동작 등), 공연장을 아름답게 꾸미기 위해 예술적인 경험을 함.

자연탐구

- 공연장의 위치와 방향, 거리에 대한 탐구과정에 즐겁게 참여함.

▣ 놀이 사례 한눈에 보기		
놀이의 시작		「대포알 심프」 그림책에서 만난 등장인물 심프에게 감정이입이 되어 서커스에 관심을 보이고 서커스 놀이를 하게 됨.
교육적 놀이지원	공간	• 교실 전체의 공간을 서커스 놀이와 서커스 공연을 준비할 수 있도록 허용함. • 서커스 공연을 위해 강당으로 재구성하는 것을 허용함.
	자료	• 서커스 공연에 필요한 물품을 제공하고 훌라후프는 가정과 연계하여 유아가 쓰던 것을 사용하도록 함.
	일과	• 유아가 몰입할 수 있도록 실내외 놀이시간을 연장하여 일과를 운영함.
	상호작용	• 유아의 활동을 관찰하면서 필요한 순간에 질문하기, 제안하기, 놀이에 참여하기, 정서적 지원하기 등으로 활동을 지원함.
	안전	• 안전사고 예방을 위해 교실 내, 실외놀이 공간에서 놀이 시 스스로 안전에 주의할 수 있도록 이야기를 나눔.
놀이지원 계획/평가		• 유아들이 스스로 계획하고 규칙을 정하는 과정에 참여하여 스스로 책임을 질 수 있도록 하는 민주시민교육을 계획함. • 놀이 진행이나 방법에 대한 유아의 의견을 충분히 반영하여 지원함. • 매일 일어나는 놀이의 관찰과 교육과정 운영을 간략하게 기록함. • 놀이에 나타난 누리과정 5개 영역의 경험을 찾아서 연계해 봄.

2) 활동 사례 - [서커스 놀이]

▣ 누리과정 영역별 활동망

서커스 놀이

사회관계
- 서커스 놀이
- 서커스 공연하기
- 친구와 정한 규칙을 잘 지켜요
- 다른 친구를 응원해요

신체운동, 건강
- 훌라후프 놀이하기
- 서커스를 몸으로 표현하기
- 산책하기

의사소통
- 팝콘 튀기기(요리)
- 서커스 용품 관찰하기 (마술도구 등)

예술경험
- 우쿨렐레 연주하기
- 수리 수리 마술하기
- 인형극 배경 그리기
- 초대장 만들기
- 공연 포스터 만들기
- 공연장 꾸미기

자연탐구
- 우리들만의 서커스 놀이를 만들어요
- 서커스 공연을 어떻게 할까요?
- 서커스 공연에서 지켜야 할 약속
- 인형극 대본 만들기
- 「대포알 심프」 등장인물 인터뷰
- 수수께끼를 만들어요

▣ 대소집단 활동 계획안(1)

활동명	우리들만의 서커스 놀이를 만들어요	민주시민교육 내용	민주적인 의사결정
연령	만 5세	활동유형	이야기 나누기(토의)

활동 배경 놀이 사례	「대포알 심프」 그림책을 보면서 유아들은 버려진 주인공 심프가 어려운 상황을 극복해 내는 과정에 감정이입하여 심프에게 응원의 메시지를 전하게 되었다. 그러던 중 대포알 심프가 자신을 구해 준 아저씨에게 도움을 주기 위해 대포알이 되었던 서커스를 우리 반에서도 해 보고 싶다고 하였다. 교사는 서커스 놀이를 어떻게 만들어 볼지에 대해 토론할 수 있도록 안내한다.	
활동목표 (누리과정 관련 요소)	• 다양한 서커스 놀이를 생각해 보며 우리들만의 서커스 놀이를 구성할 수 있다. (의사소통〉 듣기와 말하기〉 자신의 경험, 느낌, 생각을 말한다/ 상대방이 하는 이야기를 듣고 관련해서 말한다) • 갈등 상황과 다양한 의견이 나오면 민주적인 방법으로 의사결정을 할 수 있다. (사회관계〉 더불어 생활하기〉 서로 다른 감정, 생각, 행동을 존중한다)	
활동자료	서커스 영상, 서커스 책, 컴퓨터, 칠판, 다양한 소품, 필기도구	
활동단계	활동내용	준비물 및 유의점
도입	1. 유아들과 다양한 서커스에 대해 이야기를 나눈다. – 너희가 놀이시간에 찾아본 서커스는 어떤 것들이 있었니?	유아들이 찾아온 서커스 영상 및 사진
전개	2 유아들과 해 보고 싶은 서커스 놀이에 대해 이야기를 나눈다. – 친구들과 함께 만들어 보고 싶은 서커스 놀이는 무엇이 있을까? (유아들이 하는 이야기를 모두 칠판에 적는다) – 왜 그 놀이를 생각했는지 말해 줄래? 3. 친구들과 서커스 놀이에 대해 결정한다. – 우리가 말한 서커스 놀이를 다 해 볼 수 있을까? – 우리가 할 수 있는 것은 어떤 것일까? – 어떤 것으로 결정하면 좋을까? 4. 서커스 놀이를 어떻게 구성하면 좋을지에 대해 이야기 나눈다. – 우리가 정한 서커스 놀이는 어떤 방법으로 만들어 보면 좋을까? 5. 서커스 놀이를 그룹끼리 결정한다. – 00서커스 놀이를 만들고 싶은 친구는(역할을 결정한다)? 6. 서커스 놀이를 만드는 방법에 대해 토의한다. – 서커스 놀이를 하는 팀을 결정했는데 어떤 방법으로 놀이를 만들면 좋겠니? – 서커스 놀이를 만들 때 어떤 장소가 필요하니? – 어떤 것을 조심해야 할까? – 다 만든 친구들은 무엇을 하면 좋을까?	컴퓨터, 칠판, 다양한 소품, 필기도구 유아들이 스스로 의사결정을 할 수 있도록 교사는 기 다려 준다.

마무리	5. 활동에 대해 평가를 한다. – 내가 어떤 서커스 놀이를 만들어야 하는지 잘 기억해 보자. – 서커스 놀이 만들 때 준비해야 할 것이 있으면 이야기해 보자.	
추후 예상 관심과 놀이 & 지원	– 자유놀이 시간에 서커스 놀이를 그룹별로 짝지어서 만든다. – 그룹별로 필요한 재료를 교사가 지원해 준다(훌라후프, 종이, 필기도구, 마술도구 등) – 서커스 놀이를 만든 것을 사진이나 그림으로 표현해 놓고 평가 시간에 이야기한다.	
가족 및 지역사회 연계 활동	– 가정과 연계해서 서커스의 물품을 지원받고 집에서도 연계해서 서커스 놀이를 생각해 볼 수 있도록 한다. – 지역사회에서 하는 공연이 있으면 유아들과 함께 공연에 참여한다.	

▣ 대소집단 활동 계획안(2)			
활동명	서커스 공연에서 지켜야 할 약속이 있어요	민주시민교육 내용	규칙 수립과 준수, 책임과 의무
연령	만 5세	활동유형	이야기 나누기(토의)
활동 배경 놀이 사례	서커스 공연에 대해 유아들과 토론을 거쳐 공연의 순서와 공연에 필요한 물품을 모두 만들면서 동생을 초대하는 방법, 공연을 하는데 각자가 해야 할 역할, 지켜야 할 약속에 대해 궁금해하기 시작했다. '선생님, 그런데 동생들이 공연할 때 시끄럽게 떠들면 어떻게 할까요? 동생들이 우리 공연을 어떻게 보면 좋을까?' 등에 대한 이야기를 하였다.		
활동목표 (누리과정 관련 요소)	• 서커스 공연에서 각자 해야 할 역할을 알고 스스로 맡은 역할을 할 수 있다. • 공연에서 지켜야 할 규칙을 함께 정하고 규칙을 지킬 수 있다. (사회관계〉 더불어 생활하기〉 서로 다른 감정, 생각, 행동을 존중한다/ 약속과 규칙의 필요성을 알고 지킨다)		
활동자료	칠판, 종이, 쓰기 도구		
활동단계	활동내용	준비물 및 유의점	
도입	1. 유아들과 서커스 공연을 위해 준비한 것들을 보여 주며 이야기 나눈다. – 우리가 놀이시간에 만들었던 물품들을 보자. – 초대장은 언제 동생들에게 주면 좋을까? – 간판, 포스터는 어디에 붙이면 다른 사람들에게 잘 보일까?	초대장 포스터 간판 과제 봉지 풍선 등	

전개	2. 공연을 하기 위해 필요한 역할에 대해 이야기를 나눈다. – 아까 놀이시간에 내일 공연을 하려면 동생들이 공연장을 안내하는 사람이 필요할 것 같다고 했어. – 너희 생각은 어때? – 안내하는 사람은 몇 명이 필요할까? – 어떤 역할을 할 수 있을까? – 누가 안내를 해 볼 수 있을까? – 또 어떤 사람이 필요할까? – 공연을 하는 사람은 어떤 역할이 필요할까? – 공연을 보는 사람은 어떤 역할이 필요할까? 3. 활동의 순서와 약속을 유아와 함께 결정한다. – 공연을 즐겁게 하려면 어떤 것을 지켜야 할까? – 공연을 보러 오는 동생들에게는 어떤 약속을 알려 주면 좋을까? – 친구들과 함께 나온 약속을 적어 보자.	
마무리	4. 약속을 정하면서 느낀 점을 이야기한다. – 우리가 열심히 준비한 공연을 하게 되었는데 어떤 마음이 드니? – 우리가 정한 약속과 각자 맡은 역할을 잘 기억해 보자.	
추후 예상 관심과 놀이 & 지원	– 서커스 공연을 한다. – 서커스 공연이 잘 이루어질 수 있도록 안전 상태를 고려해서 유아들이 편안한 마음으로 공연을 하고 관람할 수 있도록 한다.	
가족 및 지역사회 연계 활동	– 부모님 초대 공연을 한다. – 이웃의 어려운 분들을 찾아가는 공연을 한다.	

3) 민주시민교육을 위한 그림책

교육내용	이미지	개요
기본 권리와 책임		**세상에서 가장 아름다운 달걀** **헬메 하이네 글, 그림 / 시공주니어, 1998년** 나와 친구들의 모습을 긍정적으로 바라보고 존중할 수 있는 마음을 길러 주는 이야기. 유아들과 가장 아름다운 것이 무엇인지, 임금님은 왜 가장 아름다운 달걀 하나를 고르지 못하고 모두를 공주로 맞이하게 되었는지에 대해 추론해 본다.
		**오리야? 토끼야?** **에이미 크루즈 로젠탈 글, 탐 리히텐헬드 그림 / 아이맘, 2010년** 하나의 그림이지만 사람은 각자 보고 싶은 것을 보며 서로 다른 생각을 가지고 있다는 것을 알려 주는 이야기. 유아들과 마지막 장면을 각자 보이는 입장에서 자유롭게 논쟁을 해 보며 나와 친구들은 서로 다른 관점과 서로 다른 생각의 차이가 있다는 것을 알 수 있다.
의무와 역할		**리디아의 정원** **사라 스튜어트 글, 데이비드 스몰 그림 / 시공주니어, 2017년** 주인공 리디아는 아버지가 일자리를 잃자 빵 가게를 하는 외삼촌 댁으로 가게 된다. 리디아는 외삼촌의 가게 옥상에 멋진 꽃밭을 정성스럽게 가꾸어 외삼촌을 기쁘게 한다. 리디아가 어려운 상황이었지만 자신이 해야 할 일을 스스로 해서 주변 사람에게 도움을 주는 내용을 보면서 유아들과 주인공의 입장이 되어 이야기를 나누어 볼 수 있다.
규칙 수립과 준수		**행복한 우리가족** **한성옥 글, 그림 / 문학동네, 2006년** 소연이 가족이 미술관으로 함께 여행을 가는 중 법과 규칙을 지키지 않은 모습을 보여 주는 이야기. 유아들과 공공장소에서 규칙을 준수해야 하는 이유에 대해 생각해 보게 하고 우리 주변에서 규칙을 지켜야 하는 것에 대해 이야기를 나누어 볼 수 있다.

민주적 의사결정		도서관에 간 사자 미셸 누드슨 글, 케빈 호크스 그림 / 웅진주니어, 2008년 어느 날 사자는 관장님을 돕기 위해 규칙을 어기게 돼서 도서관을 떠난다. 그러나 '그럴 만한 이유가 있다면 규칙을 어길 수 있다는 새로운 규칙을 알고 다시 도서관으로 돌아오는 이야기. 유아들과 규칙의 의미와 필요성에 대해 알아볼 수 있다.

♣ 마무리 활동

◎ 대한민국 민주시민으로서 참여해 보고 싶은 주제에 대해 이야기 나누어 봅시다.

- ▶ 주제 정하기(정책, 지역사회, 학교 등)
- ▶ 문제 제시하기
- ▶ 문제에 대한 원인 파악하기
- ▶ 해결 방안 제시하기
- ▶ 가정, 지역사회, 국가와 연결할 수 있는 방안 제시하기

참고문헌

강문희, 강희연(1999) 유아의 부정적 정서에 대한 부모의 반응유형, 유아의 대처반응 및 또래 수용간의 관계 연구. 아동학회지, 20(3), 171-182.

강선미(2005). 양성평등 감수성 훈련 매뉴얼. 서울: 한국양성평등교육진흥원.

경기도가족여성연구원(2015). 어린이집 다문화이해교육 및 강사양성 프로그램 개발. 경기도가족여성연구원.

고영실, 박용한(2020). 아버지의 양육참여도, 어머니의 일 · 가정 양립과 유아의 성역할 고정관념의 관례. 열린부모교육연구, 12(2), 1-18.

곽병선, 김용숙, 김재복, 박문태, 장석우(1998). 교과교육원리. 서울: 갑을출판사.

교육과학기술부(2011). 인성교육 프로그램. 교육과학기술부.

교육과학기술부(2011). 유치원 기본과정 내실화를 위한 경제 · 소비자교육 프로그램. 서울: 교육과학기술부.

교육과학기술부(2013). 3~5세 누리과정 해설서. 서울: 교육과학기술부, 보건복지부.

교육부(1994). 유아 도덕성 함양을 위한 부모교육 프로그램. 교육부.

교육부(1998). 유아를 위한 친사회적 교육활동 지도 자료. 교육부.

교육부(2018). 다문화유치원 운영 도움 자료. 국가평생교육진흥원.

교육부(2019). 2019 개정 누리과정. 세종: 교육부.

교육부, 보건복지부(2019). 2019 개정 누리과정 놀이 실행 자료. 세종: 교육부, 보건복지부.

교육부, 보건복지부(2019). 2019 개정 누리과정 해설서. 세종: 교육부, 보건복지부.

교육인적자원부(2007). 유아의 세계이해 및 다문화교육을 위한 지침서. 교육인적자원부.

교육인적자원부(2007). 교사와 유아를 위한 유아사회교육 활동 자료. 서울: (주) 서울 멀티넷.

구혜현(2015). 지속가능발전교육에 근거한 유아 원예활동 프로그램 개발. 한국교원대학교 대학원 박사학위논문.

권경숙, 배지희, 곽승주(2009). 유아역사교육에 대한 유치원 교사들의 인식 및 요구. 유아교육 · 보육행정연구, 13(3), 315-339.

권덕수(2010). 조망중심 유아지리교육 프로그램의 개발 및 적용효과. 중앙대학교 대학원 박사학위논문.

권장희(2010). 우리 아이 게임 절제력. 서울: 마더북스.

권정윤, 정미라, 박수경, 이방실(2012). 영아의 정서조절능력 관련 변인 탐색. 유아교육연구, 32(4), 427-444.

금시내(2020). 그림책을 활용한 민주시민교육이 유아의 자기조절력 및 사회적 능력에 미치는 영향. 성균관대학교 대학원 석사학위논문.

김강희, 김영옥(2017). 가치명료화 교수모형을 적용한 유아환경교육 프로그램의 개발 및 효과. 유아교육학논집, 21(1), 459-485.

김광하, 김미리, 고재욱(2020). 유아의 스마트폰 과의존이 사회성에 미치는 영향-자기조절 매개효과. 유아교육보육 · 복지연구, 24(4), 323-338.

김국현(2019). 도덕성 4요소의 통합적 발달을 위한 교육방안. 윤리연구, 1(127), 229-248.

김미라(2019). 영아-교사 간 애착증진을 위한 신체활동 프로그램의 개발 및 적용 효과. 배제대학교 대학원 박사학위논문.

김민정(2009). 유아를 위한 컴퓨터 교육 프로그램의 개발 및 효과 검증. 열린유아교육연구, 14(3), 315-336.

김민화, 곽금주, 성현란, 심희옥, 장유경(2003). 영아기 정서단어의 습득에서 기질과 양육태도의 영향. 한국심리학회지: 발달, 16(4), 39-55.

김새롬, 김정준(2018). 그림책을 활용한 감각활동이 영아의 언어능력과 사회정서발달에 미치는 영향. 어린이미디어연구, 17(4), 85-108.

김선영, 김정원(2020). 그림책을 활용한 예술활동이 만 2세 영아의 사회정서발달에 미치는 영향. 한국성서대학교 보육대학원 석사학위논문.

김성희(2019). 만 5세반 유아의 일상 상호작용을 통해 바라본 '민주시민' 되어가기. 인천대학교 대학원 박사학위논문.

김수영, 정정희(2001). 유아의 또래수용도, 정서지능, 적응행동과의 관계. 한국영유아보육학, 26, 239-257.

김숙자, 김희경(2011). 유치원 교육 활동 지도서에 나타난 경제개념과 교육내용 분석. 유아교육학논집, 15(2), 313-340.

김순녀(2012). 영아-교사의 애착증진을 위한 그림동화활동 프로그램 개발 및 효과 연구. 관동대학교 대학원 박사학위논문.

김승희(2017). 유아사회과교육. 서울: 학지사.

김연수, 곽금주(2013). 영아기 간접적 정서 정보의 이해에 따른 사회적 참조 행동. 한국심리학회 학술대회 자료집, 2013(1), 200-200.

김완수(2013). 초등학생의 도덕적 행동증진을 위한 공감교육 방안 연구. 전주교육대학교 교육대학원 석사학위논문.

김영숙(1993). 시설아동의 자아개념 및 귀인성향에 관한 연구. 중앙대학교 교육대학원 석사학위논문.

김영애(1985). 유아의 자아개념 증진을 위한 프로그램 연구. 이화여자대학교 대학원 석사학위논문.

김영옥, 장명림, 유희정(2009). 유아인성교육 프로그램 개발 및 효과. 열린유아교육연구, 14(5), 297-324, 2009.

김영옥(2002). 유아를 위한 다문화교육: 반편견, 세계이해 교육의 현장 적용. 서울: 정민사.

김영옥(2007). 다문화 사회의 유아교육과정 방향 탐색. 미래유아교육학회지, 14(3), 45-68.

김영희(2006). 유아의 성역할 선호성에 따른 자기존중감. 한국교원대학교 대학원 석사학위논문.

김용숙(2004). 유치원 민주시민교육 모형개발 연구. 인문사회과학논문집, 8(2), 209-225.

김유미(2007). 유아의 정서발달에 대한 뇌과학적 고찰. 열린유아교육연구, 12(1), 167-184.

김유미, 이순형(2007). 공격행동의 의도와 유형에 따른 유아의 도덕 추론. 인간발달연구, 14(1), 85-105.

김은설(2014). 학교 폭력 예방을 위한 유아기 인성교육 강화 발달. 육아정책연구소.

김은숙, 정신섭(2017). 청소년 경제교육의 효과성에 대한 영향 요인 분석. 사회과학논총, 19, 1-40.

김재봉(1986). 3, 4, 5세 유아의 자아개념 발달에 관한 연구. 중앙대학교 교육대학원 석사학위논문.

김정원(2003). 문학을 활용한 유아 환경교육에 관한 연구. 아동학회지, 24(6), 95-115.

김정원(2007). 나들이 활동의 교육적 의의. 2007년 한국성서대학교 사회과학연구소 연차학술대회 자료집. 영유아를 위한 나들이 활동의 교육적 의의와 실제. 한국성서대학교 사회과학연구소.

김정원(2010). 다문화교육의 문학적 접근을 위한 이론적 탐색. 어린이문학교육연구, 11(2), 133-151.

김정원(2013). 그림책활용 유아다문화교육 수업에서 표출된 예비유아교사의 "유아다문화교육"에 관한 인식 분석. 어린이문학교육연구, 14(2), 19-42.

김정원(2016). 그림책을 활용한 생활지도 프로그램이 만 2세 영아의 사회정서발달에 미치는 영향. 유아교육 · 보육복지연구, 20(1), 107-132.

김정원, 김유정(2020). 유아교과교육론. 서울: 창지사.

김정원, 김유정, 이효정(2019). 영유아를 위한 교수학습방법(제3판). 파주: 공동체.

김정원, 남규, 이정아(2013). 유아 다문화교육 프로그램. 고양: 공동체.

김정원, 민희숙, 방승연(2014). 누리과정에 근거한 그림책을 활용한 인성교육활동이 유아의 리더십과 정서지능에 미치는 영향. 유아교육연구, 34(1), 227-249.

김정원, 조정록(2004). 문학을 활용한 경제교육이 유아의 경제기본개념 형성에 미치는 영향. 열린유아교육연구, 9(2), 65-80.

김정원, 최소린, 최은실(2015). 레오 리오니의 그림책을 활용한 유아인성교육 프로그램의 구성 및 적용 효과. 유아교육 · 보육복지연구, 19(1), 89-112.

김정주, 조형숙(2008). 자연물을 활용한 수학놀이 구성하기 활동이 유아의 수학문제해결력과 환경 친화적 태도에 미치는 효과. 유아교육학논집, 12(6), 173-193.

김정효, 박시영(2005). 도덕교육에서 통합적 접근을 이용한 프로그램 개발-책임있는 행동을 중심으로. 교과교육학연구, 9(2), 185-211.

김지현(2010). 그림책을 활용한 정서인식 및 표현 프로그램이 만 3세 유아의 정서적 능력 및 사회적 행동에 미치는 효과. 열린유아교육연구, 15(5), 59-87.

김지현, 오선진(2016). 유아의 스마트폰 사용습관과 자기조절력이 유아의 사회성에 미치는 영향. 유아교육연구, 36(4), 67-91.

김춘경, 이수연, 이윤주, 정종진, 최웅용(2016). 상담학 사전. 서울: 학지사.

김태훈(2005). 도덕성 발달 이론과 교육. 서울: 인간사랑.

김혜금, 송영주, 임양미, 김현지, 김진숙, 박진옥(2013). 유아사회교육. 서울: 학지사.

김혜숙(2014). 생활주제와 통합된 유아 다문화교육의 이론과 실제. 파주 : 양서원.

김혜진(2005). 의미탐색을 통한 역사교육활동이 유아의 역사적 사고력에 미치는영향. 중앙대학교 교육대학원 석사학위논문.

김혜진(2015). 도덕적 동기화의 원천으로서 도덕적 책임의 역할과 형성 방안 연구. 서울대학교 대학원 박사학위논문.

김희진(2020). 영유아교육기관에서의 행동지도: 주도적으로 판단하고 조절하는 힘 기르기. 서울: 파란마음.

김희진, 부성숙, 조윤재, 김영애(2004). 보육교사와 부모의 양성평등의식과 유아의 성별 특성에 대한 인식. 한국교육, 31(4), 273-301.

나혜선, 황소영, 조성희(2020). 유아프로그램 개발과 평가. 파주: 정민사.

남효순(2001). 친사회적 협동게임이 유아의 자아개념 발달에 미치는 영향. 경원대학교 대학원 석사학위논문.

노경혜(1997). 유아교육에서의 성역할 개념의 재개념화. 유아교육학논집, 1(2), 153-173.

문용린(2013.1.11). 남자와 여자의 두뇌, 무엇이 다른가? 브레인미디어.

http://kr.brainworld. com/BrainEducation/904 에서 2021. 6.10 인출.

민혜영(1999). 교사-유아 상호작용 유형과 기질에 따른 유아의 사회성 발달에 관한 연구. 미래유아교육학회지, 6(1), 63-88.

박성수(1994). 발달초기의 성격과 도덕성의 형성과정-도덕성 발달 초기 과정의 이론적 개관. 서울대학교 사대 논총, 49, 55-83.

박영미(2009). 유아지리교육 내용 및 교수-학습 방법 개선을 위한 연구. 이화여자대학교 대학원 박사학위논문.

박유진, 권희범, 문은경(2017). 유아 친사회적 행동 증진 프로그램의 효과에 대한 메타분석. 한국영유아보육학, 105, 129-155.

박은정, 박창현, 조혜주(2020). 다문화 영유아 어린이집 보육 실태 및 개선방안 연구. 육아정책연구소.

박은혜, 김희진, 조문현, 최혜영(2005). 유아기 부모의 양성평등의식교육 프로그램 모형개발. 유아교육연구, 25(2), 165-198.

박희숙(2015). 인지 · 정서 통합 모델 중심 유아 정서교육 프로그램 개발 및 적용타당성 연구: 미술표상적 접근을 중심으로. 유아교육연구, 35(4), 31-53.

박희재(2019). 유아환경교육을 통한 통합적 활동이 친환경적 태도에 미치는 영향. 한국교원대학교 교육대학원 석사학위논문.

방효국, 김낙흥(2013). 만 5세 유아의 스마트폰 게임 사용실태 및 게임 과몰입에 관한 연구. 열린유아교육연구, 18(6), 43-64.

백미열(2017). 유아 도덕성 증진 프로그램의 개발. 덕성여자대학교 대학원 박사학위논문.

보건복지부(2020). 제4차 어린이집 표준보육과정. 보건복지부.

보건복지부(2020). 보건복지부 고시 제2020-75호에 따른 제4차 어린이집 표준보육과정 해설서. 세종: 보건복지부.

보건복지부(2021). 2020년 보육통계. 보건복지부 통계자료.

서태열(2007). 지리교육학의 이해. 파주: 한울.

서현아, 김소연(2002). 그림책과 관련활동이 유아의 정서지능발달에 미치는 영향. 미래유아교육학회지, 9(2), 1-33.

서현아, 고은미, 지은주, 신경민(2005). 유아경제교육에 대한 교사와 어머니의 인식 및 실시현황. 열린유아교육연구, 10(1), 131-151.

성수경(2009). 5세 유아의 성별에 따른 성역할 선호성과 또래 유능성에 관한 연구. 한국교원대학교 대학원 석사학위논문.

성영란, 강경희, 김용숙(2018). 유아 경제교육 프로그램 개발 연구. 유아교육 · 보육복지연구, 22(3), 35-65.

손환희, 노진형(2021). 유아교사의 시민의식과 교육공동체 구현 실천행동이 민주 시민교육 실행도에 미치는 영향. 학습자중심교과교육연구, 21(7), 721-737.

송명자(1995). 발달심리학. 서울: 학지사.

송미정(2020). 프로젝트기반 유아 민주시민교육 프로그램 개발 및 효과. 순천향대학교 대학원 박사학위논문.

송영란(2005). 유아의 신앙발달과 친사회적행동 발달 증진을 위한 성경동화 활동 프로그램 개발 및 효과 검증. 서울여자대학교 대학원 박사학위논문.

송은영, 이경민(2014). 유치원에서의 따돌림 실태와 교사의 인식. 미래유아교육학회지, 21(3), 289-315.

신국원(2019). 기독교 세계관으로 본 놀이문화와 교육. 2019년 한국기독교유아교육학회 제19차 추계학술대회 자료집. 한국기독교유아교육학회.

신리행, 김영옥(2017). 공간탐색 중심 유아지리교육 프로그램 개발 및 효과. 유아교육연구, 37(1), 105-130.

신의진(2007). 신의진의 아이심리백과. 서울: 갤리온.

신지연(2004). 2세 영아의 어머니와 보육교사에 대한 복합애착과 사회 · 정서적 행동. 서울여자대학교 대학원 박사학위논문.

신지혜, 김혜순(2014). 유아의 정서조절과 도덕성이 리더십에 미치는 영향. 미래유아교육학회지, 21(2), 209-229.

심성보(2017). 한국 민주시민교육의 현황과 과제. 한국학논집, 67, 93-122.

심성보(2018). 한국 교육의 현실과 전망: 세계교육의 담론과 운동 그리고 민주시민교육. 서울: 살림터.

심숙영(2018). 영유아사회정서 개별화지도 -애착기반 사회정서지능 프로그램 기반. 파주: 교육과학사.

심숙영, 오정윤(2015). 정서지능 향상 프로그램이 만 2세 영유아의 정서지능 및 사회정서 행동에 미치는 효과. 아동과 권리, 19(1), 27-55.

안희정(2016). 레스트의 4구성 요소에 근거한 초등학생 도덕성 진단 검사도구 개발. 서울교육대학교 교육대학원 석사학위논문.

양시내(2014). 유아 시민의 함양 프로그램 개발 및 적용 효과. 전남대학교 대학원 박사학위논문.

양옥승, 김지현, 최경애, 이옥주, 이혜원, 황윤세, 손복영, 김승옥(2014). 유아다문화교육. 고양: 공동체.

오영희, 우수경, 전호숙(2004). 그림책을 활용한 유아 정서능력 향상 프로그램 개발 및 효과. 유아교육학연구, 24(5), 269-290.

옥정(1998). 청소년기 애착 안정성과 우울성향의 관계: 지각된 유능감의 매개효과를 중심으로. 이화여자대학교 대학원 석사학위논문.

유경숙(2009). 유아의 정서지능과 유아교육기관적응과의 관계: 교사-유아 관계, 또래관계 및 일과적응을 중심으로. 아동교육, 18(4), 35-45.

유규종, 김민경, 이경미(2014). 친사회적행동 증진을 위한 개념학습 상황모형 전래동화 프로그램 개발. 유아교육학논집, 18(5), 339-372.

유희정(2000). 취학 전 아동의 양성평등의식 교육 프로그램 개발. 한국여성개발원 연구보고서. 220-10.

윤미경, 서현선(2021). 스마트 미디어에 대한 유아들의 이야기. 유아교육연구, 41(3), 269-291.

이강봉(2017.4.12.). 남자 뇌가 여자 뇌보다 더 크다? The science thmes.

https://www.sciencetimes.co.kr/news/%eb%82%a8%ec%9e%90-%eb%87%8c%ea%b0%80-%ec%97%ac%ec%9e%90-%eb%87%8c%eb%b3%b4%eb%8b%a4-%eb%8d%94-%ed%81%ac%eb%8b%a4/ 에서 2021.6.10. 인출.

이경노(2017). 만 3세 유아의 친사회적 행동과 교사 지도에 관한 질적 연구. 안양대학교 대학원 박사학위논문.

이기숙(2000). 유아교육과정. 서울: 교문사.

이기숙(2013). 유아교육과정(제5판). 서울: 교문사.

이기숙(2015). 적기교육. 서울: 글담.

이기숙, 강숙현(2018). 유아프로그램 개발과 평가. 파주: 정민사.

이기숙, 김정원, 이현숙, 전선옥(2021). 유아교육과정(제5판). 서울: 양서원.

이기숙, 박경자, 김영옥(2007). 보육교사의 질적 특성과 유아의 인지 · 사회성 발달과의 관계. 육아정책연구, 1(1), 143-168.

이부미(2001). 나들이를 통한 어린이들의 자연체험. 어린이와 자연. 한국어린이육영회.

이수진, 신금호 (2019). 문화다양성에 기반 한 유아 다문화교육 프로그램이 유아의 다문화 수용성, 반편견 인식에 미치는 효과. 어린이미디어연구, 18(4), 171-196.

이숙자, 공병호, 성영화(2018). 교사-유아 상호작용과 보육교사변인간의 관계. 한국보육학회지, 11(1), 1-18.

이숙희(2010). 컴퓨터 게임 중독 이행과 유아의 공격성 및 사회적관계 변화 연구. 유아교육학논집, 14(1), 185-202.

이양희, 이봉자(2002). 연표학습활동이 5세 유아의 역사의식 형성에 미치는 효과. 생활과학, 5(5). 143-155.

이은화(1997). 부모교육의 목적. 한국부모교육학회(편). 부모교육학, pp.43-70. 서울: 교육과학사.

이종향(2020). 경제교육 학습경험이 유아교사의 경제이해력에 미치는 영향. 유아교육학논집, 24(6), 245-261.

이혜림, 엄정애(2008). 유치원 교사들이 생각하는 역사교육에 대한 연구. 한국교원교육연구, 25(2), 159-182.

이혜정, 오선영, 김은심(2018). 예비 유아교사의 성인지 감수성 인식 연구. 열린유아교육연구, 23(2), 169-194.

임은나, 임영심(2021). 세계시민교육 수업을 통한 예비유아교사의 세계시민의식 변화과정. 유아교육연구, 41(1), 133-160.

임현주(2016). 유아의 인지 · 언어발달 및 어머니의 양육방식과 또래와의 상호작용이 유아의 자아개념에 미치는 영향. 유아교육연구, 36(4), 243-261.

임희옥, 김정원, 김유정(2019). 기독교 세계관으로 조명하는 영유아 놀이 및 기독교사의 역할. 2019년 한국기독교유아교육학회 제19차 추계학술대회 자료집. 한국기독교유아교육학회.

장명림, 김영옥, 서현, 차선미, 이세원(2011). 유아 다문화 이해 교육 프로그램. 서울특별시교육청.

장명주(2003). 유아경제교육에 대한 교사와 어머니의 인식. 이화여자대학교 교육대학원 석사학위논문.

장순선, 이옥화(2014) 인터넷 상에서의 윤리적 인지와 도덕적 행동관련성: 대학생의 도덕 판단력과 정보윤리 판단력, 인터넷윤리의식 간의 관계를 바탕으로. 한국컴퓨터교육학회, 17(2).

장영희, 엄정애, 박수진, 강유선(2006). 유치원 교육과정 '사회생활 영역'내용에 대한 교사의 인식. 교육연구, 41, 131-164.

장효은, 김춘경 (2016). 부모의 자녀 애착과 정서지능이 유아의 친사회적 행동에 미치는 영향: 유아 기질에 따른 차이분석. 미래유아교육학회지, 23(1), 127-154.

전숙영, 권혜진(2016). 유아의 사회성 기질, 유아교육기관의 물적 환경 및 인적 환경과 또래 놀이상호작용과의 구조적 관계. 한국아동심리치료학회지, 11(3), 65-80.

전우경 (2002). 영아의 애착증진을 위한 부모교육 프로그램의 구성과 적용효과. 중앙대학교 대학원 박사학위논문.

정윤이, 황혜정(2013). 유아의 언어표현능력이 친사회적 행동에 미치는 영향. 한국보육지원학회지, 9(6), 5-23.

정미라(2011). 유아의 성역할 정체감 형성을 위한 가정-유치원 상호 협력 중심 양성평등교육 프로그램 개발 및 적용. 유아교육연구, 31(4), 201-228.

정미라, 박희숙(2012). 가정-유치원 상호협력 중심 양성평등교육 프로그램이 부모의 양성평등의식과 유아의 자아존중감에 미치는 영향. 한국영유아보육학, 71, 175-201.

정선영, 김한종, 양호환, 이영효(2001). 역사교육의 이해. 서울: 삼지원.

정혜욱, 김은영, 윤진주, 송정아, 안정원, 정혜원(2019). 놀이 중심 교육과정에서의 교사 역할 바로 알기. 서울: 창지사.

조문순(2007). 어머니와 보육교사에 대한 영아의 애착안정성과 사회 · 정서성. 인하대학교 대학원 석사학위논문.

조복희(2006). 아동발달(개정판). 교육과학사.

조숙진(2009). 영아-교사의 애착증진을 위한 음률활동 프로그램 개발 및 효과. 배재대학교 대학원 박사학위논문.

조순옥, 이경화, 배인자, 이정숙, 김정원, 민혜영(2013). 유아사회교육(개정증보). 서울: 창지사.

조영아(2009). 생활주제와 관련된 지리교육활동이 유아의 지리개념에 미치는 영향. 이화여자대학교 교육대학원 석사학위논문.

조운주, 김은영(2014). 유아의 기질 및 부모 양육방식이 유아의 또래 상호작용에 미치는 영향. 육아정책연구, 8(2), 155-174.

조재현, 김영희(2017). 유아의 사회성 발달과 정서발달에 관련된 변인의 메타분석. 미래유아교육학회지, 24(3), 253-275.

조정진, 조안나 (2015). 유아의 스마트폰 게임 과몰입 정도가 유아의 친사회적 행동 및 문제행동에 미치는 영향. 한국콘텐츠학회지, 15(10), 647-657.

조형숙, 김혜원, 김태인, 양수영(2017). 아동발달. 고양: 파워북.

지금수, 송진숙(2005). 부모의 양육태도, 유아의 정서지능, 유아교육기관에서의 적응에 관한 연구. 한국영유아보육학, 30, 231-248.

지옥정(2012). POLICY & ISSUES 기획특집 3 - 한국의 국가수준 유치원 교육과정에 나타난 유아환경교육 변화 과정과 과제. 환경보전, 402, 19-23.

지옥정(2012). 지속가능발전교육을 위한 공원프로젝트 중 유아들의 공원에 대한 인식 변화 분석. 한국어린이미디어연구, 12(3), 373-396.

채영문(2010). 부모의 양육태도에 따른 유아의 정서조절 능력 및 사회적 능력. 영유아교육연구, 13, 117-132.

최명하, 조부경(2012). 사진을 활용한 환경교육활동이 유아의 환경 친화적 태도 및 환경 보전 지식에 미치는 영향. 어린이미디어연구, 11(3), 115-139.

최상훈, 이영효, 김한종, 강선주(2007). 역사교육의 내용과 방법. 서울: 책과 함께.

최완기(2003). 역사교육과 학습내용의 선정. 서울: 느티나무.

최윤지(2019). 유아기 지속가능발전지향 환경교육 프로그램 개발 및 적용 효과. 계명대학교 대학원 박사학위논문.

최은주(2019). 4차 산업혁명시대의 특징과 인성함양교육의 필요성. 인격교육, 13(3), 269-288.

최인경, 김희진(2018). 유아 성역할 학습지표(SERLI)의 타당도 개선: 생태학적, 문화적 타당성을 중심으로. 육아지원연구, 13(4), 5-24.

최재천(2003). 여성시대에는 남자도 화장을 한다. 파주: 궁리.

한국양성평등교육진흥원(2020). 어린이집, 유치원 교사 등을 위한 성인지 교육교재. 여성가족부.

한윤경(2007). 유아의 정서지능과 사회적 유능성 발달을 위한 그림책을 활용한 미술프로그램 개발에 관한 연구. 열린유아교육연구, 12(3), 295-316.

한정선(2005). 생물학적 페미니즘의 관점에서 본 여성과 남성의 차이. 신학과 세계, (53), 273-295.

한주희, 박찬옥(2016). 상황에 따른 유아 정서어휘 표현 프로그램이 유아의 정서인식 능력과 정서조절능력에 미치는 영향. 유아교육학논집, 20(5), 447-466.

환경부(2017). 유아환경교육 프로그램: 교사용 지도서. 서울: 환경부.

황경윤, 김민진(2013). 경제동화 읽기에 기초한 가정 연계 경제교육 활동이 유아의 경제개념 및 유아와 부모의 소비 행동에 미치는 영향. 열린유아교육연구, 18(3), 1-23.

황금선, 조한익(2016). 정서인식 프로그램이 유아의 정서지능, 정서조망수용 및 사회적 능력에 미치는 영향. 교육심리연구, 30(2), 373-410.

허경희(2012). 그림책에 나타난 유아환경교육 내용분석. 동국대학교 교육대학원 석사학위논문.

현은자, 김정준, 연혜민, 김민정, 김현경, 장시경(2019). 어린이교육 전문가가 엄선한 100권의 그림책. 서울: CUP.

홍광표, 조준오(2015). 유아 미디어 및 인터넷 중독 경향성이 문제행동에 미치는 영향. 유아교육연구, 35(4), 469-491.

홍용희(2000). 유아의 도덕적 갈등 상황에 대한 토의: 인간의 마음과 상황-내-공동 존재에 대한 탐구 및 이해의 증진. 유아교육연구, 20(2), 145-174.

홍종원, 최영희(2015). 어머니의 양육태도에 따른 유아의 사회성 발달의 관계 연구. 한국상담심리교육복지학회지, 2(2), 81-94.

홍혜경, 김현, 정미영(2007). 유아의 산책 후 지도 그리기에 나타난 지도 표현 유형과 지리적 표상의 변화. 유아교육학회지, 11(1), 215-235.

SBS 8시 뉴스(2012. 2. 18). 유아 스마트폰 중독 심각... 뇌균형 깨뜨린다.
https://news.sbs.co.kr/news/endPage.do?news_id=N1001091289

서울신문(2015. 5. 6). 신종 '공갈젖' 스마트폰... 아기들의 뇌가 위험하다.
https://www.seoul.co.kr/news/newsView.php?id=20150506001009

한국일보(2021. 2. 6). 전미영의 요즘 트렌드-디지털의 핵심은 결국 공감능력이다.
https://www.hankookilbo.com/News/Read/A2021020513530003875

Ainsworth, M. D. (1972). Attacchment and Dependency: A Comparison. In J. L. Gewirtz(ed.), *Attachment and Dependence*. Washington, D.C.:Winston.

Ainsworth, M. D., Blehar, M., Warters, E., & Wall, S. (1978). Patterns of attachment: A Psychological study of the strange situation. Hillsdale, NJ: Erlbaum.

Bar-Tal, D. (1976). *Prosocial behavior: Theory and research*. Hemisphere Publishing Corp.

Barton, K. C. (2002). "Oh, that's a tricky piece!" Children, mediate action, and the tools of historical time. *Elementary School Journal, 103*, 161-186.

Bednarz, S.W., Bettis, N.C., Boehm, R.G., De Souza, A.R., Downs, R.M., Marran, J.F., Morrill, R.W. & Salter, C.L. (1994). *Geography for Life: National Geography Standards 1994*. Washington, D.C.: National Geographic Research and Exploration.

Bem, S. L. (1974). The Measurement of Psychological Androgyny. *Journal of Consulting and Clinical Psychology, 42*, 155-162.

Bem, S. L. (1975). Sex role adaptability: One consequence of psychological androgyny. *Journal of Personality and Social Psychology, 31*, 634 - 643.

Berk, L. E. (2008). 아동발달(7판)*[Child development(7/e)]*. (이종숙, 이옥, 신은수, 안선희, 이경옥 공역). 서울: 시그마프레스. (원전 2006 출판)

Block, J. H. (1983). *Differential premise arising from differentia sociaization of the sexs: Some conjectures*. Child Development, 54(6), 1335-1354.

Bowlby, J. (1989). *Secure attachment*. NY: Basic Books.

Bowlby, J. (1999). 애착*[attachment]* (김창대 역). 경기: 연암서가. (원전 1983 출판)

Broverman, I. K & S. R. Vogel(1972). Sex Role Stereotypes: A Current Appraisal. *Journal of Social Issues, 28, 59-78*.

Buss, A. H., & Plomin,R. (1984). *Temperament: Early developing personality traits*. Hillsdale, NJ : Erlbaum.

Campbell, C., Hansen, D. J., & Nangle, D. W. (2010). Social skills and psycho-logical adjustment. In D. W. Nagle, D. J. Hansen, C. A. Erdley & P. J. *Norton(Eds.)*,(pp.51-67). New York, NY: Springer Publishing Co.

Carlson, N. R. (1998). 생리심리학의 기초*[Foundations of physiological psychology]*. (김현택, 박순권, 조선영 공역). 서울: 시그마프레스. (원전 1840 출판)

Church, E. B. (2014). *Getting to the heart of learning: Social-emotional skills across the early childhood curriculum*. Lewisville, NC: Gryphon House, Inc.

Cooper, H. (2002). *History in the early years*. London, UK: Psychology Press.

Coopersmith, S. (1967). *The Antecedents of Self Esteem*. SF: W.H. Freeman.

Cochran, M., & Niego, S. (1995). Parenting and social networks. In M. Bornstein(Ed.), *Handbook of parenting, 3* (pp. 393-418). Mahwah, NJ :Erlbaum.

Crick, N. R. (1996). The role of overt aggression, relational aggression, and prosocial behavior in the prediction of children's future social adjustment. *Child Development, 67*(5), 2317-2327.

Crockenberg, S. B. (1981). Infant irritability, mother responsiveness, and socialsupport infl uences on the secur ity of mother-infant attachment. *Child Development, 52*, 857-865.

Damon, W. (1980). Patterns of change in children's social reasoning: A two-year longitudinal study. *Child Development, 51*, 1010-1017.

Damon, W. (1988). *The Moral Child: The Nurturing children's natural mooral growth*. NY: The Free Prss.

Damon, W., & Hart, D. (1982). The development of self-understanding from infancy through adolescence. *Child Development, 53*, 841-864.

Davis, J. B. (2001). *Globalization of social studies in early childhood education*. (ED 464888).

DeVries, R., & Zan, B. (1997). 유아를 위한 사회 도덕성 교육*[Moral classrooms moral children]*. (이은화, 이경우, 곽향림 공역). 서울: 창지사. (원전 1995 출판)

Dighe, J.(1993). Children and the earth, *Yong Chidren, 50*(3), 58-63.

Dinkmayer, P. (1970). *Developing Understanding of self and others*. MS: American Guidence Service, Inc.

Doll, B., & Doll, C. (1997). *Bibliotherapy with young people*. Englewood, CD: Libraries Unlimited.

EBS 아이의 사생활 제작팀(2014). 아이의 사생활1: 두뇌 · 인지편. 서울: 지식채널.

Edwards, N. M. (2018). *Early social-emotional development*. Baltimore, Maryland: Paul H. Brooks Publishing Co.

Eisenberg, B., and Hand, M. (1979). The Relationship of Preschoolers' Reasoning about Prosocial Moral Conflicts to Prosocial Behavior. *Child Development, 50*(2), 356-363.

Eisenberg, N., Fabes, R. A., & Spinrad, T. L. (2006). Prosocial development. In N. Eisenberg, W, Damon, & R. M. Lerner (Eds.), *Handbook of child psychology* (pp. 646-718). Hoboken, NJ: John Wiley & Sons.

Eisenberg, E. (1982). The development of reasoning regarding prosocial behavior. In N, Eisenberg (Ed.), *The development of prosocial behavior*. (pp. 219-249). NY: Academic Press.

Erickson, M. F., Sroufe, L. A., & Egeland, B. (1985) The relationship between quality of attachment and behavior problems in preschool in a high-risk sample. *Monographs of the Society for Research in Child Development, 50*(1-2), 147-166.

Ensher, G. L., & Clark, D. A. (2016). Social-emotional development, families, and mental health needs in the earliest years. *Zero to Three, 36*(4), 36-44.

Felker, D. W.(1974). *Building Positive Self-Concepts*. Burgess Publishing company.

Fisher, H. (2005). 제1의 성-우리가 아직 몰랐던 성의 인류학*[The first sex: The natural talents of women and how they are changing the world]*. (정명진 역). 서울: 생각의 나무. (원전 1999 출판)

Fromboluti, C. S., & Seefeldt, C. (1999). *Earlychildhood: Wherelearning begins geography with activities for children age 2 to 5 years of age*. (ED 426959)

Garcia, J., & Michaelis, J. U. (2000). *Social studies for children: A guide to basic instruction(12th ed.)*. Allyn & Bacon.

Garner, P. W., & Estep, K. M. (2001). Emotional competence, emotion socialization, and young children's peer-related social competence. *Early Education and Development, 12*(1), 29-48.

Gibson, E. J. & Walk, R. D. (1960). The "Visual Cliff". *Scientific American, 202*(4), 64-71.

Goodman, L. A., Saxe, L., & Harvey, M. (1991). Homelessness as psychological trauma: Broadening perspectives. *American Psychologist, 46*(11), 1219-1225.

Goleman, D. (1995). *Emotional Intelligence*. NY: Bantam Books.

Goldberg, W. A., & Easterbrooks, M. A. (1984). The role of marital quality intoddler development. *Developmental Psychology, 20*, 504-514

Goldstein, L., Diener, M., & Mangelsdorf, S. (1996). Maternal characteristics andsocial support across the transition to motherhood : Associations withmaternal behavior. *Journal of Family Psychology, 10*, 60-71.

Golinkoff, R., & Hirsh-Pasek, K. (2016). 최고의 교육. (김선아 역). 서울: 예문 아카이브. (원전 2016 출판)

Grymes, J. M., & Lawler-Prince, D. (1993). *Kindergarten's Self-Concepts and perceptions of Peer interaction*. Paper presented at the Annual Meeting of Mid-South Educational Research Association., New Orleans, LA, November 10-12,(ERICED 369520)

Hansen, W. L. (1977). *Master curriculum guide in economics for the nation's schools: A framework for teaching economic concepts*. NY: Joint council on Economic Education.

Harm de Blij. (2015). 왜 지금 지리학인가*[Why Geography Matters: More Than Ever, Second Edition]*. (유나영 역). 서울: 사회평론. (원전 2012 출판)

Hoffman, M. L.(1970). Conscience, Personality, and socialization techniques. *Human Development, 13*, 90-126.

Honig, A. S. (1981). Recent infancy research. In Weissbourd, B. & Musick, J. (Eds.), *Infants: Their social environments*. Washington, D.C.: NAEYC.

Howes , C., & Markman, H. J . (1989). Marital quality and child functioning: A longitudinal investigation. *Child Development, 60*, 1044-1051.

Hurlock, E. B. (1978). *Child Development*. NJ: McGraw-Hill Inc.

Hyson, M. C. (1998). 유아를 위한 정서교육*[The emotional development of young children: Building an emotion-centered curriculum]*. (정미라, 박경자, 배소연 공역). 서울: 이화여자대학교 출판부. (원전 1994 출판)

Izard, C. E. (1991). *The psychology of emotions*. NY: Plenum.

Izard, C. E., & Ackerman, B. P. (2000). Motivational, organizational, and regulatory functions of discrete emotions. In M. Lewis & J. Haviland-Jones (Eds.), *Handbook of emotions* (2nd ed., pp. 253-264). NY: Guilford.

Jacobson, S. W., & Frye, K. F. (1991). Effects of maternal social support on attachment: Experimental evidence. *Child Development, 62*, 572-582.

Jantz, R. K., & Seefeldt, C. (1999). Social studies for young children. In C. Seefeldt(Ed.), *The early children curriculum(3rd)*. NY: Teachers College Press.

Johnson, C. (1993). Self-esteem: From the inside out. *Momentum, 24*(1), 59-62. (ED 458068).

Jones, S. M., & Kahn, J. (2017). *The evidence base for how we learn: Supporting students' social, emotional, and academic development*. The Aspen Institute.

Kail, R. V. (2008). 아동과 발달(4판)*[Children and their Development(4/e)]*. (권민균, 김정민, 최형성 공역). 서울: 시그마프레스. (원전 2007 출판)

Kärtner, J., Keller, H., & Chaudhary, N. (2010). Cognitive and social influences on early prosocial behavior in two sociocultural contexts. *Developmental Psychology, 46*(4), 905-91.

Kostelnik, M. J., Socerman, A. K., Whiren, A. P., Rupiper, M. L., & Gregory, K. M. (2018). 영유아의 사회정서발달과 교육(2판). (박경자, 김송이, 신나리, 권연희, 김지현 역). 서울: 교문사. (원전 2015 출판)

Lee, C. L., & Bates, J. E. (1985). Mother-child interaction at age two years andperceived difficult temperament. *Child Development, 56*, 1314-1325.

Levin, L. S. (1963). *Personal and social development*. NY: Holt, Reinhart and Winston.

Lewis, M. (1991). *Gender equity: the state of play in early childhood services*. Early childhood convention. (ERIC Document Reproduction Services No. ED 342488).

Lewis, M. (2000). The emergence of human emotions. In M. Lewis & J. Haviland-Jones (Eds.), *Handbook of emotions* (2nd ed., pp. 265-280). NY: Guilford.

Lewis, M. Sullivan, M. W., Ramsay, D. S. & Alessandri, S. M. (1992). Individual differences in anger and sad expressions during extinction: antecedents and consequences. *Infant Behavior and Development, 15*(4), 443-452.

Louise D. S. & A.B.C. Task Force (1989). *Anti-bias Curriculum: Tools for Empowering Young Children*. Washington, D.C. : National Association for the Education of Young Children.

Mayer, J. D. & Salovey, P. (1997). What is emotional intelligence? In P. Salovey & D. Sluyter(Eds.). Emotional development and emotional intelligence: *Implications for educators* (pp. 3-31). New York, NY: Basic Books.

Mayer, J. D., Salovey, P., & Caruso, D. R. (2004). Emotional intelligence: theory, findings and implications. *Psychological Inquiry, 60*, 197-215.

Meins, E. (1999). Sensitivity, security and internal working models: Bridging the transmission gap. *Attachment & Human Development, 1*(3), 325-342.

Melendez, W. R., Beck, V., & Flectcher, M. (2000). *Teaching social studies in early education*. NY: Delmar Publishers.

Morris, R. V. (2000). Teaching social studies with artifacts. *Social Studies, 91*, 32-37.

Morrison, G. E. (2010). *Fundamentals of early childhood education(6th eds.)*, Prentice Hall.

Morrison, G. S. (2007). *Early childhood education today(10th ed.)*. Upper Saddle River, NJ: Prentice Hall.

National Council for the Social Studies(NCSS). (1994). *National Standards: History for grades K-4*. Los Angeles, CA: Author.Seefeldt, Castle, & Falconer, 2014.

NCSS. (2001). Service-learning: An essential component of citizenship education. *Social Education, 65*(4), 240-241.

Orlofsky, J. L. (1979). Pareantal antecedents of sex-role orientation in college men and women. *Sex Roles, 5*, 495-512.

Pastor, D. L. (1981). The quality of the mother-infant interaction and its relationship to toddlers' initial sociability with peers. *Developmental Psychology, 17*(3), 326 - 335.

Parker, J. G., & Asher, S. R. (1987). Peer relations and later personal adjustment: Are low-accepted children at risk? *Psychological Bulletin, 102*(3), 357-389.

Rest, J.(1984), "The major components of morality", in W. M. Kurtines and J. L. Gewirtz eds., *Morality, moral behavior and moral development*, New York: John Wiley & Sons.

Rosenfield, A. G. (1980). Visiting in the intensive care nursery. *Child Development, 51*, 939-941.

Purkey, W. W. (1970). *Self - Concept and School Achievement*. NJ: Prentice -Hall, Inc.

Saarni, C. (1989). Children's understanding of strategic control of emotional expression in social transaction. In C. Saarni & P. L. Harris (Eds.), *Children's understanding of emotion* (pp. 181-207). NY: Cambridge University Press.

Saarni, C. (1997). *Emotional competence and self-regulation in childhood*. NY: Basic Books.

Saarni, C. (1999). *The Development of Emotional Competence*. NY: Guilford Press.

Salamon, A. (2011). How the early years learning framework can heop shirt pervasive beliefs of the social and emotinoal capabilities of infants and toddlers. *Contemporary Issues in Early Childhood, 12*(1), 4-10.

Salovey, P. & Mayer, J. D. (1990). Emotional intelligence. *Imagination, Cognition, and Personality, 9*, 185 - 211.

Sanders, J. Koch, J. & Urso, J. (1997). *Gender equity. sources and resoures for education students*. NJ: Lawrence Erlbaum Associates.

Santrock, J. W. (2007). *A topical approach to life-span development(3rd ed.)*. NY: Mcgraw-Hill Companies.

Sanders, S. W. (2002). *Active for life*. Washington, DC: National Association for the Education for the Education of Young Children.

Schwartz, A. N., Campos, J. J. & Baisel Jr., E. J. (1973). The visual cliff: Cardiac and behavioral reponses on the deep and shallow sides at five and nine months of age. *Journal of Experimental Child Psychology, 15*(1), 86-99.

Seefeldt, C., Castle, S., & Falconer, R. C. (2013). *Social studies for the preschool/primary child(9th edition)*. Pearson Publishing Co.

Seefeldt, C., Castle, S., & Falconer, R. C. (2014). 아동을 위한 사회교육(제8판). (권연희 역). 서울: 시그마프레스. (원전 2009 출판)

Seefeldt, C. (2001). *Social studies for the preschool-primary child(5th ed.)*. Upper Saddle River, NJ: Prentice-Hall.

Selman, R. L. (1980). *The growth of interpersonal understanding: Developmental and clinical analysis*. NY: Academic Press.

Seefeldt, C. (1995). Transforming curriculum in social studies. In S. Bredekamp & T. Rosegrant, *Reaching potentials: Transforming early childhood curriculum and assessment, 2* (pp. 109-124.). Washington, DC: NAEYC.

Shaffer, D. R. (2000). *Social and personality development(4th)*. BT: Thomson Learning.

Sleeter, C. E. & Grant, C. (1987). An analysis of multicultural education in the U.S.A.

Harvard Educational Review, 57, 421–444.

Sroufe, L. A. (1983). Infant–caregiver attachment and paterns of adaptation in preschool: The roots of maladaptation and competence. In M. Prelmutter (Eds.), *Minnesotasymposium on Child Psychology, 16*, 41–81. Hillsdale, NJ:Erlbaum.

Sroufe, L. A. (1985). Attachment classification from the perspective of infant–caregiver relationships and infant temperament. *Child Development, 56*, 1–14.

Sroufe, L. A. & Waters, E. (1977). Attachment as an organizational construct. *Child Development, 48*, 1184–99.

Stacey, S. (2015). 발현적 교육과정-이론에서 실제로의 적용. (정선아, 윤은주 역). 서울: 창지사. (원전 2008 출판)

Steiner, S. F., Nash, C. P., & Chase, M. (2008). Multicultural literature that brings people together. *The Reading Teacher, 62*(1), 88–92.

Sunal, C. S. (1990). *Early childhood social studies*. Columbus, OH: Merrill.

Thompson, R. (2012). How emotional development unfolds starting at birth. *Zero to Three, 32*(3), 6–11.

Tronick, E., Gold, C. (2020). *The power of discord*. NY: Little Brown Sparks.

Van Sledright, B. A. (2002). Fifth garders investigating history in the classroom; Results from a researcher–practitioner design experiment. *Elementary School Journal, 103*(2), 131–160.

Wade, R., & Parker, J. (2009). EFA-ESD 대화 지속가능한 세상을 위한 교육*[EFA-ESD dialogue: Educating for all]*. (유네스코한국위원회 교육팀). 서울: 유네스코한국위원회. (원전 2008 출판)

Wasserman, T. R. (1988). *Improving first grade students, Affective behavior through implementing a self-esteem program*. (ED 327274)

Welton, D. A., & Mallan, J. T. (1999). *Children and their world: Strategies for teaching social studies(6th ed)*. Boston, MA: Houghton Mifflin Co.

저자소개

김 정 원 (한국성서대학교 영유아보육학과 교수)

- 학력: 이화여자대학교 대학원 유아교육과 문학박사
  캘리포니아주립대학교 대학원 유아교육전공 M.S.
- 경력: 한국성서대학교 어린이집 원장
  이화여자대학교 사범대학 부속 이화유치원 교사

저서 및 논문

- 그림책을 활용한 예술활동이 만 2세 영아의 사회정서발달에 미치는 영향(2020, 열린부모교육연구)
- 앤서니 브라운 그림책을 활용한 방과 후 활동이 만 4-5세 유아의 행복감에 미치는 영향(2017, 유아교육학논집)
- 그림책을 활용한 생활지도 프로그램이 만 2세 영아의 사회정서발달에 미치는 영향(2016, 유아교육보육복지연구)
- 레오 리오니 그림책을 활용한 유아인성교육 프로그램의 구성 및 적용 효과(2015, 유아교육보육복지연구)
- 그림책을 활용한 생활지도활동이 만 5세 유아의 자기조절능력에 미치는 영향(2015, 유아교육학논집)
- 누리과정에 근거한 그림책을 활용한 인성교육활동이 유아의 리더십과 정서지능에 미치는 영향(2014, 유아교육연구)
- 그림책을 활용한 다문화교육 실시과정에서 나타난 유아의 변화에 대한 질적 탐구(2014, 유아교육학논집)
- 타샤 튜더의 그림책을 활용한 유아의 행복감 향상 프로그램의 구성 및 적용 효과(2014, 어린이문학교육연구)

남 규 (대전보건대학교 유아교육과 교수)

- 학력: 건국대학교 대학원 유아교육과 교육학 박사
  건국대학교 교육대학원 유아교육과 교육학 석사
- 경력: 꿈밭유치원, 잠원꿈밭어린이집 교사

저서 및 논문

- 유아 다문화교육 프로그램(2010, 공동체)
- 유아의 정서조절관련 행동문제에 대한 유아교사의 인식 및 지도실제의 변화
  -협력적 실행연구를 통한 탐구(2018, 코칭연구)

• 그림책을 활용한 다문화교육 실시과정에서 나타난 유아의 변화에 대한 질적 탐구(2014, 유아교육학논집)
• 4차 산업혁명 시대 유아교사의 역량에 대한 유아교육기관 원장, 원감 및 교사의 요구도 분석(2020, 학습자중심교과교육연구)

최 성 진 (성균관대학교 아동청소년학과 외래교수)

• 학력: 이화여자대학교 대학원 유아교육과 문학박사
이화여자대학교 교육대학원 유아교육과 교육학 석사
• 경력: 서광어린이집 교사, 원감

저서 및 논문

• 기독유아교사를 영성교육 프로그램 개발(2020, 한국육아지원학회)
• 기독교유아교육과정(2019, 창지사)
• 기독교 유아교사를 위한 영성교육 프로그램 개발(2018, 이화여자대학교 박사논문)
• 0-2세 표준보육과정, 3-5세 누리과정, 초등 통합교과과정 과학교육내용의 연계성 분석(2015, 교과교육학연구)
• 서울특별시 공사립 유치원 방과후과정에 대한 교사와 학부모의 인식조사(2015, 유아교육연구)
• 퍼스의 기호학적 관점에 의한 그림책 분석 - 이수지의 [동물원]을 중심으로(2014, 어린이문학교육연구)

최 소 린 (한국성서대학교 영유아보육과 외래교수)

• 학력: 건국대학교 대학원 유아교육과 교육학 박사
한국성서대학교 보육대학원 보육학 석사
• 경력: 한국성서대학교 어린이집 주임교사, 하나푸르니 반포어린이집 부원장

저서 및 논문

• 그림책 읽어주기의 실제(2016, 창지사)
• 영아교사의 마음조율에 대한 영아관련변인과 교사관련변인의 영향(2020, 건국대학교 대학원 박사학위논문)
• 부모애착표상이 예비유아교사의 인성과 교직적성에 미치는 효과(2017, 육아지원연구)
• 지속가능발전교육 수업에서 표출된 예비유아교사의 '지속가능발전교육'에 대한 인식 연구(2016, 유아교육학논집)
• 레오 리오니의 그림책을 활용한 유아인성교육 프로그램의 구성 및 적용 효과(2015, 유아 교육 · 보육복지연구)

유아사회교육

초판 1쇄 발행 2021년 9월 8일
초판 3쇄 발행 2025년 2월 5일

지 은 이 | 김정원 · 남 규 · 최성진 · 최소린
펴 낸 이 | 김기섭
편 집 인 | 김도언 · 조진주
펴 낸 곳 | 창지사 www.changjisa.com
08589 서울시 금천구 가산디지털 1로 83 파트너스타워 1차 9층
전화 (02)719-2211~3
팩스 (02)701-9386
등 록 | 1977년 4월 28일 · 제1-421호

ISBN 978-89-426-1476-9 (93370)

값 26,000원